Alan Cohen · Wiedergefunden!

W0234144

**Von Alan Cohen
bereits erschienen:**

*

Es gibt hier keinen Drachen mehr

Alan Cohen

Wiedergefunden!

Ein praktischer humorvoller
Führer zur Selbstfindung

Lüchow

Titel der amerikanischen Ausgabe:
I had it all the time by Alan Cohen.
© Copyright 1995 by Alan Cohen
Amerikanische Ausgabe 1995 durch
Alan Cohen Publications, Inc., Hawaii

**Aus dem Amerikanischen von
Chandravali Schang**

Die Deutsche Bibliothek – CIP-Einheitsaufnahme

Cohen, Alan:
Wiedergefunden! : ein praktischer, humorvoller Führer zur
Selbstfindung / Alan Cohen. [Aus dem Amerikan. von Chandravali
Schang]. – 1. Aufl. – Freiburg i. Br. : Lüchow, 1997
   Einheitssacht.: I had it all the time ⟨dt.⟩
   ISBN 3-925898-68-9

Abdruck der Zitate mit freundlicher Genehmigung
der Greuthof Verlag und Vertrieb GmbH, D-79261 Gutach i. Br.
aus *Ein Kurs in Wundern* © 1994,
Herausgeberin der Originalausgabe *A Course in Miracles* © 1975, 1985, 1992:
Foundation for Inner Peace Inc., P. O. Box 598, Mill Valley, CA 94942, USA

✳

»Die in diesem Buch enthaltenen Gedanken stellen
die persönliche Meinung und das persönliche Verständnis des Autors dar
und nicht die des Inhabers der Rechte für *Ein Kurs in Wundern*.«
Greuthof-Verlag

1. Auflage 1997
© Copyright der deutschen Ausgabe 1997
by Verlag Alf Lüchow, Freiburg i. Br.
Alle Rechte vorbehalten

Umschlaggestaltung: Designagentur Krafft, Freiburg i. Br.
Lektorat: Ursula Böhme
Satz: Fotosetzerei G. Scheydecker, Freiburg i. Br.
Druck und Bindung: Freiburger Graphische Betriebe
Gedruckt in Deutschland
ISBN 3-925898-68-9

Widmung

Für Kelly,
die meinem Leben Licht brachte

*Am Ende all unseres Forschens
werden wir dahin kommen, wo wir begannen,
und den Ort zum ersten Mal kennen.*

T. S. Eliot

Danksagung

Mit Freude möchte ich all den Engeln danken, die auf so vielfältige Weise zur Entstehung dieses Buches beigetragen haben.

Ich danke Kelly Kurz von ganzem Herzen dafür, daß sie immer an mich und meine Arbeit geglaubt hat, für ihre Anteilnahme und Ermutigung, die Vision wahr werden zu lassen.

Jade Sherer hat mich unermüdlich darin unterstützt, den Menschen, die ich durch meine Seminare und Bücher erreiche, den größten Dienst zu erweisen.

Der göttliche Geist sandte auch ein ruhiges, kraftvolles Lichtwesen, Karuna, die eine Schlüsselrolle bei der Fertigstellung des Manuskripts spielte.

Mehrere engagierte Menschen halfen, das Buch zu redigieren und trugen damit erheblich zu seiner endgültigen Fassung bei. Vielen Dank an Marla Pitt, Linda Johnson, Susan Vasbinder, Batyah Elizabeth und Ann Chores.

Ich möchte auch die Freunde würdigen, die mir immer eine Quelle der Inspiration und Ermutigung waren: Charley Thweatt, Barry und Joyce Vissell, Rev. Mary und Ed Morrissey, Carla Gordan und Mary Guide, Mark und Dean Tucker, Oceana McDermott, Living Enrichment Center und all meine Freunden bei Unity und Science of Mind.

Außerdem danke ich den Lesern, die mir berichten, welch ein Segen meine Bücher und Seminare für sie waren. Ich verwahre eure Briefe und Botschaften als Erinnerung daran, daß unser großes Ziel ein gemeinsames Abenteuer ist.

Inhalt

Die Antwort
ist im Innern

Vor langer, langer Zeit, so will es mir jetzt scheinen,
bevor ich wurde, wer ich bin,
war ich wie eine kleine, leere Schale,
voll Sehnsucht, bis zum Rand gefüllt zu werden.

Wie sehr suchte ich Antworten
von Lehrern, die ich hoch über mich selbst stellte,
wollte mit Flügeln fliegen, die nicht meine eigenen waren,
und hoffte darauf, daß der Wind mich emporheben würde.

Ich durchforschte die Schriften, alt und neu,
vollzog Rituale und ließ sie wieder,
irgendwann wurde der Talismann auch egal,
und nichts von all dem schien vom Himmel gesandt.

Die Antwort ist im Innern, mein Freund,
die Antwort ist im Innern.
Weder der Berg kann sie behalten,
noch gehört sie den Lehrern:
Die Antwort ist im Innern.

Eines Morgens war es, da stand ich in Tränen vorm Spiegel,
uneins mit meiner selbstgemachten Welt,
und plötzlich sah ich: Das Gesicht, das mich anblickte,
war ganz frei von Kummer und Angst.

Augenblicklich sah ich in leuchtender Klarheit
all die Weisheit, die mein Leben empfangen hatte.
Der Schüler war gewichen, der Lehrer war da,
aber so hatte ich's nie erwartet.

9

*Mitten im Seiltanz zwischen Unwissen und Glück
bitten wir um göttliche Weisheit,
und doch ist unsere größte Sünde die Angst
vor dem Wissen, daß Gott in uns ist.*

*Und so brauch ich keine Berge, nicht Bücher und nicht Flügel,
und ich brauche keinen, der mich rettet.
Nein, ich brauche nur die Antworten von innen zu rufen
und ihnen dann klar und mutig zu folgen.*

*Die Antwort ist im Innern, mein Freund,
die Antwort ist im Innern.*

MICHAEL B. PUTMAN und CATHERINE WILSON

Vorwort *lesen !*

Von dem persischen Weisen Nasrudin wird erzählt, wie er einmal zusammen mit einem aufgeblasenen Intellektuellen in einer Fähre saß. Stolz auf seine eigene Belesenheit begann der Gelehrte, Nasrudin auf seine Bildung hin zu prüfen und zu kritisieren.

»Haben Sie jemals Astronomie studiert?« fragte der Professor.

»Das kann ich nicht behaupten«, antwortete der Mystiker.

»Dann haben Sie viel von Ihrem Leben verschwendet. Mit dem Wissen über Sternkonstellationen kann ein geschickter Kapitän ein Schiff um den ganzen Erdball steuern.«

Wenige Minuten später fragte der Gelehrte: »Haben Sie jemals Meteorologie studiert?«

»Nein, das habe ich nicht.«

»Nun, dann haben Sie den Großteil Ihres Lebens vergeudet«, tadelte der Akademiker. »Die gezielte Einbeziehung der Winde kann ein Segelschiff mit erstaunlicher Geschwindigkeit voranbringen.«

Nach einer Weile erkundigte sich der Mann: »Haben Sie jemals Meereskunde studiert?«

»Kein bißchen.«

»Oh! Was für eine Zeitverschwendung! Die Kenntnis der Strömungen half früher vielen Menschen, Nahrung und Obdach zu finden.«

Wenige Minuten später erhob sich Nasrudin und ging auf den hinteren Teil des Bootes zu. Auf dem Weg fragte er den Mann nebenbei: »Haben Sie jemals schwimmen gelernt?«

»Dazu hatte ich nie Zeit«, erwiderte der Professor hochnäsig.

»Dann haben Sie Ihr ganzes Leben verspielt – das Boot sinkt.«

Früher oder später erreichen wir den Punkt, an dem es wichtiger für uns wird, die Wahrheit zu leben, als sie zu suchen. Wissen,

11

Techniken und Erfahrungen verblassen angesichts der Schätze, die das Herz birgt. Lernen muß dem Sein weichen.

Vor kurzem forderte ich die Zuhörer eines Vortrags auf, die Geldsumme zu schätzen, die sie bisher für ihre Persönlichkeitsentwicklung ausgegeben hatten. Ich bat die Teilnehmer um eine Einschätzung ihrer Investition in Selbsthilfe-Bücher, Seminare zur Persönlichkeitsentwicklung, Bewußtseins-Trainings, Meditationstechniken, Beratungen und Therapien, Vitamine und Nahrungsmittelergänzungen, die Mitgliedschaft in Fitness-Clubs, kosmetische Operationen, mediale Befragungen, diverse Kristalle und Amulette, Reisen, die sie auf ihrer Suche nach Wahrheit in exotische Länder unternommen hatten und in alle Bemühungen, hinter denen der Gedanke stand: »Damit schaff ich's bestimmt.«

Die Antworten reichten von »jeden Pfennig, den ich überhaupt verdient habe« über »mehr, als mein Mann es sich leisten kann« zu über 100 000 Dollar – so viel wie in vielen Teilen der USA ein Haus kostet oder das Bruttosozialprodukt einiger südamerikanischer Nationen.

Viele von uns haben jahrelang Informationen, Techniken und Programme zur Persönlichkeitsentwicklung konsumiert. Einige haben sich so an den Prozeß des Suchens gewöhnt, daß wir nicht wissen würden, was wir tun sollten, wenn wir das Gesuchte tatsächlich fänden. In dem Film *Die Braut des Prinzen* kommt ein Mann namens Inigo Montoya vor, der fast sein ganzes Leben der Suche nach dem Mörder seines Vater widmet. Als er ihn schließlich findet und umbringt, fragt ein Freund: »Und was willst du jetzt machen, wo du dich gerächt hast?« Inigo bleibt wie angewurzelt stehen und verdutzt gibt er zu: »Ich weiß es nicht – ich habe mich so lange mit Rache beschäftigt, ich glaub', ich weiß gar nicht, was ich ohne sie anfangen soll!«

Viele von uns haben wie Inigo ihre ganze Identität auf der Suche nach Wahrheit aufgebaut. Wir sind professionelle Patienten, Klienten, Studenten, Sucher und Schüler geworden.

Zwei zeitgenössische Gurus, Calvin und Hobbes, schildern treffend unsere Situation:

Hobbes: Na, was machst'n so?

12

Calvin: Ich werd' reich.

Hobbes: Echt?

Calvin: Klar! Ich schreib 'n Selbsthilfe-Buch. Es gibt 'n Riesen-markt für so'n Zeug.
   Zuerst überzeugste die Leute, daß mit ihnen was nicht stimmt. Das ist leicht, weil die Werbung es schon geschafft hat, sie wegen ihrem Gewicht, ihrem Aussehen, gesellschaftlichem Status, Sexappeal usw. zu verunsichern.
   Als nächstes überzeugste sie davon, daß das Problem nicht ihr Fehler ist, denn das glaubense ohnehin. Niemand will für seine eigene Situation verantwortlich sein.
   Und schließlich überzeugste sie davon, daß sie ihr Problem durch deinen Rat und deine Ermutigung lösen und dann end-lich glücklich sein können!

Hobbes: Genial! Und welches Problem hilfst *du* den Leuten zu überwinden?

Calvin: Ihre Abhängigkeit von Selbsthilfe-Büchern! Mein Buch heißt »*Halt's Maul und hör auf zu jammern: Wie man was aus seinem Leben machen kann, ohne sich dauernd nur mit sich selbst zu beschäftigen.*«

Hobbes: Du solltest, glaub ich, den Vorschuß abwarten, bevor du irgendwas kaufst.

Calvin: Das Problem ist nur: Wenn mein Plan funktioniert, werd ich keine Fortsetzung schreiben können... (1)

Wie der Leser, für den Calvin zu schreiben beabsichtigt, so dok-tern viele von uns bereits seit langem an sich herum. Jede Sai-son erscheint ein neues revolutionäres Buch oder eine Methode, die *wirklich* den Nagel auf den Kopf trifft, warum wir so da-neben sind. Doch wie viele dieser Bücher dringen wirklich bis zum Innersten unseres allumfassenden Wesens vor?

das
wäre

gilt

Dies könnte das letzte Selbsthilfe-Buch sein, das du jemals liest. Wenn du seine Prinzipien verstehst, wirst du nicht mehr an dir herumkurieren müssen. Im Gegensatz zu vielen Selbsthilfe-Techniken, die an das Gefühl der Unzulänglichkeit des Lesers appellieren, besteht dieses Buch klar und kompromißlos auf deiner angeborenen Stärke. Ich will nichts zu der Wahrheit hinzufügen, die du bereits kennst; alles, was du zu wissen brauchst, ist bereits in dir. Statt dessen werde ich dich daran erinnern, daß du bisher am falschen Ort nach Antworten suchtest: Außen, anstatt in dir selbst.

Dieses Buch wird keine Fortsetzung haben, im Gegenteil: Es markiert das Ende einer lang eingeprägten, das Selbst abwertenden Denkweise – nämlich der Auffassung, du müßtest etwas anderes sein als das, was du bist. Es wird dir keine revolutionäre Technik vorstellen, sondern es wird dich mit dir selbst bekannt machen. Dieses Buch wird dich nicht zu einem mystischen Meister oder zu exotischen Edelsteinen führen – doch es wird dir dabei helfen, deine eigenen verborgenen Schätze ans Licht zu bringen und den Meister in dir zu wecken.

Dieses Buch hat *eine* Botschaft, die aus vielen verschiedenen Blickwinkeln dargestellt wird, bis du so von ihrer dynamischen Wahrheit überzeugt bist, daß du schwören könntest, du selbst hättest es geschrieben. Du bist kein schwarzes Loch, das gefüllt werden muß. Du bist ein Licht, das leuchten soll. Die Tage der Persönlichkeitsentwicklung sind vorbei, die Ära der Selbstbejahung hat begonnen. Es ist an der Zeit, Verbesserungsversuche aufzugeben und mit dem Leben zu beginnen!

richtig

Wiedergefunden! ist ein Auffrischungskurs. Es wird die Erinnerung daran auffrischen, wer du bist und weshalb du hierher kamst. Dieses Buch wird dein Herz mit neuem Mut erfüllen, deinen Träumen zu folgen und deine tiefsten Eingebungen und Neigungen in die Tat umzusetzen. Und es wird deiner Seele wieder ihren rechtmäßigen Platz zuweisen, indem du dir bewußt wirst, daß du stärker als alles bist, was du erleben magst. Der göttliche Geist in dir ist mächtiger als alles andere in der äußeren Welt. Die Kraft deines Lebens ist wieder in deine eigenen Hände gegeben, wo sie immer gewesen ist. Du brauchst sie eigentlich nur wiederzufinden!

ALAN COHEN

14

WIEDERGEFUNDEN!

*Ein praktischer humorvoller Führer
zur Selbstfindung*

So ist es immer schon gewesen, und nichts wird sich daran ändern

Nicht aus diesem groben Holz geschnitzt –
lichtvolle Wesen sind wir!

YODA

Stell dir vor, da behauptet einer steif und fest, du kennst das Geheimnis des Lebens. Und dann stellt er dich auf eine Bühne, damit du es dort offenbarst. Was würdest du tun?

Die amerikanische TV-Show *The Totally Hidden Video* (Die versteckte Kamera) inszenierte einen total verrückten Gag zu genau dem Thema: Ein UPS-Zusteller wurde aufgefordert, ein Paket bei einem religiösen Tempel abzuliefern (der natürlich für die Sendung konstruiert worden war). Unbemerkt vom Fahrer hatten die Witzbolde ihn fotografiert und ein gemaltes Portrait davon angefertigt, das den jungen Mann, gekleidet im würdigen Gewand des Führers der erfundenen Sekte, darstellte.

Als der Zusteller eintraf, erblickten ihn die Schüler (vom Fernsehen engagierte Schauspieler) und begannen, aufgeregt durcheinanderzureden. Sie geleiteten ihn ins Innere des Heiligtums und baten ihn, vorne auf einem Plüschkissen, dem Ehrensitz, Platz zu nehmen. Dann offenbarten sie ihm, daß er der auserwählte, langerwartete Prophet sei, den ihre heiligen Schriften verheißen hätten. Um alle Zweifel aus dem Weg zu räumen, zog ein Diener den Vorhang des Altars auf, und siehe da, dort hing das beeindruckende Portrait des Zustellers, »so wie es ein Seher bereits vor Jahrhunderten gemalt hatte«.

»Bitte«, flehte ein Schüler, »sprich einige Worte der Weisheit zu uns.«

Der Fahrer sah sich das Portrait genau an, und sein Blick glitt über die Menge der erwartungsvollen Devotees. Es wurde still in der Versammlung. Er setzte sich auf das Kissen, holte tief Luft und sprach: »Das Leben«, so erklärte der Weise, »ist wie ein Fluß.« Seine Worte wurden sofort von einem »Oh!« und »Ah!« der Schüler erwidert, die inbrünstig an jedem heiligen Wort hingen.

»Manchmal fließt das Leben leicht, und manchmal stößt man auf Felsen und Stromschnellen«, erklärte der Guru, »doch wer Ausdauer und Glauben besitzt, wird den Ozean seiner Träume erreichen.«

Wieder fielen die Schüler in Ekstase, und man vernahm weitere »Oh's« und »Ah's«. Dies war fürwahr der Tag, auf den sie gewartet hatten!

»Ja, das wär's«, schloß Swami UPS mit knappen Worten, »nun muß ich aufbrechen und noch ein paar Pakete zustellen.«

Widerstrebend erhoben sich die Devotees, verneigten sich ehrfürchtig und machten dem Gesalbten schüchtern Platz. Überschüttet mit überschwenglicher Verehrung bahnte er sich seinen Weg zum Ausgang.

Und jetzt kommt der erstaunliche Nachtrag zu der Geschichte: Das Fernsehen spielte mehreren Zustellern denselben Streich, und jeder von ihnen fand tiefschürfende Worte, sobald er auf dem Kissen saß. Die Aufforderung, sich auf eine tiefere Ebene zu begeben, brachte die innere Weisheit in diesen einfachen Menschen zum Vorschein.

Tief in seinem Herzen kennt jeder von uns die Wahrheit. Die Antworten, die wir suchen, die Kraft, nach der wir streben und die Anerkennung, die wir erreichen möchten, sind immer in uns. Wenn wir die Gelegenheit bekommen (indem wir auf das Kissen gesetzt werden) oder wenn wir wirklich gefordert sind (indem wir in die Enge getrieben werden), wissen wir, was wir wissen müssen und tun, was notwendig ist.

Die entscheidende Bewertung

Wer bist du?

Vielleicht bist du an dem Punkt in deinem Leben angelangt, an dem du diese grundlegend wichtige Frage stellst. Sei vorsichtig mit der Antwort, denn *deine Antwort formt dein Schicksal.* Wenn du glaubst, du bist armselig, unterdrückt oder unwürdig, so wird deine Welt deinen Glauben bestätigen. Wenn du dich als ganzheitliches, schöpferisches Wesen betrachtest, das hier ist, um Freude auszudrücken, um Liebe zu geben und zu empfangen und einen Beitrag zum Leben auf diesem Planeten zu leisten, so wird dein Selbstbild positiv. Wie Henry Ford bemerkte: »Denke, du kannst es, oder denke, du kannst es nicht, und in beiden Fällen wird es zutreffen.«

❦ SCHLÜSSEL ❦
Wir sind spirituelle Wesen,
die durch eine materielle Erfahrung gehen

Du und ich sind mehr als unsere Körper, Gefühle, Gedanken und Erfahrungen. Wir lebten im Geist, bevor wir auf die Erde kamen, und wir werden im Geist leben, nachdem wir diese Erde verlassen. Auch während wir hier sind, leben wir im Geist – doch wenn wir glauben, wir seien begrenzt, werden wir unsere Größe nicht erfahren. *Der erhabenste Sinn unseres Lebens besteht darin, uns unseres spirituellen Wesens bewußt zu sein, auch wenn alles dem Anschein nach dafür spricht, als existierten wir nur materiell.*

Unsere spirituelle Natur ist das einzige, was die Welt nicht verfälschen oder uns nehmen kann. Egal welche Erfahrungen wir durchmachen, was wir im irdischen Drama gewinnen oder verlieren und welche Menschen in unser Leben treten oder es verlassen: Unser wahres Selbst bleibt ganz, unversehrt und vollkommen. Wir waren es immer, und nichts wird sich dran ändern.

O Gott

Erledigen wir die Sache mit Gott jetzt gleich. Das Wort ruft alle möglichen Reaktionen hervor. Wie viele Menschen in unserer Kultur bist du vielleicht ablehnend gegenüber allem, was mit Gott oder Religion zu tun hat. Viele Religionen, besonders in der christlich-jüdischen Tradition, haben das Bild eines grimmigen, zornigen und rachsüchtigen Gottes entworfen, eines alten Mannes mit weißem Bart, der, auf einer fernen Wolke sitzend, willens und imstande ist, die Sünder zu zermalmen, wenn sie nicht spuren.

Kennst du das irgendwoher?

Wie wir uns in diesem Buch auf Gott beziehen, hat nichts mit dem zu tun, was du in der Kirche oder im Religionsunterricht gelernt hast. Der Gott, von dem ich spreche, ist ein Gott reinster Liebe. Er lebt *in* dir und drückt sich durch dich, als Du aus. Der Gott, der nur Liebe kennt, wohnt in deinem eigenen Herzen, er spricht durch deine tiefsten Neigungen hindurch und führt dich zu größerer Erfüllung. Der *Geist*, den ich kenne, schickt kein Leid, sondern nimmt es hinweg.

Wenn du das Wort Gott nicht magst, so übergeh es einfach. Es macht weder mir etwas aus noch Gott. Wenn du dafür lieber »Geist«, »Liebe« oder »Onkel Fritz« sagen möchtest, tu's ruhig. Glücklicherweise hängt Gott nicht so an jenen besonderen Namen wie einige der Religionen, die sich um ihn gebildet haben. Seien wir ehrlich: Irregeleitete Vertreter der Religionen haben Gottes Namen einen schlechten Beigeschmack verliehen. Nun ist es an der Zeit, die Kraft der Liebe, unter welchem Namen du sie auch kennst, in all ihrer Schönheit und Würde wieder ans Licht zu holen.

Auch über die Beziehung zwischen Spiritualität und Religion sollten wir Klarheit schaffen. Alle Religionen begannen mit Spiritualität, einer überströmenden Fülle und Begeisterung angesichts des Wunders des Lebens. An einem bestimmten Punkt jedoch blieben viele Religionen in übertriebener Institutionalisierung stecken, was dem Geist, in dem die Organisation gegründet worden war, sehr abträglich ist. (Die meisten Propheten und Erleuchteten wären ziemlich enttäuscht über die Religionen, die nach ihnen entstanden.) Dennoch gibt es in den meisten Religionen immer noch (relativ kleine) Gruppen, die den ursprünglichen Geist der Lehre bewahrt haben.

Der spirituelle Pfad gründet sich eher auf die innere Haltung eines Strebens als auf seine Form, eher auf die Essenz als auf die Erscheinung, eher auf das Herz, das vor dem Dogma kommt.

Während Religion dazu neigt, eng und konkurrierend zu sein, ist der spirituelle Pfad allumfassend. Man sagt, Religion lehre Gehorsam, während Spiritualität Selbstdisziplin lehrt. Es heißt auch, Religion sei für diejenigen, die die Hölle fürchten und Spiritualität für jene, die bereits in ihr waren. Viele Menschen auf dem spirituellen Pfad sind auch den Weg der Religion gegangen und stellen schließlich fest: »Es muß doch mehr am Leben dran sein, als was hier praktiziert wird.« An dem Punkt beginnt das spirituelle Abenteuer.

Die Reise, die wir zusammen unternehmen, schließt die Religion nicht aus (tatsächlich beinhaltet sie das Höchste, was Religion bieten kann), aber sie ist ebensowenig auf irgendeinen besonderen Glauben beschränkt. Unsere Odyssee wird uns nicht mit weiteren Etiketten binden, sie wird uns von den begrenzten Identitäten, die wir angenommen haben, befreien. Wir wollen uns nicht immer weiter beschuldigen, sondern uns selbst entdecken. Wir versuchen nicht, uns von etwas, was wir sind, zu befreien; wir lernen, alles, was wir sind, zu feiern.

Diese Reise lädt dich dazu ein, dir anzuschauen, wer du bist und wie du dein Leben lebst. Eine solche Selbstprüfung mag im ersten Moment furchterregend wirken, aber block jetzt nicht ab. Im Gegenteil, wenn du Angst hast, nach innen zu schauen, dann wurde dieses Buch genau für dich geschrieben. Es wird dir zeigen, daß du ganz und gar liebenswert bist. Und jetzt hinein in unser Abenteuer...

Schieß nicht auf die Leinwand

Ganz am Anfang der Filmindustrie fuhr eine Gruppe Cowboys in eine Stadt in Montana, um sich zum ersten Mal einen Film im Kino anzusehen. Im Film kam eine Szene vor, in der eine Gruppe Indianer eine junge Pionierbraut entführte und sie zu ihrem Lager schleppte. Beim Anblick dieser Entführung stand ein Cowboy hinten im Kino auf und feuerte wie wild auf die Leinwand. Der Film stoppte, die Lichter gingen an, und die Zuschauer lachten, als sie nur eine leere Leinwand mit sechs Löchern sahen.

Wir liegen genauso falsch, wenn wir anhand des Films unseres Lebens (der sich auf der Leinwand unseres Geistes abspielt) unsere Identität bestimmen oder unseren Wert beurteilen. Wenn du glaubst, du bist das, was dir deine Eltern, Lehrer, Pfarrer oder die Arzneimittelwerbung einreden, wirst du dich möglicherweise sehr klein und hilflos fühlen. Wenn du gegen die kämpfst, deren Beifall ausbleibt, wenn du sie verletzt oder dich an ihnen rächen willst, vergeudest du Munition. Deine Bemühungen, dich anderen zu beweisen, sind genauso wertlos wie Schüsse auf die Kinoleinwand.

Wenn du um deinen Wert weißt, brauchst du niemanden, der ihn bestätigt, und wenn du ihn nicht erkennst, ändert sich das nicht dadurch, daß du andere davon zu überzeugen suchst. Wenn du den Film, den du siehst, nicht magst, halt dich nicht damit auf, die Leinwand zu beschießen: Lege lieber einen anderen Film ein, oder noch besser: Mach das Licht an.

Diese Welt ist wie ein Filmtunnel, durch den wir laufen. Wahrscheinlich bist du in einen dramatischen oder furchterregenden Film gegangen und hast dich gefühlsmäßig darin verstrickt. Du hast vielleicht geweint, geschrien, gelacht, hast vor lauter Spannung den Stoff deiner Armlehne abgefriemelt oder sogar in die Hose gemacht. Vielleicht warst du aufgeregt, deprimiert, ängstlich, zornig, verliebt oder sexuell erregt von den Bildern auf der Leinwand. Doch als am Ende der Nachspann kam und wieder das Licht anging, wurdest du dir bewußt, daß es nur ein Film war. Obwohl du zeitweilig in das Schauspiel vertieft warst, ließ sich das wirkliche Du nicht von den Bildern erschrecken.

Obwohl Erfahrungen real zu sein scheinen, wenn wir sie erleben, gehen wir doch im Wesen unversehrt aus ihnen hervor. Der Beweis dafür ist, daß *du immer noch hier bist.* Denk an all die wilden und verrückten Abenteuer, die du hattest, an die Gefahren, die du bezwungen und die Ängste, die du überstanden hast. Und trotz allem sitzt du heute hier und liest dieses Buch. Du bist hier. Du hast dein Selbst. Du hast es immer gehabt – dein wahres Selbst – und du wirst es immer haben. Nach allen Worten und Handlungen bleibt ein »Ich bin«, das die Rolle, die auf der Leinwand dargestellt wird, überdauert. Wir sind spirituelle Wesen, die durch eine materielle Erfahrung gehen.

Schiffe fahren durch die Nacht

In der Mittelstufe im Gymnasium war ich wahnsinnig in ein Mädchen namens Kathy MacKenzie verliebt. Ich war in der siebten Klasse, Kathy in der achten, und ihr Schließfach war von meinem nicht weit entfernt. Von dem Augenblick an, als ich Kathy sah, war ich verloren. Sie war überwältigend, lächelte ein strahlendes Pepsodent-Lächeln und war die Verkörperung des süßen amerikanischen Mädels von nebenan: meine Traumfreundin. Meine Tage drehten sich nur noch darum, Kathy im Flur zu sehen und mir vorzustellen, daß sie eines Tages die Meine sein würde. Ich schrieb Gedichte über ihre wunderschönen Augen, malte ihre goldenen Locken und ging abends an ihrem Haus vorbei, um zu sehen, ob sie daheim ist. Amor hatte mich voll erwischt, aber wie!

Leider las ich Kathy weder jemals die Gedichte vor, noch zeigte ich ihr meine Zeichnungen oder klopfte an ihre Tür. Ich wechselte noch nicht mal ein Wort mit ihr. Jedesmal, wenn ich in ihre Nähe kam, wurde aus mir ein zitterndes Etwas, x-beinig, mit klopfendem Herzen und gelähmter Zunge. Meine Aufmerksamkeit war so auf mich selbst gerichtet, daß ich Kathy noch nicht einmal nahe kommen konnte. Ich hegte so ernsthafte Selbstzweifel und Befürchtungen, daß sie mich abweisen würde, daß es wesentlich sicherer schien, sie aus der Entfernung zu lieben. So verstrich die siebte Klasse, und das Mädchen meiner Träume verschwand aufs Gymnasium – ohne mich. (Kathy, wenn du dies liest, ruf mich an!)

Rückblickend auf dieses Teenager-Drama bekommt der Ausdruck »seiner selbst bewußt« eine andere Dimension. Ich erkenne jetzt, daß meine Aufmerksamkeit trotz aller ängstlichen Verlegenheit keineswegs bei mir selbst war. Ich war mir meiner Ängste, meiner Selbstbewertung, meiner Phantasien von Zurückweisung und einer ganzen Höhle voll Spinnweben und Fledermäusen in Form düsterer Annahmen über mich selbst bewußt – und nichts davon hatte irgend etwas mit *dem* Selbst zu tun, das ich inzwischen als das erkannt habe, was ich wirklich bin.

Was wir Selbstbewußtsein nennen, ist eine schlimme Verwechslung. Wirklich selbst-bewußt zu sein bedeutet gottverwirklicht zu sein. Jahrtausendelang haben die Mystiker wiederholt: »Ich *bin*

23

Sein, Bewußtsein und Glückseligkeit.« Jesus verkündete: »Ich und der Vater sind eins.« Unsere wirkliche Identität wurzelt im *Geist*, alles andere ist vergänglich. Unsere Reise gleicht der Fahrt eines großen Dampfers auf See, mitten in einer nebligen Nacht. Stetig bahnt sich das Schiff seinen Weg durch den Nebel, während alle Aktivitäten an Bord ungehindert weitergehen. Der Morgen wird anbrechen, und der Nebel wird sich lichten. Das Schiff aber fährt weiter dem Hafen seiner Bestimmung entgegen.

Hinter der Maske

Der Science-fiction-Autor Ray Bradbury äußerte sich einmal ironisch über William Styron, einen Kritiker, bei dem Bradbury das Gefühl hatte, er sei etwas zu sehr von sich eingenommen. Bradbury bemerkte: »Sein einziges Problem ist, daß er denkt, er *ist* William Styron.«

Mein Konzept von mir selbst ist nicht das, was ich bin. Ich bin viel mehr als meine Persönlichkeit. Das Wort »Persönlichkeit« kommt von dem griechischen Wort *Persona* und bedeutet »Maske«. Ich mag zwar der Welt eine Maske zeigen und die Masken der anderen ansehen, doch der Schauspieler darf nicht mit dem Kostüm verwechselt werden. Vielleicht verleite ich andere (und mich) dazu zu glauben, ich sei das Bild, das ich darstelle, doch auch das macht die Illusion nicht zur Wirklichkeit. Vielleicht haben wir hinter unseren Masken und Verhaltensweisen ein kompliziertes Geflecht des Mit- und Gegeneinanders entwickelt, doch hinter allen Bildern und Erscheinungen bleibt unser inneres Selbst unversehrt.

Eine Art und Weise, wie wir die Illusion der Beschränkung wirksam aufrechterhalten, besteht darin, uns mit Begrenztem gleichzusetzen. Gib acht, wen oder was du als »mich selbst« bezeichnest. Wir nennen alles Mögliche unser »Selbst«, »ich« oder »mein«, was nichts damit zu tun hat, wer wir wirklich sind. Als wir klein waren, wurde uns beigebracht, uns mit unseren Körperteilen zu identifizieren. Als man dich ans Töpfchen gewöhnte, haben dich deine Eltern vielleicht beim Aufstehen gefragt: »Hast du *dich* (yourself) abgeputzt?«* Wenn sie sahen, daß du mit deinen Geschlechtsteilen spieltest, wurdest du vielleicht ermahnt: »Du solltest *dich* nicht so anfassen.« Wenn du dir dein Knie aufschürftest, fragte deine Mami besorgt: »Hast du *dir* weh getan?«

Indem wir ständig mit unserem Körper identifiziert wurden (und später mit unseren sozialen Merkmalen), dauerte es nicht lange, bis wir unsere Identität, so wie wir sie wahrnahmen, von unserem inneren Selbst als spirituelles Wesen auf unser äußeres Selbst in Form von Körper, Gefühlen und kulturell festgelgtem Charakter verlagerten. Es ist kein Zufall, daß wir als Jugendliche und Erwachsene Schimpfwörter entwickelten, die uns mit Teilen des Körpers gleichsetzten. Auch wenn jeder beleidigt wäre, mit »Du Arschloch« oder ähnlichem bezeichnet zu werden, so wurde uns doch als Kindern unterschwellig beigebracht, daß wir genau das sind.

Ein wichtiger Schritt, unsere spirituelle Identität und Kraft wieder neu ins Bewußtsein zu heben, besteht darin, *neue sprachliche Formuliereungen dafür zu finden*, wenn wir uns auf »ich« und »mein« beziehen. Wir sprechen eine klarere Wahrheit, wenn wir uns auf »meinen Penis«, »mein Knie« oder »meinen Beruf« beziehen, als auf »mich selbst«. Sexualorgane, Knie und Berufe verändern sich, doch nicht das Selbst.

Leg dieses alte Gewand ab

Weil wir als Kinder begrenzende, illusorische und in sich widersprüchliche Identitäten annahmen, machen heute viele Menschen tiefgreifende Identitätskrisen durch. Manche sehen sich gezwungen, die Grundlage ihres Seins überhaupt erst zu erforschen, um neu zu erfahren, wer sie sind und was sie mit ihrem Leben anfangen. Die Suche nach dem wirklichen »Ich« wurde durch die

---

* Anm. der Übers.: Eine Anspielung, die sich im Grunde nur auf den zu Mißverständnissen führenden Gebrauch des Reflexivpronomens in der englischen Sprache bezieht: »Yourself« führt durch die Anhängung von »self«, d. h. Selbst, automatisch zur Gleichsetzung bzw. Verwechslung des spirituellen Selbst mit dem Körper.

enorme Unbeständigkeit der äußeren Welt noch verstärkt. Ehen, Familien, Arbeitsplätze, Religion, politische, wirtschaftliche und soziale Systeme bieten nicht mehr die Sicherheit, die sie einst zu geben beabsichtigten. Im Zuge gewaltiger gesellschaftlicher Umbrüche hat uns unser heftiger Durst nach Selbsterkenntnis an den Rand des Zusammenbruchs gebracht, und jetzt stehen wir kurz vor dem Durchbruch.

Eine solche psychische Verunsicherung überrascht nicht. Eine Identitätskrise ist das natürliche Ergebnis unserer Identifikation mit Dingen, die veränderlich sind. Da wir uns als die Rollen, die wir spielen und die Güter, die wir besitzen, definiert haben, werden wir, sobald sich die äußere Welt wandelt, verwirrt darüber, wer wir sind. Wir sind nichts, das man berühren oder benennen kann. Wir sind spirituelle Wesen, die durch eine materielle Erfahrung gehen. Nichts in der Form bleibt ewig gleich. Der göttliche Geist ist das einzig Beständige.

Eine Identitätskrise ist ein Segen. Eine falsche Identität aufrechtzuerhalten bedeutet eine gefährliche Identität, da sie uns von unserem wahren Selbst ablenkt und uns glauben läßt, wir seien weniger, als wir wirklich sind. Wenn du eine Identitätskrise hast, so ist sie kein Anlaß zur Depression, sondern zum Feiern. Zuerst spürst du vielleicht Angst und Verwirrung, doch du wirst nicht in die Dunkelheit geworfen – du wirst von ihr befreit. Du wirst in einen Zustand versetzt, aus dem heraus du entdecken kannst, daß du mehr bist, als du angenommen hattest.

Eine Identitätskrise ist eine phantastische Gelegenheit, das alte Gewand deines Selbstbildes abzulegen und ein passenderes anzuziehen. Leg dir nicht aus Angst oder Verzweiflung eine andere begrenzte Identität zu, um diejenige zu ersetzen, die gerade abfällt. Das wäre genauso, als würdest du ein Haus, das dir zu klein geworden ist, gegen eines eintauschen, das zwar neu, aber genauso klein wie das bisherige ist. Der ganze Sinn deines Unbehagens bestand darin, dich zur Suche nach einer größeren Wohnung zu motivieren. Die Angst wird dich davon überzeugen wollen, daß der Verlust des Alten dich leer zurückläßt; in Wirklichkeit jedoch hat der Verlust den Weg für etwas Besseres gebahnt, was zu deinem Nutzen ist.

Anstatt die bevorstehende Veränderung zu bekämpfen, nutze sie als Übung, dein Leben zu erweitern. Das chinesische Zeichen für das Wort »Krise« ist eine Verbindung von zwei anderen Zeichen: »Gefahr« und »Gelegenheit«. Je nachdem, welche Richtung du einschlägst, wirst du mehr von dem Weg erkennen können, auf dem es weitergeht. Geh lieber zu der Tür, die aufgeht, anstatt nach der zu greifen, die zugeht – nur dann wirst du deine Vorstellungen von dir selbst zugunsten deines wirklichen Selbst loslassen.

Der Mythos der Selbstverbesserung

Du könntest dein Selbst nicht verbessern, auch wenn du es versuchen würdest. Dein wirkliches Selbst, der *Geist*, benötigt keine Verbesserung. Das wirkliche Du ist stärker und fundamentaler als irgendein Aspekt deines Lebens, der verbessert werden könnte. Wenn etwas an dir verbessert werden kann, so ist es nicht das wirkliche Du. Du kannst deine Tendenz, nach links zu schreiben, korrigieren, du kannst deine Zähne begradigen lassen, an deinen rhetorischen Fähigkeiten feilen, durchsetzungsfähiger werden, dir klarere Ziele setzen und ein paar Zentimeter Speck abtrimmen – doch all dies sind Aspekte deiner Persönlichkeit, nicht das Du, das jenseits der Erscheinungen lebt. Deinem wahren Selbst kannst du weder etwas hinzufügen noch etwas wegnehmen.

Viele von uns haben sich Jahre (oder vielleicht Leben) lang bemüht und geschuftet, um unsere Schwachpunkte in Ordnung zu bringen. Wir betrachten uns selbst als unvollständig und begeben uns dann auf eine lange und enttäuschende Reise, um unsere Leere zu füllen. Doch es bedarf nicht des Heilens, sondern des Erwachens. Je mehr wir versuchen, an uns herumzudoktern, desto mehr entdecken wir, was verbessert werden muß. Wenn du jemals ein Haus (oder einen englischen Sportwagen) besessen hast, kennst du wahrscheinlich die damit verbundene endlose Tretmühle von Reparaturen und Verbesserungen. Sobald man eine Sache erledigt hatte, stand schon wieder was Neues an. Bootsbesitzer können ein Lied davon singen, wieviel Geld und Kraft es kostet, selbst ein bescheidenes Boot betriebstüchtig zu halten. Noch schwieriger ist es, ein Selbstbild intakt zu halten. Wie Sisyphus aus der griechischen Mythologie hast du das Gefühl, als ob du einen großen Felsblock zum Gipfel eines Berges wuchtest, nur damit er, schon in Reichweite des Gipfels, wieder zurückrollt. Die Probleme deines Lebens Stück für Stück zu lösen, wird letztlich nicht den Erfolg bringen. Wir können spirituellen Hunger nicht mit materiellen Lösungen stillen. Unsere Seele muß genährt werden.

Eine Country-Sängerin vergleicht die oberflächlichen Versuche ihres Geliebten, sich zu bessern, wehmütig damit, »die Stühle an Bord eines sinkenden Schiffs neu zu arrangieren«. Seine Veränderungen sind quasi nur kosmetischer Natur, die Grundlage stimmt einfach nicht. Und genauso ist es mit den vielen Systemen der Entwicklung von Körper und Geist. Sie arbeiten an dem äußeren Bild, aber sie stoßen selten bis zum inneren Menschen vor, zu der seelischen Ebene, von der aus dauerhafte Transformation geschieht. Die erfolgreichen Schlankheitskuren z.B. sind die, die sich mit dem Selbstbild des Patienten und den unterschwelligen emotionalen Bedürfnissen befassen, die übermäßigem Essen oder schlechten Ernährungsgewohnheiten zugrunde liegen. Physische Nahrung wird als Ersatz für die Befriedigung der Seele genommen, und Gewichtszunahme bedeutet Schutz vor Gefühlen der Unsicherheit. Wenn man dies in Betracht zieht, erkennt man, wie oberflächlich und nutzlos die Versuche sind, dauerhaft abzunehmen, indem man nur seine Ernährung verändert oder weniger ißt. Deshalb nehmen die meisten, die durch Selbstverleugnung abnehmen, schneller wieder zu (und manchmal mehr), als sie abgenommen haben. Sie sind vielleicht die Pfunde losgeworden, aber nicht die psychische Verfassung, durch die sie eigentlich erst zugenommen haben. Der Schlüssel zur Gewichtsabnahme (oder jeder anderen unerwünschten Gewohnheit) ist nicht Selbstverleugnung, sondern *Selbstbejahung*. Das bedeutet eine Neubelebung unserer liebevollen Beziehung zu dem Selbst, das wir achteten, bevor wir Essen dazu benutzten, Ängste zu kompensieren. Wenn du die innere Schönheit, mit der du erschaffen wurdest, neu entdeckst, gehst du einen bedeutenden Schritt auf erfolgreiches Abnehmen oder jeden anderen Weg der Selbstverbesserung zu. Letztlich werden wir nur geheilt, wenn wir das Selbst, das wir bereits sind, kennen- und liebenlernen.

Der Ausweg zeigt nach innen. Der Weg zur Freiheit liegt in der Rückkehr zu unserer Quelle. In deinem Innern lebt ein Wesen, das so strahlend und herrlich ist, daß du – könntest du es erblicken – herzlich über den Gedanken lachen würdest, das zu verbessern, was Gott vollkommen schuf. Dann bist du frei, dich an dem zu erfreuen, was du bist. Laß dein Bemühen um Vervollkommnung los und akzeptiere die Vollkommenheit, in der du erschaffen wurdest.

Ent-deckte Erhabenheit

Was löst dann die gewaltige Nachfrage nach Therapieformen zur Entwicklung von Körper und Geist aus? Wonach streben wir, wenn wir Selbsthilfe-Bücher lesen, Seminare besuchen, uns in die unterschiedlichsten mentalen Trainings und Therapien hineinstürzen?

Wir sind auf einem Weg der Selbst*findung*. Der Unterschied zwischen psycho-physischer Therapie und Selbstfindung ist fundamental. Heilungsversuche gehen von der Voraussetzung aus, daß du unvollkommen bist und eine Lücke in deinem Charakter füllen mußt. Aus der Perspektive der Selbst*verbesserung* ist Ganzheit ein Ideal, nach dem wir ständig streben sollen, das wir aber nie wirklich erreichen.

Selbstfindung hingegen geht davon aus, daß du bereits vollständig bist und mehr von dem, was du bist, erkennen und ausdrücken sollst. Die Anlagen zu all dem, was du sein kannst und sein wirst, sind in dir. (Ein weiblicher Fötus enthält alle Eier, die die Frau jemals in ihrem Körper bilden wird.) Um dein Potential zu manifestieren, solltest du nicht länger darauf aus sein, Defizite in Ordnung zu bringen, sondern die begrenzenden Glaubenssätze loslassen, welche die Erkenntnis deiner angeborenen Vollkommenheit verhindern. Der Pfad, der zum Selbst führt, ist die abenteuerliche Erfahrung, wie Stärke zu noch größerer Stärke, wie Gutes zu Besserem und zum Besten wird.

Swami Muktananda schrieb ein Buch mit dem Titel *Getting Rid of What You Haven't Got**. Wir verbringen viel Zeit damit, Probleme lösen zu wollen, die wir nicht wirklich haben. In ihrem wunderbaren Gedicht »Wenn ich mein Leben noch mal leben müßte« schreibt Nadine Stair im Alter von 85 Jahren: »Ich würde ein paar mehr wirkliche Probleme haben, aber wesentlich weniger eingebildete Probleme.« Auch *Ein Kurs in Wundern* (1) bestätigt, daß wir nicht viele kleine Probleme haben, wie es uns unser abgetrenntes Denken glauben läßt: Wir haben nur ein Problem – den Glauben, daß wir getrennt von Gott und voneinander sind. Korrigiere diesen einen Irrtum *im Bewußtsein*, und alles, was wir an uns als falsch ansehen, löst sich in Wohlgefallen auf wie Tau in der Morgensonne.

Wir sind nicht hier, um unsere Krankheitsgeschichte zu ihrer Ursache zurückzuverfolgen – jene dunkle Reise haben wir schon oft unternommen, und sie ist vergebens. Wir kennen unsere Probleme zu gut – wir sind Experten darin und stehen mit unseren Krankheiten auf vertrautem Fuß. Statt dessen sollten wir uns mit unserer Göttlichkeit vertraut machen. Wir sollten den goldenen Faden unserer Herrlichkeit aufnehmen und ihm nach Hause, zum Himmel im Innern folgen. Unsere Lebensaufgabe liegt nicht darin, Sünde und Unglück zu bekämpfen, sondern unsere Erhabenheit und Größe neu zu ent-decken.

Sein ist meine Aufgabe

Ich hatte einen Freund aus Ostasien namens Chin Lee, dessen Definition seiner selbst recht aufschlußreich war. Wenn man ihn fragte: »Wie geht's dir?« antwortete er: »Ich arbeite halt an mir – wie jeder.« Wie Chin Lee identifizieren sich viele von uns eher mit dem *Werden* als mit dem *Sein*. Der Pfad spirituellen Wachstums ist das zweithöchste Gewinnspiel auf dem Planeten. Das höchste ist Leben aus der Vollkommenheit. Irgendwann muß der spirituell Suchende dem spirituell Findenden weichen. Wahrscheinlich bist

---

* Loswerden, was nicht zu dir gehört

du an den Punkt gekommen, an dem du dazu bereit bist: Aus der Fülle zu leben und nicht mehr aus der Bedürftigkeit heraus.

Eine Weise, unsere Kraft zu leugnen, besteht darin, uns eher mit dem sich entwickelnden Aspekt unserer selbst zu identifizieren, als mit dem inneren Wesen, das bereits vollkommen ist. *Der Teil von dir, der immer nur im Prozeß des Werdens ist, wird nie ankommen.* Wenn du dich mit irgendeinem Merkmal identifizierst, das weniger als das Ganze ist, bewegst du dich in eine Realität hinein, in der niemals Vollkommenheit erlangt wird. Es gibt niemals einen Punkt, an dem ein Fragment deiner Selbst zu deiner Ganzheit wird. Werden bleibt immer Werden, und Sein ist immer Sein. Beide halten parallele Wirklichkeiten aufrecht, aber sie treffen sich niemals.

Als Moses Gott im brennenden Dornbusch auf dem Berg Sinai erkannte, fragte er: »Wie heißt Du?« Gott antwortete: »*Ich bin.*« Der Herr sagte wohlweislich nicht: »Ich gelange dahin« oder »sobald ich meine Therapie abgeschlossen habe, dann läuft es« oder »wenn ich die Diamantstufe meines Multi-Marketing-Levels erreicht habe, dann hab ich's geschafft«. Nein, Gott gab ganz klar zu verstehen, daß der *Geist* sich in einem Zustand des Seins und nicht des Werdens befindet. »*Ich bin.*« Jetzt.

Als Ausdruck des einen unendlichen Seins sollten wir uns weigern, uns mit irgend etwas Geringerem zu identifizieren. Keine Entschuldigungen, Aufschübe, Rechtfertigungen, mildernde Umstände, Bitten um Fristverlängerungen oder Hunde, die die Hausaufgaben aufgefressen haben. Sein ist unsere Aufgabe.

In seinem Buch *In der Stille liegt die Kraft* (2) rät White Eagle: »Gib deine Begierde nach Entwicklung auf.« Damals, als ich diesen Hinweis las, verbrachte ich die meiste Zeit mit Lesen, therapeutischen Beratungen, Workshops und Grübeleien, wie ich auf dem spirituellen Pfad weiterkommen könnte. Und just zu diesem Zeitpunkt taucht dieser körperlose Indianer auf und sagt mir, mein Eifer sei eine Form von Begierde! Wie kann er es wagen, darauf anzuspielen, daß ich vollkommen *bin*, wo ich ungeheure Energien dransetzte, vollkommen zu *werden*! Der Pfad der Entwicklung ist wunderbar, aber an einem bestimmten Punkt wird er zur Falle. Wir sind menschliche *Wesen*, nicht menschliche *Werdende.* Wir gelangen nicht dorthin; wir kommen von dort.

Unsere Gesellschaft ist völlig damit beschäftigt, »irgendwohin zu gelangen«. Wir sind besessen von »mehr«, »schneller« und »billiger«. Unsere Auffassung von »besser« ist meistens verbunden mit Vermehrung und Gewinn. Aber »mehr« ist nicht immer das Bessere. Manchmal ist »genug« besser. Unsere Gier nach immer mehr hat auf unseren spirituellen Prozeß abgefärbt. Mehr Kurse, mehr Ausbildungen und mehr Erfahrungen bedeuten nicht unbedingt mehr Erleuchtung. Manchmal bedeuten sie mehr Verwirrung, Ablenkung und metaphysische Magenverstimmung. Wenn du neuen Wein in alte Schläuche füllst, erklärte Jesus, werden sie platzen, und der Wein geht verloren. Wenn wir unsere Lebensqualität verbessern wollen, werden wir es von einer anderen Richtung aus angehen müssen.

Erleuchtung ist nicht irgend etwas im Äußeren, das wir erwerben müssen; es ist etwas im Innern, das wir nur zu gebären brauchen. Wir werden das haben, was wir zu finden bereit sind, doch was wir suchen, wird uns entgehen – nicht weil es unzugänglich ist, sondern weil wir von der Annahme ausgehen, daß wir es nicht bereits haben. Geh davon aus, daß du das, was du willst, bereits hast (oder zumindest die Anlage dazu in dir vorhanden ist), und das Universum wird deine Träume manifestieren, wenn du bestätigst »Ich bin«.

Das Licht im Innern

Ein Kurs in Wundern erinnert uns: »Ich bin, wie GOTT mich schuf.« Jesus erklärte: »Ich bin der Weg, die Wahrheit und das Leben.« Du und ich können – und müssen – mit gleicher Berechtigung die gleiche Identität für uns in Anspruch nehmen.

Jeder große Prophet hat dieselbe Botschaft wiederholt. Du *bist* das Licht, das du suchst. Das Wissen um deine Vollkommenheit kann nicht erworben, sondern nur wiederentdeckt werden. Es wird auch nicht schrittweise erreicht, sondern geschieht durch Erwachen. Es ist das Ergebnis eines Quantensprungs in unserer Identität und Lebensweise. Du kannst nicht dieses armselige Menschlein sein, für das du dich hieltest, und gleichzeitig das herrliche

Wesen kennen, das du bist. Du kannst dich nicht für leer halten und die Schätze der Fülle genießen. Es ist jetzt an der Zeit, mit dem Suchen aufzuhören und mit dem Finden zu beginnen, das Groß-*Werden* loszulassen und das Groß-*Sein* anzuerkennen; aufzuhören mit der Politik der kleinen Schritte und das Ganze zu fordern. Wir sind so weit, daß wir die Spielsachen der Kindheit beiseite legen und in der Würde ins Leben gehen, die auszudrükken unsere Bestimmung ist.

Aktivierung

Die Rose und der Spiegel

Stell dir einen kreisrunden Raum aus Spiegeln vor, alle sind makellos rein und spiegeln alles im Raum vollkommen wider.

Male dir aus, daß in der Mitte des Raums ein Glastisch steht, darauf eine Kristallvase mit den schönsten roten Rosen, die du jemals gesehen hast. Nimm die lebendige Farbe der Rosen wahr, die in voller Blüte stehen. Jede Rose ist in allen Aspekten vollkommen.

Sieh, wie die Rosen makellos durch den Spiegel reflektiert werden. Jedes Bild an der Wand spiegelt die Rosen aus einer einzigartigen und faszinierenden Perspektive. Die Wiedergabe ist so klar, daß man tatsächlich nicht den Unterschied zwischen den Rosen und ihrer Spiegelung erkennt.

Die Rosen stellen die Eigenschaften Gottes dar, und die Reflektion im Spiegel steht für unsere Identität als ein Ausdruck von Gottes Eigenschaften in dieser Welt. Gott ist reine Liebe, Schönheit, Weisheit, Harmonie und Güte. Wie die Lichtstrahlen der Sonne müssen wir auf Grund unserer Natur alles sein, was Gott ist.

Sage dir selbst: »Gott ist Liebe, deshalb bin ich Liebe«… »Gott ist Friede, so bin auch ich Friede«… »Gott ist Weisheit, und ich bin Weisheit«. Füge beliebig weitere göttliche Eigenschaften hinzu, die dir in den Sinn kommen, und setze dich mit ihnen gleich. Erkenne die Wahrheit deiner Vollkommenheit.

WIEDERGEFUNDEN!

*Seht, welch große Liebe uns gab der Vater,
daß wir Kinder Gottes heißen...
Geliebte, jetzt sind wir Kinder Gottes.*

1. JOHANNESBRIEF, 3. KAP. 1–2

Erb-Unschuld

Öffne deine Augen! Die Welt ist noch unversehrt;
sie ist so jungfräulich wie am ersten Tag,
so frisch wie Milch!

PAUL CLAUDEL

In einer Talk-Show sah ich ein Interview mit einer zwanzigjährigen Prostituierten. Als Candy vierzehn war, nahm ihre Mutter sie mit zu einer Straßenecke in Los Angeles, gab ihr zwanzig Dollar und ließ sie dort stehen. Seit jenem Tag hatte sie kein Zuhause mehr gehabt.

Ich war betroffen von der Härte, die das Gesicht der jungen Frau ausstrahlte. Obwohl sie noch jung war, machte sie einen alten, müden und total abwehrenden Eindruck. Sie sah mindestens doppelt so alt aus, wie sie war, wenn nicht noch älter.

Der Moderator verkündete, seine Mitarbeiter hätten Candys Vater gefunden, den sie liebte und viele Jahre lang nicht gesehen hatte. Kurz danach kam er auf die Bühne und umarmte sein kleines Mädchen, dessen Make-up nun zusammen mit ihren Tränen ihre Wangen herabliefen. Ich wünschte, ich hätte ein Bild von Candys Gesicht, als sie ihren Vater sah. Binnen eines Augenblicks waren jene furchtbar leidvollen Jahre verschwunden. Zum Vorschein kam das zarte Kind, das ungeschützt in eine kalte Welt hineingeworfen worden war. Candys Unschuld war nicht verloren. Sie war nur verborgen gewesen.

Jeder von uns hat auf seine Weise eine persönliche Festung um sich errichtet als Schutz vor der rauhen Welt, in der wir uns ausgesetzt fanden. Um zu überleben, prostituierten wir uns auf die eine oder andere Weise, begingen Verrat an dem, was wir sind und verleugneten das, was wir hier zu tun haben. Wir kompromittierten unsere Integrität, sagten ja, wenn wir nein meinten, und gaben uns auf eine Weise preis, die unsere heiligen Gaben erniedrigte. Einige von uns glaubten sogar schließlich, daß Abwehr und Verleugnung alles ist, worum es im Leben geht, wobei man sich dann fragen könnte, warum wir überhaupt hier sind.

Das zarte Kind in uns jedoch lebt noch. Das unschuldige, vertrauensvolle Wesen hat alle Katastrophen überlebt und ruht sicher in einem Hafen, der unberührt von den Stürmen der äußeren Veränderung bleibt. Das Kind ist nicht gestorben; es suchte nur Schutz, bis es sich sicher genug fühlte, um wieder zum Vorschein zu kommen. Versetze jenes Kind in eine Umgebung des Vertrauens und der Liebe, und dann sieh, wie es wieder auflebt. Es gibt keine größere Freude als die Zartheit der Unschuld wiederzugewinnen.

Jede Seele auf dem Planeten hat ihre Göttlichkeit bewahrt, ob die Person es weiß oder nicht. Das spirituelle Abenteuer besteht darin, wieder den Blick für das, was wir sind, zu bekommen und in der Würde zu leben, die uns dadurch offenbart wird. Je mehr wir uns unseres natürlichen Wertes bewußt sind, desto schneller können wir Vati auf die Bühne holen, um mit dem Kind, das er liebt, vereint zu werden.

Wie der Vater, so der Sohn

Ich fuhr die Fernstraße 101 in der Nähe von San Francisco entlang und probierte verschiedene Sender auf meinem Autoradio durch, als ich auf einmal verblüfft hörte, wie eine tiefdröhnende Stimme verkündete: »Du bist göttlich! Du bist ein Segen für die Welt! Du bist eine Quelle des Guten für jeden, mit dem du in Berührung kommst!«

»O Mann!« rief ich laut. »Am Radio verbreitet jemand tatsächlich die Wahrheit darüber, wer wir sind – ein toller Service!« Die Stimme fuhr fort: »Deine innere Natur ist Liebe. Dein Wesen ist ewig. Erhabenheit wohnt in dir.«

Mit jedem Wort fühlte ich mich strahlender, leichter und freier. (Es heißt, der göttliche Geist in uns liebt es, die Wahrheit über sich zu hören.) Tief in mir klangen die Worte nach wie eine alte Glocke, und ich drehte das Radio laut. Ich war begeistert, daß die positiven Aussagen an Tausende von Menschen in der Stadt übertragen wurden. Die Botschaft der Selbstwürde hatte einen Platz im kommerziellen Radio gefunden!

Du kannst dir meinen Schock vorstellen, als die Stimme fortfuhr: »Ja, o Gott, du bist alles, und wir sind nichts.« Blödmann! »Du bist vollkommen, und wir sind gemeiner Abfall unter deinen heiligen Füßen… Du bist göttlich, und wir sind verachtenswert… Erlöse uns von unserem Elend…«

Neuer Sender…

Ich stellte das Lied, das jetzt dran war, leise und lachte herzlich. Hier war ich und frohlockte in der Bekräftigung meiner Göttlichkeit, während sich der Sprecher von seiner eigenen abgetrennt hatte. Er hatte die Wahrheit von Gottes Vollkommenheit angemessen gewürdigt, aber an dem Punkt, wo er es zu würdigen versäumte, daß derselbe göttliche Geist, den er verehrte, auch in ihm lebte, machte er auf einmal Halt.

1536 erklärte der Schweizer Reformator Johannes Calvin:

Gott, der vollkommene Rechtschaffenheit ist, kann die Sünde, die Er in allem sieht, nicht lieben. Wir alle haben in uns das, was den Haß Gottes verdient… und deshalb werden sogar schon die kleinen Kinder, da sie ihre eigene Verdammung bereits aus dem Schoß ihrer Mutter mitbringen, nicht durch Verschulden eines anderen, sondern durch eigene Schuld geboren. Denn auch wenn sie die Früchte ihrer eigenen Sünde noch nicht hervorgebracht haben, so ist doch der Same derselben in ihnen eingeschlossen; fürwahr, ihre ganze Natur ist die sichere Saat der Sünde. (1) furchtbar !

Ich führe dieses Zitat zu deiner Inspiration an – aber nicht, um dich zu Calvins Worten, die von einem furchtbar verdüsterten Gemüt zeugen, zu bekehren. Es ist uns wirklich hoch anzurechnen, daß wir auf einem Planeten aufkreuzen, der von so einem fanatischen Selbsthaß erfüllt ist. Es gehörte unwahrscheinlicher Mut dazu, in ein Glaubenssystem reinzugehen, das uns zunichte macht, sobald wir es übernehmen.

Unser Platz stimmt jedoch mit unserer Absicht überein: Wir sind gekommen, um die Auffassung der Erbsünde niederzureißen und sie durch bleibende Unschuld zu ersetzen. Indem wir unsere schrecklichsten Selbstbilder ans Licht bringen, werden sie als durchsichtige Fassaden entlarvt. Indem wir uns mit wahnsinnig dramatisiertem Selbsthaß konfrontieren, erkennen wir, daß es nicht dem entspricht, wer wir sind oder wie wir leben sollten. Also danken wir Calvin, der das gellende Bekenntnis der Sünde anstimmte, damit wir seine Substanzlosigkeit erkennen und es in der Gnade einer höheren Liebe von uns weisen können.

Geistig, entgeistigt, vergeistigt

Dr. Gerald Jampolsky, der Autor von *Lieben heißt die Angst verlieren*, erzählt folgende Anekdote, die unsere Sehnsucht nach der Wiedererlangung unserer ursprünglichen Unschuld zusammenfaßt:

Ein kleiner Junge wurde in eine Familie hineingeboren, die bereits einen vierjährigen Sohn hatte. Von dem Augenblick an, als das neue Kind im Haus war, bat der ältere Sohn immer wieder, ob er mit seinem kleinen Bruder allein sein könnte. Die Eltern waren besorgt, der ältere Bruder könnte dem Säugling etwas zuleide tun und zögerten, ihre Erlaubnis dazu zu geben. Als der Junge nicht nachgab, erlaubten sie es ihm jedoch schließlich.

Vorsichtshalber schalteten sie das Babyphone im Kinderzimmer an und hörten, wie der ältere Junge zur Wiege des Kindes ging, sich hinüberbeugte und dem Baby zuflüsterte: »Bitte, erzähle mir von Gott – ich fange an, es zu vergessen.«

Wir alle kennen uns als spirituelle Wesen, wir alle haben es vergessen, und wir alle sind dabei, uns wieder darauf zu besinnen. Der Weise Swami Satchidananda faßt unsere persönliche Evolution folgendermaßen zusammen: »Als wir hier ankamen, waren wir geistig… Dann wurden wir ent-geistigt… Und jetzt müssen wir wieder ver-geistigt werden.«* Damit haben wir eine feinsin-

---

* Anm. d. Übers.: Wortspiel im Amerikanischen: *fine* – fein, vergeistigt; *defined* – ent-feinert = vergröbert, begrenzt, festgelegt, ent-geistigt; *re-fined* – wieder fein gemacht, verfeinert, vergeistigt.

nige Beschreibung unseres Abstiegs vom Himmel und das Rezept für unsere Rückkehr. Wir fingen geistig an, und wir bleiben geistig. Der Weg, wieder vergeistigt zu werden, liegt in der Erkenntnis, daß die Definitionen, die unsere Göttlichkeit verdeckten, unsere wahre Natur nicht verändern können.

Steine oder Licht?

Auf der Insel Bali in Indonesien entdeckte ich eine ganze Kultur von Menschen, die noch im Zustand ursprünglicher Unschuld leben. Die Balinesen sind das glücklichste, friedlichste und liebevollste Volk, dem ich je begegnet bin. Ihre Welt kommt für mich dem Himmel auf Erden am nächsten.

Die Balinesen haben einen Brauch, der ihr Wissen um die ursprüngliche Unschuld spiegelt. Wenn in Bali ein Kind geboren wird, dürfen seine Füße die ersten 150 Lebenstage nicht die Erde berühren. Für die Balinesen sind ihre Kinder Engel aus dem Himmel, und sie möchten sie nicht durch den Kontakt mit der Festigkeit der Welt schockieren. Jedes balinesische Kind wird bis zum Alter von etwa fünf Monaten ständig getragen. Dann wird eine farbenprächtige Zeremonie abgehalten, bei der die Füße des Kindes unter Gebeten und Segnungen auf die Erde gestellt werden.

In der westlichen Kultur haben wir kein solches Verständnis oder so eine Achtung vor unserer ursprünglichen Unschuld. Die Ankunft der meisten von uns geschah nicht in einer ehrfürchtigen Atmosphäre, sondern bei greller Beleuchtung, Verabreichung von Medikamenten, einem Klaps auf den Po und unverzüglicher Trennung von unserer Mutter. Kaum waren wir aufgetaucht, wurden wir mit weltlichen Identitäten versehen. Der erste Satz, den du vermutlich hörtest, als du auf diese Welt kamst, war ein lautes: »Es ist ein Mädchen!« oder »Es ist ein Junge!« Sofort wurdest du mit einem Selbstkonzept etikettiert, das dich auf eine Hälfte der Bevölkerung begrenzte. In meinen Seminaren frage ich die Teilnehmer: »Wie viele von euch haben bei ihrer Geburt den Arzt rufen hören ›Es ist das Licht der Welt!‹?« Nie hebt sich eine Hand.

Die spirituelle Tradition von Hawaii lehrt, daß jedes Kind, das in diese Welt geboren wird, wie eine »Schale voll Licht« ist und die Schönheit des Himmels enthält. Welcher Erwachsene wird nicht weich, wenn er den engelgleichen Gesichtsausdruck eines schlafenden Säuglings betrachtet? Auch wenn sie auf Erden gehen, bleiben Kinder weitgehend im Königreich des Himmels und erinnern uns an die Heimat, die wir vermissen und zu der wir zurückkehren möchten. Wenn Steine in unsere Schale gelegt werden, erklären die Meister aus Hawaii, so ist das Licht der ursprünglichen Unschuld verborgen. Angst, Zorn, Schuld und das Gefühl der Wertlosigkeit sind einige solcher Steine, die unseren wahren Glanz überdecken. Je mehr Steine in der Schale sind, desto weniger hell strahlen wir. Schließlich bleibt nur noch ein kleiner Schein dieses Glanzes, mit dem wir kamen. Menschen, die schmerzgebeugt, voll Scham und Depression sind, gleichen Schalen, deren Licht fast gänzlich verdeckt wurde.

Um unserem Licht seinen ursprünglichen Glanz zurückzugeben, müssen wir nicht irgendwohin gehen, um mehr Licht zu bekommen. *Das Licht ist bereits da*, es war nur überschattet. Wir müssen die Steine aus der Schale nehmen und dem Licht erlauben zu strahlen.

Der Pfad der Selbsterkenntnis besteht darin, einfach das, was wir nicht sind, aufzugeben. Wir werden in dem Maße frei, wie wir all das loslassen, was nicht unsere Herrlichkeit widerspiegelt. Ein Vogel kann nicht hoch oder weit fliegen, wenn ein Stein an ihm festgebunden ist. Entfernen wir, was uns beschwert, und wir sind frei, uns zu unerhörten Höhen emporzuschwingen.

Nach Hause kommen

Eine seiner liebenswertesten Rollen spielt Harrison Ford im Film *In Sachen Henry*, der Geschichte eines rücksichtslosen Rechtsanwalts, der nach einer Verletzung sein Gedächtnis verliert. Der Film zeigt den Kontrast zwischen dem Henry, der über vieles einfach hinweggeht und dessen krankhafter Geist sein schlechtes Leben beherrscht, und dem sanften, kindlichen Wesen, zu dem er wieder wird, nachdem seine gewohnten rationalen Fähigkeiten aufgehoben sind.

Der raffinierte Henry, dem wir zuerst begegnen, ist skrupellos im Geschäftsleben und gefühllos mit seinen Mitmenschen, er betrügt seine Frau und ist für seine Tochter emotional nicht existent. Auf der weltlichen Ebene – Geld, Status und Macht – läuft für Henry alles toll. Auf der persönlichen Ebene ist sein Leben krank. Er merkt nicht, wie unglücklich er ist, noch erkennt er das Leid, das er anderen täglich zufügt.

Nach seiner Verletzung wird Henry ein neuer Mensch – oder genauer, er wird wieder zu jenem unschuldigen Wesen, das er war, bevor er lernte, seine Welt zu manipulieren und sich mit jedem in Machtspiele und -kämpfe zu verwickeln. Der neue (oder ursprüngliche) Henry ist offen und großherzig, er hat einen sanften Charakter und ist auf liebenswerte Weise belehrbar. Angesichts Henrys wiederentdeckter kindlicher Empfänglichkeit bestärken seine Freunde und seine Familie seine freundliche Natur, und er »wächst heran« *frei* von der Listigkeit, derer er sich einst bediente. Henry wird der liebevolle Ehemann und Vater, den seine Familie einst vermißte, er bringt in Ordnung, was er als skrupelloser Anwalt einst angestellt hatte, und er kann ganz neu anfangen. In dem Maße, wie Henry seine ursprüngliche Unschuld wiedererlangt, wird seine Welt neu.

Der Schlüssel zu Henrys Verwandlung liegt darin: Seine Heilung erfolgt nicht dadurch, daß sich zu seinem bisherigen Repertoire Weisheit oder Geschick hinzugesellen, sondern durch die Rückkehr zu seinem fundamentalen Gutsein – eine gewaltige Veränderung geschieht durch die Aufhebung der Fassade, die er über sein wahres Selbst gelegt hatte. Henrys tyrannisch gequältes Leben war nicht das Ergebnis dessen, was er war, sondern dessen, wozu er geworden war.

Wir können Henrys Wiedergeburt als ein dramatisches Vorbild für unsere eigene Heilung benutzen. Wir leiden, weil wir Rollen und Werte übernommen haben, die nicht wirklich zu uns passen. Je mehr wir uns bemühen, uns fähiger und attraktiver darzustellen als wir sind, um so mehr stellen wir den Wert und die Schönheit unseres Innern in den Schatten. Je mehr wir das zu werden suchen, was wir unserer Meinung nach sein sollten, desto weiter entfernen wir uns von dem, was wir sind.

Dieser das Selbst negierende Kreislauf hört nur auf, wenn wir ablegen, was uns beigebracht wurde und zu dem zurückkehren, was wir wissen. Dr. Wayne Dyer unterscheidet zwischen Wissen und Glaubenssätzen. Glaubenssätze sind laut seiner Erklärung Vorstellungen, die wir uns aus der äußeren Welt aneignen – die Meinungen, Urteile und Weltsicht derer, die uns beeinflussen. Wissen hingegen kommt von innen. Wir wissen, was wir wissen, weil wir es wissen, und es hat nichts damit zu tun, was irgend jemand sagt oder tut. Der Schlüssel, unser Selbst zu leben, liegt darin, eher vom Wissen als von Glaubenssätzen auszugehen, d. h. unsere unschuldige Weisheit zu achten. Wir müssen vergessen, was uns beigebracht wurde, vergessen, damit wir uns daran erinnern, was wir wissen.

Ziel noch einmal

Vielen von uns wurde beigebracht, daß wir mit einer Erbsünde auf die Welt kamen und uns deshalb in dieser Welt mühen und quälen müssen, um von der Sünde erlöst zu werden, die wir allein durch unsere Geburt erbten. Vielleicht haben unsere Eltern unser Minderwertigkeitsgefühl noch verschlimmert, indem sie uns sagten, wir seien ein »Versehen« und hätten eigentlich überhaupt nicht hier sein sollen.

Aber Gott macht keine Fehler, und Seine Kinder wurden nicht in Sünde geboren. Gott ist Liebe, und alles, was aus Gott kommt, muß auch Liebe sein. Als Abkömmling eines weisen und liebevollen göttlichen Geistes kannst du kein Mißgeschick sein. So etwas wie ein »unrechtmäßiges« Kind gibt es nicht. Wenn du lebst, bist du rechtmäßig. Die finstere Auffassung von Unrechtmäßigkeit entstammt den beurteilenden Gedanken eines furchtsamen Gemüts und hat nichts mit den Gesetzen Gottes zu tun, die auf Bejahung und Würdigung beruhen. Es hat seinen guten Grund, daß du (und deine Kinder) hier sind, und ihr habt einen edlen Zweck zu erfüllen. Wir leben auf göttliches Geheiß, und wir sollten im Vertrauen darauf leben, daß es so ist.

Erb-Unschuld

Der Glaube an die Erbsünde ist ein Stein in unserer Schale. Um ihn wegzunehmen, müssen wir das Wort »Sünde« zu seiner ursprünglichen Bedeutung zurückverfolgen, die nichts mit Schuld, Scham oder irgend etwas zu tun hat, das Strafe nach sich zieht. Das Wort »Sünde« stammt von einem griechischen Ausdruck, der in der Kunst des Bogenschießens benutzt wird, und bedeutet »das Ziel verfehlen«. Wenn du beim Bogenschießen nicht ins Schwarze triffst, fällst du nicht auf die Knie und bittest um Vergebung. Du nimmst keine Peitsche und schlägst auf dich ein. Du läufst nicht vom Schießstand weg zu irgendeiner Autorität, die dir eine Buße auferlegt. Jede dieser Reaktionen wäre deiner Meisterung des Bogenschießens hinderlich. Schuld und Reue erleichtern es dir nicht, das Ziel zu erreichen, sie halten dich davon ab. Die weiseste Reaktion auf das Verfehlen des Ziels besteht darin, den Irrtum zur Kenntnis zu nehmen, einzuschätzen, was du zu tun hast, um genauer zu werden und erneut zu schießen.

Das Ziel, das wir verfehlt haben, ist die Herrlichkeit, die wir in uns haben. Wir haben uns mit den Steinen in unserer Schale identifiziert anstatt mit dem Licht. Wir haben uns als armselig, machtlos und von der Liebe verlassen betrachtet – allesamt falsche Identitäten, die unser wahres Selbst verraten. Um von dem Leid, das aus den Gedanken an Sünde und Böses entstand, befreit zu werden, müssen wir erkennen, daß wir ein Teil Gottes und dem Wesen nach spirituell sind, und daß wir die Anlagen zu einer wunderbaren Bestimmung in uns tragen.

Es ist nicht Gott, auf den wir hinzielen*; *von* Gott gehen wir *aus*. Auf Gott zu zielen, heißt daran zu glauben, daß wir von Gott getrennt sind, was zutiefst von der Wahrheit entfernt ist. Sonnenstrahlen zielen nicht zur Sonne hin; sie *sind* die Sonne, die sich ausdehnt, um dem Universum Licht und Wärme zu schenken. Wir sind Strahlen Gottes und segnen alles, womit wir in Berührung kommen. Wir brauchen uns nicht zu quälen, um Gott zu erreichen; die Schätze, die wir suchen, sind in uns.

---

* Anm. d. Übers.: Im Amerikanischen ist die Doppelbedeutung zu beachten: *shooting toward* kann sowohl »hinzielen, zielen auf«, als auch »wachsen zu« bedeuten; *shooting from*: »zielen von … her« und »sprießen aus«

Das Offensichtliche

Der Schauspieler Peter Sellers sagte einmal, seine Rolle in *Willkommen, Mr. Chance* sei seine wichtigste Charakterrolle gewesen. (Übrigens war es Sellers' letzte Rolle vor seinem Tod.) In dem Film stellt Sellers Mr. Chance dar, einen einfachen, doch zutiefst weisen Gärtner, der in einer so geschützten Umgebung aufwuchs, daß sich sein Denken und Fühlen nie über das eines Fünfjährigen hinaus entwickelte. Als er plötzlich in eine kalte und gerissene Welt hineingeworfen wird, bewahrt Chance seine wunderbare Unschuld. Alle, die ihn treffen, wissen nicht so recht, wie sie ihn einschätzen sollen, aber jeder hat ihn einfach gern!

Durch eine merkwürdige Verkettung von Ereignissen trifft Chance den Präsidenten der Vereinigten Staaten, der von seiner urigen, arglosen Weisheit angezogen ist. Als der Präsident Chance fragt, was er über die augenblickliche wirtschaftliche Flaute denkt, sagt Chance zum Staatschef: »Am Anfang, wenn die Pflanzen zu sprießen beginnen, ist Frühling; als nächstes kommt der Sommer, und das Getreide gedeiht; im Herbst freuen wir uns an der Ernte, und im Winter schließlich schläft alles. Dann kommt wieder Frühling, und die Pflanzen sprießen erneut.« Der Präsident sieht eine Entsprechung von Chances bildhaften Erläuterungen zu finanziellen Zyklen und formuliert seinen Wirtschaftsplan neu. Chance wird ein Nationalheld und wird zum Berater des Präsidenten ernannt. Der Witz dabei ist natürlich, daß Chance nichts von Wirtschaft versteht; alles, was er kann, ist gärtnern. Die Einfachheit seiner Wahrheit hatte eine durchschlagende Wirkung in dem ganzen intellektuellen Schlamassel.

Die letzte Szene von *Willkommen, Mr. Chance* zeigt eine Gruppe von Politikern, die darauf spekulieren, daß Chance der nächste Präsident wird. Während sie darüber sprechen, was alles für seine Nominierung spricht, spaziert Chance in einen nahe gelegenen Park, läuft über das Wasser eines Teiches – schließlich hat ihm niemals jemand gesagt, er könnte es nicht!

Stell dir vor, was auch wir alle tun könnten, wenn wir nicht wüßten, was wir nicht können. Denk dir, was wir alles wissen würden, wenn wir nicht so viel wüßten! Indem wir unsere Welt mit verschlungenen Konzepten und mentalen Abmachungen mehr und mehr kompliziert haben, haben wir die Wahrheit verdeckt. Wir haben uns und unsere Welt so umständlich definiert, daß wir das, was unmittelbar vor uns ist, aus dem Auge verloren haben. Ein Vortragsveranstalter stellte mich den Zuhörern einmal mit den Worten vor: »Ein Mann mit tiefer Einsicht in das Offensichtliche.« Ich faßte das als Kompliment auf. Die Wahrheit ist offensichtlich. Wir brauchen nicht weit zu gehen, um die Antwort zu finden. Sie ist schon in uns und, wenn wir bereit sind, uns und unser Leben mit unschuldigen Augen zu sehen, unserer Erfahrung auch zugänglich.

Die Sünde, die nie geschah

Ein Kurs in Wundern erklärt, daß wirkliche Vergebung die Anerkennung der Tatsache ist, daß uns keine Verdammung gebührt (2). Normalerweise wird Vergebung in der Welt so geübt, daß wir entscheiden, eine Handlung als sündhaft anzusehen und dann verkünden, daß wir über sie hinwegsehen werden. Doch solange wir glauben, daß jemand, um Sünde abzutragen, Strafe verdient, bekräftigen wir die Wirklichkeit der Sünde, die wir vergeben wollten. Es heißt: »Wir begraben das Kriegsbeil, doch dann merken wir uns, wo wir es begraben haben.«

Mein Freund Bob ist ein beeindruckendes Beispiel für die Realität der ursprünglichen Unschuld. Als er im letzten Semester auf dem College war, sah Bob vor der Unibuchhandlung eine Ausstellung von Jahrbüchern. Da er sehr gern eine Ausgabe haben wollte, aber kein Geld hatte, nahm er unbemerkt ein Buch mit.

Ein paar Tage vergingen, und Bob fing an, sich wegen des Diebstahls schuldig zu fühlen. Er schämte sich so sehr, daß er kaum noch an etwas anderes denken konnte. Schließlich beschloß er, sein Vergehen zu bekennen. Er brachte dem Geschäftsführer der Buchhandlung das Jahrbuch zurück und entschuldigte sich für sein schlechtes Verhalten. Zu Bobs Erstaunen reagierte der Geschäftsführer auf seine Beichte hin nicht mit einem Verweis, sondern lachte. »Sie haben dieses Jahrbuch nicht gestohlen, mein Lieber«, sagte der Geschäftsführer zu ihm. »Es war umsonst. Wir hatten zu viele davon auf Lager, deshalb haben wir die überzähligen Exemplare auf dem Tisch ausgelegt mit dem Hinweis, jeder, der eins möchte, könne sich mit unseren besten Empfehlungen eins davon mitnehmen. Sie haben einfach das Hinweisschild übersehen.«

Du kannst dir Bobs Schreck und Erleichterung angesichts der Sünde, die er nie beging, vorstellen. Ebenso sind die Sünden, die wir vermeintlich begangen haben, gar keine Sünden, sondern einfach Irrtümer in unserem Bewußtsein. Wir haben nicht das Schild gesehen, das uns vergab.

Ist Bobs Geschichte dann eine Bevollmächtigung, die zu Vergewaltigung, Plünderei oder Raub berechtigt? Sie versinnbildlicht die Art und Weise, wie wir uns von der furchtbaren Last der Schuld befreien können, die so viele von uns tragen. Sie bietet uns eine Vision der Unschuld, die uns über unsere Wahrnehmung von Sünde erhebt. Die Lehre betrifft nicht das Verhalten, sondern es geht um unsere Identität. Wenn du glaubst, du bist schuldig, wirst du an allem, was du tust, Fehler finden. Wenn du deine Unschuld erkennst, schaust du sanft und wohlwollend auf jeden deiner Schritte. Es gibt immer einen größeren Zusammenhang als den, in welchem wir uns für verdammenswert halten. Der *Kurs* sagt uns: »Ich kann durch nichts verletzt werden als durch meine Gedanken.« (3) Nicht was wir tun verletzt uns, sondern wie wir über unser Tun denken. Heilung geschieht nicht, indem wir unsere Vergehen abbezahlen, sondern indem wir lernen, uns aus demselben Verständnis heraus zu sehen, aus dem Gott uns sieht.

Es ist dieser Aspekt eines alles vergebenden Gottes, der die Herzen liebevoller Eltern erfüllt. Mütter sind so veranlagt, daß sie das Gute in ihren Kindern sehen. Als ich meiner Mutter das erste Exemplar meines Buchs *Es gibt hier keinen Drachen mehr* gab, war sie schockiert über die Enthüllungen, die ich über mein Leben niedergeschrieben hatte. Am nächsten Tag rief sie mich an und fragte mich ungläubig: »Du hast doch all das nicht wirklich gemacht, oder?«

»Doch, Mutter«, mußte ich antworten, »das hab ich.«

»Bist du wirklich nach Kalifornien gefahren und mit Leuten nackt umherspaziert, die du vorher nie gesehen hattest?«

»Ja, das stimmt.«

»Und du hast im St. Louis Planetarium LSD genommen, bist aufs Dach geklettert und hast eine Handvoll Jungpfadfinder erschreckt, als du in das Teleskop hineingucktest, während sie aus ihm herausschauten?«

»Ja, Mutter, auch das habe ich gemacht.«

»Und du hast versucht, deinen Mitbewohner im Studentenwohnheim loszuwerden, indem du eine Spur Kölnisch Wasser von seinem Bett zur Tür heraus getröpfelt hast und dann in den Flur gegangen bist und sie angezündet hast, während er schlief?«

»Ja, das und noch mehr hab ich gemacht. Liebst du mich immer noch?«

Ohne zu zögern antwortete sie: »Natürlich liebe ich dich. Was habe ich für eine andere Möglichkeit? Ich bin doch deine Mutter.«

Gott, der unsere Göttliche Mutter ist, hat ebenfalls keine andere Möglichkeit. Wenn Gott meine irdische Mutter mit der Neigung versehen konnte, ihr Kind unschuldig zu finden – was auch immer geschehen ist – dann kann auch Gott dasselbe tun. Wir brauchen nicht mit Gott zu handeln, damit Er uns vergibt, oder unter selbstgewählter Buße zu leiden, um unsere Sünden wiedergutzumachen. Gott ist sich in keinster Weise unserer Sünden bewußt. Unsere Unschuld ist eine lebendige Tatsache, die geltend war, noch bevor wir überhaupt mit unserem Tauschhandel oder unserer Buße begannen. Wir brauchen uns nur der göttlichen Liebe zu öffnen, um uns an dem begnadeten Zustand zu erfreuen, in dem wir dauernd sind.

Unter dem Scheffel hervor

Während die Verfechter unserer Sündhaftigkeit gerne Bibelstellen zitieren, die auf unsere Minderwertigkeit hinweisen, bekräftigen dennoch viele heilige Schriften unsere Erhabenheit.

Jesus sagte: »Ihr seid das Licht der Welt. Stellt das Licht nicht unter einen Scheffel.« Er lehrte auch: »Seid vollkommen, so wie euer Vater im Himmel vollkommen ist.« Er befahl uns nicht, vollkommen zu *werden*. Er sagte uns, daß unser Wesen vollkommen *ist*.

x schäm dich nicht, zeig dich wie du bist und sei stolz auf deine Vollkommenheit.

Im Buch der Propheten heißt es: »Ihr seid Götter.« Wir haben diese Aussage nicht sehr oft gehört, weil unsere Kultur den Anspruch auf unsere spirituelle Identität ungemein tabuisiert. Wir leben in stillschweigender Übereinkunft, unsere Göttlichkeit zu verleugnen und uns als »nur menschlich« und in millionenfacher Weise unbedeutend zu definieren. In seinem klassischen Werk *The Book on the Taboo Against Knowing Who You Really Are* (Das Buch über die Tabuisierung der Erkenntnis, wer du wirklich bist) beschreibt der Zen-Philosoph Alan Watts »unser stillschweigendes Mitwirken im Ignorieren dessen, wer oder was wir wirklich sind«, verkompliziert durch »die vorherrschende Meinung, man sei in einen Sack Haut eingeschlossen«. (4) Wir können ebensowenig auf einen Körper begrenzt werden, wie der Ozean nicht auf eine Welle begrenzt werden kann. Die Wellen gleiten nur über die Oberfläche einer riesigen, unermeßlichen Sphäre, die wir ergründen müssen, wenn wir den Schatz unter dem Offensichtlichen finden wollen. *Ein Kurs in Wundern* sagt uns: »Erlösung ist ein Geheimnis, das du nur dir selber vorenthalten hast.« (5)

Viele Hellseher berichten, daß zahlreiche Menschen auf dem spirituellen Weg unterbewußt Erinnerungen an vergangene Leben behalten haben, in denen sie auf dem Scheiterhaufen verbrannt wurden, weil die Gesellschaft eine so schreckliche Angst vor spiritueller Kraft hatte, daß sie jeden loswerden mußte, der diese Kraft anzapft. Das hervorstechendste Opfer des Tabus ist Jesus, der die damals maßgebliche Welt mit seiner Aussage der Vollkommenheit so bedrohte, daß seine Zeitgenossen ihn kreuzigten, um das Licht daran zu hindern, die Dunkelheit zu stören.

Bis zum heutigen Tag leben viele in Verleugnung oder Abwehr unserer Erhabenheit, weil sie fürchten, der Anspruch auf unsere Göttlichkeit sei etwas Ketzerisches. Falsch: Ketzerisch ist es, wenn man sich mit irgend etwas anderem als dem *Geist* identifiziert. Wir *haben* nicht nur das Licht – wir *sind* das Licht.

Wir brauchen mehr Bibelgelehrte, deren Anliegen es ist, eher Beweise für unseren Wert als für unsere Sündhaftigkeit zu finden. Wir brauchen nicht groß Ausschau nach Verkündern des Evangeliums zu halten, die Gründe für unsere Niederträchtigkeit herunterrasseln. Schalte doch einmal sonntagmorgens das Fernsehen oder Radio ein, und du wirst ein ganzes Heer von Predigern hören, die für die Verbreitung der Meinung arbeiten, wie verdammenswert wir sind. Viele von ihnen bedienen sich niveauloser theatralischer Mittel und emotionaler Manipulation, womit sie versuchen, furchtsame und überdrüssige Gemeindemitglieder an die Kreuze der Schuld zu nageln. Sie nutzen bereits tief verankerte Minderwertigkeitsgefühle aus, um potentielle Konvertiten für die niedrigen Ränge zu gewinnen. Selten zitieren oder frohlocken sie über die vielen biblischen Hinweise, insbesondere im Leben und in den Lehren Jesu, die unsere Herrlichkeit betonen. Wenn solche Prediger genauso entschieden für unsere Göttlichkeit eintreten würden, wie sie es für unsere Verdammung tun, würden wir eine rapide und erstaunliche Verwandlung auf dem Planeten erleben. Wir würden sehen, wie Menschen, die ihr Leben lang schamgebückt waren, gerade und aufrecht dastehen, um ihren Platz als göttliche Wesen einzunehmen. Freudlose, überdrüssige Gestalten mit gesenktem Blick und niedergedrücktem Herzen würden einen Ausweg finden aus dem düsteren Kerker, in dem sie unermeßlich lange gefesselt waren. Wir würden eine neue Religion auf dem Planeten erleben, unbefleckt von der Tyrannei der Schuld und voller Kraft, die Menschen auf mächtigen Schwingen zu einem lange verleugneten Himmel emporzuheben.

Wo finden wir Geistliche, die lehren, daß Liebe machtvoller ist als Angst? Wer wird der erste sein, der das Kreuz des Todes fallen läßt und Zuflucht zur ursprünglichen Unschuld nimmt?

Schau auf deine Hände, die dieses Buch halten, und nimm sie einmal bewußt wahr. Dies sind die Hände, die die Kraft besitzen, die Welt zu verändern. Derselbe lebendige Geist, der diese Hände dazu führt, diese Worte zu schreiben, spricht zu dem Herzen, das sie liest. Das Schicksal der Welt und allen Lebens – beginnend mit deiner Welt und deinem Leben – liegt in den Händen, die du vor dir siehst.

Warte nicht darauf, daß Prediger oder Lehrer dich befreien. Sie müssen sich zuerst selbst erlösen, indem sie ihren eigenen Wert erkennen. Jemand, der seinen eigenen Wert kennt, schöpft nicht aus der Verdammung seine Kraft: Er erkennt, daß nur Liebe und Vergebung wahre Kraft verleihen. Schau nicht auf die Dunkelheit, um deinen Weg zum Licht zu suchen – finde lieber einen winzigen Strahl der Liebe und folge ihm heim zu seiner Quelle.

Betrachte wieder deine Hände. *Du* bist als lebendiger Ausdruck der Ganzheit gemeint. Diese Forderung ist nicht zu hoch – alles andere ist zu wenig. Gewinne deine ursprüngliche Unschuld wieder. Gott verlangt keine Buße, nur Erwachen. Du wirst den Himmel nicht durch Dogma stürmen. Die Tore zum Paradies werden sich in deinem Herzen öffnen, wenn du die Liebe, die du durch äußere Eroberungen suchtest, in dir findest.

Erkenne, woher du kommst: Du kommst aus dem *Geist*. Erkenne deine wahre Natur: Du wurdest aus dem Licht geboren. Erkenne deinen Weg: Es ist dir bestimmt, in Frieden zu leben. Wo kann Heilung gefunden werden? Nur in der Entdeckung, daß du zur Liebe gehörst. Schau nirgendwo anders hin.

In gütiger Vergebung wird die Welt funkeln und leuchten,
und alles, was du einst für sündig hieltest,
wird jetzt als Teil des HIMMELS neu gedeutet.

Ein Kurs in Wundern (6)

Du kannst nicht üben, du selbst zu sein

*Es gibt nichts, was du zuvor noch tun mußt,
um erleuchtet zu sein.*

THADEUS GOLAS (1)

Es gibt nur einen Augenblick, in dem es dir gelingen kann, zu sein was du bist, und das ist *jetzt*. Echtheit ist die einzige Eigenschaft, die du nicht vorausplanen kannst. Wenn du dir vornimmst, wer du gleich sein wirst, geht dein wirkliches Wesen verloren. Liebe, unsere wahre Natur, drückt sich im Augenblick aus.

Wenn du darüber nachdenkst, was du sagen wirst, ist es nicht die Wahrheit. Ängstliche Vorbereitung ist ein Bemühen, ein bestimmtes Bild abzugeben in der Hoffnung, dadurch der Beurteilung deiner vermeintlichen Mängel zu entgehen. Wenn du erkennst, daß du alles in dir hast, was du brauchst, um jedwede Situation zu meistern, kannst du auch jederzeit und überall dasein und ohne »Probe« damit fertig werden. Gegründet in der Kraft des Augenblicks kannst du dich jenseits von Angst begeben und den Erfolg anziehen, den du dir wünschst.

Der Weg, um Zukunftsängste zu vermeiden, besteht darin, mit vollem Herzen in die Gegenwart einzutauchen. Wenn du jetzt voll hier sein kannst, wenn das »danach« zum »jetzt« wird, wirst du genau wissen, was zu tun ist und Ergebnisse bewirken, die für jeden stimmig sind.

Jetzt oder nie

Bei einem Workshop wurden ich und mehrere andere Teilnehmer aufgefordert, vor der Gruppe zu stehen und eine sehr persönliche Frage zu beantworten. Kaum hatten wir die Anweisung bekommen, begann ich eine Antwort zu formulieren, die die Zu-

51

hörer beeindrucken würde. Während die, die vor mir dran waren, sprachen, bekam ich kaum ein Wort davon mit, was sie sagten – ich war zu sehr damit beschäftigt, meinen »Auftritt« zu planen. Ich hatte es darauf abgesehen, die Leute so zu manipulieren, daß sie mich gut finden würden – ein vergebliches Bemühen, teuer erkauft durch die Augenblicke, die ich durchs Vorproben verpaßt hatte.

Ein Kurs in Wundern sagt uns: »Der geheilte Geist plant nicht.« (2) Das bedeutet nicht, daß wir gar nicht planen sollten; in dieser Welt gibt es durchaus Dinge, die der Vorbereitung bedürfen. Ein friedvoller Geist jedoch plant nicht aus *Angst*. Wenn wir einen Plan machen, weil wir das, was geschieht, wenn wir nicht planen, fürchten, dann bekräftigen wir unseren Glauben, daß wir in einer unsicheren Welt leben und in Gefahr sind. Nur ein mit furchtbaren Vorstellungen erfüllter Geist hortet heute, um sich gegen die Not von morgen abzusichern, oder baut eine Festung, um sich vor zukünftigen Angriffen zu schützen. Wenn wir voller Angst sind, können wir uns nie ganz schützen; es gibt nie genug Geld, Zeit oder Unterstützung, daß wir uns sicher fühlen. Unser Leben ist wie eine Szene aus dem Film *Godzilla*, in dem wir und Millionen andere wie verrückt durch die Straßen rennen, nur ein paar Zentimeter vor einem ungeheuren Fuß, der uns zertreten wird, wenn wir nicht schneller rennen. Aber wir werden nie schneller laufen als der Teufel, den wir fürchten, denn *der, vor dem wir wegrennen, sind wir selbst.* Es hilft nichts, wenn wir schneller laufen: Was hilft, ist mutig der Ursache unseres Schreckens entgegenzutreten. Anstatt bessere Laufschuhe anzuschaffen, sollten wir das, was wir als Bedrohung wahrnehmen, klarer ins Licht rükken. Um dem zu entrinnen, was wir fürchten, müssen wir die Wahrheit darüber herausfinden. »Erkenne die Wahrheit, und die Wahrheit wird dich freimachen.«

AKTIVIERUNG
Jetzt oder nie

Geh durch, was du deiner Meinung nach tun mußt, bevor du deine Ganzheit verwirklichen kannst:

- ☐ Meinen Abschluß machen
- ☐ Meine(n) Seelenpartner(in) finden
- ☐ Meine(n) Seelenpartner(in) loswerden
- ☐ Ein Baby bekommen
- ☐ Meine Eltern dazu bringen, mich zu akzeptieren
- ☐ Meine erste Million verdienen
- ☐ Aufhören zu rauchen
- ☐ Zehn Pfund abnehmen
- ☐ Größere Brüste oder .... haben
- ☐ Kleinere Brüste oder .... haben
- ☐ Mit meinem/r Ex- .... zurechtkommen
- ☐ Einen Porsche besitzen
- ☐ Die Hypothek abzahlen
- ☐ Einen Bestseller schreiben
- ☐ Filmstar werden
- ☐ Mein Temperament beherrschen
- ☐ Mein Mißbrauchstrauma heilen
- ☐ Meine sexuellen Wünsche überwinden
- ☐ Meine sexuellen Phantasien ausleben
- ☐ Nach Hawaii ziehen
- ☐ Darauf warten, daß Merkur nicht mehr rückläufig ist
- ☐ Frieden auf der Welt schaffen

Füge deine eigenen Forderungen auf einem separaten Blatt hinzu.

Lies jeden Punkt, den du durchgegangen bist, dann bekräftige deine Ganzheit, jetzt.

Schreibe jetzt

Die größte Kreativität entspringt dem Leben aus dem Moment. Wenn ich schreibe, habe ich selten das Gefühl, mich dadurch auf etwas anderes vorzubereiten. Ich habe Freude daran, Gedanken umzusetzen, die mich erleuchten und mir Kraft geben. Es fühlt sich schlicht und einfach gut an, meine Gedanken zu Papier zu bringen. Selbst wenn niemand das, was ich schreibe, jemals lesen würde, lohnt es sich trotzdem unbedingt, es festzuhalten. Ich schreibe, weil ich es liebe zu schreiben. Die Tatsache, daß du und andere es lesen und Nutzen daraus ziehen mögen, ist nur noch der Zuckerguß auf dem Kuchen. Der Autor eines berühmten buddhistischen Texts bemerkte in seiner Einführung: »Ich gebe nicht vor, zu irgendeinem anderen Zweck als meiner eigenen Erbauung zu schreiben.«

Wenn ich mir klar vor Augen halten würde, ein ganzes Buch zu schreiben, weiß ich nicht, ob ich es tun könnte oder wollte. Der Gedanke daran, ein Buch mit hochwertigem Inhalt zu füllen, wirkt erdrückend. Statt dessen schreibe ich nur einen Gedanken auf einmal auf, nämlich den, der mich am meisten begeistert – und irgendwie kommt dann aus allen Gedanken zusammen ein Buch heraus. In den letzten dreizehn Jahren habe ich acht Bücher geschrieben. Wenn mich jemand am Anfang aufgefordert hätte, das zu tun, hätte ich gelacht und gesagt: »Auf keinen Fall!« Und doch war es möglich – mit *einer* Einsicht nach der anderen.

Wenn ich schreibe, ist meine Aufmerksamkeit ganz bei dem jeweiligen Wort bzw. Satz. Die Lebendigkeit jedes Gedankens führt mich zum nächsten. Jedes Wort ist genauso bedeutsam wie das Endergebnis als Buch. *Die Reise ist lohnenswert um ihrer selbst willen.*

Leser und Seminarteilnehmer fragen mich oft, wie ich so viele Zitate und Geschichten behalten kann. Um ehrlich zu sein, erinnere ich mich nicht an sie: Sie tauchen plötzlich in meinem Bewußtsein auf, genau in dem Moment, in dem sie geschrieben oder gesprochen werden sollen. Mein Geist ist eins mit dem Geist Gottes, und deiner ist es genauso. Wir haben direkten Zugang zur ganzen Weisheit des Universums. Unser überbewußter Geist weiß alles, was wir wissen müssen und dann, wenn wir es wissen sollen.

Dinge im Gedächtnis behalten zu wollen, ist ein so todsicherer

Weg zu einem derartig vollgestopften und überstrapazierten Geist, daß du gar nicht mehr an das herankommst, was du zum jeweils gegebenen Zeitpunkt wissen solltest. Wenn du jedoch aufhörst, Gedanken anzuhäufen, öffnest du deinen Geist der unendlichen Wissensfülle Gottes. Das Ansammeln von Ideen ist, als liefe man mit einem dosenverpackten Repertoire von Witzen herum. Ich finde spontanen Humor unendlich viel lebendiger und anregender als Witze auf Lager. Wenn Leute bei einem Treffen anfangen, Witze aus ihrem Repertoire zu erzählen, fühle ich mich schnell gelangweilt und unbefriedigt. Ich glaube, die »Witzereißer« leiden an Langeweile, und ehe sie sich mit ihrer Langeweile auseinandersetzen, greifen sie lieber auf »Füllsel« zurück. Vergleiche diese Art mit der völlig frei improvisierten Komik eines Robin Williams, und der qualitative Unterschied zwischen einstudiertem Auftreten und wirklichem Leben wird dir klar. Vieles von Robin Williams' Material ist gänzlich unvorbereitet, und doch schöpft er mehr als reichlich aus einem unversiegbaren Reservoir freifließender Komik. Williams' Talent ist ein triftiger Beweis dafür, daß uns, wenn wir empfänglich für die Schätze des Augenblicks sind, nie an etwas mangeln wird.

Zufällig absichtlich

Einige der größten Erfindungen und Entdeckungen der Welt haben sich spontan ergeben. Radiäre Keratotomie, ein chirurgisches Verfahren bei Kurzsichtigkeit durch Inzisionen am Auge, wurde durch »Zufall« entdeckt. Ein Arbeiter in der Sowjetunion wurde verletzt, als ihm ein Stück einer Glasscherbe ins Auge schnitt. Doch anstatt sein Augenlicht zu verlieren, wie er und seine Ärzte es erwarteten, wurde es ihm geschenkt! Die Glasscherbe hatte das Auge genau so eingeschnitten, daß sein Augapfel eine neue Form erhalten hatte und seine lebenslange Kurzsichtigkeit behoben war. Nach diesem »Zufall« begannen die Forscher zu untersuchen, wie man diesen Vorgang mit Absicht wiederholen könnte. Und mittlerweile haben viele aufgrund einer »zufälligen« Begebenheit ihre Sehfähigkeit wiedererlangt.

Die Zeitschrift *Inc.* brachte eine faszinierende Titelgeschichte heraus: »*Der zufällige Anfang: Woher große Ideen für neue Unternehmen tatsächlich kommen*«. »Vergessen Sie Focusgruppen, Marktübersichten und Unternehmensplanungen« wirbt die Einleitung. »Was *wirklich* zählt, wenn man tolle geschäftliche Chancen aufspüren will, sind Gutdraufsein, Einfallsreichtum, Pfiffigkeit und schnelle Beinarbeit.« *Inc.* erzählt die Geschichten erfolgreicher Unternehmer, die *inmitten spontaner Tätigkeiten* über revolutionäre Ideen geradezu »stolperten«. Zum Beispiel:

• Ein Wanderer, der voller Kletten war, erkannte: Wenn die Fasern der Natur so hartnäckig an der Kleidung festhängen, könnte man künstliche Fasern herstellen, die ebenso zäh haften. So entstand der Klettverschluß: *Velcro*.

• Eine Sprungfeder fiel von einem Werktisch herunter und überschlug sich wiederholt vor den Augen eines erstaunten Werkarbeiters. Augenblicklich wurde es *Slinky**.

• Dan Hoard und Tom Bunnell, Begründer der Firma *Mambosok*, die drei Millionen Dollar im Jahr umsetzt, starteten ohne es zu wissen eine Riesenkarriere, als Hoard *aus Spaß* ein Hosenbein abtrennte und es sich auf den Kopf setzte. »Wir saßen vor dem Spiegel und schrien vor Lachen«, erinnert sich Bunnell. Wir sagten: »Dies müssen wir verkaufen. Wir müssen es wenigstens versuchen.« Bereits in den ersten sechs Monaten nach Geschäftsstart brachte die Firma Mambosoks für 200 000 $ in Umlauf.

Inc. gibt einige grundsätzliche Tips für kreative Unternehmungen:

• *Folge dem, was dir Freude macht.* Was soll's, wenn deine Geschäftsidee total albern ist? Was einen amüsiert und anregt, ist auch motivierend.

---

* Anm. d. Übers.: ein beliebtes Kinderspielzeug in Form einer Spirale, die man die Stufen herabpurzeln läßt.

• *Zum Kuckuck mit Fokus.* Vielleicht bist du ohne genaue Vorstellung besser dran: Ohne Scheuklappen, die deine Sicht auf dem Markt einschränken, hast du den Blick frei für eine heiße Gelegenheit, wenn sie deinen Weg kreuzt.

• *Untreue ist nicht immer Sünde.* Dieses furchtbare Urkonzept ist möglicherweise nicht das, was eine Berühmtheit aus dir macht. Du bist besser gestellt, wenn du die Flexibilität hast, die Richtung zu ändern, wenn sich eine verlockende Gelegenheit auftut, auch wenn kein Zusammenhang mit dem Bisherigen besteht. (3)

All diese Entdeckungen verweisen auf den freundlichsten Grundsatz des wahren Schöpfers: *Sei im Augenblick und offen für den Augenblick.* Bleib in der Gegenwart, und die Antwort, nach der du gesucht hast, kann völlig unerwartet auftauchen. Manchmal steht deine Antwort in keinem Zusammenhang zu der, die du suchtest – aber das, was du findest, mag viel besser funktionieren als alles, was du geplant hattest.

Hier ist ein schöner Nachtrag zu meiner Entdeckung des *Inc.*-Artikels: Ich fand die Zeitschrift auf meinem Sitz im Flugzeug. Sie gehörte nicht zum Bordbestand; auf dem Aufkleber des Umschlags stand der Name und die Adresse eines Abonnenten, der sie – »zufällig« – auf seinem Sitz liegengelassen hatte.

Behalte deine Vision im Auge

Ein Tischler, der etwas an meinem Haus arbeitete, ärgerte sich über das mühselige Unterfangen, ein Darlehen für den Erwerb seines ersten Hauses zu bekommen. »Diese Typen von der Kreditanstalt drehen mich echt durch die Mangel«, beklagte sich Kurt, »ich kann's nicht fassen, wie viele finanzielle Kleinigkeiten sie von mir wissen wollen!«

Ich habe selbst mehrmals das gleiche durchgemacht und sagte zu Kurt: »Der Schlüssel ist: Erinnere dich, warum du es tust. Du wirst dein eigenes Haus haben. In ein paar Jahren, wenn du in deinem Wohnzimmer sitzt und den Blick aufs Tal genießt, wird dieser Aufwand unbedeutend erscheinen. Mach den Zirkus jetzt eine Weile mit, und du wirst einen lebenslangen Nutzen haben.«

Die Vision, die hinter einem Projekt steht, im Auge zu behalten, ist der wichtigste Schlüssel, der die tagtäglichen Kleinigkeiten erträglich macht. Wenn du dich mit einem Teil eines Projekts aufgeschmissen und in der Klemme fühlst, denk dran, warum du es tust. Steine auf dem Weg sehen nur gewaltig aus, wenn wir den Grund vergessen, warum wir unser Abenteuer begannen. Die Vision verleiht deinem ganzen Prozeß Bedeutung, und aus der Perspektive des größeren Bildes werden all die Einzelheiten Zündstoff für ein höheres Ziel. Es lohnt sich nicht, auch nur einen Schritt zu gehen, wenn die Vision dahinter nicht realer und gegenwärtiger ist als die Schwierigkeit, die sich bei dem Schritt auftut. Wir gehen nicht auf das Ziel *zu*, sondern leben von ihm *ausgehend*. Anstatt uns in einem Zustand des Mangels zu sehen, der ausgeglichen wird, wenn das Ziel erreicht ist, bekommen wir durch die Vorstellung, daß das Ziel bereits Wirklichkeit ist, unterstützende Energie.

Denk an die Kraft der Vision, die Thomas Edison beflügelte: Zweitausend Mißerfolge mußte er bei seinen Experimenten hinnehmen, ehe sie in der Erfindung der Glühbirne gipfelten! Oder denk an die Berufung, die der Schatzsucher Mel Fisher bei seiner siebzehnjährigen Suche nach einem versunkenen spanischen Handelsschiff verspürt haben muß, als er es schließlich zusammen mit Gold, Edelsteinen und Kunstgegenständen im Wert von Millionen von Dollar ausfindig machte. Ich kannte eine Frau, die mit Fishers Mannschaft tauchte. Sie zeigte mir ein T-Shirt, das die Mitglieder der Besatzung trugen und das kühn ihr jahrelanges Motto verkündete: *Heute ist der Tag!*

Bleib auf Sendung

Bei einem Interview mit einem Radiosender, gab ich folgende Analogie: »Es wäre schade, wenn dieser Sender mitten an einem Sendetag sein Programm eine Stunde lang einfach unterbrechen würde«, meinte ich. »Aber in unserem täglichen Leben unterbrechen wir das Programm stunden-, tage-, sogar jahrelang. Wir fin-

den uns mit Berufen, Beziehungen und Tätigkeiten ab, die uns
betäuben. Und dann wundern wir uns, warum uns etwas fehlt. Es
ist von entscheidender Wichtigkeit, auf Sendung zu bleiben – voll
gegenwärtig im Leben, ohne Unterbrechung.«

Meine Freundin Lili hat ein Motto auf ihrer Firmenkarte: »*Tu's
nur, wenn's Spaß macht – und wenn Du's tun mußt, finde einen
Weg, Spaß draus zu machen.*« Wenn dir das, was du tust, keine
Freude macht, unterbrich es und schau dir noch mal neu an,
warum du es tust. Läßt du Freude deinen Leitstern sein oder
hast du dich der Tyrannei der Angst unterworfen? *Begeisterung
führt zu Ergebnissen*; Langeweile untergräbt den Erfolg. Das
Wort »Enthusiasmus« leitet sich vom griechischen »*en Theos*«
ab, was »in Gott« bedeutet. Wenn du enthusiastisch, d. h. hellauf
be-*geist*-ert von etwas bist – egal wovon – bringst du deine geistige, deine göttliche Natur zum Ausdruck.

Wenn du das Gefühl hast, du opferst dein gegenwärtiges Glück
für einen zukünftigen Lohn, halte ein und sieh dir an, wie es deinem
Herzen dabei ergeht. *Nichts lohnt sich zu tun, wenn dein Herz
nicht dabei ist*. Wenn dir dein Endziel real und lebendig vor Augen
steht, wird sich dein gegenwärtiges Tun nicht wie ein Opfer an-
fühlen. Jedes Gefühl von Einbuße oder Erschöpfung bedeutet,
daß du aufgehört hast, deine Wahrheit zu leben. Frag dich mal,
was anders sein müßte, damit du dich als Gewinner fühlen könntest. Dann bitte das Universum darum, und vielleicht entdeckst
du, daß Gott genauso viel Interesse an deinem Glück hat wie du.

❧ SCHLÜSSEL ❧
Der Weg ist genauso wichtig
wie das Ziel

Jenseits vom Planaholic-Verhalten

Die meisten von uns würden sich nicht als süchtig bezeichnen,
doch *Planaholic-Verhalten* ist eine schwächende Sucht, die uns
den Frieden rauben kann, ohne daß wir es merken. Hinter dem

fieberhaft übertriebenen Planen des Planaholic steht die verborgene Absicht, die Konfrontation mit sich selbst zu vermeiden. Er weiß, wenn er sich auch nur ein kleines bißchen Zeit und Raum gönnen würde, müßte er seine unterdrückten Gefühle spüren, er müßte den Beziehungen, die ihm zu schaffen machen, ins Gesicht sehen und sich mit den Problemen auseinandersetzen, denen er aus dem Weg gegangen ist. Der Planaholic nimmt eine endlose Reihe von Jobs, Terminen und Beschäftigungen auf sich, die ihn davon abhalten, nach innen schauen zu müssen.

Wenn das Leben zu friedlich wird, wird der Planaholic neue Projekte, Dramen, Krisen oder Notfälle schaffen. Sein Motto lautet: »Es muß immer so viel los sein, daß ich meinen Schmerz nicht anzuschauen brauche.« Vielleicht erklärt er rational oder beklagt sich sogar, daß er keine Zeit für sich oder seine Lieben hat, aber in Wirklichkeit schafft er sich aus gerade dem Grund ein so geschäftiges Leben, um es eben nicht mit sich oder seinen Lieben zu verbringen.

Obgleich es den Anschein hat, daß ein Planaholic auf die Erfordernisse seines Lebens reagiert, schafft er diese in Wirklichkeit selbst. Ein Planaholic wird von einem inneren Adrenalin-Thermostat bestimmt, das Hektik ansagt, wenn die Dramatik einen bestimmten Schwellenwert unterschreitet. Hinter dem wilden Rennen steckt eine meisterhaft gewählte Absicht: Der Terminplaner läßt nämlich wesentlich mehr Wahlmöglichkeiten zu, als man denkt.

Der furchtsame Teil unseres Geistes hat recht, wenn er glaubt, wir müssen uns mit unseren Problemen konfrontieren, wenn wir mehr Raum in unserem Leben schaffen. Was dieses Sorgenknäuel jedoch nicht versteht ist, daß eine solche Konfrontation letztlich größeren Frieden bringt. *Selbstgewahrsein ist immer heilsam.* Genau auf der anderen Seite der Mauer, die der Planaholic mit seinem Terminplaner errichtet hat, warten tiefe Erleichterung, unerhörte Freiheit und neue Wege des schöpferischen Selbstausdrucks. Ein unangenehmer Augenblick der Begegnung mit unserem Schatten ist ein unbedeutender Preis für die Erkenntnis, daß wir gar nicht der Schatten sind. Wenige Augenblicke Schmerz zu fühlen ist nichts angesichts eines ganzen Lebens voller Lebendigkeit, das aufgrund dessen möglich ist.

Der Wendepunkt kommt für einen Planaholic, wenn er den Frieden höher wertet als das Drama. Seine Sucht nach Intensität hat ihn die Erfahrung seiner Ganzheit gekostet. Wenn wir aber eher Klarheit als Chaos auf unser Banner schreiben, ordnen sich die äußeren Umstände neu, um unsere Absicht zu spiegeln. Das Universum ist immer bereit, dem Vorsatz unseres Herzens Raum zu geben.

Bleib bei dir selbst

William James, einer der ersten Psychologen, empfahl: »Um Gottes willen, entscheide dich für ein Ich und bleib dabei!« Obwohl er diese Meinung vor zweihundert Jahren kundtat, sind wir immer noch dabei, seinen Rat zu meistern. Wir erreichen mehr, wenn wir uns für etwas entscheiden, das sich als Fehler herausstellt, als wenn wir gar keine Entscheidung treffen. (Der Autor von *Moby Dick*, Herman Melville, gab den kühnen Rat: »Es ist wesentlich besser, dabei zu versagen, du selbst zu sein, als erfolgreich jemand anderen nachzuahmen.«) Selbst wenn deine Entscheidung falsch ist, wirst du zur nächsten Ebene geführt. Wenn du keine Entscheidung triffst oder wischiwaschi vorgehst, kann das Universum nichts für dich tun, solange du nicht irgendeine klare Aussage formulierst. Im College hatte ich einen liebenswerten Professor, der sich jedoch nie festlegen wollte. Eines Tages sah ich in seinem Büro einen Zettel, den seine Sekretärin aufgehängt hatte: »Prof – ich würde deinen Geist in die Luft jagen, wenn ich ihn finden könnte!«

Folie de Doute (»zwanghafter Zweifel«) ist ein pathologischer Zustand, in dem der Betroffene zwanghaft alles, was er tut, bezweifelt. In *Anomalies and Curiosities of Medicine* (1896) schrieben G. M. Gould und W. L. Pyle:

Gray erwähnt einen Patienten, der zur Tür herauszugehen pflegte, sie schloß, dann zurückkam, unsicher, ob er sie geschlossen hatte, sie wieder schloß, ein paar Schritte machte, wieder unsicher war, ob er sie richtig zugemacht hatte, zurückging, und so weiter, viele Male. Hammond erzählt die Geschichte eines intelligenten Mannes, der, wenn er sich abends auszog, ein oder zwei Stunden für die Entscheidung brauchte, ob er zuerst seinen Mantel oder seine Schuhe ausziehen sollte. Morgens pflegte er eine Stunde lang mit seinen Strümpfen in der Hand dazusitzen, unfähig zu entscheiden, welchen er zuerst anziehen sollte.« (4)

Wenngleich diese Fälle uns lustig vorkommen mögen, stellen sie dennoch ein absurdes Extrem jener Unschlüssigkeit dar, mit der wir unsere Kraft untergraben. Wir gehen so lange vor und zurück bei dem, was wir wollen, daß wir schließlich gar nichts zustande bringen. Aus Angst vor falschen Entscheidungen kommen wir zu gar keiner Entscheidung. Ängstliches Zögern ist mangelnder Glaube an uns selbst und an das Universum. Es verrät unsere Befürchtung, wir könnten eine Wahl treffen, die uns aus der Umarmung der Liebe ausstößt. *Das ist unmöglich.* Meine Lehrerin Hilda fragte einmal einen Schüler, der Angst davor hatte, eine wichtige Entscheidung fürs Leben zu treffen: »Wohin könntest du fallen als in Gottes Arme?« Wenn Barmherzigkeit uns folgt, wo immer wir auch wandeln – und so ist es wirklich – dann gibt es keinen Ort ohne Gnade. Also können wir es angehen und darauf vertrauen, daß wir, wenn wir uns irren, die Möglichkeit zu einer neuen Entscheidung haben und schließlich unseren rechten Platz einnehmen werden. Manchmal ist der Irrtum ein wichtiger Bestandteil des Gesamtprozesses, der uns dahin führt, wo wir sowieso hinsteuerten. Erwäge mal die Möglichkeit, daß wir immer an unserem rechten Platz sind, selbst wenn es im Moment nicht so aussieht. Wenn die Tatsache, am »falschen« Platz zu sein, dazu beiträgt, uns dahin zu bringen, wo wir hin wollen, dann ist es unser rechter Platz.

❦ SCHLÜSSEL ❦
Um zu bekommen, was du willst,
sei, was du bist

Ich bewundere Menschen, die den Mut haben, das zu sein, was sie sind. Ich achte jene, die unerschrocken der höchsten Wahrheit, die sie erkennen können, ohne Rechtfertigung, Kompromisse oder Bedauern folgen. Es ist eine Menge Mut erforderlich, in einer Welt, in der Authentizität nicht viel gilt, man selbst zu sein. Eine Freundin erzählte mir, daß 60 % ihrer Freundinnen ihre Brust vergrößern ließen. So ein Eingriff mag angebracht sein, wenn er einer Frau hilft, sich selbst wirklich besser zu fühlen, aber die Statistiken berichten, daß viele in dem Glauben herumspazieren, so wie sie sind, seien sie nicht gut genug. Leute mit kosmetischen Operationen, einer hohen Stellung oder mit viel Geld haben es schwer, wirkliche Freunde von Opportunisten zu unterscheiden. Sie wissen nie genau, ob jemand sie um ihrer selbst willen liebt oder wegen ihres tollen Aussehens, ihres Prestiges oder ihres Bankkontos. Es ist ein furchtbares Gefühl, wenn man nicht weiß, ob man nun attraktiv ist aufgrund dessen, was man hat, und nicht dessen, was man ist. Jemand hat die Unterhaltungsbranche mal einen »goldenen Käfig« genannt. Berühmte Menschen leben zwar in großem Prunk und Glanz, doch viele fühlen sich unbewußt gefangen durch das Image, das sie aufrechterhalten müssen.

Eine Fassade zu tragen ist ein endloser und selbstzerstörerischer Teufelskreis. Vor mehreren Jahren zog ich einmal eine Operation in Erwägung, um mein Haar zu verdichten. Da meine Haare am Hinterkopf dünner wurden, hatte ich Angst vor einer Glatze und malte mir aus, ich könnte diesen peinlichen Umstand durch einen operativen Eingriff vermeiden, bei dem ein Toupet in meine Kopfhaut implantiert werden würde. Mit meinem Freund (zwecks moralischer Unterstützung) ging ich zu einem Toupetstudio, wo ich von einem Spezialisten beraten wurde, der mir anbot, den Eingriff sofort vorzunehmen. Ich war einerseits versucht, sein Angebot anzunehmen, andererseits wollte ich darüber nachdenken.

Obwohl mich die Aussicht auf lebenslange Haarpracht anzog, meldete sich ein gewisses Unbehagen bei dem Gedanken, unter einem gefälschten Dach zu leben. Da würde etwas an mir sein, das ich verstecken müßte. Der entscheidende Beweggrund für die meisten Männer, ein Toupet zu kaufen, ist, für Frauen attraktiv zu sein. (Die meisten Toupetwerbungen zeigen den glücklichen Haubenempfänger in den Armen einer aufregenden Blondine in einem Abendkleid von Victoria's Secret auf einer Ledercouch bei indirekter Beleuchtung, während die Süße begierig mit geschmeidigen Fingern durch seine unwiderstehliche Mähne fährt.) Ich stellte mir vor, eine attraktive Frau zu treffen, sie auf meine (nicht-lederne, vegetarische) Couch einzuladen und ihre Finger durch mein Haar fahren zu lassen, während mich ständig die Sorge beunruhigen würde, sie könnte entdecken, daß das Haar nicht mein eigenes ist. Das Gefühl der Vortäuschung und des Versteckens wurde sehr unangenehm.

Dann fragte ich mich, ob die kosmetischen Eingriffe mit Haarersatz abgeschlossen sein würden. Als nächstes kämen Nasenformung, Gesichtslifting, Fettabsaugung, männliche Brusthaarimplantation, Penisvergrößerung und so weiter und so fort. Ich sah mich eine endlose Jagd der Maskerade starten. Ich stellte mir vor, ich würde eines Morgens aufwachen und hinten am Rücken ein Etikett mit Inhaltsangabe: 60 % Polyester / 40 % Baumwolle – entdecken, zum Beweis, daß ich tatsächlich eine wandelnde Implantation bin! Ich dachte an einen Country-Western-Sänger, den ich im Fernsehen gesehen hatte und der offensichtlich so viele Gesichtsliftings hinter sich hatte, daß sein Bauchnabel nicht mehr weit von seinem Kinn entfernt war. Er machte auf mich nicht gerade den Eindruck eines besonders glücklichen oder echten Menschen. Auf der anderen Seite habe ich Leute ohne Make-up, mit auffallend grauen Mähnen und prächtigen Falten gesehen, die zu den strahlendsten Lichtern gehören, die ich je in menschlichen Körpern erblickte. Das Bild muß aussagekräftiger als der Rahmen sein.

So entschied ich mich also, den Eingriff nicht vornehmen zu lassen. Es war ein Wendepunkt für mich – der Weg, den ich nicht eingeschlagen habe. Danach geschah etwas Erstaunliches: Ich habe mich so gut wie gar nicht mehr um meine Haare gekümmert. Ich denke selten daran, daß sie ausgehen, und kaum jemand läßt Bemerkungen darüber fallen. Das Problem ist nicht in meinem Bewußtsein und hat keine Macht, mich zu bestimmen.

Wenn du einen kosmetischen Eingriff hattest oder ihn in Erwägung ziehst, folge bitte dabei deinem Herzen. Wenn ein solcher

Eingriff dir dabei hilft, dich besser und selbstbewußter zu fühlen und deine innere Schönheit noch mehr zur Geltung zu bringen, dann würde ich sagen, tu es. Ich mußte riskieren, ich selbst zu sein, und das gilt genauso für dich. Zu riskieren, wir selbst zu sein, bedeutet für jeden von uns etwas anderes. Es geht hier nicht darum, eine allgemeine Regel aufzustellen, was zu tun oder zu lassen ist, es geht darum, der Absicht unseres Herzens treu zu bleiben.

Aus der Kraft leben

Du brauchst dich nicht zu verkaufen oder ein falsches Bild zu schaffen, um erfolgreich zu sein. Wie die Bibel uns sagt, bist du bereits »im Ebenbild Gottes erschaffen«. Alle Bemühungen, dieses Ebenbild zu verbessern, werden nur deine Fähigkeit beeinträchtigen, deine Bestimmung zu leben. Bemühe dich nicht, dich anders darzustellen, als du bist, um dich dadurch stärker zu fühlen. Lebe aus deiner dir innewohnenden Stärke, und du wirst erkennen, daß dir jegliche Kraft, die du jemals brauchst, zur Verfügung steht.

Die eigene Wertschätzung ist das größte Geschenk, das wir anderen machen können. Wenn du das liebst und ehrst, was du bist, schenkst du jedem, dem du begegnest, Kraft. In einer Welt, in der Echtheit Mangelware ist, sind Menschen, die ihren wahren inneren Wert erkennen, die wichtigsten Werkzeuge der Veränderung. Es ist nicht faul oder egoistisch, darauf zu vertrauen, daß das, was du bereits bist, gut genug ist; es ist die Weisheit, die dich auf deinem rechten Weg bleiben läßt. Ja, lies, lerne und übe, um deine Fähigkeiten zu entwickeln; kleide dich deinem Beruf entsprechend; plane, was notwendig ist, mit Integrität und Effizienz; laß dir deine Nase operieren, wenn du es wirklich willst. Aber tue dies alles nicht, um etwas zu werden, das du nicht bist; tu es als Ausdruck dessen, was du bist. Tu es, um jenes herrliche innere Wesen ans Licht zu bringen, das sich danach sehnt, zum Ausdruck zu kommen. Es wird dir nie gelingen, jemand anders zu werden, aber es wird dir immer gelingen zu sein, was du bist.

WIEDERGEFUNDEN!

Ich suche kein Glück – ich bin das Glück!
WALT WHITMAN

Nimm es leicht

Steig' vom Kreuz runter – das Holz wird benötigt
                    DOLLY PARTON
                    Straight Talk

Ich kniete auf dem ölfleckigen Parkplatz des NAPA–KFZ-Teile-Lagers vor der Stoßstange des Toyotabusses und ächzte und stöhnte bei der simplen Aufgabe, die Birne für meinen Scheinwerfer auszuwechseln. Eine Frau ging vorbei und meinte zu meinen Bemühungen: »Man sieht Ihnen wirklich an, wie Sie sich abplagen.«

Verblüfft stand ich auf. Sogar eine einfache Passantin hatte meine Anspannung wahrgenommen! Ich trat etwas zurück und merkte, wie ich den Atem anhielt, die Zähne zusammenbiß und schwitzte – und alles wegen ein paar kleiner Schrauben! Ich war mir nicht bewußt gewesen, daß ich bei so einer geringen Angelegenheit derartig gekämpft hatte.

Die Stimme, die zu mir sprach, gehörte nicht einfach irgendeiner Fremden, sie gehörte der *Wahrheit*. Nicht lange zuvor hatte ich mir vorgenommen, mir mehr Entspannung in meinem Leben zu gönnen; jetzt zeigte mir das Universum, daß ich noch immer vor dem Altar der mühevollen Arbeit kniete.

Kampf ist keine Handlung, sondern eine Haltung. Wenn wir glauben, daß wir kämpfen müssen, um zu bekommen, was wir wollen, werden wir uns mit allem, was wir tun, abplagen. Wenn wir hingegen erkennen, daß das Universum wirksamer für uns arbeitet, wenn wir entspannt an die Dinge herangehen, wird das Leben uns auf wunderbare Weise zu Diensten sein.

> ❧ SCHLÜSSEL ❧
> Nimm es leicht. Kampf ist nicht notwendig.

Eine Freundin von mir lud Arnold Patent, den Autor von *You Can Have It All* (1) ein, an einem Projekt teilzunehmen, dessen Schirmherrschaft sie übernommen hatte. Nachdem er über die Einladung nachgedacht hatte, sagte Arnold zu ihr: »Ich glaube nicht, daß ich mich an diesem Unternehmen beteiligen werde. Wenn ich mich in die Idee hineinversetze, fühlt es sich nach Kampf an; in meinem Leben geht's um Entspannung.«

In meinem Leben geht's um Entspannung. Da haben wir eine kraftvolle Affirmation! Stell dir vor, wieviel freudiger und kreativer du wärst, wenn du dich weigertest, an irgend etwas teilzunehmen, das Kampf ist, und dich einfach in das hinein entspannst, was du gerade tust, so daß es ein Tanz wird anstatt Plackerei. Vielleicht würde das zum Himmel auf Erden führen!

Entspannung ist wirksamer als Kampf, um das zu erreichen, was du willst. Menschen mit entspannter Haltung erreichen wesentlich mehr als Menschen in einem Zustand von Angststreß oder Unruhe. *Entspannung setzt Energie für kreative Aktivität frei.* Wenn ich voller Sorge oder sehr in Hast bin, mache ich Fehler, die mich mehr Zeit und Kraft kosten, als wenn ich aus dem Zustand heraus handle, in dem ich einfach im Fluß des Lebens bin. Kämpfer neigen zu Fehleinschätzungen, übersehen wichtige Einzelheiten, verlegen Dinge und müssen denselben Weg zurückgehen, um Fehler zu berichtigen. Während Angst und Besorgnis vorgeben, uns zu schützen, verringern sie in Wirklichkeit unsere Effektivität und verursachen letztlich sogar mehr Arbeit.

Wenn ich mich entspannt und erfrischt fühle, ist mein Geist klar und wach, meine Intuition ist ausgeprägt, und ich spüre, was anliegt und zu tun ist. Eine wissende innere Stimme gibt mir ein, was ich zur rechten Zeit sagen und tun soll. Ich bin an die *Kraft* angeschlossen, und der Antrieb der Kreativität schenkt mir wesentlich mehr Energie als ängstliche Manipulation. *Entspannung schafft's.*

Der Ausweg aus dem Kampf

Wann immer du dich angestrengt fühlst, stell dir diese Frage:

> Wie würde ich damit anders umgehen,
> wenn ich bereit wäre, es leicht zu nehmen?

An einem Wochenende ging ich mit einigen Freunden zum Wandern in die Berge. Zu Beginn unseres Treckings stiegen wir, in dichten Nebel gehüllt, in ein Tal hinab. Nachdem wir ein paar Tage gezeltet hatten, stiegen wir auf dem Rückweg denselben Pfad bei Sonnenschein wieder herauf. Ich war überrascht, als ich sah, daß sich der anderthalb Meter breite Weg an einem steilen Felsenvorsprung entlangschlängelte, der über 300 m weiter nach unten abfiel!

Sofort spürte ich die Angst aufsteigen; mein Körper wurde starr und angespannt. Ich begann sorgfältig auf jeden Schritt zu achten, und um nicht schwindlig zu werden, zwang ich mich, meine Augen auf den Pfad vor mir zu richten anstatt auf den Horizont. Ich wartete nur darauf, endlich wieder auf sicherem Boden zu stehen und genoß die Wanderung kein bißchen.

In dem Moment trafen wir eine Frau. Im Gegensatz zu meinem Zustand war sie so entspannt, wie ich es selten bei jemandem gesehen habe. Ihr Gang war langsam und doch schwungvoll, und sie genoß die Wanderung sichtlich ungemein. Ich sah, wie sie gelegentlich anhielt und die herrliche Aussicht in sich aufnahm. Sie hatte ganz offenkundig einen Urlaub, der sie erfüllte.

Der Anblick dieser Frau veränderte meine Einstellung sehr. Ihre unbeschwerte Energie war ein klarer Beweis, daß die Situation nicht notwendigerweise ein Anlaß zur Angst oder Aufregung war. (Es heißt, daß Angst nicht wirklich ist, denn wenn dem so wäre, hätte jeder vor denselben Dingen Angst.) Ich entschloß mich, versuchsweise ihre Haltung auszuprobieren. Ich atmete tiefer, lockerte meine Schultern und machte dann und wann Pause, um die Aussicht zu genießen. Sie war wirklich herrlich! Als wir schließlich aus dem Tal herausgewandert waren, fühlte ich mich total erfrischt!

Denk mal über die Möglichkeit nach, daß es nichts gibt, was automatisch Streß verursacht. Ich schlief ein andermal bei einer Retreat-Gemeinschaft in den Bergen und wachte von einem leisen Klopfen an meiner Tür auf. Eine sanfte Stimme rief: »In Jerrys Hütte ist ein Feuer; komm doch bitte rüber, wenn du magst.« Noch im Halbschlaf wunderte ich mich, warum diese Person gekommen war, um mich wegen eines Lagerfeuers zu später Stunde aufzuwecken. Als ich mich aufsetzte, um aus dem Fenster zu schauen, sah ich, wie eine der Hütten in Flammen stand. Die Mitglieder der Gemeinschaft hatten ihr Bestes versucht, es zu löschen, doch es war vergeblich gewesen. Sie räumten den Bereich um die Hütte herum frei und saßen dann einfach ruhig und meditativ da, während sie zuschauten, wie die Hütte abbrannte. Sie schienen in friedlichem Einklang mit dem Geschehen zu sein und einfach über den Umwandlungsprozeß zu reflektieren.

AKTIVIERUNG
Wegweiser zur Entspannung

Situationen, in denen ich kämpfe	Wie würde ich damit anders umgehen, wenn ich bereit wäre, es leicht zu nehmen
Karriere:	
Beziehungen:	
Finanzen:	

Körperliches Befinden:

Spiritueller Weg:

Wenn du Hilfe brauchst, denk an jemand, der ein Meister im Leichtnehmen ist (ein Freund, Lehrer, Kind usw.), und überlege, wie er oder sie mit derselben Situation umgehen würde.

Wir sehen jede Situation durch die Brille unserer Glaubenssätze und unserer emotionalen Programmierung. Wir mögen die Situation nicht ändern können, aber wir können unsere Haltung ändern und die Art, wie wir damit umgehen. Wir können jederzeit Frieden den Vorrang vor Kampf geben. Tatsächlich ist eine angespannte Situation eine wunderbare Gelegenheit, unterbewußte Ängste, die dich seit langem bestimmen, umzuprogrammieren. Wenn du merkst, wie du z. B. bei einem Stau nervös wirst, überleg, wie du anders mit der Situation umgehen würdest, wenn du entspannt wärst. Sieh dich nach einem Fahrer um, der ruhig ist, und nimm dir die Person als Beispiel. Erinnere dich an eine Zeit, als du im Stau standest und im Frieden bliebst. Das beweist, daß es nicht der Verkehr ist, der Streß verursacht, sondern die Art und Weise, wie wir ihn gefühlsmäßig und gedanklich einordnen. Ich kann nicht genug betonen, daß die Situationen an sich keine Kraft haben – es sind unsere Betrachtungsweise und unsere entsprechende Reaktion, die den Unterschied ausmachen.

Ohne Leid kein Lohn

Wir alle haben die Maxime »ohne Leid kein Lohn«* gehört und vielleicht danach gelebt. Dies ist nur eine halbe Wahrheit, die wir in das Licht einer größeren Perspektive emporheben sollten.

Leidvolle Situationen sind sicherlich Gelegenheiten zum Aufwachen und Wachsen. Leid ist ein Zeichen, daß wir gegen den Fluß des Lebens schwimmen. Wenn wir auf irgendeine Art und Weise leiden, so versucht das Universum, unsere Aufmerksamkeit zu erregen, damit wir den Kurs ändern können und dadurch zu unserem natürlichen Zustand des Friedens zurückkehren.

Es ist möglich, auch ohne Leid sehr viel zu gewinnen. Einige der wertvollsten Augenblicke des Lebens entstehen aus reiner Freude. Die Erhabenheit eines herrlichen Sonnenuntergangs zu betrachten, ein neugeborenes Baby an unser Herz zu drücken, künstlerisches Schaffen, sich zu lieben, einem teuren Freund eine tief im Herzen empfundene Wahrheit mitzuteilen, still zu sitzen und innerlich die Gegenwart Gottes zu fühlen. Solche und ähnliche Gipfelerfahrungen erheben uns auf eine Weise, die uns das Wunder des Lebendigseins erkennen und feiern läßt. Diese Augenblicke können so tief sein, daß sie den Lauf unseres ganzen Lebens ändern können.

Der Glaube »ohne Leid kein Lohn« ist gleichbedeutend mit der Behauptung, wir seien hier, um zu leiden. Manche Menschen glauben, daß das Leben wie ein großes Muskel-Trainingsgerät ist, auf dem man hart arbeitet, reichlich schwitzt und nirgendwohin kommt. Aber das Leben hat mehr für uns zu bieten als Qual. Welcher Gott würde eine Welt schaffen, in der Seine Kinder nur durch Schmerz leiden können? Und wer außer einem kosmischen Masochisten würde in eine Welt kommen, in der er nur durch qualvolle Arbeit etwas erreichen könnte?

Gewinn durch Leid ist nur ein Teil im großen Mosaik des Lebens; es ist keineswegs das ganze Bild. Tritt zurück, öffne dich einem weiteren Ausblick, und Leid wird sich als bloß zeitweili-

---

* Anm. d. Übers.: Im Amerikanischen: *no pain, no gain*. Das deutsche *Ohne Fleiß kein Preis* meint Ähnliches, hat aber einen anderen Beigeschmack.

ger Freund enthüllen. Leugne das Leid nicht, aber verehre es auch nicht.

Liebe verlangt kein Leid. Nur Angst und Schuld erfordern Leid. Das Universum ist keine Kreditanstalt. Gott handelt nicht mit Schulden, Schuldgeschäften oder Strafen. Gott handelt mit Vergebung und Befreiung. Jede Sicht Gottes, die ihn nicht als liebend betrachtet, wurzelt in Furcht und wird nicht zu Frieden oder Erfolg führen. Verbinde deine Sicht mit der Sicht Gottes, und werde erlöst von einem Leben der Härte.

Die Besten ruhen sich aus

Auf der Vorderseite des Immobilienteils meiner Stadtzeitung verkündeten große, fette Buchstaben »DIE BESTEN RUHEN NIE!« Unter den Schlagzeilen befanden sich Photos von sechs Immobilienmaklern. Damit sollte gesagt werden, daß diese Geschäftsleute erfolgreich waren, weil sie nie aufhörten zu arbeiten. Der Anblick der Photos bewies es: Diese Männer und Frauen sahen müde, angespannt und abgekämpft aus.

Was die Schlagzeilen nicht bekanntgaben war, daß diese Leute wahrscheinlich frühzeitig an Herzinfarkt oder Schlaganfall sterben oder sich im Laufe der Zeit Magen- oder Darmbeschwerden zuziehen. Es stimmt nicht, daß die Besten nie ruhen; im Gegenteil, *die Besten wissen, wie man ausruht.* Die Besten lieben sich selbst genug, um sich um sich selbst zu kümmern. Die Besten werten Frieden höher als Wettbewerb. Die Besten wissen, daß ein ausgewogenes Leben äußerer Aktivität und innerer Erneuerung ihnen und ihren Kunden mehr dient als fieberhafte Hetze. Die Besten erreichen das Beste, weil sie ihr Wesen als Bestes erkennen; sie brauchen sich oder anderen ihren Wert nicht zu beweisen. Anstatt zu versuchen, Selbstwert zu *erreichen*, machen die Besten das Bewußtsein ihres Selbstwerts zum *Ausgangspunkt*.

Die Besten ruhen sich wirklich aus. Sie erkennen, daß es wichtigere Dinge im Leben gibt als Macht auszuüben oder Berge von Geld anzuhäufen. Ihnen ist die Qualität ihrer Beziehungen, ihr Gefühl innerer Zufriedenheit und ihre Verbindung mit dem *Geist* viel wichtiger als auf dem Markt Riesengewinne zu erzielen. Die Besten erkennen, daß *Glück der einzige wirkliche Maßstab für Erfolg ist.*

Die Besten ruhen aus. Die Besten nehmen sich zwischendurch Zeit, um durch einen Blickkontakt das Wesen ihrer Kunden erspüren, um miteinander zu lachen und vorübergehende Schwierigkeiten zugunsten des Gesamtbilds zu übersehen. Die Besten setzen sich positiv verbrachte Zeit mit ihren Familien und Freunden als erste Priorität. Die Besten erkennen, daß sie nicht hier sind, um zu machen oder zu verdienen, sondern um zu *sein.* Die Besten haben gelernt: Wenn ihr Antriebsmotor Kreativität Wettbewerb ist, werden sich materieller Erfolg und Leistung auf wunderbare Weise einstellen, wie dies durch angstvollen Kampf niemals möglich wäre. Die Besten erkennen, daß sie das Beste verdienen, nicht weil sie die höchsten Verkaufsziffern verbucht haben, sondern weil ihr Wert im Innern liegt, und weder äußere Leistung noch Zurücksetzung etwas zu ihrer Ganzheit hinzufügen oder etwas von ihr wegnehmen könnten. Die Besten sind die Besten, weil sie sich nicht auf ihren Lorbeeren ausruhen, sondern in Gott ruhen.

Höre auf das Flüstern

Wenn du dich nicht ausruhst, wird das Universum dich stillegen. Es heißt: »Das sicherste Vorzeichen für einen Nervenzusammenbruch ist das Gefühl, daß deine Arbeit extrem wichtig ist.« Deine Arbeit ist wichtig, aber nicht so wichtig wie dein Inneres.

Das forcierte Ausruhprogramm ist nicht erfreulich oder sanft, und vielleicht wünschst du am Ende, du selbst hättest dich für Frieden entschlossen, bevor das Leben ihn für dich beschloß. Wenn du überarbeitet bist oder überhäuft mit Terminen, wirst du vielleicht von einem Unfall oder einer Krankheit erwischt, die dich dazu nötigen, innezuhalten und dich selbst wiederzufinden. Das ist zwar ein schmerzvoller Weg, doch die langfristigen Ergebnisse sind von unschätzbarem Wert. Die Menschen auf dem »Jetzt-Stop-Plan« erhalten Zeit, wieder eine Beziehung zu sich selbst, zu ihren Lieben und zu ihrer spirituellen Quelle zu entwickeln. Sie haben Gelegenheit zu lesen, zu lernen, zu meditieren, ihre Lieblingsmusik zu hören und sich an Kontakten zu erfreuen, die ihnen wertvoll sind. Sie können mehr Zeit in der Natur verbringen und die Sprache des Windes lernen. Was anfangs unwillkommen oder tragisch war, entpuppt sich jetzt als Segen und Geschenk.

Einsichten können auch in dramatischer Form kommen. Descartes, der als Vater der modernen Wissenschaft betrachtet wird, entdeckte die wissenschaftliche Methodik während einer Vision im Fieber. Der verstockte Häftling Starr Daily hatte eine Christusvision, während er mit Handschellen in Einzelhaft saß; von da an spendete er vielen Tausenden Trost und Ermutigung. Andere begegnen Engeln oder geistigen Führern in Momenten der Todesgefahr. Ob der Lehrplan unserer Transformation sofort wirksam oder langfristig ist, die Ergebnisse sind dieselben: Wir werden veranlaßt, uns nicht mehr von Angst leiten zu lassen und uns wieder unserer spirituellen Natur bewußt zu werden.

Wir brauchen nicht zu warten, bis wir im Ruhestand sind, um uns die Zeit zu nehmen, auf unsere innere Stimme zu achten. Schenken wir den Botschaften, die uns führen wollen, Gehör, wenn sie sanft zu uns sprechen, und schmerzhafte Situationen werden sich nicht so zuspitzen, daß wir leiden. Wir haben die Möglichkeit, an jedem Punkt des Prozesses, der uns zur Aufmerksamkeit ruft, zu horchen und zu reagieren. Wenn wir dem Flüstern lauschen, braucht das Universum uns nicht anzuschubsen, damit wir aufmerksam werden.

Eine weise Investition

Als ich einmal eine große, erfolgreiche Buchhandlung in Virginia Beach besuchte, erzählte mir ein Angestellter, den Mitarbeitern sei es gestattet (und sie würden dazu ermutigt), während ihrer Arbeitszeit Pausen zur Meditation einzulegen – auf Kosten der Firma. Ich verstand sofort, warum der Laden so erfolgreich ist: Die Geschäftsleitung erkennt, daß ein klarer und ausgeruhter Geist bessere Ergebnisse hervorbringt.

Eine friedvolle Verfassung ist in der Geschäftswelt wirklich ein Vermögen wert. Ich fühle mich angezogen von Verkäufern und Geschäftskollegen, die mit sich selbst in Harmonie sind und eine positive Haltung zum Leben haben. Aufdringliche und übertriebene Verkaufsmaschen törnen mich nicht an – sie widern mich an. Qualitätsprodukte oder hochwertige Dienstleistungen haben es nicht nötig, daß dir jemand ins Gesicht schreit, damit du aufmerksam wirst. Die stärkste Anziehungskraft für Erfolg ist Vortrefflichkeit. Die Autowerbung von Cadillac und Lexus ist eher gedämpft und nüchtern; diese Firmen brauchen keine Reklamemaschen oder Köder, denn das Format ihrer Produkte spricht für sich selbst. Im Gegensatz dazu schalte ich gelegentlich die Fernsehwerbung für hiesige Autohändler an, die von einem unangenehmen, hastig die Worte herausbellenden Verkäufer angepriesen werden, dessen Stimme so laut und durchdringend ist, daß ich den Fernseher leise stellen muß, um ihr zu entfliehen. Wenn ich die Wahl habe, ein Produkt oder eine Dienstleistung von jemandem zu kaufen, der entspannt ist, oder von jemandem, der klingt, als sei er mit Amphetaminen vollgepumpt, werde ich mich lieber dem friedvollen Wesen zuwenden.

Was die meisten Unternehmen zu ihrem eigenen Schaden nicht erkannt haben, ist, daß Entspannung attraktiv und produktiv ist. Das Ausüben von Druck innerhalb der Firma und Taktiken, die auf Angst aufbauen, mögen zu kurzfristigen Ergebnissen führen, aber langfristig fordern sie einen zerstörerischen Tribut. Die Moral, die Integrität und das Engagement der Angestellten wachsen in dem Maße, in dem auch Entspannung ein Teil der Atmosphäre am Arbeitsplatz wird. Ich kaufe bei einer hiesigen Tierhandlung ein, deren Besitzer ein entspannter Typ ist. Er scheint nie eilig zu sein, hat immer Zeit, mit seinen Kunden zu plaudern und übergibt seinen Angestellten vertrauensvoll die Verantwortung, wenn er fort ist. Als langjähriger Kunde habe ich gemerkt, daß die meisten seiner Angestellten schon viele Jahre bei ihm arbeiten (was in meiner Gegend wirklich aufsehenerregend ist, da sonst sehr viel Bewegung auf dem Arbeitsmarkt herrscht). Ich merkte, daß ein Büroangestellter lange dort gearbeitet hatte, eine Zeitlang weg war und wiederkam. Da ist irgend etwas an dem

Laden, das diejenigen, die dort arbeiten und einkaufen, innerlich zufriedenstellt.

Im Einkaufszentrum, das nur ein Stückweit entfernt liegt, gibt es eine andere Tierhandlung, deren Geschäftsführer ein Tyrann ist. Er scheint ständig fix und fertig zu sein und wenig Geduld mit seinen Angestellten zu haben. Es ist offensichtlich, daß seine Arbeit ihm keine Freude macht; er scheint in einem Zustand ständigen Kampfs zu leben. In diesem Laden, der weit weniger erfolgreich ist, sehe ich selten zweimal dieselben Angestellten. Es herrscht kein freundliches Klima: Entspannung glänzt durch ihre Abwesenheit. Dieser Geschäftsführer erkennt nicht, daß er viel mehr Freude und Erfolg schaffen würde, wenn er es leichter nähme. Er verliert wahrscheinlich wesentlich mehr an Effizienz durch den Wechsel der Angestellten, als er durch seine tyrannische Geschäftsleitung gewinnt. Beide Geschäfte sind nur einen Block voneinander entfernt, und doch trennen sie Welten.

Kreatives Nichtstun

Der beste Beitrag zu deiner Karriere könnte darin bestehen, dich zu entspannen und mehr zu spielen. Wenn du viel Druck zu bewältigen hast oder eine wichtige Entscheidung treffen mußt, könnte es deine weiseste Strategie sein, dir für eine Zeitlang freizunehmen.

In seinem erleuchtenden Buch *Money Love* schlägt der preisgekrönte NBC-Rundfunksprecher Jerry Gillies kreatives Nichtstun als eine Methode vor, Produktivität und Erfolg zu steigern:

Selbstreflektion gehört zu dem Produktivsten, was man mit seiner schöpferischen Vorstellung tun kann... Als ich Direktor des Biofeedback-Instituts war, zeigte ich einigen Führungskräften größerer Firmen, daß sie tiefere Ebenen ihres Unterbewußtseins erschließen und wertvollere Ideen daraus ziehen könnten, wenn sie alles ruhiger und entspannter angehen würden. Ein Verlagsleiter begann, sich mittwochs frei zu nehmen, um sich zu entspannen und zu meditieren. Er berichtete mir danach, daß er in den übrigen vier Tagen mehr Arbeit bewältigt hätte, als er es jemals in fünf Tagen geschafft habe! (2)

Um mehr und bessere Ergebnisse zu erreichen, tritt zurück und gib dem Universum Gelegenheit, dich mit Leben zu erfüllen. Wenn du dir Zeit nimmst, dein Inneres zu erneuern, öffnest du deiner psychischen Energieversorgung den Zugang zum Quell der Inspiration, den du nicht berührst, wenn du ständig aktiv bist. Danach kannst du deine Inspiration in Form wertvollerer Produkte und Dienstleistungen an die Welt weitergeben. Einige meiner produktivsten Ideen kommen mir, wenn ich dusche, auf der Toilette sitze oder am Strand entlanggehe. Der Abstand von der Arbeit schenkt uns die Perspektive, die uns fehlt, wenn wir völlig in ein Projekt vertieft sind. Die Wissenschaftler behaupten, daß wir den intuitiven Teil unseres Geistes nutzen, wenn sich unser Gehirn im Alphazustand befindet. Eine Möglichkeit, dahin zu kommen, besteht darin, sich bei einer angenehmen Tätigkeit zu entspannen, so wie Wandern, Lesen, Nähen, Golfspielen, Tanzen, Kunst, Musik, Meditation usw. Ein weiterer Weg in den Alphazustand ist Schlaf. Große schöpferische Genies wie Einstein und Edison waren dafür bekannt, daß sie zahlreiche Nickerchen während ihres Arbeitstages machten. Sie ließen ihre Verstandeskraft eine Zeitlang ruhen und wandten sich dem Unendlichen zwecks Führung zu. Einstein erklärte: »Ich habe mein Verständnis des Universums nicht mit Hilfe des rationalen Denkens erreicht.«

Wenn wir in einen Zustand der Entspannung kommen, beleben wir die rechte Gehirnhälfte, die mit intuitivem Wissen und nichtlinearem Denken verbunden ist. Der Versuch, allein durch logisches Denken Antworten auf deine Fragen zu finden, ist eine sehr begrenzte Methode der Problemlösung; Denken ist höchstens ein Element einer ganzen Reihe von Fähigkeiten, mit deren Hilfe wir die eine Aufgabe bewältigen. Die wirkungsvollste Art, kreative Ideen zu entwickeln, liegt in der Kombination von Verstandeskraft und mystischem Wissen. Anstatt fieberhafter zu arbeiten, solltest du vielleicht regelmäßiger spielen. Anstatt bis spät im Büro zu bleiben, um einen Berg an Zahlen durchzukauen, hast du vielleicht mehr davon, ins Kino zu gehen. Anstrengende Arbeit gipfelt in dem Punkt, an dem ein schwächender Rückschlag kommt, und genau das ist der Zeitpunkt, den Laden zuzumachen und zum Strand zu gehen. Surfen, Tanzen in der Disco oder Essengehen in einem erlesenen Restaurant kann ein extrem wertvoller Beitrag zu einer erfolgreichen Karriere sein. Übersieh nicht die Wichtigkeit des Spielens – vielleicht erweist es sich als verborgener Schlüssel zu deinem Durchbruch!

❦ SCHLÜSSEL ❦
Zur Anregung der Kreativität:
Loslassen, Entspannen, Reflektieren

Wenn du am Nachthimmel einen bestimmten Stern sehen möchtest, erspähst du ihn leichter, wenn du ein bißchen daneben schaust. Manchmal ist der direkteste Weg zu deinem Ziel der indirekte Weg: Laß zeitweise los und tu etwas anderes. In einem entspannten Zustand kann dein höheres Bewußtsein wirksamer für dich arbeiten. Der Vorgang gleicht dem Versuch, einen Gedanken wiederzufinden, der einem »gerade auf der Zunge« lag. Je mehr du versuchst, dich an ihn zu erinnern, desto schwerer bekommst du ihn zu fassen, und gerade wenn du meinst, du hast ihn erwischt, entschlüpft er wieder. Vergiß ihn eine Weile und geh zu etwas anderem über. Schon bald wird es dir ganz ohne Anstrengung einfallen. So funktioniert kreative Entspannung.

Einige meiner besten Texte schrieb ich, als ich in einer Farmgemeinschaft lebte. Ich pflegte früh am Morgen zu schreiben und brach dann auf, um an einem Wohnhaus, das wir bauten, zu arbeiten. Den ganzen Tag über kamen mir viele neue und aufregende Ideen in den Sinn. Abends verarbeitete ich dann die Inspirationen des Tages in dem Buch, das auf diese Weise entstand. Der Ausgleich von geistiger und physischer Aktivität war meines Erachtens eine kraftvolle Formel, um gutes Material entstehen zu lassen.

Die meisten erfolgreichen Menschen bestätigen, daß ihr Wohlstand aus Arbeit und Spiel gleichermaßen hervorgegangen ist. Malcolm Forbes, auch liebevoll »der glückliche Millionär« genannt, genoß sein Geld und seine Freunde. Er war dafür bekannt, üppige exotische Feste zu geben, z.B. eine Abendgesellschaft im Palast eines Scheichs im Mittleren Osten, die viele Millionen kostete und wozu er eine Menge seiner Freunde zum Feiern einfliegen ließ. Als Forbes starb, verfügte er in seinem Testament die Erlassung aller persönlichen Darlehen, die seine Angestellten aufgenommen hatten. Sogar vom Grab aus wußte Forbes, wie er Spaß mit seinem Geld haben und sich und seine Freunde damit glücklich machen konnte.

Du brauchst kein Multimillionär zu sein, um an deinem Geld und deinem Leben Spaß zu haben. Du brauchst nicht all deine Freunde zum Palast eines Sultans fliegen zu lassen; du brauchst nur gefühlsmäßig bei ihnen zu sein und ihnen in deiner Gegenwart ein Gefühl schützenden Raums zu bieten. Am Ende werden es nicht die Erfolge sein, an die sich unsere Freunde beim Gedanken an uns erinnern, und auch nicht die erhaltenen Auszeichnungen, die unserem Leben seinen Wert verleihen. Was zählt, ist die Art und Weise unserer Erfahrung, während wir hier sind. Warte nicht, bis du krank oder tot bist, um zu erkennen, daß du lieber mehr gespielt hättest, als du noch gesund und munter warst. Nimm dir jetzt Zeit, das zu tun, was du wirklich gern tun würdest, und du wirst mehr Zeit haben, es zu tun.

Das Versuch-Spiel

Einer der verheerendsten Feinde des Erfolgs ist das *Versuchen*. Versuchen ist Lügen; Versuchen ist Untergang. Versuchen scheint nur notwendig zu sein, wenn wir uns mit dem kleinen Selbst identifizieren. Das kleine »Ich« ist das, was nicht recht weiß, ob es erfolgreich sein kann. Das höhere »Ich« weiß: Ich kann alles, was ich mir vornehme, unter Mitwirkung des *Göttlichen Geistes* tun. Versuchen bedeutet, daß du möglicherweise dein Ziel nicht erreichst; Tun bedeutet, daß du es erreichen wirst. Menschen, die nicht bereit sind, Verantwortung für ihr Leben zu übernehmen, versuchen; wer sich dem Erfolg verschreibt, tut. Ken Blanchard, der Autor von *Der Minuten-Manager* (3) beschreibt den Unterschied zwischen Beteiligung und innerer Verpflichtung. »Wenn du an etwas beteiligt bist, tust du es nur, wenn es paßt«, erklärt Dr. Blanchard. »Wenn du dich innerlich verpflichtest, akzeptierst du keine Entschuldigungen – nur Ergebnisse.«

Ich unterhielt mich mit einer Frau, die überlegte, ob sie sich zu einem meiner Seminare anmelden sollte. »Ich versuche verzweifelt, das Geld zusammenzukriegen, um zu kommen«, sagte Maggie zu mir.

Ihrer Stimme entnahm ich, daß sie total am kämpfen war. »Versuch es nicht verzweifelt«, sagte ich zu ihr.

»Warum nicht?« entgegnete sie überrascht.

»Versuch es nicht verzweifelt«, wiederholte ich. »Tu es einfach. Oder tu es nicht. Was immer du tust, mach keinen Kampf daraus.«

Ich erklärte Maggie, daß Ergebnisse immer Folge der Absicht sind. Wenn du im Herzen etwas wirklich willst und es steht für dich fest, daß es geschehen soll, wird das Universum den Rahmen für deine Vision bereitstellen – ohne daß du es unter Schweiß erzwingen mußt. Über die Jahre hinweg habe ich gesehen, wie viele Retreat-Teilnehmer ein Wunder nach dem andern in Form von Geld und Unterstützung anziehen, um die Programme besuchen zu können, zu denen sie innerlich gerufen werden. Ernsthafte Teilnehmer haben Geschenke, Gehaltserhöhungen, Prämien, Erbschaften, unerwartete Steuererstattungen, kostenlose Flugreisen, den Verkauf alter, unnötiger Dinge und Leihgaben von Freunden angezogen. Ein Teilnehmer gewann sechs Millionen Dollar beim staatlichen Lotteriespiel. Ein anderer Typ verkaufte ein Saxophon, das schon Jahre in seiner Bude herumgelegen hatte. Eine Innendekorateurin erhielt eine Kilometerprämie für häufiges Fliegen, die ihr genau die Kilometer schenkte, die sie für die Reise benötigte. Es gibt eine unendliche Anzahl von Türen, durch die das Gute für uns kommen kann. Es ist nicht unsere Aufgabe, das »Wie« zu arrangieren; unsere Aufgabe ist es, uns unserer Absicht bewußt zu sein und mit Glauben und Zuversicht, daß das Universum für uns arbeitet, voranzugehen.

In dem Film *Das Imperium schlägt zurück* gibt es einen meisterhaften Dialog über die Kraft des Verwirklichens. Jedi-Meister

Yoda lehrt Luke Skywalker die Praxis der Telekinese, um sein Raumschiff aus dem Sumpf zu heben.

Luke: Jetzt werden wir es nie wieder rauskriegen.

Yoda: Bei dir ist es immer unmöglich. Hörst du gar nicht auf das, was ich sage?

Luke: Meister, Steine umzuwälzen ist eine Sache, aber dies ist doch völlig anders!

Yoda: Nein. Nicht anders. Nur anders in deinem Geist. Du mußt verlernen, was du gelernt hast.

Luke: Okay, ich werd's versuchen.

Yoda: Nein, versuch's nicht. Tu's oder tu's nicht. Es gibt kein »versuchen«.

(Luke konzentriert sich. Er beginnt das Schiff hochzuziehen, da sinkt es erneut.)

Luke: Ich kann nicht. Es ist zu groß!

Yoda: Die Größe ist egal. Schau mich an. Beurteilst du mich etwa nach meiner Größe?

Luke: Nein.

Yoda: Das solltest du wahrlich nicht. Mein Verbündeter ist die Kraft, und sie ist ein machtvoller Verbündeter. Das Leben heißt sie willkommen und läßt sie fließen. Ihre Energie umgibt uns und verbindet uns. Leuchtende Wesen sind wir, nicht aus grobem Holz geschnitzt. Du mußt die Kraft um dich herum fühlen... in dir... zwischen dir, mir, dem Baum, dem Felsen, überall. Ja, sogar dem Fluß, dem Land und dem Schiff.

Luke: Du verlangst das Unmögliche!

(Yoda streckt seine Hand aus und läßt das Schiff schweben. Luke sieht staunend zu, wie das Schiff über den Sumpf befördert und sanft aufs Land abgesetzt wird.)

Luke: Ich glaub es nicht!

Yoda: Deshalb mißlingt es dir.

Im allgemeinen arbeite ich nicht mit Leuten, die sagen: »Ich werd's versuchen.« Wenn ich das Wort »versuchen« höre, dann höre ich, daß sie noch nicht in dem Bewußtseinszustand sind, in dem sie wissen, daß sie es tun können. »Versuchen« ist eine Entschuldigung dafür, keine Verantwortung für ein Ergebnis zu übernehmen. Es käme der Wahrheit näher zu sagen, »ich möchte dies nicht tun« oder »ich glaube nicht, daß ich das tun kann«. Aber versuchen ist Leugnen. Versuchen heißt, es gibt eine größere Kraft als du oder eine Kraft außerhalb von dir, der du deine Stärke entgegenstellst. Es gibt keine größere Kraft als die mit der Wahrheit verbundene Absicht, keine Kraft außerhalb von ihr. Wenn die *Göttliche Kraft* deine Verbündete ist, kannst du nicht scheitern.

Als ich mein Studium der Metaphysik begann, sagte mein Lehrer zu unserer Gruppe: »›Versuchen‹, ›wenn‹, ›aber‹, ›vielleicht‹ und ›unmöglich‹ gehören zum Wortschatz von Dummköpfen. Streich diese Worte aus deinem Wörterbuch.«

Im Amerikanischen bestehen die Worte »tried« (versuchte) und »tired« (müde) aus denselben Buchstaben. Wenn du oft müde bist, versuchst du zu sehr. Das Heilmittel für Müdigkeit ist nicht, mehr zu versuchen, sondern weniger zu versuchen. »*Versuch nicht, tu's. Oder tu's nicht.*« Tun ist leichter als Versuchen. Nicht-Tun ist leichter als Versuchen. Laß dein Raumschiff nicht im Sumpf zwischen Tun und Nicht-Tun steckenbleiben. Sei auf Entscheidung aus und nicht auf Effekt. Kreiere, reagiere nicht. Sei entspannt, nicht angestrengt.

Spiel jetzt, spiel später

Bei einer Konferenz war ich mit einem bekannten Psychologen essen, der zu mir sagte: »Obwohl ich diese Retreats auf dem Land genieße, *kriege ich die Rechnung,* wenn ich in mein Büro zurückkomme – ein Riesenstapel Post erwartet mich.«

Ich war betroffen von dem Muster, das dieser Mann mit sich herumtrug – der Glaubenssatz, daß Freude Bezahlung fordert. Als Kinder bekamen wir zu hören: »Geh' halt erst etwas spielen, aber dann kommt die Arbeit«, manchmal auch »erst die Arbeit, dann das Vergnügen«. Und in der Werbung für Kreditgeschäfte heißt es oft: »Bestellen Sie jetzt (d. h. genießen Sie das Produkt sofort), und zahlen Sie später.« In beiden Fällen akzeptierten wir eine unterbewußte Programmierung, daß Spiel und Spaß ihren Preis haben. Das stimmt nicht. Unverantwortliches Spiel verlangt seinen Preis, denn wenn wir auf eine Weise »spielen«, die uns oder einen anderen verletzt, wird uns das Universum früher oder später stoppen, und das ist ein großes Geschenk. Wirkliches Spiel jedoch ist ein Feiern des Augenblicks und läßt uns nicht mit karmischer Schuld zurück, sondern befreit uns tatsächlich.

Es erfordert nur ein bißchen Einsicht, um zu sehen, wie schädlich und entwürdigend ein Denksystem ist, das verlangt, für Spielen zu bezahlen. Kinder leben nicht in dem Glauben, daß Spielen einen Preis fordert, und sie sind die glücklichsten Menschen auf dem Planeten. Spielen ist die wirksamste Lernmethode und führt zu viel produktiveren Ergebnissen als krampfhafte Bemühungen. Beobachte kleine Kinder, wie sie ihre ersten Worte aussprechen, wie sie Formen im Sand machen oder Mami helfen, Topfkuchen zu backen. All das ist ein Spiel für sie. Sie leiden nicht unter der niederdrückenden Einstellung: »Wenn ich nicht lerne, dies richtig zu tun, bin ich ein Blödmann.« Das Tun ist ein vergnügliches Abenteuer; auch wenn sie unverständliche Laute von sich geben oder ihre Kuchen danebengehen, lachen sie und beginnen aufs Neue. Jesus betonte, »um in das Königreich des Himmels zu kommen, müßt ihr werden wie die kleinen Kinder«. Er sagte nicht, du mußt kämpfen und für dein Glück bezahlen; er verkündete, daß Freude unser Geburtsrecht ist.

❦ SCHLÜSSEL ❦
Im Zustand der Freude lernen wir
auf natürliche Weise
und sind wie von selbst erfolgreich

Dies ist keine Prüfung

Viele von uns erfahren ihr Leben als eine Folge von Prüfungen. Wenn eine schwierige Erfahrung unseren Weg kreuzt, interpretieren wir sie als Test, den wir erfolgreich bestehen müssen. Wenn wir nach unserem Ermessen bei der Prüfung versagen, schimpfen wir uns aus, und wenn wir sie bestehen, klopfen wir uns auf die Schulter.

Die Auffassung, daß wir geprüft werden, stammt von unserer Prägung als »Schüler« und ist eine erlernte Selbstdefinition. Kinder erscheinen nicht auf dem Planeten mit einem Konzept von sich, das besagt: »Ich bin ein Schüler, ich muß Prüfungen bestehen und lernen.« Babys kommen mit großen Augen hier an und sind begierig, spontan ihre Neigungen auszudrücken. Wenn Kinder laufen lernen, empfinden sie die Erfahrung nicht als eine Prüfung durch irgendeine äußere Instanz – sie haben kein Konzept einer äußeren Kraft oder eines Versagens. Ein solcher Gedanke ist ein Trick des Verstands, und ein Baby hat solche Tricks noch nicht gelernt. Das Kind fällt und steht wieder auf; der Vorgang ist ein Spiel, kein Problem. Das Abenteuer des Lebens ist aufregender als der Gedanke an ständige Prüfung.

Schüler werden geprüft; Meister stehen über ihren Erfahrungen. Im allgemeinen nennt man denjenigen einen Meister, der seine Prüfungen bestanden hat. Aber vielleicht wäre es genauer zu sagen, daß ein Meister jemand ist, der die Auffassung des Geprüft-werdens hinter sich gelassen hat. Wenn auch wir Meister werden möchten, müssen wir unsere Prüfungen bestehen, indem wir sie nicht mehr als solche sehen.

Wenn wir eine Prüfung wahrnehmen, ist zu fragen: *»Wer wird geprüft?«* und *»Wer prüft?«* Typische Antworten könnten lauten:

»Ich werde geprüft« und »Gott oder das Leben prüft mich.« Ein wenig Überlegung läßt erkennen, daß solche Auffassungen sich in einem extrem dualistischen Rahmen bewegen. Die Auffassung, daß »Gott dich prüft« geht davon aus, daß Gott außerhalb von dir ist und du ein schwaches Wesen bist, das zumindest einer Prüfung unterworfen und schlimmstenfalls überm Feuer gegrillt wird. Wie Ashley Brilliant bemerkt, ist hier »dein Argument exzellent, bloß die Voraussetzung, von der du ausgehst, stimmt überhaupt nicht.« (4)

In einer amerikanischen Fernsehshow wird humoristisch dargestellt, wie sich ein gewöhnlicher Mensch mit Gott mißt. Gott befindet sich in einer unschlagbaren Position und beantwortet alle Fragen korrekt, während der menschliche Kandidat nicht mal eine Möglichkeit zum Einsatz hatte. Die Anzeigetafel zeigt, daß die Höchste Gottheit es auf 1065 Punkte gebracht hat, während die Markierung des Mannes bei Null ist. Gelangweilt und frustriert wartet der Bursche auf die Gelegenheit, wenigstens eine Antwort zu geben. Der Showmaster verkündet: »*Ja! Stimmt! Die Antwort ist ‹Wisconsin‹! Weitere 50 Punkte für Gott, und… uh-oh, es sieht so aus, als ob unser Kandidat Norman noch keinen Treffer hat.*« (5)

Wir können uns nicht mit Gott messen, nicht weil Gott größer als wir ist, sondern weil Gott eins mit uns ist. Wenn du den eben erwähnten Cartoon sehen würdest, mit wem würdest du dich identifizieren? Würdest du dich als frustrierter Kandidat sehen, der ängstlich auf eine Gelegenheit wartet, sich zu beweisen? Oder würdest du dich mit Gott identifizieren, der permanent Erfolg hat? Während wir auf der Oberfläche als Sterbliche aufgeschmissen zu sein scheinen, sind wir in der Tiefe unseres Wesens Eins mit dem weisen und machtvollen Göttlichen.

Unser Wesen ist Liebe, und Liebe prüft nicht. Liebe segnet und feiert. Kannst du dir vorstellen, mit jemandem eine Beziehung zu leben, der dich ständig prüft und versucht, dich auf einen höheren Standard zu bringen, dich zensiert und belohnt, wenn du den Test bestehst und bestraft, wenn du versagst? (Vielleicht rufst du jetzt aus: »In so einer Beziehung bin ich!«) Das ist nicht gerade eine Liebesbeziehung (obwohl einige von uns »Liebe« auf solche Weise ausspielen); es ist die Militärakademie bei der Marine. Wenn deine Vorstellung vom Himmel das Militär ist, mach weiter mit deinem

Prüfungsprogramm. Wenn du lieber Frieden willst, besteh deine Prüfungen, indem du deine göttliche Identität anerkennst.

Jede große Religion bestätigt Gottes Einssein. Das heiligste Gebet im Judentum lautet: »Höre, oh Israel, Gott ist Einer.« Jesus erklärte in seinem mystisch erhöhten Zustand: »Ich und der Vater sind Eins.« Der Hinduismus vertritt, daß wir im Innersten der Atman, das ungeschiedene Licht, sind. *Ein Kurs in Wundern* läßt uns die Lektion praktizieren: »Ich bin *ein* SELBST, vereint mit meinem SCHÖPFER.« (6) Jedi-Meister Yoda erklärte: »Du mußt die Kraft in dir und überall fühlen.« Ein Selbst prüft sich selbst nicht. Die Wahrnehmung einer Prüfung erfolgt von einem abgetrennten Geist aus. Es gibt keinen Unterschied zwischen »Selbst« und »außerhalb des Selbst«. *Es gibt nichts »außerhalb des Selbst«. Es gibt nur das Selbst.* Was wir außerhalb von uns sehen, ist ein Film auf einer Leinwand, eine Illusion, ein Korridor voller Spiegel. Der, den du im Spiegel siehst, prüft dich nicht; du siehst nur dich selbst. Fang nicht vor lauter Frustration an, den Spiegel mit dem Hammer zu bearbeiten. Liebe vielmehr das, was gespiegelt wird. Der Spiegel wird verschwinden, und übrig bleibst du in deiner Ganzheit, die du bereits verkörperst.

Wenn eine scheinbare Prüfung auftaucht, mache aus ihr eine Gelegenheit, aus der Illusion der Begrenzung aufzuwachen. Frage: *»Wie kann ich diese Erfahrung so nutzen, daß sie mir dabei hilft, mich meines spirituellen Wesens zu entsinnen? Wie würde jemand, der sich seiner Ganzheit bewußt ist, dies sehen?«* Schnell wird die angebliche Prüfung zu einem Geschenk werden. Du brauchst sie nicht zu bestehen; du brauchst sie nur zu umarmen. Sie ist nicht das, wofür du sie hieltest. Sie ist eine Einladung, dich selbst mehr zu lieben. Alles ist eine Einladung, dich selbst mehr zu lieben.

Laß es schwer sein

Manchmal besteht der leichteste Weg, Schmerz zu überwinden, darin, es schwer sein zu lassen. Obgleich dies paradox klingen mag, ist es ein meisterhaftes Prinzip. Erlaube den schwierigen Gefühlen hochzukommen, und sei mit deiner Aufmerksamkeit bei ihnen. Der Grund für Leid ist Widerstand; dem Leid Widerstand zu leisten, vergrößert es nur. Das Ankämpfen gegen Gefühle läßt sie tatsächlich so überwältigend erscheinen. Erlaube ihnen, sich auszudrücken, und du wirst zur Kehrseite des Leids gelangen. Wenn du ständig gegen Leid ankämpfst, wird dein Kampf einen größeren Tribut fordern, als wenn du das Leid hochkommen läßt, es so lange fühlst, bis du seine Botschaft vernommen hast, und dann mit deinem Leben weitermachst. Manchmal führt der Ausweg mitten hindurch.

Einst sollte ich einen Gedenkgottesdienst für einen jungen Mann halten, der bei einem Zugunglück umgekommen war. Als ich die Eltern des Mannes traf, um mich vor der Zeremonie mit ihnen zu besprechen, fragte ich seine Mutter, wie es ihr mit dem Tod ihres Sohnes ergehe. »Oh«, antwortete sie, »ich hatte einfach so viel zu tun, daß es mir deshalb nicht so schlecht ging.« Mir war klar, daß Mrs. Lawson ihr Gefühl total verleugnete, indem sie ihrem Schmerz über diesen schwerwiegenden Verlust aus dem Weg ging. Während sie zu verstehen gab, sie hätte wegen ihrer Geschäftigkeit nicht viel empfinden können, wußte ich, daß der *Zweck* ihrer Geschäftigkeit darin bestand, eine Distanz zwischen sich und ihren Schmerz zu schaffen. Aber Distanzierung beseitigt den Schmerz nicht; er treibt ihn nur tiefer, wo er so lange eitert, bis man sich ihm stellt und ihn heilt.

Ich mußte direkt zu Mrs. Lawson sein. »Ich rate Ihnen, daß Sie sich etwas Zeit für sich nehmen und sich erlauben, zu trauern«, sagte ich zu ihr. »Sie müssen Ihre Gefühle spüren. Es mag eine Zeitlang weh tun, aber dann werden Sie frei davon werden. Dies ist eine wichtige Zeit für Sie. Nutzen Sie sie weise.«

Tränen quollen aus Mrs. Lawsons Augen, und es dauerte kaum einen Augenblick, da schluchzte sie an meiner Schulter. Ich umarmte sie und ermutigte sie, den Kummer hochkommen zu lassen. Dies war der Anfang ihres Heilungsprozesses, eines Prozesses, den sie nicht umgehen konnte und durch den sie hindurch mußte, um Frieden zu finden. Hernry Nouwen schreibt:

Meine eigene Erfahrung mit Schmerz zeigte mir, daß der Weg zur Heilung darin besteht, ihm ins Auge zu sehen und hin-

durchzugehen... Unser menschliches Leid braucht kein Hinder-
nis für die Freude und den Frieden zu sein, den wir uns so sehr
wünschen, es kann statt dessen der Weg dahin werden. Das
große Geheimnis des spirituellen Lebens... ist, daß alles, was
wir leben, sei es Fröhlichkeit oder Traurigkeit, Freude oder Leid,
Gesundheit oder Krankheit, Teil der Reise zur vollen Verwirk-
lichung sein kann.

Eine Höhere Kraft

Es leichtzunehmen bedeutet nicht, vor unangenehmen oder
schwierigen Situationen wegzulaufen. Langfristig ist es viel leichter, Herausforderungen mutig entgegenzutreten, als aus Angst
ständig auf der Flucht zu leben. Wir ermutigen keine Flucht vor
der Realität, sondern Befreiung von der Tyrannei der Minderwertigkeit. Verleugnung fordert immer einen höheren Tribut als ehr-
liche Konfrontation. Wenn ich z. B. davor stehe, an einer Beerdigung teilzunehmen, einem Angestellten oder einem Mieter zu
kündigen oder einen Irrtum zuzugeben, ist mein erster Impuls oft,
den unangenehmen Sachverhalt beiseite zu schieben. Doch die Erfahrung hat mir gezeigt, daß es nur den Schmerz vergrößert, wenn
ich dem, womit ich mich auseinandersetzen muß, den Rücken zu-
wende, und je länger ich die Konfrontation hinauszögere, desto
schwerer ist es. Sobald ich einmal den Widerstand hinter mir
gelassen habe und Schritte unternehme, stehen die Türen zur
Lösung offen. Der leichteste Weg, mit einer Herausforderung umzugehen, ist möglicherweise die direkte Konfrontation. Ein unangenehmer Augenblick ist ein geringer Preis für ein Leben im
Frieden.

Es leichtzunehmen bedeutet auch nicht, sich auf die Seite zu
drehen und für den Rest des Lebens ein fauler Penner zu werden.
(Als ich zum ersten Mal das Prinzip des Nicht-Kämpfens aufgriff,
stellte ich auf meinen Schreibtisch die Karte: »*Ich tue nichts, und*
doch wird alles getan.« Am nächsten Tag sah ich, wie meine Sekretärin hinzugefügt hatte: *Ja, klar – von mir!*«) Leichtigkeit bezieht sich nicht auf eine Ebene der Aktivität, sondern es dreht sich

um eine Qualität der Energie. Du kannst äußerst aktiv und produktiv sein, während du gleichzeitig eine spielerisch-freudige Haltung bewahrst. Du kannst scheinbar harte Arbeit leisten, doch
wenn du die Arbeit liebst, ist sie kein Kampf, sondern einfach ein
Tanz.

Meister im Leichtnehmen gehören oft zu den aktivsten Aus-
lösern von Veränderungen. Manche sind Tag und Nacht aktiv und
bekommen ständig weitere Energie zu schöpferischer Tätigkeit
und zum Dienen. Andere, die innerlich abwehren, sind schon
nach der kleinsten Arbeit erschöpft. Wir haben immer Energie,
das zu tun, was wir lieben.

Du kannst viel Frieden und schöpferische Energie freisetzen,
wenn du den Gedanken, das Heil des ganzen Universums hinge
von dir ab, fallenläßt. Wenn du glaubst, du müßtest alles allein
machen oder dich um Menschen kümmern, die es selbst nicht tun,
werden deine Batterien bald erschöpft sein. Erlaube anderen, ihre
eigenen Muskeln zu entwickeln, und du wirst ihnen unendlich
mehr dienen, als wenn du versuchst, etwas für sie zu tun, was sie
für sich selbst tun können und müssen. Dann wirst du die Energie
und Begeisterung haben, das zu tun, was du hier tun sollst.

Meister im Leichtnehmen wissen, daß sie für eine höhere Kraft
arbeiten. Wenn wir zurücktreten und Gott durch uns arbeiten lassen, erreichen wir mehr, als wie wir jemals aus der Versklavung
des Egos heraus bewirken könnten. Erfolgreiche Gesundungspro-
gramme wie z.B. die der Anonymen Alkoholiker basieren darauf,
daß sie das Leben einer höheren Kraft übergeben. Die Mitglieder
erkennen, daß wir alle Hilfe von einer *Kraft* benötigen, die größer
als das kleine Ich ist, mit dem wir bisher versuchten zurechtzu-
kommen. Eine der Zwölf-Schritte-Affirmationen lautet: »Leichtnehmen macht's möglich« – wie passend für diejenigen, die gewöhnlich aus allem einen Kampf machen. Kampf ist ein maßgeb-
liches Symptom für eine heimtückische Sucht namens »Hardoho-
lismus« (7). Wenn du gewohnt bist, alles auf die harte Tour zu
machen, wirst du dich dem Kampf nicht entziehen, indem du es
noch härter versuchst; das Gegenmittel für Kampf ist Loslassen.

Ashley Brilliant verkündete: »Jetzt, da ich die Hoffnung aufgegeben habe, fühle ich mich weitaus besser.« Wenn alles, was du

getan hast, nicht funktioniert hat, ist es vielleicht besser, du hörst auf, es zu versuchen. Das Kriegsgebiet zu verlassen bedeutet nicht, daß du ein Feigling bist; im Gegenteil, du hörst nur auf mit dem, was nicht klappt. Wenn das, was du tust, nicht klappt, wird es auch nicht besser klappen, wenn du noch mehr davon machst. Anstatt härter zu arbeiten, brauchst du es vielleicht nur einfallsreicher anzugehen.

Hab keine Angst, ein Ziel loszulassen, für das du gerade heftig kämpfst! *Du kannst nicht das verlieren, was du aufgrund deines Bewußtseins verdienst.* Erkenne, daß Kampf nicht zu dem Plan gehören kann, das, was du willst und verdienst, zu bekommen. Möglicherweise mußt du handeln, aber du brauchst nicht zu leiden. Krampf loszulassen kann genau die Öffnung sein, die das Universum braucht, um die Situation zu deinen Gunsten zu arrangieren. Vielleicht bist du dann angenehm überrascht, wenn du feststellst, daß das, was du willst, näher ist als vermutet.

Ein Frosch pro Hand

Ein volkstümliches amerikanisches Sprichwort rät: »Versuche nie, zwei Frösche mit einer Hand zu fangen.« Viele von uns haben versucht, so viele Dinge gleichzeitig zu tun, daß wir keinem von allen gerecht wurden. Ich habe mich manchmal wie ein Unterhaltungskünstler beim Zirkus gefühlt, der auf Holzstäben drehende Teller balanciert. Während zwanzig Teller gleichzeitig herumwirbeln, wird seine ganze Darbietung zu einem Wettlauf darum, die Teller gerade noch aufzufangen, bevor sie herunterfallen und zerbrechen.

Viele von uns sind in das, was ich »Krisenmanagement« nenne, hineingerutscht. Anstatt nach unserer Vision zu gehen, verbringen wir unsere meiste Zeit damit, Feuer zu löschen. Sobald du ins Büro kommst, reagierst du auf einen dringenden Fall nach dem andern. Deine Prioritäten werden von dem Reifen bestimmt, der im Moment am lautesten quietscht und davon, welche Notsituation dir am unangenehmsten entgegenkommt. Dann gehst du erschöpft nach Hause und wunderst dich über das Gefühl, nichts zustande gebracht zu haben.

Es kann dir nicht bestimmt sein, so zu arbeiten oder zu leben. Wenn du dich auf Krisenmanagement eingelassen hast, ist es gut möglich, daß du versuchst, eine Menge Frösche mit einer Hand zu fangen. So eine schwierige Lage ist eine Aufforderung an dich, zurückzutreten und dich zu fragen: »Was bräuchte ich, um mich bei dieser Arbeit friedlicher und schöpferischer zu fühlen?« Vielleicht mußt du öfters mal eine Bitte abschlagen; vielleicht mußt du mehr an andere delegieren; vielleicht mußt du deine Prioritäten neu festlegen und dich dafür entscheiden, nur ausgewählte Projekte anzugehen; vielleicht mußt du um mehr Hilfe bitten; vielleicht mußt du eine Pause machen; vielleicht mußt du aufhören und etwas tun, das dich nicht so sehr belastet; und vielleicht brauchst du auch nur deine Haltung zu ändern. Finde dich nicht mit einem Leben ab, das von einer Reihe von Notfällen bestimmt wird. Du bist hier, um zu kreieren, nicht um zu reagieren.

❦ SCHLÜSSEL ❦
Es gibt für alles immer eine Lösung

Die Macht des Vertrauens

Meine Freundin Betty war eine Frau mit enormem Vertrauen. Nachdem sie durch eine traumatische gesundheitliche Krise hindurchgegangen war, beschloß Betty, die ihr verbleibende Zeit auf Erden zu feiern und ihre Energien einem mit offenem Herzen gelebten Leben zu widmen.

Im Zuge ihrer Entscheidung, die Welt als sicheren und freundlichen Ort zu betrachten, vertraute Betty in vielerlei Hinsicht auf außerordentliche Weise, und sie wurde mit erstaunlichen Ergebnissen belohnt. Betty pflegte immer ihre Schlüssel im Zündschloß ihres neuen Autos steckenzulassen, während es beim Einkaufszentrum von New Jersey parkte, und nie wurde etwas gestohlen. Eines Nachmittags nahm sie einen jungen Tramper mit. Er erklärte ihr, er sei gekränkt von seiner Frau weggelaufen und wollte jetzt nach Hause, um ihre Beziehung wieder in Ordnung zu bringen. Betty war so berührt von der Absicht des Mannes, daß sie ihm ihr teures Auto anbot, damit er den letzten Abschnitt seiner Fahrt zurücklegen konnte. Der Mann ließ Betty bei ihrem Haus raus, nahm das Auto und versprach, es in ein paar Stunden zurückzubringen.

Der Nachmittag verging, und Betty fragte sich allmählich, ob sie nicht einen Fehler gemacht hatte. Hatte sie dieses Mal vielleicht zu viel vertraut? Später am Abend klingelte es an der Haustür, und der Mann und seine Frau standen vor ihr. Sie wollten Betty für ihre Großzügigkeit danken. Das Paar hatte sich versöhnt und beschlossen, die Beziehung aufrechtzuerhalten. Betty bewirkte viele solcher Wunder, nachdem sie aus ihrem Leben ein Abenteuer zum Beweis dafür gemacht hatte, daß Vertrauen ein praktisches Werkzeug ist.

Ich kannte einen Mann, der den *Kurs in Wundern* studierte und abends vor dem Schlafengehen in seinem Appartement am Meditieren war, als ein Einbrecher über die Feuerleiter in sein verdunkeltes Schlafzimmer kletterte. Jack machte das Licht an und sagte zu dem Einbrecher: »Du brauchst nichts von mir zu stehlen. Ich werde dir helfen, wenn es mir möglich ist. Was ist los in deinem Leben, und welche Art von Hilfe brauchst du?«

Die Männer begannen, sich zu unterhalten, und nach einer Weile löste sich innerlich etwas in dem Einbrecher, er weinte und beschrieb das Leid und Entsetzen in seinem Leben. Jack gab ihm etwas Geld und sagte ihm, er möge ihn anrufen, wenn er das Bedürfnis habe zu sprechen. Jack hörte danach nichts mehr von dem Eindringling, aber er freute sich, daß er ein drohendes Unheil in ein Wunder verwandelt hatte.

Ein anderer Mensch, der mir half zu lernen, was Vertrauen ist, war ein Autohändler. Als ich nach Hawaii zog, ging ich zum ansässigen Hondahändler, um ein Auto zu kaufen. Nachdem ich mich entschieden hatte, wurde mir klar, daß ich gar nichts dabei hatte, um das Auto zu bezahlen. Ich sagte zu dem Händler: »Ich bin erst ein paar Tage auf der Insel und habe deshalb hier noch kein Bankkonto. Mein Geld ist noch auf meinem Konto in New Jersey. Wenn Sie mir das Auto reservieren, könnte ich Ihnen eine Anzahlung hinterlegen und in ein paar Tagen mit einem Bankscheck zurückkommen.«

Der Händler hielt Rücksprache mit dem Geschäftsführer, kam zurück und sagte zu mir: »Kein Problem – Sie können das Auto mit Ihrem New Jersey-Scheck bezahlen.« Auf der Stelle schrieb ich einen Scheck über 15 000 Dollar aus, gezogen auf ein Privatkonto bei einer Bank, die über 8000 km entfernt war und mittlerweile Feierabend hatte. Dann fuhr ich einen nagelneuen, supermodernen Honda Accord aus der Ausstellungshalle. Ich hätte ebensogut nur zwölf Cent auf jenem Konto haben können, und der Händler hätte es nicht gewußt. Als ich auf die Hauptstraße einbog, sagte ich laut zu mir selbst: »Ich glaube, wir sind nicht mehr in New Jersey. Punkt.«

Ich habe eine noch bemerkenswertere Geschichte von einer Frau in Virginia gehört, die gerade einen neuen Toyota für über zehntausend Dollar gekauft hatte. Als sie den Kaufvertrag am späten Freitagabend abgeschlossen hatte, entdeckte sie, daß sie ihr Scheckheft gar nicht dabei hatte. Als sie den Händler fragte, ob er ihr das Auto bis Montag reservieren könnte, sagte er: »Das ist schon okay. Sie können das Auto mitnehmen und uns Montag den Scheck bringen.« Als sie ihrer Verwunderung darüber Ausdruck gab, daß die Firma ihr so ohne weiteres Vertrauen schenkte, lächelte der Händler und meinte: »So sind die Leute hier im Shenandoah Tal halt.«

Diese Berichte offenbaren, wie gewöhnliche Menschen außergewöhnliche Ergebnisse erzielen, indem sie Vertrauen höher als Angst setzen. Solche Menschen haben es gewagt und haben ihre ängstlichen Schutzmechanismen überwunden. Das heißt nicht, daß ich dir empfehle, deine Schlüssel im Auto zu lassen, Tramper mitzunehmen oder Einbrecher als Gäste aufzunehmen, wenn du nicht wirklich von innen her bereit bist. Ich weise nur darauf hin, daß es einen größeren Teich gibt, in dem wir schwimmen können, wenn wir einfach unseren Geist für höhere Möglichkeiten öffnen. Goldfische werden riesig, wenn sie aus einem kleinen Becken herausgenommen werden und mehr Platz zum Schwimmen bekommen. Auch wir werden in dem jeweiligen Rahmen leben, den wir dem Ausdruck unserer selbst zugestehen.

Der zweifache Schritt zum Frieden

Da viele mit dem Einhalten der Zehn Gebote nur eine niedrige Erfolgsquote verzeichnet haben, reicht es aus, sich folgendes zu merken:

1. Tu das, was den Göttlichen Geist in dir stärkt.
2. Tue nichts, was dem Göttlichen Geist in dir widerspricht.

Wenn du diese zwei Prinzipien befolgst, brauchst du keinen anderen Rat oder keine weitere Information, um inneren Frieden und äußeren Erfolg zu erleben. Du brauchst keine teuren Seminare zu besuchen, bei denen dich ein diktatorischer Seminarleiter zu deinem eigenen Heil auseinanderpflückt. Du brauchst nicht mit Bierhefe und Weizenkeimen zu fasten. Du brauchst kein Kristallpendel über deinem Vorratsschrank zu schwingen, um herauszufinden, was du zum Frühstück essen sollst. Du brauchst keine Darmspülung mit einem Auszug von Dr. Bronner's Pfefferminzseife, Weizenkleie und Gebirgstau zu machen. Du brauchst nicht deinen Astrologen zu fragen, wann du zur Toilette gehen sollst oder warten, bis Merkur Abschied von Taco Bell nimmt, um deinen Börsenmakler anzurufen. Du brauchst nicht jahrelang die Beckenmuskeln zu kontrahieren, um deine sexuelle Energie über den Nabel emporzuheben, nur damit sie sich unerwartet im ungelegensten Moment in der Warteschlange am Ausgang vom Supermarkt wieder meldet. Du brauchst keine langen Atemübungen mit einem Schnorchel in deiner Badewanne zu machen, während du ein Playback von Grateful Dead hörst in der Hoffnung, eine persönliche Einladung von Johannes dem Täufer oder Jerry Garcia zu beschwören. Du brauchst kein Channelmedium aufzusuchen, um Verstorbene zu befragen, wie du leben solltest. Du brauchst gar nichts zu tun, zu dem deine innere Stimme dir nicht den Anstoß gibt. Und du könntest vielleicht einfach glücklich sein.

WIEDERGEFUNDEN!

Still sitzend,
Nichts tuend,
Der Frühling kommt,
Und das Gras wächst von selbst

ZEN-SPRICHWORT

Folge deiner inneren Stimme

Geh zuversichtlich auf deine Träume zu!
Lebe das Leben, das du dir vorgestellt hast.
HENRY DAVID THOREAU

»Passen Sie auf, die Ziegen!« rief eine Stimme, als ich auf den Hof
vor der Scheune fuhr. Ich verrenkte mein Genick zu drei grauen
Ziegen auf dem Dach des Bauernhauses, die mein offenes Cabrio-
let anstarrten. Ich gab noch mal Gas und fuhr durch das rohbehauene Tor hindurch.

»Hallo, ich bin Sylvan«, sagte ein großer, bärtiger, vielleicht
35jähriger Mann im Arbeitskittel freundlich lächelnd. »Soll ich Sie
ein bißchen herumführen?«

Das Tierheim von Ost-Maui, das ruhig und versteckt in den ge-
furchten, grünen Hügeln auf der Windseite der Talinsel liegt, ist
eine schlichte Kombination von Old McDonald's Farm und Boys
Town. Die Pfleger kümmern sich um Tiere, die sonst niemand
will, selbst nicht die Humane Society*. Die Mitarbeiter pflegen
und rehabilitieren kranke, verletzte und mißhandelte Tiere.

Als ich aus dem Auto stieg, kam ein großer australischer Schäferhund angesprungen und fing an, meine Hände abzuküssen.
»Begrüßen Sie Herrn Magoo«, forderte Sylvan mich auf. »Er ist
blind.«

Ich folgte Sylvan in den Stall, wo er einigen Katzen Antibiotika
verabreichte. Während er über die Schulter hinweg mit mir sprach,
entging ihm bei seinem Rundgang keine Kleinigkeit; es war klar,
daß es seine Priorität war, diese Geschöpfe zu pflegen; Besucher
waren willkommen, aber die Tiere waren offensichtlich die Stars
der Vorführung.

---

* eine Organisation ähnlich wie der Tierschutzverein

»Wir nennen diese Kerlchen unsere ›Booboo-Babys‹«, erklärte Sylvan. »Diese Katze hat eine katzenspezifische Art von AIDS. Mit diesen Antibiotika geht's ihr einigermaßen gut.«

Mein Adamsapfel fühlte sich plötzlich an, als hätte er die Größe einer Grapefruit; Tränen wollten mir in die Augen steigen. Ich war Zeuge eines sehr heiligen Dienstes.

»Über 400 Tiere leben hier. Außer Katzen und Hunden haben wir Enten, Schweine, Vögel, Ziegen, Rehe und einen Mungo. Die meisten von ihnen würden von der Humane Society eingeschläfert werden; sie können sich einfach nicht um alle kümmern. Wir geben ihnen noch mal eine Chance. Wenn wir sie gesund machen können, setzen wir sie in der Wildnis frei oder finden ein Zuhause für sie. Wenn nicht, haben sie hier ein lebenslanges Zuhause.«

Wieder kamen mir die Tränen hoch.

»Wenn die Polizei ein Tier verletzt auf der Straße findet, wissen sie, daß sie es hierherbringen können.« Sylvan wandte sich einem Hund zu, der einen entzündeten Knöchel hatte. Die Pfleger hatten Arnold eine Ledermanschette angelegt, um sein Bein zu stützen und ihn davon abzuhalten, an der Wunde zu beißen. Sylvan wechselte den Verband aus, während ich mit ehrfürchtiger Bewunderung zusah.

»Haben Sie auch Papageien?« fragte ich.

»Sicher, kommen Sie, ich stelle Ihnen Blue vor.«

Sylvan ging mit mir in sein Wohnzimmer, das voll mit Kartei-kästen stand, in denen haufenweise kleine Vogeljungen steckten. Seine Frau Suzie gab den winzigen, kaum ausgeformten Vögelchen Nahrung durch die Pipette. Sie sah auf und lächelte, dann wandte sie sich wieder den Jungen zu. Ein Schwein fand durch die offene Schiebetür herein; nachdem es mir kurz vorgestellt worden war, wurde es energisch vertrieben.

»Dies ist Blue.« Sylvan öffnete die Tür des Käfigs und ließ einen Amazonas-Papagei elegant auf seinen Finger hüpfen; der Vogel genoß Sylvans sanfte Liebkosung sehr. »Blue kam zu uns, nach-dem er drei Jahre in einen Schrank gesperrt war. Seine Besitzer wußten nicht, wie sie mit ihm umgehen sollten, so sperrten sie ihn in die Dunkelheit. Als Blue hierher kam, hatte er sich all seine

Federn ausgerupft. Jetzt, nachdem er zwei Jahre bei uns ist, sind die meisten nachgewachsen.«

Verdammte Tränen.

Ich war inzwischen echt überwältigt. Diese Menschen waren die Erlöser des Tierreichs. Meine Gedanken wanderten zum heiligen Franziskus.

»Wie kamen Sie zu dieser Tätigkeit?« fragte ich Sylvan, der auf dem Weg zur Tür war, die in den Hof führte. Wieder hörte ich ihm zu, während ich immer ein paar Schritte hinter ihm war.

»Als ich Suzie traf, hatte man Krebs im Endstadium bei ihr festgestellt. Als die Ärzte ihr nur noch Monate zum Leben gaben, kam sie nach Maui, um zu sterben. Zu dem Zeitpunkt trafen wir uns und entdeckten, daß wir eine Liebe zu Tieren gemeinsam hatten. Sie war in Behandlung bei einem Arzt der chinesischen Medizin, der zu mir sagte, zusammen mit der Einnahme der Kräuter, die er ihr gebe, wäre es heilsam, wenn sie eine Tätigkeit fände, die sie seelisch erfüllen würde.

So begann ich, Suzie zu Tierhandlungen mitzunehmen. Wenn ein kränklicher Hund hinten in einem Käfig lag, fragte ich den Händler, ob wir ihn mit nach Hause nehmen könnten. Suzie begann es besserzugehen, wenn sie diese Geschöpfe pflegte, und fast täglich fanden oder bekamen wir ein neues Tier, das der Liebe und Fürsorge bedurfte.

Ich glaube felsenfest daran, daß eine unsichtbare Kraft uns ›Booboos‹ schickte – Katzen, die von einem Auto angefahren worden waren, streunende Tiere, wie man sagt. Es dauerte nicht lange, bis hier ziemlich viel los war!

Wir bemerkten, je mehr Suzie sich um ihre Booboos kümmerte, desto weniger Schmerzen hatte sie. Sie hatte ein Ziel gefunden, das ihr Freude und Befriedigung schenkte. So widmete sie sich dieser Tätigkeit immer mehr, bis sie den Großteil ihrer Zeit mit diesen Tieren verbrachte.

Schließlich gingen wir zu einem Arzt, der einige Untersuchungen vornahm und uns mitteilte, ihr Krebs sei verschwunden.«

»Wie lange ist das her?«

»Dreizehn Jahre.«

Auf meinem Weg zum Auto gingen wir durchs Haus zurück.

Auf dem Schreibtisch sah ich einen Stapel Rechnungen. »Bekommen Sie Unterstützung durch öffentliche Mittel?«

»Nein, wir leben nur von Spenden«, lachte Sylvan. »Sie haben den Stapel an Rechnungen gesehen. Ich weiß echt nicht, wann oder wie diese Rechnungen bezahlt werden. Irgendwie geht's immer weiter. Aber die Hauptsache ist, daß wir immer glücklich sind. Wir lieben das, was wir tun. Wir tun unseren Teil, und irgendwie sorgt das Universum für uns.«

»Wie für Herrn Magoo.«

»Wie für Herrn Magoo.« (1)

❦ SCHLÜSSEL ❦
Folge deiner inneren Stimme ohne Zögern

Wo ist die Seligkeit?

Suzie Schwab war an der Schwelle zum Tod, als sie die Stimme vernahm und befolgte, die ihrem Leben neuen Sinn gab und ihrem Körper Heilung schenkte. Wie Suzie, so haben auch du und ich eine Bestimmung und einen inneren Wegweiser, der uns zur Erfüllung dieser Bestimmung führt. Wenn wir lauschen und entsprechend handeln, werden wir unseren Weg nach Hause finden – und dabei einen gewaltigen Dienst leisten.

Leben und Tod sind keine Netze, die von einer fremden Macht über uns geworfen werden und in denen wir uns verfangen; es sind Entscheidungen, die wir treffen. Das Leben des Körpers entspringt der Vitalität unseres Geistes; wenn wir unsere Seele nähren, ergibt sich unsere physische Gesundheit von allein. Wenn wir unsere innere Bestimmung erkennen, ordnet sich alles andere. Die Antwort auf äußere Herausforderung liegt in der Rückkehr zum Strom unseres eigenen Wissens, der in uns fließt; dort ist der Sitz der Weisheit.

In einer amerikanischen Fernsehwerbung geht eine ältere Frau auf die Theke eines Schnellrestaurants zu, um einen Hamburger zu bestellen. Nachdem Oma ihr Sandwich bekommen hat, bröckelt sie das Brötchen auseinander, um das bißchen Hack-fleisch zu finden, das unter vielerlei Garnierungen verborgen ist. Entrüstet will sie wissen: »*Wo ist das Rindfleisch?*«

Um das Beste aus unserem Leben herauszuholen, müssen wir eine ähnliche Frage stellen: »*Wo ist die Seligkeit?*«

Viele von uns haben lange und mühselig nach dem wahren inne-ren Schatz gesucht. Vielleicht haben wir bei unserer Suche jedoch der wegweisenden inneren Stimme, die uns aus unserem Herzen zuflüstert, nicht genügend Beachtung geschenkt. Der Rat war immer da, aber wir haben ihn an falschen Stellen gesucht, indem wir äußere Autoritäten aufsuchten, um innere Fragen zu beantworten. Wir werden von Glitzerwerk angezogen, das Ersatz für Frieden sein soll, und wenn wir davon probiert haben, fühlen wir uns noch hungriger als vorher. Wie die Kunden in dem zweitrangigen Schnell-restaurant aus dem TV-Werbespot haben sich viele von uns auf Be-ziehungen und Karrieren eingelassen, die mit Gewürzen, Saucen und Garnierungen überladen sind und uns nur Enttäuschung be-scheren, wenn wir herausgefunden haben, daß die Hauptsache fehlte. Was nützt ein Leben mit einer Fülle von Annehmlichkeiten, wenn ihm die Substanz fehlt? Als spirituelle Wesen ist unsere wirk-liche Nahrung Freude. Wenn wir uns von innen heraus nähren, wird die äußere Welt das entsprechende Abbild sein.

AKTIVIERUNG

Wo ist der Saft?

Triff einen Tag lang all deine Entscheidungen intuitiv. Geh da-von aus, daß die Stimme der Freude in deinem Innern weiß, was zu deinem besten Nutzen ist. Vertraue darauf, daß diese Stimme deine Bitte um Führung jederzeit beantworten wird.

Wenn du eine Entscheidung treffen mußt, so frage: »Wo ist der Saft?« Wo ist das zündende Element, die Leidenschaft, die Freude, das Kraftspendende? Bei jeder Wegscheide folge dem Pfad, der mehr Freude enthält. Laß deine intellektuellen Fähigkeiten, mit denen du sonst deine Entscheidungen triffst, einen Tag lang ruhen, und übergib dein Leben dem göttlichen Geist.

Am Ende des Tages liege im Bett und lege deine Hand auf dein Herz. Fühle die Energie, die Vitalität und den Frieden, die sich einstellen, wenn du mehr aus dem Herzen als nur aus dem Verstand lebst.

❦ SCHLÜSSEL ❦
Sag schneller die Wahrheit

Um Nutzen aus deiner inneren Stimme zu ziehen, *sag die Wahrheit und handle entsprechend, sobald du dir der Wahrheit bewußt bist.* Viele von uns haben ein gewisses Vertrauen entwickelt, daß Wahrheit gut für uns ist, aber wir vertrauen ihr noch nicht genug, um unsere Handlung unverzüglich und zuversichtlich danach auszurichten. Es bleibt noch ein Abstand zwischen dem Wissen um die Wahrheit und ihrer Umsetzung. Das Spiel dreht sich nun darum, die Zeit zwischen dem Augenblick, in dem wir die Wahrheit erkennen, und dem Augenblick, in dem wir sie leben, zu verringern.

Vor vielen Jahren schlug ich mich mit einer sehr schwierigen Beziehung herum. Nach drei Monaten mit Maureen waren wir beide frustriert und erschöpft. Maureen kämpfte mit unverarbeiteten Problemen ihrer kürzlich zerbrochenen Ehe und war nicht bereit für eine neue Beziehung. Auch ich empfand Angst und Widerstände dagegen, mein Herz zu öffnen und zog mich in eine Abwehrhaltung zurück. Keiner von uns beiden war sich seiner selbst genügend bewußt, um mit unseren Problemen fertig zu werden. Obwohl wir es nicht merkten, wurde unsere Beziehung allmählich sehr ungesund. Unser Haupthindernis war mangelhafte Kommunikation. Unserer beider Reaktion auf die Unzufriedenheit bestand darin, nichts zu sagen und sich zurückzuziehen, das schien leichter, als uns selbst und den anderen mit den Gefühlen zu konfrontieren, die »uns im Gesicht« geschrieben standen.

Doch räumliche Trennung löste unsere Probleme nicht, und wir hielten weiter an dieser qualvoll ambivalenten Beziehung fest. Maureen und ich sahen uns sporadisch, befeuert von dem Zauber des Zusammenseins nach längerer Pause; dann kamen wieder Angst und Streit, und wir zogen uns lange Zeit zurück. Dies war eine der verwirrendsten und schmerzhaftesten Zeiten meines und auch ihres Lebens. Irgendwann, nach weiteren neun Monaten flüchtiger Erregung und langanhaltener Einsamkeit, gaben wir zu, daß wir den Versuch einer Beziehung loslassen mußten. An dem Punkt bekamen wir beide wieder Kraft, und unser Leben ging weiter.

Rückblickend sehe ich diese Beziehung als Lektion dafür, was passiert, wenn ich nicht rechtzeitig die Wahrheit sage. Jene neun Monate waren qualvoll, weil wir uns einige sehr heftige und wichtige Gefühle nicht mitteilten. Wir beide wußten nach drei Monaten die Wahrheit, aber wir hatten Angst, uns und den anderen damit zu konfrontieren. Jetzt, nachdem ich seit jener Erfahrung erheblich reifer bin, könnte ich es nicht aushalten, neun Monate zu warten, um mich mit einem Problem auseinanderzusetzen. Die Zeit, die ich dazu brauche, mit Gefühlen klarzukommen und meine Wahrheit auszusprechen, ist immer kürzer geworden, und oft spreche ich sie aus, sobald ich merke, was ich zu sagen habe. Jetzt bin ich viel mehr im Augenblick gegenwärtig, meine Kommunikation ist unmittelbarer, und meine Beziehungen sind erfüllender. Die Wahrheit nicht oder zu spät zu sagen, ist die Hölle. Deine Wahrheit zu leben, sowie du sie erkennst, ist der Himmel.

AKTIVIERUNG

Sag schneller die Wahrheit

Fertige eine Liste an: Schreibe Situationen auf, in denen du nicht ausgesprochen hast, was du eigentlich hättest sagen wollen. Schreibe auf, mit welchem Menschen du eigentlich sprechen solltest. Wie lange hast du es schon mit dir herumgetragen?

Situation	Person, mit der kommuniziert werden müßte	Die Wahrheit, die in die Gegenwart zu bringen ist

Tu's einfach

Es heißt: »Das Herz hat Gründe, von denen der Verstand nichts weiß.« Manchmal wird deine innere Stimme dich einen Weg führen, der im Moment dumm erscheint, sich jedoch als äußerst weise erweist, wenn der größere Zusammenhang erkennbar wird. Der Weise folgt der inneren Stimme, selbst wenn sie ihn auf merkwürdige Weise führt.

Nach einem langen und geistig ermüdenden Tag in meinem Büro beschloß ich, mir auf dem Heimweg ein Video zu holen. Ich schlenderte durch das Labyrinth an Videos, die auf den Regalen der Videothek standen und war ins Land der Filme eingetaucht. Der einzige, der mich anzog, war *Mein Liebhaber vom anderen Stern*. Der Titel und die Handlung schienen albern zu sein, deshalb verwarf ich die Idee und suchte weiter. Doch wie viele Filme ich auch durchsah, immer sprang mir *Mein Liebhaber vom anderen Stern* ins Auge. Ich dachte: »Das ist lächerlich; ich sollte einen gescheiteren, erbaulicheren Film nehmen.« Aber weil mich der Film trotzdem immer noch anzog, beschloß ich, meiner inneren Stimme zu folgen und ihn auszuleihen.

Nachdem ich ihn mir volle anderthalb Stunden angeschaut habe, kann ich dir verraten, daß er auch nicht ein Fünkchen Geist enthält. Die Handlung, die sich ganz klar an Zuschauer mit einem Intelligenzquotienten von zwölf oder weniger richtet, stellte drei geile Außerirdische dar, deren Raumschiff in den Swimming Pool eines Valley Girls stürzt. Das Valley Girl rettet die E. T. Dandys und nimmt sie mit zu ihrer Boutique im Ort, wo ihr grünes, pur-purrotes und braunes Fell geschoren wird und sie sich als ziemli-che süße Kerle entpuppen. Das Valley Girl trommelt ihre Freundin-nen zusammen, die sich den enthaarten Hengsten zu einem Aus-flug in die örtliche Disco anschließen, wo sich die Außerirdischen als wahrhaft flotte Tänzer erweisen. Das Valley Girl verliebt sich in einen der Außerirdischen, und das Paar kehrt auf den Planeten Zork zurück, um dort zu leben. Das Eindrucksvolle Ende.

Diese Handlung hatte den aufbauenden Wert von Frühstücks-fleisch in Dosen. Aber es bewirkte eine andere Art von Erbauung, die sich als wirkliches Geschenk erwies: Am Ende des Films fühlte ich mich toll. Was ich mehr als alles andere brauchte, war, meinen Verstand abzuschalten. Dieser Film half mir sehr gut dabei, er ent-hielt nichts, was auch nur ein Fünkchen Geist in irgendeinem auch nur rudimentär entwickelten Hirn erzeugen konnte. Der Film diente einem göttlichen Zweck, und immer, wenn ich jetzt *Mein Liebhaber vom anderen Stern* auf dem Regal des Videoladens sehe, lächle ich und denke sehr liebevoll daran. Feiert weiter, ihr Lieben!

Die Vorsehung greift wieder ein

Wenn wir unserer inneren Stimme nicht vorbehaltlos folgen, wer-den wir einen Denkzettel von der »Abteilung: Wach auf und komm mal auf den Teppich« bekommen. Meistens sind solche Er-fahrungen nicht angenehm, denn das Leben muß uns von unse-rer Vorstellung, wie es sein sollte, abbringen (und oft schlagen wir dabei aus und schreien fürchterlich). Der Gouverneur von New York, Mario Cuomo, bemerkte: »Jedesmal, wenn ich etwas tue, das sich nicht richtig anfühlt, erweist es sich letztendlich auch als nicht richtig.« Aber solche Erfahrungen erfüllen ihren Zweck; wenn sich die Aufregung gelegt hat, haben wir eine wesentliche Berichtigung unseres Weges erfahren und peilen erneut den Himmel an trotz all unserer Bemühungen, in der Hölle zu bleiben.

Ich erhielt einen ergreifenden Brief, in dem dieser Prozeß ausführlich beschrieben wurde:

Vor einigen Jahren nahm ich eine Stellung in England an. Im Hinblick auf meine Auswanderung kündigte ich meine damalige Arbeit, zog aus meinem Haus aus und verkaufte mein Auto. Ich hob meine Ersparnisse ab, um noch ausstehende Schulden zu begleichen und gestattete einer schmerzhaften Beziehung ein würdiges Ende. Mit lediglich zwei Koffern war ich bereit und wartete nur darauf, von meinem neuen britischen Arbeitgeber meinen Abreisetermin mitgeteilt zu bekommen.

Statt einer Arbeitserlaubnis erhielt ich ein Telegramm. Die ganze Sache wurde abgesagt! Nachdem sich der erste Schock gelegt hatte, erinnerte ich mich daran, daß es immer mein Herzenswunsch gewesen war, Ärztin zu werden. Die einzige Art und Weise, wie mich der göttliche Chef dazu bringen konnte, bestand darin, mir zu helfen, einige geringfügige Hindernisse aus dem Weg zu räumen (Haus, Auto, Möbel, Geld, Arbeit, Liebhaber). Der anfängliche Schock dauerte 24 Stunden, und vier Monate später war ich auf der medizinischen Hochschule.

Am 22. Februar werde ich Dr. med. sein. Rückblickend hätte ich dies niemals getan, wenn diese Dinge nicht geschehen wären. Meine Freunde und meine Familie schauten ehrfürchtig zu, wie Gott Sein Wunder im Leben einer 31jährigen Frau wirkte, die alles verloren hatte und sich schließlich doch einen Traum erfüllte. Ein Ja für mich!

Ein Zen-Spruch heißt: »Jetzt, wo mein Haus abgebrannt ist, sehe ich den Himmel viel besser.« Das ist Gnade. Wenn wir zu schläfrig oder ängstlich sind, uns selbst das zu geben, was wir uns wün-

schen und brauchen, wird das Universum eingreifen und sich um
uns kümmern. Dann mögen wir dem leichten Pfad oder dem des
Widerstands folgen: Auf beiden Wegen werden wir letztlich zum
selben Ziel kommen. Die Entscheidung, wie wir dorthin kommen,
liegt bei uns.

Wessen Stimme folgst du?

Wenn ich meine zahmen Papageien angucke, merke ich, daß diese
närrischen Geschöpfe eine Herdenmentalität haben. Wenn ich das
Vogelhaus betrete, um sie zu füttern oder mit ihnen zu spielen,
setzt ein Vogel die Norm fest, wie die anderen sich mir gegenüber
verhalten. Wenn der erste Papagei, der mich sieht, freundlich und
offen auf meinen Arm springt, um zu spielen, schließen sich die
anderen an. Wenn jedoch einer der Vögel beschließt, mich anzu-
kreischen und versucht, mit dem Schnabel nach mir zu hacken,
schließen sich alle zusammen und sind gemein. Sie haben keinen
besonders eigenständigen Verstand.

Meine Papageien unterscheiden sich nicht so sehr von Menschen. Wenn wir uns nicht unserer inneren Weisheit bedienen,
verfallen wir dem Herdentrieb oder dem »Rassendenken«, wie
Metaphysiker es beschreiben. Eine weise Frage ist: *»Wenn nicht
du es bist, der deinen Verstand benutzt, wer benutzt ihn dann?«*

In vielen Beziehungen verzichtet der eine darauf, seine eigene
innere Stimme ernstzunehmen, um der seines Partners zu folgen.
Das ist nie gesund und hat immer leidvolle Auswirkungen. Ein
Partner hört auf, seiner eigenen Eingebung Gehör zu schenken,
um dem anderen zu gefallen oder den Frieden zu wahren. Viele
Menschen mögen davon überzeugt sein, im Namen der Liebe
pflichtgetreu den Wünschen ihres Partners zu entsprechen, doch
Selbstverleumdung hat nichts mit Liebe zu tun.

Zu verleugnen, wer wir sind und unser Ohr dem inneren Führer gegenüber taub zu machen, ist schlimmer als physischer Tod.
Körperlich zu sterben ist das eine, aber innerlich zu sterben ist
noch einmal etwas ganz anderes.

Selbstaufopferung wächst unweigerlich zu einer Lawine von

Groll. Wenn man jahrelang die eigenen Herzenswünsche zugunsten der Wünsche des Partners beiseite geschoben hat, bringt eine Meinungsverschiedenheit Bewegung in das Ganze, und der Partner verändert sich plötzlich radikal und bedrohlich. (Erinnerst du dich an die Muster-Hausfrau in *Grüne Tomaten*, die eines Tages in ihrer neuentdeckten Freiheit zu Holzhammer und Säge griff und ein paar Mauern neu gestaltete, bevor ihr tyrannischer, selbstgefälliger Ehemann von der Arbeit nach Hause kam?) Das Pendel der Selbstaufopferung muß irgendwann seinen höchsten Punkt erreichen, und wenn es zurückschwingt, explodiert der Rebell in uns und fängt erst mal an, seine Unabhängigkeit geltend zu machen. (Wenn du eine herrliche Darstellung dieses Prozesses sehen willst, schau dir den Film *Shirley Valentine* an.) Oft ist dies ein gesunder Akt der Selbstwürdigung, da es den Dampf abläßt, der sich vielleicht über viele Jahre hinweg angestaut hat. Noch gesünder jedoch ist es, gleich von Anfang an nicht deine Kraft zu opfern.

Als ich zuerst mit meiner Partnerin Carrie zusammenkam, war ich hocherfreut, daß sie all die Dinge tun wollte, die ich gern hatte. Sie arbeitete in meinem Büro, reiste mit mir, richtete unser Haus so ein, wie ich es wünschte und spiegelte insgesamt meinen Geschmack wider. Ich zwang ihr zwar keine dieser Entscheidungen auf, doch gefiel es mir sehr, daß sie die gleichen Wünsche und den gleichen Geschmack wie ich hatte.

Aber nein!

Nach einigen Jahren löste dies in Carrie eine heftige Reaktion aus, und sie wurde böse auf mich. Wir fanden später heraus, daß sie in Wirklichkeit ärgerlich auf sich selbst war, weil sie ihre Kraft an mich abgegeben hatte. Sie brauchte eine gewisse Distanz und mußte mal bewußt eine Zeitlang ihr Ding durchziehen. (»Ihr Ding« war alles, was nicht mein Ding war.) Ihre Veränderung war eine natürliche Reaktion darauf, ihr Ich zurückgestellt zu haben. Irgendwann erreichte das Pendel wieder die Mitte, und wir gestalteten unsere Beziehung neu, indem wir sowohl ihre als auch meine Interessen würdigten.

Gib acht bei jeder Beziehung, in der beide Partner gleichzeitig dieselben Dinge auf dieselbe Weise wollen. Es ist durchaus ein

Segen, wenn zwei Menschen gemeinsame Interessen haben, doch es ist unnatürlich, ungesund und unrealistisch, wenn zwei Menschen die ganze Zeit einander genau ähnlich sind. Wenn sich zwei Menschen in einer Beziehung zu gleichen scheinen, hat meistens der eine aus Rücksicht auf den anderen aufgehört, seiner inneren Stimme zu folgen. Doch das wird nicht von Dauer sein. Früher oder später wird die Person, die sich verleugnet hat, entweder seelisch verhungern oder so frustriert sein, daß sie explodiert. Um so ein unheilvolles Schicksal zu vermeiden, laß den Illusionsballon vor diesem Zeitpunkt platzen und ehre individuelle Unterschiede als Quelle kunstvoller Vielfalt in einer gesunden Beziehung.

Die erfolgreichsten Beziehungen sind die, in denen beide Partner ihrer eigenen inneren Ausrichtung treu bleiben. Wenn jeder von euch seiner inneren Stimme folgt und ihr zusammenfindet, werdet ihr euch einer vom Göttlichen unterstützten Beziehung erfreuen. Wenn die innere Stimme euch in verschiedene Richtungen zieht, wird es dir nur weh tun, an einer Form festzuhalten, die nicht mehr lebendig ist. Deine wichtigste Verantwortung besteht darin, deinem Herzen zu lauschen und nach der tiefsten Führung zu gehen, die du wahrnehmen kannst. Gib dem Wesentlichen größere Wichtigkeit als der Form und vertraue.

Wenn du lügen mußt, um eine Beziehung oder eine Arbeit aufrechtzuerhalten, was bringt das? Zu lügen heißt zu sterben. Gute Beziehungen können der Prüfung der Wahrheit standhalten. Wenn ihr beide vollständig in eurer jeweils eigenen Wahrheit leben und zusammensein könnt, dann ist wirklich etwas an der Beziehung dran. Wenn das Aussprechen der Wahrheit die Beziehung zerstört, fehlt der Verbindung die Substanz. Dann tätest du besser daran, die Beziehung neu zu gestalten, damit sie der Prüfung der Wahrheit standhält, oder eine andere Beziehung auf einem besseren Fundament aufzubauen.

Hab den Mut, deine Wahrheit in deiner Beziehung zu leben. Dich zu verkaufen, um einen anderen Körper nah bei deinem zu behalten, ist tatsächlich ein schlechter Handel, den du bereuen wirst. Vielleicht hast du einen Partner bekommen, aber du hast deine Seele verloren. Wie Meryl Streep in dem Film *Jenseits von Afrika* erklärte: »Ich möchte nicht am Ende meines Lebens feststellen, daß ich den Traum eines anderen gelebt habe.«

Bleib deiner Seele treu, und du wirst einen Partner anziehen, der sie ehren wird. Oder zumindest wirst du fähig sein, nachts in dem Wissen zu schlafen, daß dein Leben ein Ausdruck dessen ist, was du bist, und nicht dessen, was jemand anders ist. Fürchte dich nicht – du wirst nicht allein gehen.

AKTIVIERUNG

Die Freuden-Skala

Denk an eine wichtige Entscheidung, die vor dir liegt, und schränke die Wahl auf zwei wesentliche Richtungen ein.

Entscheidung A:

Entscheidung B:

Schließe deine Augen, atme tief ein und stell dir vor, du hast dich gerade zur Entscheidung A entschlossen. Visualisiere, wie du gerade den Vertrag unterschrieben, das Grundstück gekauft oder Ja zu der Beziehung gesagt hast. Sei dir des stärksten Gefühls in deinem Innersten bewußt. Es mag z. B. Erregung, Eingeschnürtheit, Begeisterung oder Depression sein.

Die stärksten Gefühle, die von Entscheidung A hervorgerufen werden:

Schließe wieder deine Augen und probiere Entscheidung B aus. Du hast gerade die Beziehung beendet, der Arbeit abgesagt oder die Immobilienmaklerin angerufen und ihr mitgeteilt, daß du das Grundstück nicht kaufen wirst. Spüre wieder deinem inneren Gefühl nach. Fühlst du dich befreit, enttäuscht, gestärkt oder traurig?

Die stärksten Gefühle, die von Entscheidung B hervorgerufen wurden:

Sicher hast du gemerkt, daß eine Entscheidung dich lebendiger, freier oder friedlicher fühlen ließ als die andere. Dieser Weg fühlt sich stärkend und nicht beschränkend an. Folge deinem Herzen.

Wo ist Waldo?

Es kommt oft vor, daß Menschen in Pflegeberufen (und solche, die im Blickfeld der Öffentlichkeit stehen) sich in ihrer Rolle verlieren. Eltern, Lehrer, Ärzte, Psychotherapeuten, Pfarrer, Leute aus der Unterhaltungsbranche und aus der Politik verlieren sich selbst oft aus den Augen, um ihren Patienten zu gefallen oder den Erwartungen ihrer Familie oder ihrer Anhänger zu entsprechen. Dann, nachdem Jahre der Kindererziehung oder der Betreuung von Patienten vergangen sind, wacht Herr Mach-es-gut eines Morgens erschrocken auf, weil er sich bewußt wird: »Ich weiß nicht, wer ich bin. Ich kenne die Rolle, in die ich durch meine Frau, meine Kinder und Patienten gebracht wurde, aber bei all dem habe ich mich selbst verloren.« Es gibt keinen größeren Schock als zu erkennen, daß das wichtigste Element, das deinem Leben fehlt, du selbst bist.

111

Es gibt einen Weg, deine persönliche Bestimmung wiederzufinden und mit ihr in Kontakt zu bleiben – *folge deiner inneren Stimme ohne Zögern.* Das Selbst, das du vermißt, ist nicht verloren; es liegt nur unter den Rollen, die du angenommen hast, vergraben. Um die Schichten des Nicht-Ich abzuschütteln, teile von jetzt an die tiefste von dir empfundene Wahrheit darüber mit, wer du wirklich bist und was du wirklich gern tun würdest. Verliere keine Zeit. Wer zögert, ist nicht nur verloren – er ist tot. In *Club der toten Dichter* warnt der spirituelle Lehrer John Keating seine Schüler: »Ihr müßt eure Stimme finden – denn je länger ihr wartet, um zu beginnen, desto unwahrscheinlicher ist es, daß ihr sie überhaupt finden werdet.« *Ein Kurs in Wundern* rät uns: »Verzögerung spielt keine Rolle in der Ewigkeit, doch sie ist tragisch in der Zeit.« (2)

Es gibt eine bekannte Kinderbuchserie mit dem Titel *Wo ist Waldo?* Anhand einer Reihe von einfallsreichen Cartoons verfolgt der Leser die Abenteuer eines Burschen namens Waldo, der in der Menge verschwindet. Jede Seite des Rätselbuchs zeigt eine Szene voller Menschen, sei es einen riesigen Strand oder einen Stadtpark, wo Hunderte oder Tausende von Leuten mit unzähligen Tätigkeiten beschäftigt sind. Das Spiel für den Leser besteht darin, Waldo innerhalb der wimmelnden Menschenmenge herauszufinden.

Als ich *Wo ist Waldo?* spielte, wurde mir klar, daß die Herausforderung an den Leser ganz ähnlich wie die Suche in unserem Leben ist. Auch wir müssen unseren Stand inmitten der Masse finden. Wir dürfen nicht aus dem Auge verlieren, wer wir als einzigartiges Individuum sind und müssen unserer Bestimmung genauso treu sein wie Millionen anderer Menschen ihrer eigenen treu sind. Manchmal ist unser Weg ähnlich; manchmal ist er verschieden. Nur du kannst deine persönliche Berufung kennen.

Albert Einstein erklärte: »Wenige denken mit ihrem eigenen Verstand und fühlen mit ihrem eigenen Herzen.« Man braucht Mut, will man seinen Kopf über die Masse erheben, um den größeren Horizont zu sehen. Wenn du dir das Verhalten einer Herde genau anschaust, wirst du feststellen, daß es dabei nicht so sehr um Leben geht: Es geht um Überleben, um Schutz und Anpassung. Als ein göttliches Wesen verdienst du mehr als eine ängstlich abgesicherte Existenz. Du verdienst ein Leben, in dem du dich auf schöpferische Weise selbst feierst. Gehe sicher, daß du mit deinem eigenen Verstand denkst und mit deinem eigenen Herzen fühlst. Dann wirst du Waldo selbst in der größten Menge unbeirrbar finden können.

Genug, um »Nein« zu sagen

Einleuchtende Beispiele dafür, eher der Stimme eines anderen als der eigenen zu folgen, sind Kinder, die ihren Eltern nicht »Nein« sagen können und Eltern, die ihren Kindern nicht »Nein« sagen können. Wenn sie ständig den Forderungen eines Kindes nachgeben, berücksichtigen diese Eltern nicht, wie wichtig es ist, ihrer eigenen inneren Stimme zu folgen. Langfristig gehen sowohl Eltern als auch Kinder aus so einer Situation als Verlierer hervor und müssen irgendwann die Schritte bis zu dem Zeitpunkt zurückverfolgen, an dem sie der inneren Übereinstimmung mit sich selbst den Rücken kehrten, um dann eine neue Entscheidung zu treffen. *Selbstwert und Dienst am Nächsten schließen sich nicht gegenseitig aus; sie sind eins.*

Kinder, Eltern, Schüler, Patienten und Freunde brauchen ein »Nein«, wenn das »Nein« die Wahrheit ist. Wenn sie es nicht hören, werden sie es auch nicht zu sich oder anderen sagen können. Meine Freundin Lara besuchte mich einmal mit ihrem dreijährigen Sohn. Kaum hatte er das Haus betreten, fing er an, weiche Bananen an die Fenster zu schmeißen. Um den Jungen frei zu erziehen, setzte seine Mutter ihm nur selten Grenzen, und es kostete sie ziemliche Mühe, ihn davon abzubringen. Als ich später mit meiner Therapeutin über diesen Erziehungsstil sprach, sagte sie zu mir: »Das ist keine wahre Freiheit; das Kind hat noch nicht die Freiheit erkannt, *nicht* mit Bananen zu werfen.«

Zu den grundlegendsten Fallstricken co-abhängiger Beziehungen gehört die Unfähigkeit, Grenzen zu setzen. In einer Gesellschaft, in der viele von uns gelitten haben, weil wir nicht wußten, wie wir das gesunde Maß halten konnten, erkennen wir allmählich, daß wir einen großen Dienst leisten, wenn wir Anspruch auf unseren wahren Wert erheben und ihn vertreten. Kindern,

Schülern oder Geschäftskollegen keine Grenzen zu setzen ist ein armseliges Zeugnis dafür, wie es mit unserer eigenen Selbstachtung bestellt ist. Die Aussage, die in dem Moment hinter deinen Handlungen steht, ist: »Ich achte mich selbst nicht genug, um mich um mich selbst zu kümmern.« Wenn du jedoch Selbstachtung zeigst, wird deine feste Haltung deinem Kind oder Partner unendlich mehr nützen, als wenn du seinen Manipulationen oder Launen, die dein Minderwertigkeitsgefühl ausnutzen, nachgibst. Wenn du um deinen Wert weißt, bist du unempfindlich gegenüber angstmotivierten politischen Machtspielen. Ein Fachmann der Selbstverwirklichung bemerkte einmal: »Es ist wichtig, die Menschen wissen zu lassen, wohinter du stehst. Es ist genauso wichtig, sie wissen zu lassen, wohinter du nicht stehst.«

Der Musiker Scott Kalechstein (3) singt ein bewegendes Lied von einer Frau, die als Mädchen sexuell mißbraucht wurde. Der Refrain empfiehlt ihr, sich selbst schließlich »genug« zu lieben, »um ›nein‹ zu sagen«. Vielen von uns ist es schwergefallen, »Nein« zu sagen. Der Schlüssel, um zu lernen, »Nein« zu sagen, liegt in der Besinnung darauf, daß ein »Nein« zu etwas ein »Ja« zu etwas anderem ist. Ein »Nein« zu etwas, das dich verletzt und das dich von dem Platz verdrängt, der dir entspricht, wird dich heilen und dir helfen, deiner Bestimmung treu zu bleiben. Wenn wir unserer inneren Stimme folgen, sind wir anderen und dem ganzen Leben gegenüber wahrhaftig.

Das »Ja« hinter dem »Nein«

Deine innere Stimme würde dich nicht dazu inspirieren, um etwas zu bitten, wenn du es nicht brauchen würdest, und das Universum ist bereit und imstande, es zu gewähren. Wie kannst du also das »Nein« so verstehen, daß du das »Ja« darin findest?

1. Vielleicht brauchst du es nicht.

Vielleicht hast du um etwas gebeten, und es würde dir nicht helfen, es zu bekommen, daher ist das »Nein«, das du vernimmst, im

Grunde die Stimme der Gnade, die »Ja« zu deinem höheren Wohlergehen sagt und dich in seine Richtung weist. Die hl. Teresa sagte: »Mehr Tränen wurden wegen Gebeten, die erhört wurden, vergossen, als wegen unerhörten Gebeten.« Ebenso sagte Oscar Wilde: »Ich habe lange genug gelebt, um Gott dafür zu danken, daß er nicht all meine Gebete erhört hat.« Sei dankbar, wenn die Gnade in dem Moment eingreift, in dem wir versucht sind, etwas zu erzwingen, das uns verletzen könnte.

2. Dein Paket wird möglicherweise von einem anderen Boten überbracht.

Der Mensch, den du gebeten hast, ist vielleicht nicht bereit oder imstande, deine Bitte zu erfüllen. Vielleicht ist er von Angst überschattet oder versteht etwas falsch und kann nicht klar genug erkennen, daß deine Bitte berechtigt ist. Vielleicht ist er unfähig, mit der Energie und den Konsequenzen dessen umzugehen, worum du ihn bittest; deine Bitte zu erfüllen würde seine Grenzen übersteigen. Der Mensch mag dir einen trivialen Grund für seine Ablehnung nennen, doch es ist eher wahrscheinlich, daß eine wohlwollende Kraft ihn auf einer Ebene führt, derer ihr euch beide nicht bewußt seid. Daher ist die Verweigerung kein Beweis dafür, daß du es nicht verdienst; sie ist nur der Ausdruck der mangelnden Bereitschaft, der mangelnden Bewußtheit, des mangelnden Willens oder der Ungeeignetheit desjenigen, der »Nein« sagt.

Der Lieferant ist nicht so wichtig wie der Artikel, der geliefert wird; wenn er dich erreicht, wurde der Auftrag erfüllt.

Denk über folgende Beispiele zu dem oben erwähnten Prinzip nach:

- Der Vater des Bildhauers Rodin klagte: »Ich habe einen Idioten als Sohn.« Rodin, welcher der schlechteste Schüler der Schule genannt wurde, fiel dreimal durch die Aufnahmeprüfung der Kunstschule. Sein Onkel nannte ihn »unerziehbar«.

- Nach Fred Astaires erster Probeaufnahme stand auf dem Notizzettel des Probeleiters des MGM: »Kann nicht schauspielen... ziemlich dürftig... kann ein bißchen tanzen.« (Astaire hatte diesen Zettel über dem Kamin in seinem Haus in Beverly Hills hängen.)

• Die Beatles wurden von zehn Plattenfirmen abgelehnt, bis Capitol sie schließlich engagierte. (Es liegt auf der Hand, daß die Beatles eine Bestimmung auf dem Planeten hatten; sie sollten letztlich Milliarden Leben mit ihrer Musik und ihrem Bewußtsein beeinflussen.) Sie klopften einfach immer wieder an, bis die richtige Tür aufging.

• Richard Hookers humorvoller Kriegsroman M✳A✳S✳H wurde von einundzwanzig Verlagen abgelehnt, bevor Morrow ihn schließlich veröffentlichte. Er wurde ein durchschlagender Bestseller, der einen tollen Film und eine der erfolgreichsten Fernsehserien aller Zeiten hervorbrachte. (4)

Wie schade wäre es gewesen, wenn diese (und viele andere) begabten Künstler aufgegeben hätten, weil sie zu Anfang abgelehnt wurden! Angesichts der phantastischen Unterhaltung und der Inspiration, die sie so vielen Menschen gaben, zeigt sich im Rückblick ganz klar, daß sie nicht aufgrund ihres mangelnden Talents abgeleht wurden, sondern weil diejenigen, die sie beurteilten, nicht genügend Voraussicht besaßen. Denke, daß deine schöpferischen Bemühungen mindestens genauso wertvoll sind wie die der obenerwähnten Menschen, und laß nicht zu, daß andere mit ihrem kleinkarierten Denken zwischen dir und deiner Bestimmung stehen!

3. Du bist vielleicht nicht bereit, es zu empfangen.

Vielleicht hast du gewisse zwiespältige Gefühle, was dein Anliegen betrifft; du bist dir vielleicht nicht sicher, ob du es willst, oder du hältst an einer Angst oder einem Minderwertigkeitsgefühl hinsichtlich seiner Erfüllung fest. (Manchmal ist die Angst vor Erfolg die einzige Angst, die stärker als die Angst vor Versagen ist!) Wenn du nicht ganz sicher hinsichtlich deines Wunsches bist, wird das Universum deinen Zweifel widerspiegeln; du wirst jemanden »einstellen«, der dir die Antwort gibt, die du erwartest. Wenn du glaubst, du verdienst »Nein«, wird jemand es zu dir sagen. Wenn du weißt, du verdienst »Ja«, so ist das die Antwort, die du erhalten wirst. Erfahrungen, die du machst, hängen nicht von äußeren Faktoren ab, sondern sind das Resultat deines eigenen Bewußtseins. Wie Emerson es bildhaft umschrieb: »Der Sämann mag sich irren und seine Samen daneben säen, doch die Erbsen irren nicht: Sie wachsen heran und offenbaren, welchen Weg er gegangen ist.« James Allen formulierte es ähnlich: »Die Umstände *gestalten* den Menschen nicht – sie offenbaren ihn.«

Wenn das, worum du gebeten hast, dir *aufgrund deines Bewußtseins* zusteht, bitte weiter, und es wird durch eine andere Tür kommen. Manchmal ist Ausdauer der einzige Unterschied zwischen Erfolg und Versagen. Jesus erzählte das Gleichnis einer Frau, die einen korrupten Richter immer wieder anflehte, ihre Bitte zu erfüllen. Er gab schließlich nach, nur um sie loszuwerden. Jesus gebrauchte dieses Beispiel, um zu lehren, daß das Universum mit Erfüllung antworten muß, wenn du intensiv genug um etwas bittest.

Auf einer Reise mußte ich einmal kurzfristig einen Flug umbuchen. Zu der Zeit gab es bei den Fluglinien viele Klauseln, die den Umtausch einmal ausgestellter Tickets untersagten, und ich hatte Schwierigkeiten, den Flug zu buchen, den ich brauchte. Ich sprach mit mehreren Angestellten, die für Reservierungen zuständig waren, und alle lehnten entschieden ab. Da die Lage dringend war, rief ich einfach immer wieder an, bis ich schließlich einen Angestellten erwischte, der »Ja« sagte. (Michael J. Fox faßte dieses Erfolgsprinzip später in seinem Film *Das Geheimnis meines Erfolges* zusammen: »Nichts ist unmöglich; ›unmöglich‹ bedarf nur ein paar weiterer Anrufe.«) Wie oft du auch »Nein« hörst, früher oder später wird jemand »Ja« sagen. Es heißt: »Der einzige Zeitpunkt des Versagens ist dein letzter Versuch.« Sag »Ja« zu deinem eigenen Glück und schau zu, wie das Leben sich ordnet und in dem Maße für dich sorgt, wie du dich selbst würdigst.

❦ SCHLÜSSEL ❦
Tu das, wozu du hier bist

Folgendes Motto hilft mir, ausgerichtet zu bleiben:

Hauptsache ist, daß die Hauptsache
immer Hauptsache bleibt.

Während Paul Simons historischer Welttournee *Rhythm of the Saints* (Rhythmus der Heiligen) hatte seine Band am Vorabend ihres Konzerts in Südafrika mit heftigem Widerstand zu kämpfen. Der Zusammenschluß farbiger und weißer Musiker stellte für die von Angst geleiteten Gemüter jenes Landes, die für die Rassentrennung waren, eine Bedrohung dar. Mehrere anarchistische Gruppen verkündigten Bombendrohungen, und schreckliche Gerüchte kursierten. Das Konzert lieferte Schlagzeilen für die internationale Presse, als die Spannung einen unerträglichen Höhepunkt erreicht hatte.

Am Tag vor dem geplanten Konzert traf sich die Gruppe, um sich innerlich zu prüfen und zu entscheiden, ob sie das Programm trotz der drohenden Gewalt durchführen sollten. Die Diskussion ging hin und her mit heftigen Argumenten für und gegen jeden Standpunkt.

Dann stand ein stolzer farbiger Drummer auf und sagte: »Ich bin ein Musiker, und deshalb bin ich hier auf der Erde. Ich würde lieber auf der Bühne beim Musikmachen sterben als mich ängstlich hinter den Kulissen zu verstecken, ohne meine Bestimmung zu erfüllen.«

Die Wahrheit, die dieser Mann ausdrückte, bewegte die Herzen seiner Kollegen zutiefst. Die Gruppe einigte sich darauf, das Programm durchzuführen. Erstaunlicherweise verlief das ganze Konzert ohne Gewalt, und das Ereignis markierte einen Meilenstein in der Kultur. Die Stimme des *Geistes* sprach laut und klar; es war wahrlich der Rhythmus der Heiligen.

Mach das Ventil auf

Du kannst nicht das tun, wozu du hier bist, wenn du mit dem weitermachst, wozu du nicht hier bist. Ich höre oft: »Ich möchte ja meiner inneren Stimme folgen, aber was soll ich tun, wenn ich sie nicht hören kann?« oder auch: »Ich weiß nicht, was ich tun soll, aber ich weiß, daß das, was ich jetzt tue, nicht das Richtige ist.« Aber wenn du weißt, daß es *nicht* das ist, muß es eine Stelle in dir geben (auch wenn sie momentan verdeckt ist), die weiß, was es *ist*. Das ist ein ausgezeichneter Ausgangspunkt.

Als nächsten Schritt mußt du mit dem aufhören, was es *nicht* ist, damit du dem, was es *ist*, Raum geben kannst, sich zu zeigen. An dem Punkt ist ein Sprung im Glauben erforderlich. Beginne, alles in deinem Leben aufzugeben, das nicht zu dir paßt, das dir nicht hilft oder dich nicht würdigt. Fang mit der einfachen Aufgabe an, deine Schränke durchzusehen und alle Kleidung auszusortieren, die nicht paßt, die du nicht magst und lange nicht mehr getragen hast. (Nur weil du früher etwas gern hattest, mußt du es jetzt nicht behalten.) Dies ist ein gutes Symbol für den umfassenderen Vorgang, alles in deinem Leben loszulassen, das dir nicht entspricht.

Walt Whitman empfahl kühn: »*Weise alles von dir, was deine Seele beleidigt.*« Wenn du losläßt, was du nicht bist, bringst du vielleicht einige unangenehme Probleme in dir und anderen in Bewegung. Manch einer beschwert sich vielleicht, daß »du nicht mehr die Person, die ich einmal kannte bist«, und das stimmt. Du bist auch nicht mehr die Person, die *du* zu sein glaubtest. Es ist mehr an dir als das, was du zum Ausdruck gebracht hast, und jetzt ist die Zeit gekommen, mutig und zuversichtlich voranzugehen. Die Raupen schauen zum Schmetterling hoch und murren: »*Mich* wirst du nie in eins dieser Dinge hineinkriegen.« Was die erdgebundenen Geschöpfe nicht erkennen ist, daß sie eins jener Dinge *sind*. Eines Tages, wenn die Zeit reif ist, werden sie im freien Flug herabschauen und aus dem großen Überblick heraus den ganzen Prozeß verstehen.

Wenn du dich aus einer Existenz im Goldfischglas befreist, verursachst du vielleicht Wellen um dich herum – aber das ist weitaus besser, als im Planschbecken zu ertrinken. Wenn diejenigen, die sich über diese Veränderung beklagen, mit dir unterzugehen drohen, tust du ihnen vielleicht einen weitaus besseren Dienst, indem du aufstehst und weggehst, als mit ihnen toter Mann zu spielen. Nur zu, mach ruhig ein paar Wellen – ein ganzer Ozean wartet auf dich!

AKTIVIERUNG

Frei werden von dem, was nicht Ich ist

Beurteile anhand einer Skala, wieviel Freude dir deine Aktivitäten bereiten, von 1 (niedrigste Punktzahl) bis 10 (höchste Punktzahl)

Aktivität	Freuden-punkte	Aktivität	Freuden-punkte
1.		11.	
2.		12.	
3.		13.	
4.		14.	
5.		15.	
6.		16.	
7.		17.	
8.		18.	
9.		19.	
10.		20.	

Angesichts der Aktivitäten, die du mit 3 oder weniger beurteilt hast:

Aktivität   Der nächste Schritt, den ich tun könnte, um mich davon zu befreien

Angesichts der Aktivitäten, die du mit 7 oder höher bewertet hast:

Aktivität   Der nächste Schritt, den ich tun könnte, um sie weiter zu fördern

Verantwortlich leben

»Aber wenn jeder ohne Zögern seiner Stimme folgen würde, würde die Welt im Chaos enden!« magst du verständlicherweise einwenden. »Selbstgefällige Egozentriker würden umherziehen und rauben und vergewaltigen. Es gäbe keine Integrität, keine Verbindlichkeit, nichts würde geschafft, und die Welt würde aus den Fugen geraten.«

Das gerade beschriebene Szenario ist genau die Welt, die wir erzeugen, wenn wir unserer inneren Stimme *nicht* vorbehaltlos folgen. Die Botschaft meint, daß du deinem göttlichen Geist fol-

gen sollst, aber nicht deiner Angst, deinem Zorn, deinen Flucht-
tendenzen, deinen momentanen körperlichen Empfindungen oder
einer Massenhysterie.

Als spirituelle Wesen ist unsere Natur voller Liebe; der Stimme
des *Geistes* in uns zu folgen bedeutet insofern, im ständigen Ausdruck der Liebe zu leben. Die Liebe zieht nicht umher, um zu vergewaltigen, zu stehlen oder andere zu verletzen. Liebe möchte
dienen und Frieden und Harmonie schaffen.

Deiner spirituellen Stimme zu folgen bedeutet, voll verantwortlich zu sein. Verantwortlich bedeutet: fähig zu »antworten«. Wer
kann denn in jeder Situation besser antworten als Gott? Und wodurch würde Gott zu dir sprechen, wenn nicht durch die tiefsten
Neigungen deines Herzens?

Wer vorgibt, seiner inneren Stimme zu folgen und dann einen
absonderlichen Feldzug beginnt, der Leid und Verwirrung stiftet,
folgt nicht der Stimme der Liebe. Der inneren Stimme zu folgen
heißt auch nicht, vor etwas wegzulaufen, mit dem du die Konfrontation scheust. Im Gegenteil, der lebendige Geist freut sich,
leidvolle Situationen zu verändern, indem er die Getrenntheit
überwindet, um Einheit herzustellen. Er läßt nichts zu, was un-
lauter ist. Deiner inneren Stimme zu folgen bedeutet, ständig in
Richtung Klarheit und Entschlossenheit zu gehen.

Der lebendige Geist in dir ist unendlich verantwortlicher, als
irgendein Mensch es je sein könnte. Der lebendige Geist ist sehr
umsichtig, wenn es darum geht, die Dinge reibungslos und wirksam laufen zu lassen; der Gott in dir erkennt, daß die menschlichen Angelegenheiten am besten funktionieren, wenn wir das
tun, was wir sagen. Wir geben uns selbst und anderen Kraft, wenn
wir zu unserem Wort stehen. Dadurch verleihen wir unserem Tun
Integrität und stärken den Glauben und das Vertrauen in unseren
Beziehungen.

Wenn du jedoch eine Vereinbarung in einem nicht sehr be-
wußten Zustand getroffen hast und es wäre schmerzhaft für dich
oder andere, damit weiter zu leben, so wird es für dich und andere nur hilfreich sein, einen anderen Weg einzuschlagen. Unsere
Verpflichtung zur Wahrheit muß wichtiger sein als jede Vereinbarung, die wir auf der Ebene menschlicher Angelegenheiten ein-

gehen. Der göttliche Geist wird dich nicht auffordern, eine Bindung zu lösen, wenn nicht ein wirklich guter Grund dafür vorhanden ist.

Manchmal fordert uns unsere innere Stimme auf, ein kleineres Abkommen zu brechen, um ein größeres zu halten. Wenn du über eine Situation nachdenkst und du erhältst immer wieder die Weisung, einen anderen Weg einzuschlagen, mußt du danach handeln. Selbst wenn du zu dem Zeitpunkt nicht das ganze Bild siehst, gibt es einen Grund dafür, daß die innere Stimme zu deinem Herzen spricht. Rede ehrlich und direkt zu der Person, mit der du die Vereinbarung getroffen hast, und teile ihr deine Absicht mit. In so einem Augenblick ist die Aufrichtigkeit deiner Überzeugung dein bester Freund. Erfinde keine anderen Gründe oder Ausreden. Wenn die andere Person dich liebt und unterstützt, wird sie die Aufrichtigkeit deines Wesens erkennen und ehren. (Vielleicht gibt sie sogar zu, daß sie eine ähnliche Neigung verspürte.) Vielleicht schlägst du eine alternative Lösung vor, mit welcher sich die andere Person zufrieden und umsorgt fühlt und die dir dennoch erlaubt, dich so weiterzuentwickeln, wie du es dir wünschst. Einfach dein Gefühl auszudrücken, kann die Situation bereits auf eine andere Ebene bringen, und dann entscheidest du vielleicht, das Vergangene fortzusetzen, oder du findest eine zuvor nicht gesehene Alternative. Wenn du der inneren Stimme folgst, wird später jeder Beteiligte erkennen, daß die Veränderung zum Wohl aller Betroffenen geschah.

Tango und Walzer

Ken Keyes Jr., der Autor des *Handbuchs zum höheren Bewußtsein*, vergleicht unseren Umgang miteinander mit Paaren, die auf einem großen Ball tanzen. Wenn du gerade Tango tanzt und jemand lädt dich zum Walzer ein, wäre es unklug, darauf einzugehen; ihr würdet schließlich gegenseitig über eure Füße stolpern, und keiner von euch wird den Tanz genießen. Wenn dich jemand im täglichen Leben auffordert, etwas zu tun, das deinem Innern zuwider ist oder du merkst, du tanzt Foxtrott mit jemandem, der Samba tanzt, dann liegt der größte Dienst, den du erweisen kannst, im Anerkennen der Tatsache, daß ihr verschiedene Tänze tanzt. Dann habt ihr beide die Freiheit, euch mit anderen Partnern zusammenzutun, die in einer Linie mit den Schritten sind, die ihr gerne macht.

Nichts ist falsch daran, verschiedene Tänze zu tanzen; sowohl Tango als auch Walzer sind schön und aus reiner Tanzfreude wert, getanzt zu werden. Die Feststellung, daß zwei Tänze nicht miteinander vereinbar sind, ist keine Beurteilung oder Ablehnung. Zwei Menschen können weiterhin ungeheure Liebe und gegenseitige Wertschätzung füreinander behalten, auch wenn sie beide erkennen, daß ihre Schritte im Moment nicht zusammenpassen. Es ist ein Ausdruck der Würdigung und des Respekts anzuerkennen, daß eurer beider Tänze gut sind und ihr Partner verdient, die zu euren Energien passen. Vielleicht werdet ihr zu einer anderen Zeit auf andere Weise zusammenkommen und euch an einem anderen Tanz miteinander erfreuen, der schöner ist, als sich gegenseitig auf die Füße zu treten.

Dieses Prinzip bezieht sich nicht nur auf Liebesbeziehungen oder Ehen: Der große Tanz schließt *alles* ein – Freundschaften, Karrieren und selbst die einfache Entscheidung, was wir zu Mittag essen oder welchen Film wir sehen werden. Ein Prinzip bildet die Basis zum Tanzen: Du mußt dir sicher sein, daß deine Neigungen und deine Intuition gut und echt sind. Du mußt wissen, daß es dir zusteht, glücklich zu sein und allen anderen genauso. Und du mußt die höhere Sichtweise bewahren, daß – selbst wenn Dinge im Moment nicht stimmig zu sein scheinen – ein größerer Plan da ist, in dem alles zum richtigen Zweck an seinem richtigen Ort und optimal effektiv ist.

Im Idealfall, wenn jeder seiner inneren Stimme ohne Zögern folgen würde, wären Vereinbarungen, Verpflichtungen und Zukunftspläne nicht notwendig. In einer solchen Welt würde jeder Mensch so im Einklang mit dem Willen Gottes sein, daß jeder immer zur rechten Zeit an seinem rechten Ort wäre, für alles wäre gesorgt und jeder wäre glücklich. Wir leben vielleicht nicht in einer Welt, die momentan die Manifestation eines so wesentlichen Vertrauens in das Selbst spiegelt, doch wir können beginnen, sie zu erschaffen, indem wir Schritte unternehmen, unser äußeres Leben in Einklang mit unserer inneren Vision zu leben.

Schreib für dich

Ich besuchte einmal eine Schriftstellerkonferenz, die von einer stattlichen Reihe von literarischen Größen geleitet wurde. Einige der weltberühmtesten Autoren, Verleger, Drehbuchautoren und Publizisten hielten hervorragende Reden darüber, was man dazu braucht, um auf dem heutigen Markt ein erfolgreicher Schriftsteller zu sein. Ich war erstaunt, daß jeder der ausgezeichneten Redner ausnahmslos dieselbe Botschaft brachte: *Folge deiner Leidenschaft; schreib aus deinem Herzen; sag das, was du persönlich zu sagen hast; schreib nicht, um der Masse zu gefallen – schreib für dich selbst.* Als ein Teilnehmer aus der Zuhörerschaft den Hauptherausgeber von einem der weltgrößten Verlage fragte: »Nach welcher Art von Stoff suchen Sie?« antwortete der Verleger: »Wir suchen nicht nach einem ganz bestimmten Stoff; wir suchen nach dem, was *Sie* anzubieten haben. Schreiben Sie das, was Sie begeistert, was für Sie wichtig ist, und das wird Ihre beste Fahrkarte zum Erfolg sein.«

Alles, was momentan auf dem Planeten geschieht, fordert uns dazu auf, unsere Kraft von äußeren Autoritäten zurücknehmen und sie dem göttlichen im Innern zu geben, dem sie gehört. Niemand weiß besser als du selbst, was du in irgendeiner Situation tun mußt. Andere können raten, empfehlen und inspirieren, aber letztlich mußt du entsprechend der Führung handeln, die einen Widerhall in deiner Seele erzeugt. Du bist derjenige, der mit deiner Entscheidung leben muß, und deshalb bist du der einzige, der sie treffen kann. Aber du wirst nicht allein sein. In dir ist eine Führung, die dich unterstützt und tröstet. Geh nach innen, um deine Antwort zu bekommen, denn dort wartet sie.

Ein Gewinn und Gewinn-Universum

Das Universum ist so aufgebaut, daß es jedem gleichzeitig dient; die Bibel sagt uns, daß Gott jeden Sperling kennt und jedes Haar auf deinem Haupte. Wenn du im Einklang mit dem Willen der Liebe bist, wirst du feststellen, daß das, was dir zum Segen gereicht, verbunden ist mit dem, was auch für andere ein Segen ist. Du kannst nicht auf Kosten eines anderen glücklich sein, und das Glück eines anderen kann nie dein eigenes Glück mindern. Wenn du den Mut finden kannst zu vertrauen und deiner Intuition zu folgen trotz allem, was dagegen zu sprechen scheint, wirst du langfristig gesehen erstaunt sein, wie sehr deine Handlung jedem nützt.

Ich erhielt einmal einen Brief von einer Frau, die meinte, ich sei ihre Dualseele. Ich forschte in meinem Herzen nach einer ehrlichen und liebevollen Erwiderung und sagte ihr schließlich, ich achte ihre Gefühle, doch ich glaube nicht, daß ich ihr Seelengefährte sei. Ich erklärte, daß ich sowohl sie als auch unsere Freundschaft wertschätze, aber keine Neigung spüre, die Art von Beziehung einzugehen, zu der sie mich aufforderte. Auf der persönlichen Ebene fürchtete ich, sie vielleicht zu verletzen oder ihre Freundschaft zu verlieren, doch auf der Ebene der Seele wußte ich, daß ich meine zutiefst empfundene Wahrheit aussprechen mußte.

Ein Jahr später erhielt ich einen rührenden Brief von dieser Frau, in dem sie schrieb: »Danke, daß Du mich sanft abgewiesen hast. Es war genau das, was ich brauchte, um meine Phantasien aufzugeben und die Kraft wiederzubekommen, die ich an Dich abgegeben hatte.«

Die ganze Situation war ein Segen für uns beide. Für sie war es wichtig, der Stimme ihres Herzens Ausdruck zu geben, und für mich war es wichtig, mit meinem Herzen darauf zu erwidern. Das wechselseitige Geschehen holte das Beste aus uns beiden, und wir zogen beide Nutzen daraus.

Deiner inneren Stimme zu folgen, erfordert Vertrauen in Gott. Du mußt den Glauben haben, daß ein größerer Plan existiert, der über das Augenscheinliche hinausgeht, daß tieferliegende Prinzipien als die von der Gesellschaft festgelegten Regeln das Universum lenken und daß eine höhere Bestimmung existiert als die Prägung deiner Vergangenheit. Es bedeutet, daß der denkende Verstand nicht der einzige oder endgültige Richter über das ist, was dem höchsten Heil dient. Es bedeutet, unser Verhalten von den Erwartungen anderer abzulösen und sich eher von innerem Wissen als von äußeren Erfordernissen leiten zu lassen. Es bedeutet, ein unendlich freieres und lebendigeres Leben zu führen als das, womit sich die meisten Leute auf dem Planeten abgefunden haben. Es bedeutet, sich als Pionier der Freiheit auf den Weg zu machen, in einer Welt, in der Gefangenschaft die Norm geworden ist. Es bedeutet, vorgefaßte Meinungen zugunsten des Wissens deines Herzens aufzugeben. Es bedeutet, *du* zu sein und als das, was *du* bist, zu leben – ohne Entschuldigung oder Erklärung.

Die Persönlichkeit ist kaum mehr als ein anpassungsfähiger Abwehrmechanismus, um das winzige Etwas an Lebenskraft zu verteidigen, das uns bleibt, nachdem wir unsere innere Eingebung zurückgestellt haben, weil wir fanden, daß diese Welt kein sicherer Ort ist. Die Persönlichkeit als eine Autorität für Wahrheit und richtiges Handeln zu befragen, wäre genauso als gingest du in die psychiatrische Klinik und fragtest den erstbesten Patienten, was du mit deinem weiteren Leben machen sollst. Deine Persönlichkeit ist eine selbstgewählte Maske in einem verrückten Spiel. Wieviel Wahrheit und Trost kann sie dir schenken? Gerade so wenig, daß du dich einer kranken Welt anpassen kannst. Und das soll ein glaubwürdiger Führer zum Frieden und zur Kraft des Himmels sein?

Einen Führer gibt es, und Er lebt innen, in deinem Herzen. Die Stimme des *Geistes* spricht zu dir, während du diese Worte liest. Sie flüstert dir den ganzen Tag über bis in die Nacht hinein zu. Um den Ruf der Liebe zu hören, mußt du lauschen. Du mußt deine Aufmerksamkeit von fieberhaften Träumen abwenden und still vor dem Altar des Friedens sitzen. Du mußt offen und bereit sein, den Rat aus der Kraft zu empfangen und danach zu handeln. Die Weisheit Gottes kann nur soviel für dich tun, wie sie durch dich zu tun vermag. Lausche, und du wirst hören. Handle, und du wirst sehen. Sei, und du wirst leben.

Bleib diesen Tag und diese Nacht bei mir,
und du sollst den Ursprung aller Gedichte haben,
Du sollst das Gute von Erde und Sonne haben ...
Du sollst nicht länger die Dinge nehmen
aus zweiter und dritter Hand,
noch schauen mit den Augen der Toten,
noch dich nähren von den Schattengebilden in Büchern,
Du sollst auch nicht schauen durch meine Augen,
noch die Dinge nehmen von mir,
Du sollst lauschen nach allen Seiten
und sie filtern durch dich selbst ...

Ich weiß, daß die Hand Gottes
die Gewähr für meine eigene Hand ist.

WALT WHITMAN
Gesang von mir selbst

Carpe diem!

Wenn du bald sterben müßtest und du könntest
nur noch einen Telefonanruf machen,
wen würdest du anrufen und was würdest du sagen?
Und warum wartest du?

STEPHEN LEVINE

»*Carpe diem* – Nutze den Tag!« sagte ich zu einer großen Zuhörerschaft auf einem Seminar. Dann fragte ich die Seminarteilnehmer: »Welche Träume zögert ihr umzusetzen?«

Eine Frau namens Cindy erhob ihre Hand und gab zu, daß sie
schon länger einen bestimmten Mann zu einer bevorstehenden
Party einladen wollte, daß sie jedoch immer wieder davon abgesehen hatte aus Angst, er würde ablehnen.

Ich wandte mich zu dem Veranstalter des Programms und
fragte: »Kann Cindy das Telefon in Ihrem Büro benutzen?«

»Klar.«

»Magst du ihn jetzt anrufen?« schlug ich Cindy vor.

»Jetzt?«

»Jetzt.«

»Ja, ich mach's«, antwortete Cindy. »Dies ist mein Augenblick.«

Als Cindy aufstand, um zum Telefon zu gehen, ging eine Welle
von aufgeregtem Applaus durch die Zuhörer. Die Gruppe stand
hinter Cindy – sie fanden den Mut, den sie aufbrachte, um ihre
Vision zu verwirklichen, toll.

Als Cindy zehn Minuten später zurückkam, fragte ich sie: »Wie
lief es?«

»Ich hab eine Verabredung!« verkündigte sie strahlend.

Die Zuhörer standen auf und gaben ihrem enthusiastischem
Beifall Ausdruck – es war der begeistertste Ausdruck spontaner
Unterstützung einer Gruppe, den ich je in so einem Programm er-
lebt habe. Die Anwesenden dort waren total berührt davon, daß

Cindy ihre selbstgesetzten Grenzen überwunden hatte; ihr Mut bewies vielen die Möglichkeit, daß wir nicht zu warten brauchen, um das zu erbitten, was wir uns wünschen. Als ich im folgenden Jahr zurückkam, stellte Cindy mir aufgeregt ihren neuen Ehemann vor – den Mann, den sie an jenem Seminarabend bei unserem Seminar angerufen hatte! Es gibt einen Grund für unsere inneren Eingebungen, und wir müssen dem Universum eine Möglichkeit geben, sie zu erfüllen. Jetzt.

AKTIVIERUNG

Das Jetzt zählt

Stell dir vor, du hättest 24 Stunden zu leben.

Wen würdest du anrufen, und was würdest du sagen?

Name der Person   Was ich sagen würde

Fortsetzung auf einem anderen Blatt Papier, falls notwendig.

Zu jung, um sich abzufinden

Meine Freundin Lisa erzählte mir von ihrer Scheidung. »Was war der Hauptauslöser für deine Trennung?« fragte ich sie.

»Eines Tages wachte ich auf und erkannte, daß fünfundzwanzig zu jung dafür ist, um sich mit einem Leben ohne Leidenschaft abzufinden«, antwortete Lisa.

Ich dachte darüber nach. Fünfundzwanzig *ist* zu jung, um sich mit einem Leben ohne Leidenschaft abzufinden. Siebenunddreißig ist zu jung, um sich mit einem Leben ohne Leidenschaft abzufinden. Dreiundachtzig ist zu jung, um sich mit einem Leben ohne Leidenschaft abzufinden. *Jedes Alter* ist zu jung, um sich mit einem Leben ohne Leidenschaft abzufinden.

Das Leben ist wie eine Postkarte, auf die wir mit großen Lettern triviale Botschaften schreiben und dann das, was wir wirklich sagen wollen, ganz klein an den Rand krickeln. Es ist auch wie ein Anrufbeantworter mit einer kurzen Aufnahmezeit. Hast du schon mal eine Botschaft auf einen Anrufbeantworter gesprochen und wurdest dabei mitten im Satz von einem lauten, störenden Pfeifton unterbrochen? Dann mußtest du noch mal anrufen, um das, was du wirklich sagen wolltest, draufzusprechen. Nachdem mir das mehrmals passiert war, erkannte ich, daß ich nicht immer unbegrenzte Zeit habe, jemandem auf den Anrufbeantworter zu sprechen. Jetzt sage ich die wichtigste Nachricht zuerst, falls ich abgeschnitten werde. Wenn noch Zeit übrig ist, hinterlasse ich Mitteilungen, die nicht so wichtig sind.

Wir wissen nie genau, wieviel Zeit uns bleibt, die Botschaft zu hinterlassen, die wir der Welt mitteilen wollten. Vielleicht ein Jahr, vielleicht hundert Jahre? Es ist sehr weise, vorrangige Dinge zuerst zu tun; schreib die wichtigsten Dinge in langen Briefen zuerst und sprich das, was du wirklich sagen willst, bevor du unterbrochen wirst. Singe dein Lieblingslied jetzt, und wenn du noch Zeit übrig hast, kannst du das Thema noch in einigen Variationen singen. Dann brauchst du nicht noch mal anzurufen, um deine Botschaft zu Ende zu bringen.

AKTIVIERUNG

Tu es jetzt

Schau zurück auf die Liste, die du bei der Aktivierung *Das Jetzt zählt* gemacht hast. Leg das Buch zur Seite, geh zum Telefon und ruf die entsprechenden Leute an. Denk daran, daß du nicht beabsichtigst, eine bestimmte Antwort auszulösen, sondern die tiefste Wahrheit, der du dir bewußt bist, mitzuteilen.

Sei einfach hier

Ich habe eine zehnjährige Ratgeberin, die mir Aufrichtigkeit beibringt. Als Shanera und ich einmal den Papageienwald besucht hatten und nach Hause fuhren, spielte sie mit einem kleinen Stoffhasen, den ich ihr gekauft hatte. Ich langweilte mich bei der langen Fahrt und fing eine Unterhaltung an, in der Hoffnung, daß Shanera etwas Lustiges oder Tiefschürfendes sagen würde.

»Also, Shanera, wie wär's, wenn du mir deine Lebensgeschichte erzählen würdest?« schlug ich ihr vor.

Ohne aufzusehen antwortete sie ernsthaft: »Im Augenblick ist meine Lebensgeschichte, dieses Preisschild vom Ohr dieses Häschens abzumachen!«

Aus dem Mund von kleinen Kindern…

Ich fragte eine andere junge Freundin namens Tasha: »Was ist der Sinn des Lebens?« Sie dachte einen Augenblick lang nach, kicherte und meinte: »Einfach hier sein!«

Wir fühlen uns von Kindern angezogen, weil sie im Königreich des Himmels leben, auch wenn ihre Füße die Erde berühren. Sie investieren ihre Freude nicht in Zukunftspläne. Sie sind voll gegenwärtig, und wir genießen ihre Freude.

Am anderen Ende des Spektrums gibt es einige ältere Menschen, welche die Illusion von Alter und Begrenzung hinter sich gelassen haben. Meine Freundin Amalia Frank ist mit ihren über achtzig Jahren eine Pfarrfrau mit einem jugendlich lebhaften Geist. Als ich einmal mit Amalia zu Mittag aß, erzählte ich ihr, sie würde mich an meine dreiundachtzigjährige Freundin Tensie erinnern, die mir ein Video einer kürzlich von ihr besuchten Unterwasserhochzeit gezeigt hatte.

»Oh, das ist echt gut!« lachte Amalia. »Eine Unterwasserhochzeit!... Ich habe schon Paare auf Schiffen getraut, aber noch nicht unter Wasser.«

Noch nicht! Das ist es, dachte ich. *Noch nicht.* Mit zweiundachtzig packen die meisten Leute ein oder leben in der Vergangenheit. Doch hier sitzt Amalia und freut sich auf noch unerhörtere Erfahrungen. Das Alter belastet Amalia nicht. Sie lebt heute, und sie ist frei.

Wie alt bist du?

Der berühmte Baseballspieler Satchel Page fragte: »Wie alt wärst du, wenn du nicht wüßtest, wie alt du wärst?« Denk einen Moment darüber nach. Schließ deine Augen und löse dich innerlich ganz vom Gefühl des Alters, das du kennst. Wie alt fühlst du dich?

Das Alterskonzept ist ein hypnotischer Trick, von dem sich die Menschheit die ganze Vergangenheit hindurch hat unterdrücken lassen. Das Alter hat nur die Wirklichkeit oder Macht, die wir ihm einräumen. Zeit ist eine Illusion, eine Erfindung des abgetrennten Verstands, und jeder Ableger des Zeitkonzepts wie beispielsweise das Alter ist genauso unwirklich. Ich sah mal einen Autoaufkleber: »Zeit ist das, was alles davor bewahrt, gleichzeitig zu geschehen.« Metaphysisch ausgedrückt könnten wir sagen, daß wir »ohne Zeit in einem Zustand ewigen Einsseins wären«.

Buckminister Fuller bemerkte, daß »Menschen die einzigen Geschöpfe auf dem Planeten sind, welche die Zeit zählen und meinen, sie müßten den Lebensunterhalt verdienen«. Obwohl Zeit uns hilft, Vereinbarungen auf der weltlichen Ebene zu treffen und einzuhalten, verweist sie uns nicht auf unsere wahre Identität, die weit jenseits von Zeit liegt. Als meine Lehrerin Hilda gefragt wurde: »Wie alt bist du?« antwortete sie: »Ich wurde nie geboren, und ich werde nie sterben.« Hilda bezog sich nicht auf ihren physischen Körper, der dem Werden und Vergehen unterworfen ist. Sie bekräftigte ihre spirituelle Identität, die nicht von physischen Faktoren zerstört oder berührt werden kann. Vielleicht war Hilda deshalb so eine kraftvolle Lehrerin. Ihr ganzes Leben lang lehrte und heilte sie viele tausend Menschen, und die Schüler, die tatsächlich von ihrer Lehre beeinflußt wurden, gehen in die Millionen. Die Wirkungen ihrer Hilfe reichen wahrlich weit über die Dauer eines Lebens hinaus. (1)

Wenn wir uns jenseits des Alters begeben möchten, ist es sehr hilfreich, Menschen zu beobachten, die durch ihr physisches Alter nicht eingeschränkt sind, sondern eher noch größere Kraft ausstrahlen. In ihrem neunten Jahrzehnt ist meine Freundin Tensie kraftsprühender und lebendiger als die meisten mit zwanzig. Als ich Tensie vor kurzem in einem Restaurant begegnete, zwinkerte sie mir unter ihrem todschicken Strohhut zu und entschuldigte sich, daß sie nicht länger bleiben könne; sie war auf dem Weg zum Makramee-Kurs des hiesigen Künstlervereins. Danach wollte sie im Feinschmecker-Restaurant essengehen, bevor sie ihren Abendkurs über »Biographiearbeit als therapeutisches Werkzeug« besuchen würde. Tensies Liste an Kursen, die sie noch besuchen und Reisen, die sie machen will, ist länger als die Krankheitsgeschichte der meisten in ihrem Alter. Anstatt das Buch ihres Lebens mit Krankheiten und Altersschwächen anzufüllen, hat sie es mit leidenschaftlichen Abenteuern und goldenen Erinnerungen gefüllt. Es heißt, »Liebende halten die Zeit zum Narren«, und Menschen, die einfach das Leben lieben, tun dasselbe.

Bist du so glücklich wie dein Hund?

Ein Mann auf einem meiner Workshops bekannte: »Mir ging's jahrelang so schlecht, daß ich Gott jeden Tag bat, er möge mich einmal so glücklich aufwachen lassen wie meinen Hund!«

Ich ging heim und dachte darüber nach. Bin ich so glücklich wie mein Hund? Hmmmm.

Ich begann meinen Hund Munchie zu beobachten, der die ganze Zeit glücklich ist. Dieser siebenpfündige Wuschelball ist das fröhlichste Geschöpf, das ich kenne. Er lebt in einem Zustand ständiger Freude. Ich folgerte daraus, daß dieses kuschelige Geschöpf etwas wußte, was ich nicht wußte (oder woran ich mich zumindest nicht erinnerte) und beschloß deshalb, Munchies Verhalten zu beobachten in der Hoffnung, vielleicht auch eines Tages so glücklich wie er zu erwachen.

Der Schlüssel zu Munchies Glück liegt darin, daß er völlig im Hier und Jetzt lebt. Er hat kein Gefühl für Vergangenheit oder Zukunft, und er ist völlig da bei allem, was passiert. Du wirst Munchie nicht in der Dorfkneipe finden, wo er Bier wegen einer vergangenen Liebe säuft. Er hat keine vergangene Liebe. Er liebt alles, was gerade vor ihm ist.

Munchie taucht regelmäßig vor der Eingangstür auf, um reinkommen und mit mir spielen zu dürfen. Je nachdem was ich gerade mache und wie schmutzig seine Pfoten sind, lasse ich ihn manchmal rein. In dem Moment, in dem ich die Tür öffne, *stürmt* er hinein. Er läßt mir keinen Augenblick, meine Meinung zu ändern. Er weiß, was er will, bittet darum und ergreift die Gelegenheit in dem Moment, in dem sie sich bietet. Munchie ist ein Meister des *Carpe Diem*.

Wenn ich nach Hause komme, begrüßt Munchie mich begeistert. Sobald er hört, daß mein Auto vor der Garage hält, hört er mit allem auf, was er gerade auf dem Grundstück macht und *saust* auf mich zu. Er freut sich so, mich zu sehen, daß er gleichzeitig bellt und heult; er wedelt so doll mit dem Schwanz, daß er mit seinem buschigen Ende den ganzen Garagenboden aufwischt, und er pinkelt. (Munchie lehrte mich die Bedeutung des Satzes: »Ich konnte nicht mehr an mich halten!«) Dieser Hund *lebt* Dankbarkeit.

Munchie schenkt mir dieselbe überschwengliche Begrüßung, egal wie lange ich weggewesen bin. Ob ich für einen Nachmittag oder einen Monat fortgewesen bin, er gibt mir immer einen Ehrenempfang. Wenn ich nach einer langen Zeit heimkomme, hockt er nicht auf dem Allerwertesten, verschränkt seine Pfoten und verkündet sachlich: »Ich glaube, es ist mal Zeit, daß wir uns darüber unterhalten, wie wir zu unserer Beziehung stehen.« Nein, er ist einfach glücklich, mich zu sehen und gibt es mir zu verstehen.

Wenn ich nicht zu Hause bin, hat Munchie an vielen anderen Dingen Spaß. Er jagt Katzen, schnuppert an totem Ungeziefer, hält ein Nickerchen und versucht, auf den deutschen Schäferhund von nebenan zu springen. (Er glaubt an unbegrenzte Möglichkeiten!) Munchie ist, so weit ich's beurteilen kann, ein erleuchtetes Wesen. Vielleicht werde ich, wenn ich's richtig mache, eines Tages so glücklich wie er aufwachen.

AKTIVIERUNG

Bist du so glücklich wie dein Hund?

Beobachte deinen Hund, deine Katze, deinen Vogel oder ein anderes geliebtes Tier und schreibe unten auf, was sie dir darüber sagen, wie du dein eigenes Leben umfassender leben könntest:

Aktivität des Tieres　　　　Was mein Haustier mir beibringt

Warte nicht ab, bis du nur noch wünschen kannst, du hättest es getan

Eine der intensivsten Möglichkeiten, die Qualität einer Beziehung zu vertiefen, ist die Vorstellung, daß heute der einzige Tag ist, der dir noch mit diesem Menschen bleibt. Wenn du ärgerlich auf einen Freund oder ein Familienmitglied bist, frage dich, wie du anders fühlen und handeln würdest, wenn du wüßtest, du würdest diesen Menschen heute nach Mitternacht nicht wiedersehen. Wahrscheinlich würdest du eher würdigen, was er dir Gutes erwiesen hat und weniger an dem interessiert sein, womit er dich störte. Und wahrscheinlich würdest du ihm sagen, wie sehr du ihn liebst.

Warte nicht, bis jemand auf dem Sterbebett liegt, um deine Liebe für ihn auszudrücken. Ich lernte eine gewaltige Lektion über Prioritäten, als meine Mutter im Sterben lag. Während ihres Lebens hatte sie eine Reihe von Angewohnheiten, die mich nervten. Sie rauchte sehr viel und verlangte trotz meiner Einwände von mir, zum Laden zu gehen und Zigaretten für sie zu kaufen. Sie kritisierte meine Eßgewohnheiten und warf mir vor, ich würde von »Vogelfutter« leben. Wenn wir zusammen zum Supermarkt gingen, stand sie am Ausgang an der Kasse und verglich jeden Artikel mit der Quittung um sicherzugehen, daß man ihr nicht zuviel abgeknöpft hatte. (Nachdem mir das jahrelang peinlich war, ging ich schließlich einfach zum Auto und wartete auf sie.)

Als meine Mutter so vor mir lag und die Lebenskraft aus ihrem ermatteten Körper schwand, schien alles, was mich nervte, so trivial und unwichtig angesichts der Tiefe und Größe meiner Liebe und Wertschätzung für sie und für unsere Beziehung. Ich hätte in diesem letzten schmerzhaften Augenblick alles dafür gegeben, sie zum Supermarkt zu fahren oder mich zu einer ihrer selbstgekochten Mahlzeiten zu setzen. Ich wäre gern in den Laden gegangen, um ihr Zigaretten zu kaufen; ja, sogar meine Kritik am Rauchen fühlte sich angesichts des Lebens, das wir miteinander geteilt hatten, so lächerlich an. Als ich später den Film *Ghost* sah, beeindruckte mich Patrick Swayze's letzter Satz, bevor er in das Licht eingeht: *»Es ist erstaunlich… Wir nehmen all die Liebe mit.«*

Jetzt im Moment gibt es vielleicht viel mehr Dinge, die du den Menschen gern sagen würdest, die dir nahestehen oder -standen. Du magst alle möglichen rationalen Gründe haben, warum du in deiner Wahrheit im Augenblick nicht ganz mit ihnen sein kannst. Aber wir wissen nie genau, wieviel Zeit wir mit einem geliebten Menschen noch haben. Leben in höchster Qualität ist ein Paradox: *Um diesen Augenblick zu verewigen, handle, als wäre es dein letzter.* Warte nicht, bis jemand aus deinem Leben gegangen ist, bevor du erkennst, wie wichtig ein Gespräch mit ihm wäre. Der Telefonanruf, den du verschoben hast, könnte der wichtigste Anruf sein, den du jemals machen wirst.

Die Tür ist noch offen

In meinen Seminaren arbeite ich oft mit Leuten, die geliebte Menschen durch Tod oder Trennung verloren haben und ihnen noch etwas sagen möchten. Einige der kraftvollsten Heilungen geschehen meiner Erfahrung nach, wenn wir tief aus unserem Herzen heraus zu den Wesen sprechen, die uns etwas bedeuten – selbst wenn sie nicht körperlich anwesend sind.

Da die wirklichen Beziehungsprobleme eher *in* uns als zwischen uns existieren, ist es möglich, unabgeschlossene Beziehungen zu heilen, selbst wenn der andere physisch nicht zugänglich oder verstorben ist. Da wir spirituelle Wesen sind, ist es möglich, geistig jederzeit jede Person zu uns zu rufen und mit ihrem Wesen zu kommunizieren. Denk dran, daß sich das Leben weniger um Körper als um die Seele dreht. Sprich die Worte, die deine Seele entlasten, und du wirst die große Möglichkeit, die eine Beziehung darstellt, meisterhaft genutzt haben.

AKTIVIERUNG
Den Austausch mit
geliebten Menschen abschliessen

1. Mache eine Liste der Menschen, die nicht mehr in deinem Leben sind, denen du noch etwas zu sagen hättest. Schließe die ein, die schon gestorben sind, aber auch die, von denen du physisch oder emotional getrennt bist. Deine Mitteilungen können Liebe und Dankbarkeit ausdrücken oder Ärger, den du verleugnet oder zurückgehalten hast.

Schreibe jedem Menschen einen Brief, in dem du ihm *alles* mitteilst, was du sagen willst. Laß keinen Gedanken und kein Gefühl unausgesprochen. Du kannst den Brief abschicken oder auch nicht. Wenn du ihn geschrieben hast, wirst du wissen, was damit zu tun ist.

2. Setze dich mit einem guten Freund oder Therapeuten zusammen und stell dir vor, er ist einer nach dem anderen jeder Mensch deiner Liste. Sag ihm alles, was du gern sagen würdest. Die Rolle deines Freunds besteht nur darin, liebevoll zuzuhören; er braucht nicht mit Worten zu antworten.

3. *Wenn es angebracht ist*, suche die Menschen auf, mit denen du reden mußt. (Manchmal ist es weise, uns einfach um unserer selbst willen auszudrücken, und wir geben sowohl den anderen als auch uns frei, ein neues Leben zu leben). Wenn du den Impuls verspürst, direkt mit einer Person Kontakt aufzunehmen, stell dir geistig einen friedvollen Abschluß eures Gespräches vor und erinnere dich an diese Vision. Teile deinem Gegenüber dann mit, was in deinem Herzen vor sich geht.

Den Augenblick nutzen

Wenn du deinem Leben eine positive Richtung geben willst, so ist die einzige Zeit dazu *jetzt*. Immer wieder habe ich gesehen, wie ganz normale Menschen ungeheuren Mut aufgebracht haben, ihre Träume zu verwirklichen. Wir sind Meister darin, alle möglichen Vorwände und Gründe dafür zu finden, unsere Freude und die Erfüllung unserer Bestimmung zu verschieben. Jetzt laßt uns die Kraft, die wir aufs Zögern verwandt haben, ins Handeln lenken. Jeder von uns hat die Fähigkeit, seine Vision zu leben, und wir werden es tun. Die Frage ist nicht *ob*, sondern *wann*. Die zeitliche Abstimmung unseres Schicksals liegt bei uns. Es gibt keine Kraft außerhalb unserer selbst, die uns davon abhalten kann, das zu tun, weswegen wir hierherkamen. Alle Kraft und alle Liebe ist in uns.

Unsere einzige Verantwortung besteht darin, diesen Augenblick zum höchsten Augenblick zu erheben und ihn von ganzem Herzen zu feiern. Es heißt, »die Vergangenheit ist wie ein ungültiger Scheck, die Zukunft ist wie ein Schuldschein, und die Gegenwart ist bares Geld auf der Hand«. Nimm, was du hast, und tu, was du dir wünschst. Jetzt ist der Augenblick, auf den du gewartet hast, und du allein bist derjenige, der diesen Augenblick leben kann.

Wenn nicht jetzt, wann dann?

TALMUD

In der Vergangenheit liegt keine Zukunft

*Der einzig gänzlich wahre Gedanke, den man in bezug auf
die Vergangenheit haben kann, ist, daß sie nicht da ist.*
EIN KURS IN WUNDERN (1)

Präsent im Hier und Jetzt

»Es tut mir leid, mein Herr, bei uns ist keine Reservierung für Sie
vorgemerkt.« Ich wollte es nicht glauben, als die Rezeptionistin
des Hotels mir diese für einen häufig Reisenden meistgefürchtete
Begrüßung zuteil werden ließ.

Ich wandte mich zu der Veranstalterin des Programms, für das
ich gekommen war. Ärgerlich begann sie mit der Rezeptionistin
eine höfliche, doch unverhohlen feindselige Auseinandersetzung
darüber, wessen Fehler es sei, daß die Reservierung nicht ausgeführt war. Mehrere Minuten lang erklärte die Veranstalterin der
Rezeptionistin, wo und wann und wie die Reservierung gemacht
worden war, und die Rezeptionistin verteidigte weiterhin sich und
das Hotel und wiederholte ständig, sie hätten keine Aufzeichnung
über meine Reservierung. Das Gespräch drehte sich im Kreis.

Schließlich unterbrach ich die Debatte. »Haben Sie jetzt ein
Zimmer für mich?« erkundigte ich mich. Ein überraschter Blick
ging über die Gesichter beider Frauen. Die Rezeptionistin schaute
in ihrem Computer nach. »Ja, wir haben eins.« Wir alle lachten, als
wir erkannten, daß wir uns mehr in das Problem verwickelt hatten
als eine Lösung zu suchen.

Innerhalb weniger Minuten lag ich ausgestreckt auf einem be-
quemen Bett. Während sich mein Kopf in das weiche Kissen hin-
einkuschelte, dachte ich über das »Schuldzuweisungs- und Ver-
teidigungsgespräch« nach, dessen Zeuge ich gewesen war. Ich habe
schon viele davon mitgemacht. Sie kreisen unaufhörlich darum,

was schiefgegangen ist und wessen Fehler es war. Man macht ein Schuldgeschäft daraus, schiebt sich gegenseitig die Verantwortung zu, und meistens fühlen sich beide Seiten am Ende schlimmer als zu Anfang.

Experten in der Frage, wie man erfolgreich einen Durchbruch schafft, behaupten, daß Probleme aus dem Grund nicht verschwinden, weil wir bei dem Versuch, sie zu lösen, die falschen Fragen stellen. Ihrer Ansicht nach geschieht eine entscheidende Veränderung, wenn wir die Frage so formulieren, daß sie nach vorne, d. h. auf eine Lösung, gerichtet ist und nicht nach hinten, d. h. auf den Irrtum oder das Problem. Anstatt zu fragen: »Was ging schief?« lautet die praktischere Frage: »Was müssen wir *jetzt* tun, um das zu erreichen, was wir wollen?« Auf diese Weise neu hinzuschauen, kann den entscheidenden Unterschied zwischen Verstrickung in der Vergangenheit und Erfolg in der Gegenwart ausmachen.

Psychische Kryogenik

Kryogenik ist die Wissenschaft über das Einfrieren toter Körper in der Hoffnung, sie später wiederzubeleben. Wenn wir uns und unsere Freunde in unserem Denken einfrieren (indem wir gegenseitig eher an mentalen Bildern dessen, was wir *waren*, als dessen, was wir *sind*, festhalten), betreiben wir psychische Kryogenik. Wir lassen unsere alten Bilder von uns und anderen eingefroren und tauen sie nicht auf. Bestimmt möchte niemand von uns auf das begrenzt werden, was wir einmal waren; wir wünschen uns die Freiheit und Kraft, neu zu sein und als das, was wir jetzt sind, erkannt zu werden – nicht als das historische Bild unserer selbst.

Eine langjährige Freundin von mir besuchte eins meiner Seminare. Das letzte Mal, als ich Cora gesehen hatte, war ein Jahr vor dem Workshop, nachdem sie buchstäblich im Krankenhaus gestorben und wiederbelebt worden war. Wenn ich an Cora dachte, hatte ich das Bild einer schwachen, chronisch an Asthma Leidenden in Erinnerung, die mit Medikamenten vollgepumpt wurde und von einem medusagleichen Gewirr von Schläuchen und Elektroden umgeben war.

Als Cora bei dem Retreat auftauchte, war ich erstaunt, daß sie sich auf bemerkenswerte Weise erholt hatte. Sie hatte einiges Gewicht verloren, brauchte keine Medikamente mehr zu nehmen und sah lebendiger und strahlender aus, als ich sie je zuvor gesehen hatte. Cora war ein wandelndes Wunder.

Unser Retreat beinhaltete auch eine Bergbesteigung. Als wir den Beginn des Pfads erreichten, machte ich mir Sorgen über Cora. Bilder ihrer Asthma-Apparate, ihrer medikamentösen Behandlung und ihres Verfalls stiegen in mir auf. Ich erinnerte mich daran, wie sie sich abmühte, allein von ihrer Couch im Wohnzimmer zur Toilette zu kommen. Ich befürchtete, diese mäßig steile Kletterpartie würde ihr zu viel werden. Um Cora nicht auszuschließen, kündigte ich der Gruppe diplomatisch an, jeder, der das Gefühl hätte, die Besteigung würde zu hart werden, könnte am Fuße des Berges eine weniger anstrengende Wanderung um einen See herum machen.

Zu meiner Überraschung entschied sich niemand für die leichtere Route, einschließlich Cora. Statt dessen begann Cora die Gruppe den Berg hochzuführen! »Das ist erstaunlich!« dachte ich, als diese Frau mittleren Alters ein zügiges Tempo einlegte. Ich beeilte mich, als zweiter der Wandernden direkt hinter Cora zu kommen und dachte, ich könnte sie stützen, wenn sie erschöpft wäre. Aber sie wurde nicht erschöpft, sie sah noch nicht einmal müde aus. Cora blieb so lange im gleichen dynamischen Tempo, bis wir nach einer halben Stunde Trecking unser Ziel erreichten.

Ich schaute Cora die ganze Zeit lang ungläubig zu. War dies dieselbe Frau, deren Ärzte vor nicht allzu langer Zeit ihren engen Familienangehörigen geraten hatten, die Verwandten anzurufen, damit sie kommen und Abschied nähmen?

Nein, es war nicht dieselbe Frau. Die kranke Frau, an die ich mich erinnerte, war gestorben und gesund wieder auferstanden. Nur in meinen Gedanken bewahrte ich das Bild einer kranken Cora. Ich versuchte, ein neues und aufgeblühtes Wesen in jene winzige Schublade zu stopfen, die ich ihr in Gedanken zugewiesen hatte.

Als wir den Berg heruntergingen (und ich immer noch versuchte, mit Cora Schritt zu halten), erkannte ich, daß ich soeben ein höchst markantes Beispiel dafür gesehen hatte, wie wir einander an unsere Vergangenheit binden – und wie wir uns dazu befreien können, ganz neu in der Gegenwart zu leben. Wir müssen offen sein, uns auf neue Weise zu sehen und neu zu sein. Sonst frieren wir unsere Freunde und uns selbst so ein, wie wir sind, und sind tot für neues Leben im Augenblick.

Tot oder lebendig?

Als ich Kurse über die spirituelle Entwicklung in der Erwachsenenbildung und an Volkshochschulen hielt, waren die ersten Kommentare meiner Schüler nach einer kurzen Zeit: »Ich verliere meine alten Freunde!« Und ich gab zur Antwort: »Herzlichen Glückwunsch! Nur wenn ihr eure alten Freunde ewig behaltet, wißt ihr mit Sicherheit, daß ihr schiefliegt.«

Natürlich haben wir einige liebe, lebenslange Freunde, mit denen wir über viele Jahre hinweg zusammengehen und wertvolle Erfahrungen teilen. In solchen Beziehungen wachsen wir für gewöhnlich nebeneinander und unterstützen uns gegenseitig durch innere und äußere Veränderungen hindurch. Die Art von Freundschaften, deren Verlust wir nicht zu bedauern brauchen, sind die, in welchen wir versuchen, den Status quo auf Kosten neuer Realitäten, die sich manifestieren wollen, aufrechtzuerhalten. Das ist nicht wahre Freundschaft. Wahre Freundschaft ist so, als würden wir mit einem Kumpel flußabwärts fahren; jeder hat sein eigenes Kanu zu steuern, während wir nah beieinander fahren und einander helfen, wenn wir umkippen. Eingefrorene Beziehungen hingegen sind wie zwei Menschen, die sich aus Furcht vor der Reise ängstlich ans Ufer klammern.

Als ich weiter über Coras Auferstehung nachdachte, wurde mir klar, daß ungehinderte psychische Kryogenik zu spiritueller Nekrophilie führt. Nekrophilie ist eine sexuelle Perversion, bei der jemand sexuelle Leichenschändung begeht. Obwohl dieses Bild die meisten Menschen total abstößt (wenngleich du einwenden magst, daß du in deiner Ehe jahrelang mit einer Leiche geschlafen hast), ist es eine passende Metapher. Jede Art und Weise, sich an die tote Vergangenheit zu binden, ist eine Form der Nekrophilie. Vom Standpunkt des Ego aus (dessen Motto darin besteht, »das Bekannte um jeden Preis zu erhalten, auch wenn es stinkt«) ist dieses Verhalten begründet: Die Vergangenheit *ist* vertraut und scheint sicherer als mit dem wirklichen Leben fertig werden zu wollen, denn das würde bedeuten, daß du das Steuer selbst in die Hand nehmen mußt. Aber das Leben im Jetzt bietet uns etwas, was die Vergangenheit nicht kann – wunderbare Gelegenheiten, die Kraft des Augenblicks zu fühlen und dabei immer lebendiger zu werden. Sich mit einem lebendigen Wesen übers Liebemachen auseinanderzusetzen, mag herausfordernder sein, als in Leichenhallen herumzutollen, doch es ist unsere einzige Hoffnung, wirklich zu leben. Seitdem ich sah, wie Cora den Berg bezwang, habe ich erkannt, daß *alles* möglich ist. Wir müssen offenbleiben für die Früchte eines Möglichkeits-, nicht eines Vergangenheitsdenkens.

AKTIVIERUNG

Radikale Vergangenheitslöschung

Löse dich von allem in deinem Leben, das dich an die Vergangenheit bindet.

1. Geh deine Schränke und Kommoden durch und sortiere alles aus, was du ein Jahr lang nicht getragen hast. Verschenk es, verkauf es oder wirf es weg.

2. Geh deine Papiere, Karten, Briefe, Bücher, Photos und Geschenke durch, und wirf alles weg, das dir im gegenwärtigen Augenblick keine Kraft gibt. Halte den Gegenstand in deiner Hand und fühle die Energie, die er in dir hervorruft. Wenn du dich dabei glücklich fühlst, behalte ihn; wenn sich nichts tut oder wenn deine Energie abnimmt, entledige dich seiner.

Laß alles in deiner persönlichen Umgebung dazu beitragen, daß du das höchste Selbst verkörperst, das du dir vorstellen kannst.

3. Fertige eine schriftliche Liste deiner Beziehungen an, und vermerke alle Beziehungen, die eher auf der Person aufbauen, die du warst, als auf der, die du bist. Ziehen dich bestimmte Freundschaften in eine alte Lebensweise hinein, die du nicht länger lebst? Wenn du sie vermerkt hast, lasse sie liebevoll los.

Kein Bedauern

An der Vergangenheit zu hängen nimmt uns die Freude an der Gegenwart. Bedauern mindert unsere kostbare Lebenskraft, indem wir auf vergangene Fehler zurückblicken und mit uns hadern, es nicht richtig oder besser gemacht zu haben. Wir mögen sogar melancholisch oder deprimiert werden, wenn wir uns fragen, um wieviel glücklicher unser Leben sein könnte, hätten wir bessere Entscheidungen getroffen.

Wir können die Löcher in unserem Gefäß der Lebendigkeit, aus denen Bedauern uns das Gefühl der Erfüllung entzieht, jedoch wieder dichten. Wir sollten einsehen, daß wir, *wenn wir es besser hätten machen können, es besser gemacht hätten.* In jeder gegebenen Situation tut jeder von uns nach seinem Wissen das Bestmögliche. Wenn wir es besser gewußt hätten, hätten wir es getan. Vielleicht entstand das Ganze überhaupt nur deshalb, damit sich eine bessere Möglichkeit des Umgangs mit dieser Situation eröffnen konnte. Manchmal lernen wir, indem wir etwas richtig machen, und manchmal lernen wir, indem wir es falsch machen; das Ergebnis ist das gleiche. Wenn du Fahrradfahren lernst, so tust du es manchmal, indem du hinfällst, und andere Male, indem du das Gleichgewicht hältst. Jede Erfahrung im Lernprozeß führt letztlich zur Meisterschaft. Es ist nur der kleine Verstand, der nicht sieht, daß sowohl Irrtümer als auch Erfolge zum Lernen beitragen.

Wenn du alles perfekt könntest, wärst du gar nicht hier. Das Erdenleben hilft uns beim Lernen, indem es uns die Ergebnisse unserer Glaubenssätze anschaulich manifestiert, und das manchmal sehr rasch.

Die menschliche Erfahrung erlaubt uns, unsere göttlichen Qualitäten zu entwickeln und zu verfeinern. Wenn nur vollkommene Menschen geboren werden dürften, würde keiner von uns hier sein. Glücklicherweise ist Meisterschaft keine Voraussetzung, auf die Erde zu gelangen; sie ist das Ziel unserer Reise. Durch Handeln zu lernen ist der Vorgang der Evolution. Wenn Eltern vollkommen sein müßten, bevor sie Kinder bekämen, würden keine Kinder mehr geboren. Der Weg, um gute Eltern zu sein, ist Eltern zu sein. Du lernst durch den Prozeß des Handelns. Wenn Lehrer mit dem Lehren warten müßten, bis sie alles wüßten, gäbe es keinen Unterricht. Wir lernen durch den Prozeß des Lehrens, und wir entwickeln Meisterschaft, indem wir leben.

Ein anderes Gegenmittel für Bedauern ist das Wissen, daß *verpaßte Gelegenheiten wiederkommen*. Gelegenheiten ergeben sich, weil unser Bewußtsein reif dafür ist. Wenn du innerlich bereit bist, eine neue Erfahrungsebene in dein Leben zu ziehen und du versäumst eine bestimmte Gelegenheit, sei nicht traurig – sie wird wiederkommen. Dieses Prinzip wird *Das Recht des Bewußtseins* genannt. Alles, was zu dir kommt und alles, was du hast, wird durch die magnetische Kraft deines Fühlens und Denkens angezogen. Bestimmte Umstände für die Ereignisse mögen kommen und gehen, aber solange du dasselbe Bewußtsein behältst, wirst du mit Sicherheit eine weitere Chance haben.

Wenn du etwas verdienst oder brauchst, wird es da sein. Du brauchst nicht zu kämpfen oder zu manipulieren, um es zu bekommen oder zu bewahren. Eine andere Tür wird sich öffnen. Achte einfach darauf, daß du erscheinst, um hindurchzugehen und daß du nicht die nächste Gelegenheit verpaßt, weil du noch dabei bist, die letzte verpaßte Gelegenheit zu beklagen.

Eine dritte Antwort auf Bedauern besteht darin, *die Menschen und Erfahrungen, die uns nicht länger nützen, zu segnen und loszulassen*. Bestimmte Erfahrungen werden aufgrund unseres Bewußtseins wieder zu uns kommen, während es andere Erfahrungen gibt, die nicht wieder auf uns zukommen, eben weil unser Bewußtsein über sie hinausgewachsen ist. Du wirst sicherlich nicht darum bitten, eine Erfahrung, die du gemeistert hast, zu wiederholen oder sie weiterzuführen. Beweine nicht den dir entgangenen Vorteil. *So etwas wie einen entgangenen Vorteil gibt es nicht.* Wenn etwas gut für dich ist, steht es jetzt zur Verfügung. Bloß weil etwas einmal gut für dich war, heißt das nicht, daß es dir jetzt nützt. Sitz nicht herum und träume vom gestrigen Nachtisch; er ist jetzt abgestanden. Ein neuer Festschmaus wartet, wenn du nur deine Augen öffnest, um ihn zu sehen und dein Herz weit aufmachst, um ihn anzunehmen.

Reliquien verklären

Eine andere Art und Weise, uns von der Kraft, der Magie und dem Potential des Augenblicks abzulenken, ist die nostalgische *Verklärung der Vergangenheit*. Wir seufzen: »Das war so eine tolle Zeit in meinem Leben. Ich wünschte, ich könnte mich noch mal so gut fühlen.« Oder: »Vielleicht hätte ich in der Beziehung bleiben sollen!«

Wenn der Duft wehmütigen Verlangens in dein Inneres hineinweht, mußt du imstande sein, *Phantasie* und *Wirklichkeit* voneinander zu unterscheiden. Phantasien sind nicht auf die Zukunft beschränkt; sie färben auch die Vergangenheit. Genauso wie wir uns Illusionen über vorgestellte zukünftige Beziehungen hingeben, verlieren wir uns in romantischer Vergoldung der Vergangenheit.

Als ich die Beziehung zu Maureen hatte, ließ sie regelmäßig unsere Verabredungen platzen. Fast jedesmal, bevor wir uns treffen wollten, rief sie mich in letzter Minute an, um mir zu sagen, etwas Unvorhergesehenes sei dazwischen gekommen und sie müsse eins ihrer Kinder irgendwohin fahren. Oder sie tauchte erst Stunden später mit der gleichen Entschuldigung auf. Rückblickend erkenne ich jetzt, daß Maureen ihre Kinder als Entschuldigung benutzte, um Nähe und die Probleme unserer Beziehung zu vermeiden. (Auch ich hatte übrigens so meine Ängste und Widerstände.)

Nach einem langen und frustrierenden Jahr kamen Maureen und ich überein, den Versuch einer Beziehung loszulassen. Wir segneten einander liebevoll und trennten uns.

Während der folgenden sechs Monate fragte ich mich, ob ich nicht einen Fehler gemacht hatte, als ich Maureen Lebwohl sagte. Ich erinnerte mich an den Zauber unserer anfänglichen Beziehung und an einige Augenblicke, in denen Maureen und ich einander total nahe gewesen zu sein schienen. (Unterdessen ließ ich völlig die anderen fünfundneunzig Prozent unserer gemeinsamen Zeit außer acht, die voller Leid gewesen waren.) Ich entfaltete Hollywood-Phantasien darüber, daß Maureen eigentlich doch meine Seelengefährtin wäre und ich die Gelegenheit verpaßt hätte, mit ihr zusammenzusein. Folglich hielt mich das davon ab, in allen neuen Begegnungen voll gegenwärtig zu sein, da meine Träume bei Maureen waren.

Schließlich fand ich den Mut, Maureen anzurufen und ihr zu sagen: »Ich vermisse dich echt und würde dich gern treffen.«

»Ja, ich vermisse dich auch«, antwortete sie. »Ich möchte dich auch sehen.«

Wir verabredeten uns für Donnerstagabend, und ich verbrachte die meiste Zeit damit, »Sie ist wieder da« zu summen und mir das Wiederaufleben unserer Liebe auszumalen

Am späten Donnerstagnachmittag erhielt ich einen Telefonanruf von Maureen: »Mensch, es tut mir leid«, sagte sie zu mir, »Kevin muß zum Karateunterricht gefahren werden; ich glaub, ich schaff's heut abend nicht mehr.«

Nach dem Telefonat lehnte ich mich zurück und lachte herzlich. Das Licht der Wirklichkeit erhellte die Leinwand meines romantischen Films, als ich mich daran erinnerte, warum wir keine Beziehung haben konnten.

Ich war froh, daß ich Maureen angerufen hatte. Diese letzte Begebenheit zwischen uns zertrümmerte meine restlichen Phantasien – und genau das brauchte ich. Dadurch konnte ich Maureen wirklich freigeben und mein Leben weiterleben.

Das Verklären vergangener Beziehungen wurzelt oft in einem tieferliegenden Muster, unseren gegengeschlechtlichen Elternteil verklärt zu sehen. Wie John Bradshaw erklärt, idealisieren wir diesen Elternteil in unserer Erinnerung in dem Maße, in dem wir nicht seine menschlichen Unzulänglichkeiten erkennen und akzeptieren. Dies kann ein ernsthafter Hinderungsgrund sein, wenn wir uns für eine wirklich förderliche Beziehung öffnen wollen, denn wir vergleichen unseren Partner mit einem überirdischen und unrealistischen Idealbild, mit dem er sich unmöglich messen kann.

Wenn wir erfüllende Beziehungen wollen, müssen wir ganz auf das Hier und Jetzt des jeweiligen Menschen eingestellt sein. Wir müssen die Wahrheit über unsere Vergangenheit sagen, die Toten in Frieden ruhen lassen und unseren jetzigen Geliebten keine Phantasien oder idealisierte Elternbilder überstülpen. Dann, und nur dann werden wir sie so sehen, wie sie wirklich sind.

Die Vergangenheit ist nicht das, was sie mal war

Dr. Jerry Jampolsky definiert Vergebung als »das Aufgeben aller Hoffnungen auf eine bessere Vergangenheit«. Der wirkungsvollste Weg, uns von einer schmerzhaften Vergangenheit zu lösen, besteht darin, Situationen, die sich begeben haben, neu zu sehen. Um sie neu zu sehen, nimm eine Situation heraus, die durch Bedauern oder Phantasie verformt ist, und frage: »Gibt es eine andere Möglichkeit, dies zu sehen? Kann ich diese Erfahrung auf eine Weise sehen, die Frieden und Kraft schenkt?« Betrachte die Geschichte aus einem anderen Blickwinkel, und du wirst ein anderes Bild sehen, das sich oft radikal von dem unterscheidet, was du auf den ersten Blick sahst. Die Fakten bleiben die gleichen, doch in einem neuen Licht gesehen erkennen wir vielleicht einen ganz anderen Sinn. Vielleicht half uns die Erfahrung, an einen Punkt im Leben zu kommen, den wir jetzt wertschätzen. Anstatt uns zu verdammen, segnete uns die Erfahrung letztlich. *Ein Kurs in Wundern* bringt die erfrischende Nachricht, daß deine ganze Vergangenheit vorbei ist bis auf den Segen, den sie dir hinterlassen hat (2). So können wir ehrlich sagen: »Die Vergangenheit ist nicht das, was sie einmal war.«

AKTIVIERUNG
Das Schöne in der Bestie

Gib deiner Vergangenheit ein neues Gesicht, indem du sie in das Licht einer höheren Perspektive hebst.

Meine schwierigsten Erfahrungen	Die Geschenke, die mir dadurch zuteil wurden

Suche im richtigen Nest

Miguel Cervantes, der Autor des beliebten *Don Quichote*, gab den Rat: »Suche nie die Vögel dieses Jahres in den Nestern vom vorigen Jahr.« Wir können es uns nicht leisten, die Vergangenheit als Verweis auf die Zukunft zu benutzen. *Unsere vergangene Geschichte ist nicht unsere Bestimmung.* Wenn Vergangenes uns fasziniert, verlieren wir das, was ist und das, was sein könnte, aus den Augen und werden keins von beiden klar sehen.

151

Ich habe von einem innovativen Textverarbeitungsprogramm für kreative Schriftsteller gehört. Das Programm läßt einen nicht sehen, was man gerade geschrieben hat. Obwohl der Text gespeichert wird und später abrufbar ist, bleibt er unsichtbar, solange der neue Text Gestalt annimmt. Die Wirkung dieses Vorgehens besteht darin, daß der Autor gar nicht anders kann, als im Augenblick zu bleiben. Er kann nicht zurückschauen, um zu vergleichen oder zu verändern. Er muß immer auf der feinen Linie seiner gegenwärtigen Aufmerksamkeit leben.

Hier haben wir ein wunderbares Sinnbild für alle kreativen Bemühungen. Wenn du wirklich vorwärtskommen willst, kannst du es dir nicht leisten, in der Vergangenheit zu wühlen. Du kannst nicht gleichzeitig korrigieren und Neues machen. Du kannst die Vergangenheit nicht vervollkommnen, wie sehr du auch geneigt bist, es zu versuchen. Viele Künstler können nicht von ihren früheren Werken lassen; sie neigen dazu, ihre vergangenen Schöpfungen noch einmal zu verbessern, damit sie den aktuellen Stand ihres Könnens wiedergeben. Wenn ich meine früheren Bücher lese, greife ich manchmal zu einem Rotstift und beginne, meinen gedruckten Text zu korrigieren, damit er mehr von dem ausdrückt, was ich jetzt sagen will. Doch glücklicherweise habe ich ihn nie verändert. Ich erkenne, daß das vergangene Werk ein reiner und vollkommener Ausdruck dessen ist, wer ich zu jener Zeit war und wo ich stand, und ich muß es als solches würdigen. Ich sehe ebenso, daß dieses Buch Menschen auf einer bestimmten Stufe des Pfades anzieht, und daß die Arbeit, die ich jetzt tue, Leser auf einer anderen Stufe anzieht. Wenn ich das Buch überarbeiten würde, würde ich einen wichtigen Beitrag löschen. Und ich würde auch die Energie, die jetzt in mein neues Buch fließt, wegnehmen. Deshalb lasse ich das, was war, und gebe es wie ein geliebtes Kind frei, seinen eigenen Weg in der Welt einzuschlagen; dann widme ich meiner neuen Richtung wieder meine volle Aufmerksamkeit.

Während du diesen Text liest, geht die wissenschaftliche Welt der Physik durch eine totale Revolution. Jahrhundertelang haben Physiker das Universum anhand der Newtonschen Physik erklärt. In den letzten paar Jahrzehnten jedoch hat ein völlig neues Paradigma, die Quantenphysik, das alte Modell ersetzt. Die Implika-

tionen dieser Veränderung sind phänomenal. Die Physiker entdecken, daß Energie, Materie und Bewußtsein *völlig anders* arbeiten als die alten »Gesetze« es erklärten; es waren im Grunde keine
Gesetze – es war nur ein System von Glaubenssätzen, das durch
allgemeine Übereinkunft untermauert wurde. (James Harvey Robinson bemerkte: »Unser sogenanntes Denken besteht meistens
darin, Argumente dafür zu finden, daß wir weiterhin die Welt so
sehen können, wie wir es gewohnt sind.«) So erstaunlich es klingt,
beginnen die Physiker in vielerlei Hinsicht ganz von vorn mit
einem neuen Verständnis, wie das Universum funktioniert. Das
Schlüsselprinzip dabei ist, daß *die neue Art und Weise überhaupt*
nichts mit der alten Art und Weise zu tun hat. Es gibt keine lineare
Verbindung; die Quantenphysik entwickelte sich nicht als eine
Erweiterung der Newtonschen Gesetze. Wie der neue Name sagt,
gab es eine Quantenverschiebung von dem, was war, zu dem, was
ist. Wir mußten das Spiel aus einem gänzlich anderen Blickwinkel
betrachten, um mehr von dem zu sehen, was geschieht. Wir spielen auf einem neuen Spielfeld mit brandneuen Regeln.

Ich finde diese neue Entwicklung sehr aufregend! Sie bedeutet:
Was immer wir auch dachten oder von welchen »Gesetzen« wir
uns gebunden fühlten, das Ganze kann im Nu vergessen sein und
durch ein völlig neues Paradigma ersetzt werden. Wie *Ein Kurs in*
Wundern erklärt: »Die Vergangenheit ist vorbei. Sie kann mich
nicht berühren.« (3)

Wenn wir uns auf die Vergangenheit als Bezugspunkt verlassen,
erschaffen wir sie nur ständig neu. Der ergreifende Film *Töchter*
des Himmels zeichnet die Entwicklung mehrerer chinesischer
Familien nach, die die Geburtswehen der Veränderung von einer
alten patriarchalischen Gesellschaft zu einer neuen Welt durchmachen, in der starke Frauen wieder an ihre Kraft kommen, um
als ganzheitliche Wesen in Würde zu leben. In einer treffenden
Szene sagt eine Mutter zu ihrer Tochter: »Generationenlang ging
unser Volk vor und zurück; die Tochter war das Gegenteil der
Mutter, und ihre Tochter war wieder wie ihre Großmutter. Aber
auf diese Weise kamen wir nicht voran. Eine Generation ging die
Treppe runter, und die nächste Generation ging sie wieder hoch –
aber die ganze Zeit blieben wir auf derselben Treppe.«

Diese weise Frau betonte die Wichtigkeit, die karmische Kette reagierenden Lebens, die im Gegensatz zu kreativem Leben steht, zu durchbrechen. Dieses Prinzip gehört zu den Gesetzen der alten Physik: »Jede Aktion bewirkt eine entsprechende und entgegengesetzte Reaktion.« Doch genauso wie die Physik Newtons der Quantenphysik weicht, ebenso weicht das »Gesetz« des Karmas der *Gnade*. Seit Äonen haben uns die Seher des Ostens gesagt, wir müßten uns vom Rad des Karmas befreien. Aber man kann Karma nicht beenden, indem man noch mehr erzeugt; sogar gutes Karma wird dich nicht von jenem Rad lösen. Um Karma abzuschließen, mußt du deine Sichtweise so erweitern, daß du ein Universum wahrnimmst, das größer als Karma ist. Das Gesetz der *Gnade* besagt, daß wir, Gott und das Leben größer sind als unser Glaube an Karma, Ursache und Wirkung, Aktion und Reaktion, Sünde und Strafe, Leben und Tod. Gnade hebt Sünde und Irrtum auf. Wenn du aufrichtig sagst, »ich vergebe« oder »ich lasse los«, *ist die Vergangenheit augenblicklich aufgehoben*. Egal wie begrenzt oder gebunden du dich innerhalb der Gesetze des Karmas fühltest, die *Gnade* sagt dir, daß es eine größere Vision gibt und daß du frei bist, sobald du sie erfährst.

Es ist an der Zeit, *Gnade* zu fordern und ein größeres Leben zu leben. Du wurdest für Großes geboren, und Kleinheit ist nicht deine Bestimmung. Die Vergangenheit ist immer kleiner als das, was du jetzt bist, weil Vergangenheit eine Illusion ist und weil du wirklich bist.

Ich habe einmal gehört, wie ein Mann bei einer Radiosendung eine mystische Erfahrung beschrieb. Er sah sich in einer Vision, wie er eine Landstraße entlangging. Plötzlich rollte sich die ganze Szene auf »wie ein Rollo«. Was übrigblieb, war ein blendendweißes Licht. Seine Welt besaß nicht mehr Realität als ein Stück Leinwand, und es blieb nur ein ewiger Morgen.

Unsere Vergangenheit ist wie jenes Rollo. Sie ist nur ein Bild, das wir bei uns tragen und auf das wir uns beziehen, wenn wir nicht die im gegenwärtigen Augenblick verfügbare Kraft erkennen. Jetzt ist es an der Zeit, das Rollo hochzuziehen und den Morgen willkommen zu heißen.

In der Vergangenheit liegt keine Zukunft

Achte auf die Straße,
und benutze den Rückspiegel nur,
um keinen Ärger zu kriegen.

DANIEL MEACHAM

Dem Herzen folgen

Liebe jetzt, Tag und Nacht, Sommer und Winter... Dafür bist du in der Welt, und das übrige Leben ist nur Nichtigkeit, Illusion, Verschwendung. Es gibt nur eine Wissenschaft, die Liebe, ein Kapital, die Liebe, nur eine Politik, die Liebe. Zu lieben ist das ganze Gesetz und die Propheten.

ANATOLE FRANCE

Liebe ist die große Notwendigkeit dieser Welt. Obwohl wir alle möglichen Arten des materiellen Erfolgs erreicht haben, schreien die Menschen auf diesem Planeten täglich nach Liebe, ja sterben um ihretwillen. Wenn wir nur lieben könnten, wie schnell würden sich unsere Probleme auflösen.

In einer kleinen Stadt in Spanien hatte ein Mann namens Jorge eines Morgens einen heftigen Streit mit seinem jungen Sohn Paco. Als er später an jenem Tag nach Hause kam, entdeckte Jorge, daß Pacos Zimmer leer war – er war von zu Hause fortgelaufen.

Voller Gewissensbisse forschte Jorge in seinem Herzen und erkannte, daß ihm sein Sohn wichtiger als alles andere war. Er wollte einen neuen Anfang machen. Jorge ging zu einem bekannten Lebensmittelladen in der Stadtmitte und hing einen großen Zettel auf, auf dem stand: »Paco, komm nach Hause. Ich liebe dich. Treff mich morgen früh hier.«

Am nächsten Morgen ging Jorge zu dem Laden, wo er nicht weniger als sieben junge Bürschchen namens Paco vorfand, die auch von zu Hause weggelaufen waren. Sie alle antworteten auf den Ruf der Liebe in der Hoffnung, ihr Vater würde sie mit offenen Armen nach Hause bitten.

Sie gab mir alles

Während einer Vortragsreise war ich zu einem Aufenthalt im Hause eines bedeutenden Wissenschaftlers eingeladen. Ich war nicht gerade davon begeistert, daß Richard auf Konversation erpicht war. Warum war ich nicht in einem Hotel geblieben, fragte ich mich.

Richard stellte mich seiner Frau Martine vor, die uns zu einem farbenprächtig gedeckten Essenstisch führte. Als Martine uns auf vollendete Weise eine Kasserolle vorsetzte, küßte Richard seine Frau und verkündete: »Fünfzig Jahre – so lange sind wir jetzt zusammen – und ich liebe diese Frau fünfzigmal mehr als bei unserer ersten Begegnung.«

Beide lächelten, und Richard faßte Martine liebevoll um ihre Hüften. Sie liebten einander wirklich. Die lieben, alten Ehepaare in *Harry und Sally* fielen mir ein. Ich kenne wenige Paare, die sich so lange geliebt haben. »Was ist ihr Geheimnis?« fragte ich mich.

Am nächsten Morgen wachte ich früh auf und ergriff die günstige Gelegenheit, in Ruhe zu schreiben. Ich fing gerade den zweiten Absatz an, als ich zwei starke Hände auf meinen Schultern fühlte. Eine massierte intensiv, die andere hielt eine Photographie. »Erkennst du diese Frau?« fragte mich Richard.

Ich schaute das Photo genauer an. Nein, ich kannte sie nicht.

»Vielleicht erkennst du sie, wenn ich dir ihr Buch zeige.«

Er überreichte mir ein gebundenes Buch, das ich sofort als klassischen Bestseller erkannte. Auf dem Umschlag war ihr Bild. Natürlich wußte ich, wer sie war.

»Sie war meine Geliebte«, bekannte Richard.

»Aber ich dachte, du wärst glücklich verheiratet?«

»Ich bin es – und ich war es«, vertraute mir mein geheimnisvoller und doch merkwürdig vertraulicher Gastgeber an. »Doch als ich dieser Autorin begegnete, fühlte ich mich unwiderstehlich von ihr angezogen.«

»Was hast du Martine erzählt?«

»Eine Weile versuchte ich, es zu verbergen, aber ich erkannte bald, daß es keinen Zweck hatte, es geheimzuhalten. Martine wußte es. Ich sagte zu ihr, daß ich in San Francisco bei dieser Frau sein wollte.«

Mir verschlug es den Atem. Hier stand einer der am glücklichsten verheirateten Männer, die ich je gesehen habe und erzählte mir die herzzerreißende Geschichte eines Seitensprungs. »Was sagte Martine?«

Richards Augen bekamen einen ganz weichen Ausdruck, als seine Gedanken zu einer empfindsamen Erinnerung zurückkehrten. »Sie dachte einen Augenblick lang nach, holte tief Luft und antwortete: ›Dann geh nach San Francisco.‹ Martine sagte: ›Ich kann dir nicht alles geben. Wenn es das ist, was du willst, dann tu es. Es gibt nicht genug Liebe in der Welt. Ich kann und werde dich nicht zurückhalten. Ich möchte, daß du glücklich bist.‹«

Ich war betroffen. Ich hatte noch nie zuvor gehört, wie jemand eine solche Hingabe so anmutig formuliert hatte.

»Und was machtest du?«

»Ich hatte meine Affäre mit dieser Frau, und nach einer Weile wußte ich, daß ich sie nicht mehr zu sehen brauchte. Ich kehrte nach Hause zurück und fiel in Martines Arme. Ich legte meinen Kopf in ihren Schoß, weinte und blickte in ihre Augen. Sie war einfach da und liebte mich so wie immer.«

Tränen standen in Richards Augen und auch ich griff nach einem Taschentuch.

»Ich dachte an Martines Worte: ›Ich kann dir nicht alles geben‹«, wiederholte Richard. »Aber in dem Moment gab sie mir alles.«

Kahlil Gibran sagt:

Liebe gibt nichts als sich selber und nimmt nichts als aus sich selbst heraus.
Liebe besitzet nicht und läßt sich nicht besitzen;
Denn Liebe genügt der Liebe …
Liebe hat keinen anderen Wunsch, als sich zu erfüllen …
Zu erwachen beim Morgenrot mit beschwingter Seele und Dank zu bringen für einen neuen Tag der Liebe …
Und dann einzuschlafen, mit einem Gebet für dein Lieb im Herzen und einem Lobgesang auf den Lippen.

Viel bedeutender als Geld

In dem Strandstädtchen Kihei auf Maui hat sich im Laufe der letzten zehn Jahre der Tourismus üppig entwickelt. Was einst eine schläfrig romantische Zuflucht war, ist zu einer Metropole in Kleinformat geworden, voll mit Time-Share-Appartments und Striptease-Vierteln.

Im Schatten dieser enormen Entwicklung findet man immer noch ein paar idyllische Winkel, in denen die Atmosphäre von Alt-Hawaii spürbar ist. Eine Handvoll Einheimischer hat beschlossen, nicht ihre mittlerweile millionenschweren Grundstücke zu verkaufen, sondern den Zauber und die Würde ihres Lebensstils zu bewahren, der auf ihrer Liebe zum Land basiert.

Tantchen Martha (»Tantchen« ist ein hawaianischer Ausdruck liebevoller Achtung für eine ältere Frau) hat über achtzig Jahre lang in eleganter Einfachheit gelebt. Ihre braune, lederne Haut, ihr weißes Haar, ihre leicht glasigen Augen und ihr unbekümmertes, zahnloses Lächeln zeichnen das klassische Porträt einer farbenfrohen Ära, die nahezu der Vergangenheit angehört. In krassem Gegensatz zu den millionenschweren Eigentumswohnungen, die auf beiden Seiten ihres liebevoll verwahrlosten Grundstücks wie Pilze aus dem Boden geschossen sind, lebt Tantchen Martha immer noch in ihrem baufälligen Haus, geradewegs zwischen Kamaole Strand und Ili'ili Street. Dort lebt sie auf ihre eigene stille Art und Weise den alten Geist von *Aloha* (wörtlich übersetzt »der Atem des Lebens«).

Ich traf Tantchen Martha das erste Mal, als ich mein Auto auf der Straße gegenüber ihrem Haus parkte. Noch bevor ich meine Tür öffnete, kam Martha auf mich zu und fragte: »Hast du Zigaretten?«

Ich lächelte und schüttelte meinen Kopf.

Wir plauderten ein Weilchen, und sie sagte zu mir: »Du kannst in meinem Hof parken, wenn du willst. Ich hab gern Freunde.« Sie nahm meine Hand und schaute mir in die Augen. Ihre Augen glänzten, und sie war sehr präsent. »Meine Enkel werden vielleicht versuchen, dir Geld abzuknöpfen, aber gib ihnen nichts. Sag ihnen, du wärst mein Freund und ich hätte dich eingeladen.« Tantchen Martha lächelte: »Aloha bedeutet viel mehr als Geld.«

Aloha bedeutet viel mehr als Geld. Das sagt fast alles. Aloha bedeutet viel mehr als Geld – und mehr als recht zu haben, Groll zu hegen, dein Image zu schützen und auch fast alles, was es sonst noch gibt. Aloha – Liebe – ist das Einzige, für das es sich zu leben lohnt. Ich weiß es, weil Tantchen Martha es mir gesagt hat.

Tiefer statt schneller

Wir haben das Gefühl für unsere Bestimmung verloren. Auf unserer verrückten Jagd nach Dingen, Titeln und Erfahrungen haben wir vergessen, wie man lebt. Wir sind besessen vom Tun, und das hat uns unser Sein gekostet; unsere Jagd dorthin hat uns blind gemacht gegenüber dem ›hier‹. Wir gestatteten unserem Intellekt, unser Herz zu ersticken und haben vergessen dabei, daß die Quelle des Lebens unserem Innern entspringt und nicht irgendwo außen.

An einem kritischen Punkt unserer Seelenreise erkennen wir, daß die Qualität unseres Lebens wichtiger ist als irgendeine Aktivität oder materieller Besitz. Gandhi erklärte: »Zum Leben gehört mehr, als seine Geschwindigkeit zu beschleunigen.« Wenn wir entdecken, daß unsere Reise nach Hause eine *innere* Reise ist, verändert sich unser Wertsystem, und unser Leben bekommt einen neuen und unendlich ergiebigeren Sinn. Ein Freund sagte mir: »Letztes Jahr tat ich den größten Schritt meines Lebens. Er maß nur 45 cm – ich überbrückte die Kluft zwischen meinem Kopf und meinem Herzen.«

Bei einem meiner Seminare kam ein liebenswerter Mann namens Bernie nach vorne und erzählte der Gruppe, er sei Arzt und habe einen Herzinfarkt gehabt. »Ich erkannte, daß nicht mein Herz versagt hatte; *ich* hatte gegenüber meinem Herzen versagt«, resümierte Bernie.

Es war still im Raum. »Rückblickend«, fuhr Bernie fort, »bin ich nicht überrascht. Ich lebte ein hastiges, überspanntes, gefühlloses Leben. Meine Existenz drehte sich um Leistung, Geld, Statussymbole und Auszeichnungen. Es ging nicht um Menschen oder um Geistiges.« Bernies Stimme begann zu zittern, während

Tränen aus seinen Augen quollen, die ihm früher bedrohlich erschienen wären, doch jetzt seine Seele läuterten. Die Zuhörer waren gebannt; jeder wollte mehr hören.

»Während meiner Genesung hatte ich viel Zeit, mir die Qualität meines Lebens anzuschauen. Ich erkannte, daß ich mich selber wichtiger als das Dienen genommen hatte. Ich erinnerte mich an die Worte von Leo Buscaglia: ›Wir wurden geboren, um Menschen zu lieben und Dinge zu benutzen; statt dessen lieben wir Dinge und benutzen Menschen.‹ An jenem Tag entschied ich mich, Liebe an die erste Stelle zu setzen, und die tägliche Einlösung dieses Gelübdes hat mein Leben verändert.« Bernies Aufrichtigkeit war auf sanfte Weise beeindruckend. »Heute«, fügte Bernie hinzu, »bin ich ein neuer Mensch. Ich habe meine Beziehung zu meiner Frau und meinen Kindern neu belebt, und mein Leben ist um tausend Prozent erfüllender. Ich danke Gott für mehr Zeit auf Erden, um die Freude und Tiefe des Lebens aus dem Herzen zu entdecken. Jetzt ist mein Leben der Liebe gewidmet.«

Die Zuhörer erhoben sich mit donnerndem Applaus, um Bernies zu Herzen gehendes Bekenntnis zu würdigen. Bernie schloß seinen Bericht mit dem Geständnis, seine medizinische Tätigkeit sei mittlerweile in den Hintergrund getreten angesichts seiner neuen Liebe – dem Gesellschaftstanz.

Henry Seidel Canby schrieb:

Wir leben inmitten von Kleinigkeiten, die uns im Kreis rotieren lassen, wobei wir nie ankommen und nur müde werden oder uns Nervenzusammenbrüche und Herzinfarkte einhandeln. Die Antwort liegt nicht darin, sich in die Wälder zurückzuziehen, sondern herauszufinden, was wir wirklich tun wollen und dann die Details auszusondern, die das Kostbarste im Leben verwischen. *Lebe aus der Tiefe und nicht aus der Hast.*

> ❦ SCHLÜSSEL ❦
> Lebe aus der Tiefe und nicht aus der Hast

Eine Episode aus der Fernsehshow *A Different World* (Eine andere Welt) drehte sich um eine Auseinandersetzung zwischen einem jungen Künstler und einem Medizinstudenten. Der angehende Arzt kritisierte den unpraktischen Charakter der Kunst. »Während ihr malt«, spottete er »werde ich Leben retten!«

Der Künstler entgegnete: »Aber *für was* wirst du sie retten?«

Jesus stellte dieselbe Frage: »Was nützt es einem Menschen, wenn er die ganze Welt gewinnt, aber seine Seele verliert?« Überlegenheit in der materiellen Welt zu erlangen ist sinnlos, wenn wir nicht unser Gefühl der Liebe über all das stellen. (Auf einem Schild in einer Töpferei in England stand: »*Bitte teilen Sie uns mit, wenn Sie etwas beschädigt haben, damit wir Ihnen vergeben können.*«) Wenn wir alles besitzen außer Liebe, haben wir nichts. Wenn wir Liebe zu unserer Grundlage machen, wird alles andere hinzugefügt.

Entscheidung für die Liebe

Jede Aktivität im Leben kann auf die Ebene einer Segnung erhoben werden. Nichts in dieser Welt kann nicht durch ein liebendes Herz verwandelt werden.

Alice ist eine leitende Angestellte, die Gelegenheit hatte, ihren Glauben an die Kraft bedingungsloser Segnung zu prüfen. Als sie im letzten April Schecks ausstellte, um ihre Rechnungen zu bezahlen, schrieb sie auf der Memozeile von jedem Scheck eine Notiz mit einer Segnung, wie sie es immer zu tun pflegte. Als sie den Scheck zur Steuerzahlung ans Finanzamt in der Hand hielt, fragte sie sich: »Möchte ich wirklich das Finanzamt segnen? Wird überhaupt jemand dort Notiz von dem Geschenk nehmen?«

Nach einiger Überlegung beschloß Alice, daß das Gesetz der Liebe keine Ausnahmen kennt. »Vielleicht«, so war ihre Schlußfolgerung, »braucht das Finanzamt eine Segnung mehr als die meisten anderen Menschen und Firmen, die ich bezahle.« Auf der Memozeile ihres Schecks trug Alice ein: »*Friede und Freude mögen mit Ihnen sein.*«

Einige Monate später, als Alice ihre eingelösten Schecks durchging, bemerkte sie den Scheck, den sie dem Finanzamt geschickt hatte. Auf der Rückseite des Schecks las sie unter dem amtlichen Stempel mit Hand geschrieben: »*Und mit Ihnen ebenso!*«

Auf irgendeine Weise hatte Alices Segnung ihren Weg zum Herz eines anderen Menschen gefunden. Überleg mal, was für ein Geschenk dies für die Person war, die die Segnung erhielt. Das Finanzamt ist wahrscheinlich nicht der tollste Arbeitsplatz. Kaum jemand zahlt gern Steuern, und ich glaube nicht, daß die Angestellten des Finanzamts viele Segnungen von ihren Steuerzahlern erhalten. (Der Stellenwechsel bei Angestellten des Finanzamts erreicht von allen Abteilungen der Regierung die höchste Quote.) Kannst du dir die angenehme Überraschung der Person vorstellen, die den Scheck bearbeitete? Vielleicht war ihr ganzer Tag dadurch verwandelt. Vielleicht wirkte es auf die Person dahingehend weiter, daß sie dem nächsten Menschen, mit dem sie zu tun hatte, etwas mehr Freundlichkeit, Aufmerksamkeit oder Nachsicht widmete. Ich bin mir sicher, daß Alices Segnung einen weiten Weg zurücklegte. Die Situationen, denen wir begegnen, sind Schablonen, denen wir die Absichten unseres Herzens aufprägen. In jedem Augenblick treffen wir die Entscheidung zwischen Liebe und Angst. Wenn wir Liebe wählen, bringen wir die Welt dem Himmel näher. Angst macht die Welt zur Hölle. Die Entscheidung liegt bei uns.

Mehr Liebe zum Leben

Ich bin fasziniert davon, wie ganz normale Menschen mehr Herz ins Leben bringen. Jede Begegnung ist eine Gelegenheit, Trennung oder Vereinigung zu bewirken. Wenn wir uns für liebevolle Aufmerksamkeit entscheiden, setzen wir einen Schneeballeffekt in Gang, der viele Menschen erreicht, von denen wir die Mehrzahl nie kennenlernen werden. Einmal hatte ich auf meinem Heimweg nachts eine Panne mit meinem Auto und beschloß zu trampen. Da es schon spät am Abend war und ich etwa eine halbe Stunde außerhalb der Stadt auf dem Land lebe, zweifelte ich an den Chancen, daß mich ein Auto in die Nähe meines Zuhauses bringen würde. Ich beschloß, aus der Erfahrung ein Abenteuer des Glaubens zu machen und dem göttlichen Geist zu erlauben, für die Einzelheiten zu sorgen.

Nach einigen Minuten hielt ein Mann in einem rostigen, alten Fordbus. Zu meiner freudigen Überraschung teilte er mir mit, er wohne in meiner Straße, und fuhr mich bis vor meine Haustür!

Auf dem Weg erzählte mir Jack, er käme gerade von der Arbeit am Flughafen zurück. Er gehörte zum Bodenpersonal, das vor den Flugzeugen steht, wenn sie auf das Flughafenterrain fahren, und das den Piloten angibt, auf welche Markierungen sie sich stellen sollen.

»Wie gefällt Ihnen Ihre Arbeit?« fragte ich. (In mir war das versteckte Urteil, daß er eine langweilige Arbeit haben mußte. Ich hoffte, ich hatte ihn nicht zum Nachdenken über einen Tag angeregt, den er vergessen wollte.)

»Sie ist eigentlich ziemlich interessant«, antwortete Jack. »Man begegnet allen möglichen Arten von Piloten.«

Ich war überrascht. Ich hatte nicht geglaubt, daß zwischen ihm und der Cockpit-Besatzung mehr als eine kurze mechanische Abwicklung stattfinden würde.

Jack erklärte: »Einige der Piloten sind wirklich kalt und bringen keinerlei Anerkennung rüber. Sie behandeln mich wie eine Maschine. Sobald sie ihr Flugzeug abgestellt haben, endet unser Job miteinander. In solchen Fällen schlaucht die Arbeit.«

Dann hellte sich Jacks Gesicht auf. Beim gedämpften Schein der Armaturlichter konnte ich sehen, wie sein Mund sich zu einem leichten Lächeln verzog.

»Dann gibt es andere Piloten, die meinen Dienst wirklich anerkennen. Sie lächeln, danken mir und einige salutieren sogar kurz. Dann hab ich das Gefühl, als hätte ich eine Million gewonnen!« Jack wandte sich mir zu und sagte mit Nachdruck: »Es ist kein Spaß, bei jedem Wetter da draußen zu stehen und den ganzen Tag Flugzeugabgase einzuatmen. Wenn ein Pilot, den wahrscheinlich die meisten Leute als wichtigste Person der Fluggesellschaft betrachten, sich mir gegenüber anerkennend zeigt, ist mein Tag gerettet.«

Ich saß still da und sog die Worte dieses Mannes in mich ein. Ich rief mir die Zeile aus *Ein Kurs in Wundern* ins Gedächtnis zurück, die uns erinnert: »Ein Wunder geht niemals verloren. Es mag viele

Menschen berühren, denen du nicht einmal begegnet bist, und ungeahnte Veränderungen erzeugen in Situationen, deren du nicht einmal gewahr bist.« (1) Jedes menschliche Miteinander ist wichtig und kann eine Goldmine des Segens enthalten, wenn wir bereit sind, das Gute, das da ist, mitzuteilen und zu empfangen. Die Energie, die wir in unseren Begegnungen weitergeben, ist viel weitreichender, als wir im jeweiligen Augenblick sehen können. Ein kurzer Gruß kann eine ermüdete Seele über Flugzeugabgase erheben und dazu führen, daß sie sogar einem Fremden gegenüber ihren Tag lobpreist.

❦ SCHLÜSSEL ❦
Unterschätze niemals die Bedeutung
einer freundlichen Geste

Dem Herzen folgen

Als ich meinen Mietwagen beim Flughafen in San Francisco zurückgab, grüßte mich ein kleiner Lateinamerikaner, der mein Auto abfertigen wollte. Eilig stieg ich aus dem Auto und hastete zum Kofferraum, um meinen Koffer zu schnappen.

Als ich dem Bediensteten meine Schlüssel übergab, fragte er mich: »Mochten Sie das Auto, Sir?«

»Ja, es lief bestens.«

»Das ist gut!« lachte er. »Ich freu mich, daß Sie's mochten.«

Plötzlich merkte ich, daß dieser Typ, Manuel, mir nicht bloß einen stereotypen Firmenslogan vorsetzte. Er sprach aus seinem Herzen, um Kontakt aufzunehmen; er war wirklich froh, daß mir das Fahrzeug gefallen hatte.

Ich dankte ihm für seinen Service und begab mich zum Reisebus.

»Sie kommen wieder, ja?« rief er mir nach. »Wir geben Ihnen wieder so ein schönes Auto!«

Während ich im Bus saß, Luft holte und mich entspannter fühlte, hatte ich Gelegenheit, über das Geschenk nachzudenken, das Manuel mir gemacht hatte. Ich fühlte mich aufgebaut und wertgeschätzt. In einer geschäftigen, unpersönlichen und oft gefühllosen Umgebung bewahrte Manuel das Bewußtsein, daß sich seine Arbeit mehr um Menschen als um Autos dreht. Während einige seinen Job zuunterst auf dem Totempfahl der Firma einstufen würden, handelte dieser Bursche mit der Würde, dem Entgegenkommen und dem persönlichen Engagement, das man eher vom Firmenchef erwarten würde. Ich frag mich, ob sich der Chef jener Firma bewußt ist, daß Manuel mehr dazu beiträgt, verläßliche Geschäfte für sie abzuwickeln als jede Anzeige, die sie sich einfallen lassen könnten.

Ich vermute, Manuels Verhalten ist kein Zufall. Positivität und Zufriedenheit mit der Arbeit übertragen sich von der Firmenleitung aus. Ich stelle mir vor, daß diese Firma eine aufmerksame Atmosphäre für ihre Angestellten schafft, und dieser Mann gab sein Gefühl des Wohlbefindens an mich und andere Kunden weiter.

Im Rückblick auf diesen Tag wünschte ich, ich hätte mir Zeit genommen, Manuels Hand zu schütteln und ihm zu sagen, wie sehr ich seine Aufmerksamkeit zu schätzen wußte. In meiner Eile habe ich mein Herz erst im nachhinein eingeholt. Wenn ich noch mal in die Situation käme, würde ich Manuel sagen, er hätte meinen Tag zu einem Glückstag gemacht. Er lehrte mich, daß keine Arbeit unwichtig ist: daß Aufmerksamkeit und Service auf jeder Ebene der Geschäftswelt von Bedeutung sind; daß keine Interaktion zu gewöhnlich ist, um einen wichtigen Kontakt zwischen Menschen herzustellen.

Aber ich bin mir sicher, die Gelegenheit wird noch mal auf mich zukommen. Vielleicht nicht mit Manuel, aber mit einem anderen verborgenen Heiligen auf irgendeinem Parkplatz oder an einem Zeitungskiosk. Ich werde es mir nicht entgehen lassen, dem Herzen zu folgen.

Gibran sagt:

> *Durch euer Wirken erfüllt ihr jenen Teil*
> *des fernsten Erdentraumes,*
> *der euch bei der Geburt dieses Traumes zugewiesen.*
> *Und so ihr die Wehen des Werkes auf euch nehmt,*

liebt ihr das Leben wahrhaftig.
Und das Leben lieben, inmitten der Wehen,
heißt vertraut sein mit des Lebens innerstem Geheimnis…
[Und was heißt mit Liebe schaffen?]
Es heißt das Tuch weben
mit Fäden, gezogen aus eurem Herzen,
als solle eure Geliebte das Tuch tragen.
Es heißt ein Haus bauen mit Leidenschaft,
als solle eure Geliebte darin wohnen.
Es heißt Samen säen mit Sorgfalt
und ernten mit Freude,
als solle eure Geliebte die Frucht verzehren.
Es bedeutet, alle Dinge,
die ihr schaffet mit dem Atem eures Geistes füllen…

Mehr Liebende, mehr Seele

Ich erzähle diese Geschichten, um zu zeigen, wie normale Menschen ganz alltägliche oder unangenehme Situationen auf eine Ebene heben können, die Göttliches zum Ausdruck bringt. Vielleicht würden viele Menschen Manuels besondere Aufmerksamkeit oder den Gruß eines Piloten oder die Freundlichkeit einer älteren Frau aus Hawaii nicht bemerken. Kaum jemand dächte daran, das Finanzamt in seine Segnungen einzuschließen. Doch das sind Geschenke auf dem Weg, die das Leben lebenswert machen. Sie nehmen den alltäglichen Aktivitäten die Tristheit und Mühseligkeit und verleihen den menschlichen Beziehungen wieder den göttlichen Status, den sie eigentlich ausdrücken sollen.

Wir brauchen mehr Liebende auf dem Planeten, mehr Menschen, die ernsthaft versuchen, die Palette ihrer Tage mit helleren Farben zu versehen. Wir brauchen mehr freundliche Seelen, die bereit sind, sich eigens einen kleinen Augenblick dafür zu nehmen, ein dankbares Wort zu äußern oder eine Minute mehr an Geduld für den alten Mann aufzubringen, der am Bankschalter länger braucht, seine Papiere zusammenzuraffen. Wir brauchen mehr Angestellte auf unterster Stufe, die bereit sind, genausoviel Verantwortung für die Zufriedenheit des Kunden zu übernehmen wie die Firmenleitung. Einfach gesagt, wir brauchen mehr Herz in einer Gesellschaft, die viel von ihrem eigenen Herzen verloren hat.

Noch direkter gesprochen, müssen wir selbst diese Menschen mit Herz *sein*, denen wir gerne öfter begegnen würden. Es bringt nichts zu hoffen, daß wir mehr Manuels und freundlichen Piloten begegnen; zu erwarten, daß andere Menschen uns mehr Aufmerksamkeit schenken, bedeutet, die Gelegenheit zu verpassen, selbst Christus oder Buddha zu sein. Nein, es läuft andersrum. Zuerst müssen wir uns besser um den anderen Menschen kümmern. Wir sollten uns vorstellen, daß wir für jeden in unserem Einflußbereich, der viel weitreichender ist, als wir es uns vorstellen, die entscheidende Position innehaben.

Vielleicht muß jeder von uns in den Laden in seinem Ort gehen und einen Zettel aufhängen mit der Aufforderung: »Paco, komm nach Hause.« Vielleicht haben wir keinen widerspenstigen Sohn namens Paco, aber in jedermanns Leben gibt es einen Paco. Es gibt jemanden, der unsere Liebe braucht, jemand, dem wir hätten sagen können »Ich liebe dich«, bevor er den Glauben an unsere Liebe verlor. Es reicht nicht, einfach Liebe für jemanden zu empfinden, und es reicht nicht, es für eine besondere Gelegenheit aufzuheben, um es ihm zu sagen. Ich glaube nicht, daß es möglich ist, zu oft »Ich liebe dich« zu sagen. Diese drei kostbaren Worte sind, wenn sie aufrichtig gesagt werden, die Nahrung, nach der unsere Seele verlangt. Vielleicht, ja vielleicht werden wir, wenn wir unsere Mitteilung »Ich liebe dich« an einem deutlich sichtbaren Ort anbringen, nicht nur unserem eigenen Paco Liebe schenken, sondern auch all den anderen, die darauf hofften, es sei ihr Vater, der sie nach Hause holen will.

*Was kannst du mit jedem Augenblick des Lebens anfangen
außer zu lieben, bis du ihn durch und durch geliebt hast?*

BOB FRANKE

Der größere Zusammenhang

Du bist ein Kind des Universums,
Nicht weniger als die Bäume und die Sterne;
Du hast das Recht hier zu sein.
Und ob es dir klar ist oder nicht,
so entfaltet sich das Weltall doch so, wie es sein soll.

MAX EHRMANN
Desiderata

Es lebte einmal ein König in den Tropen, der einen optimistischen Ratgeber hatte. Dieser Leutnant war wirklich so unglaublich positiv, und der König ärgerte sich oft, daß er ständig in allem nur Gutes entdeckte.

Eines Tages, als sich der König und der Leutnant auf einer Reise durch den Dschungel befanden, zerkleinerte der König zum Frühstück eine frische Kokosnuß, und sein Messer rutschte ihm aus und hieb ihm den Zeh ab. Der Monarch humpelte in seinem Schmerz zum Leutnant, um ihm sein Mißgeschick zu zeigen. Der Leutnant rief aus: »Das ist wunderbar!«

»Was hast du gesagt?« fragte der König erstaunt.

»Das ist ein wirklicher Segen!«

Als er diese Antwort hörte, wurde der König sehr ärgerlich; dieser Mann machte sich offenbar über sein Mißgeschick lustig.

»Verlaßt Euch auf mich«, mahnte der Leutnant, »hinter diesem scheinbaren Unfall verbirgt sich etwas Gutes, das wir nicht sehen.«

Jetzt reichte es aber! Wutentbrannt packte der König den Leutnant und warf ihn in einen vertrockneten Brunnen. Dann brach er auf, um seinen Rückweg zum Schloß zu finden.

Auf dem Weg wurde der Herrscher von einer Bande Kopfjäger festgenommen, die entschieden, er würde ein ausgezeichnetes Opfer für den Vulkan abgeben, das einmal im Monat dargebracht wird. Die Krieger nahmen ihn mit zum Stammespriester, der ihn für die zweifelhafte Ehrung vorbereitete.

Während der heilige Mann das zögernde Opfer salbte, bemerkte er, daß dem König ein Zeh fehlte. »Es tut mir leid«, teilte der Priester dem König mit, »wir können dich nicht gebrauchen – die Vulkangöttin akzeptiert nur Opfer mit unversehrtem Körper; du bist frei.«

Überglücklich humpelte der König aus dem Lager des Stammes. Plötzlich wurde ihm klar, daß der Leutnant recht gehabt hatte – es steckte tatsächlich ein verborgener Segen hinter seinem scheinbaren Mißgeschick.

So schnell er konnte begab sich der König zurück zu dem Brunnen, wo er den Leutnant gelassen hatte. Zur Freude des Herrschers saß sein Gefährte noch in dem Brunnen und pfiff vergnügt vor sich hin. (Er war wirklich ein positiver Denker!) Der König reichte dem Leutnant die Hand, zog ihn aus dem Brunnen heraus und entschuldigte sich vielmals. »Es tut mir furchtbar leid, daß ich dich da hineingeworfen habe!« bekannte der König, während er die Schultern seines Ratgebers abstaubte. »Ich bin von einigen wilden Eingeborenen gefangengenommen worden, die mich fast in den Vulkan geworfen hätten. Doch als sie sahen, daß mein Zeh fehlte, ließen sie mich gehen. Es war tatsächlich ein Wunder, das du vorausgesagt hast – und ich habe dich so achtlos in diesen Abgrund geworfen! Kannst du mir je verzeihen?«

»Es ist keine Entschuldigung notwendig«, erwiderte der Leutnant. »Es war auch ein Segen, daß Ihr mich am Brunnen gelassen habt.«

»Was findest du daran denn jetzt wieder gut?« fragte der König.

»Wenn ich bei Euch gewesen wäre«, erklärte der Leutnant, »hätten sie *mich* als Opfer genommen!«

Vom Minus zum Plus

Es gibt ein größeres Bild des Lebens als das, welches wir sehen, wenn wir nur nach dem Augenschein urteilen. Wirklicher Glaube bedeutet, im Bewußtsein zu behalten, daß ein gütiger Plan hinter den jeweiligen Geschehnissen steht. In schwierigen Zeiten sollten wir uns nicht von Erscheinungen täuschen lassen. Liebe ist die einzige Wirklichkeit, alles andere ist irrtümliche Wahrnehmung.

Am Tag vor meinem Aufbruch zu einer Vortragsreise kaufte ich einen Laptop. Kaum hatte ich unterwegs mein Hotel erreicht, packte ich mein neues Spielzeug aus und begann, das Programm zu installieren. Innerhalb weniger Minuten installierte ich es so gut, daß es nicht mehr funktionierte! Alles, was ich auf dem Bildschirm sehen konnte, war ein blinkender Cursor; der Rechner gewährte mir nicht mal Zugang zu dem einfachsten Programm.

Sofort begann ich mich selbst wegen so eines dämlichen Fehlers zu kritisieren. Mein urteilender Verstand erhob sein erbarmungsloses Haupt und tadelte mich: »Du kannst *nichts* richtig machen... da kaufst du ein teures Gerät, das auf dem neuesten Stand der Technik ist und machst es kaputt, noch bevor du dazu kommst, es zu benutzen... Das beweist einfach, was für ein ungeschickter Blödmann du bist«... und so weiter und so fort.

Während der verzerrten Tonspur dieser qualvollen Litanei versuchte ich weiterhin, den Computer wieder in Gang zu bringen. Nach vielen vergeblichen Versuchen gab ich auf und ging müden Herzens und mit zerschlagenem Kopf zu Bett.

Am nächsten Morgen rief ich die Veranstalterin meines Programms an und fragte sie, ob sie irgend jemanden wüßte, der mir meinen Softwarekram in Ordnung bringen könnte. In wenigen Stunden war ein netter Mann namens Tom in meinem Zimmer, der eine Erste-Hilfe-Diskette in meinen Computer steckte, und innerhalb von Minuten lief der Rechner. Ich konnte nicht sagen, wie dankbar ich war. Dann meinte Tom: »Ich habe einiges an Software, das dir bei deiner Arbeit helfen könnte. Soll ich's installieren?« Natürlich sollte er. Er lud drei Programme, die sich inzwischen als sehr nützlich erwiesen haben.

Als Tom aus dem Zimmer ging, erkannte ich, daß ich wesentlich weiter gekommen war, als wo ich stecken würde, wenn ich nicht meinen Fehler gemacht hätte! Was als ein Minus begann, endete als ein Plus. Einen Fehler hatte ich freilich gemacht – aber der Fehler stellte sich als Faden in einem Teppich heraus, der größer war, als ich es zu dem Zeitpunkt sehen konnte. Es gab ein größeres Bild als das, was das Auge sah.

Vielleicht hat Gott dich hierhergebracht

In ihrer Filmkomödie *Sister Act* spielt Whoopi Goldberg ein Straßenmädchen, das sich auf der Flucht vor Gangstern in einem Kloster versteckt und sich als Nonne ausgibt. Es dauert nicht lange, bis Deloris das Klosterleben wirklich anstrengend findet, da sie an Nachtleben, Männer und ständige Action gewöhnt ist

Nach kurzer Zeit beklagt sich Deloris bei der Äbtissin. Deloris erklärt, daß sie nicht ins Kloster gehört und den Ort nicht braucht und behauptet großspurig: »Mein Leben läuft gut.«

»Dein Leben läuft *nicht* gut«, antwortet die ältere Schwester. »Du befindest dich in einer gefährlichen Beziehung zu einem ver- heirateten Gangster, dein Leben war in Gefahr und du fliehst vor Killern. Das hört sich nicht nach einem sehr schönen Leben an. Vielleicht *hat* Gott dich hierhergebracht.«

Manchmal scheint der Ort, an dem wir uns befinden, ganz falsch zu sein, aber innerhalb des größeren Zusammenhangs ist er völlig richtig. *Ein Kurs in Wundern* erinnert uns, daß wir nicht wahrnehmen, was zu unserem Besten ist (1), und du nicht dein Führer zu Wundern sein kannst, denn du bist es, der sie notwen- dig machte (2). Der *Kurs* erwähnt, daß es in Gottes Plan keinen Zufall gibt und wir nicht wirklich wissen, wozu etwas geschieht, da wir auf der Grundlage von Erscheinungen nicht die Übersicht haben, um Situationen richtig zu beurteilen (3). Unsere Zuflucht, empfiehlt der *Kurs*, besteht darin, darum zu bitten, die Situation aus einer höheren Perspektive zu sehen als aus der, welche die Angst uns zeigt (4).

Liebe schafft immer einen klareren Ausgangspunkt als Unstim- migkeit, und Friede ist ein kraftvollerer Wegweiser zum Handeln als Trennung. Wir brauchen keine Angst zu haben, denn der le- bendige Geist ist bei uns, wo immer wir auch hingehen, und wir wandern nicht allein.

Da muß irgendwo ein Wunder dahinterstecken

Auf meinem Weg zum Flughafen in Puerto Rico hatte ich einen Platten, und ich verpaßte mein Fluzeug um zehn Minuten. Ich war über diese Panne besonders verärgert, weil ich unterwegs war, um am selben Abend ein Workshop-Programm in Florida abzuhalten, und ich wollte noch Zeit zum Ausruhen vor dem Programm haben. Mit dem nächstmöglichen Flugzeug würde ich gerade knapp vor dem Workshop ankommen. Ich nahm den späteren Flug, schimpfte die meiste Zeit der Reise mit mir selbst und gab mir und anderen die Schuld.

In dem Versuch, den Tag noch irgendwie zu retten, sagte ich zu meinem Reisebegleiter: »Da muß irgendwo ein Wunder dahinter stecken.« Ich muß zugeben, daß ich in dem Moment selbst nicht an meine Worte glaubte; ich versuchte, mich selbst zu überzeugen.

Als ich bei der Veranstaltung eintraf, wurde ich mit enormer Liebe und Aufgeschlossenheit begrüßt. Die Veranstalter hießen mich überschwenglich willkommen, und der Saal war übervoll mit gespannten und begeisterten Zuhörern. Kaum war ich eingetreten, umarmte und segnete man mich mit großer Herzenswärme.

Angesichts eines solch warmen Empfangs kehrte meine Energie schnell zurück. Meine Verstimmung wich einer übersprudelnden Kraft, ich fühlte keinerlei Müdigkeit mehr und gestaltete eins der dynamischsten Programme, die ich je angeboten habe. Am Ende des Workshops hatte ich wesentlich mehr Energie als zu Beginn.

Es war tatsächlich ein Wunder geschehen. Die Erfahrung zeigte mir, daß meine Energie und Effektivität nicht von den Dingen abhängt, die ich in Zeit oder Raum tue, sondern davon, in der Freude zu sein. Emmet Fox erklärte, daß »Liebe die Kraft hat, alles zu heilen«, und *Ein Kurs in Wundern* lehrt, daß Liebe nicht auf die Zeit wartet, sondern auf ein Willkommen (5). Ich erfuhr einen dramatischen Beweis, daß – egal was vorher passiert ist – Liebe, Begeisterung und Aufmerksamkeit die Vergangenheit völlig löschen und den Weg zur Ekstase freigeben können.

Ich war sehr froh, daß ich mich geirrt hatte, was die Ursache und den Sinn der Verspätung betraf. Gott hatte einen größeren Plan, als ich ihn mir vorstellen konnte. Es *lag* irgendwo ein Wunder darin, und mit meiner Anspielung, daß hinter all dem eine gute Vorsehung am Werk sein muß, war ich der Wahrheit näher, als mir bewußt war.

Zwischen Hin- und Herschwingen

Viele von uns gehen innerhalb kurzer Zeit durch viele Veränderungen. Während wir uns rapide entwickeln, werden wir gefordert, unser altes Leben loszulassen, bevor ein neues wirklich in Sichtweite ist oder Gestalt angenommen hat.

Eine solche Zeit verlangt *Glauben* und *Vertrauen*. Stell dir vor, das Leben, das du aufgibst, ist wie ein Trapez. Du bist so oft vor- und zurückgeschwungen, daß du irgendwann müde von der Rattenfängerei geworden bist und dir sagtest: »Das reicht – lieber alles andere als diese Tretmühle – ich geh raus!«

Dann läßt du los und stellst fest, du saust durch den Raum eines gänzlich unerforschten Gebiets ohne irgendein sichtbares Auffangnetz. Du schaust zurück und siehst, daß auch die Schaukel, die du zurückgelassen hast, zu weit weg ist, um dich festzuhalten. (Oder vielleicht ergreifst du sie, und dann fällt dir schnell ein, warum du entschieden hattest, sie loszulassen.)

Etwas weiter weg erblickst du eine andere Trapezstange, die das neue Leben darstellt, das auf dich wartet. Sie schwingt auf dich zu, und vielleicht hängt sogar jemand daran, der seine Hand ausstreckt. Aber sie ist noch zu weit entfernt für dich, als daß du danach greifen könntest.

Was machst du also? Du fliegst so gelöst wie möglich durch die Luft. Du fliegst vielleicht nicht sehr anmutig, aber du gleitest einfach weiter. Irgendwann wirst du den nächsten Ort finden, wo du anhältst; die ausgestreckte Hand wird deine Hand finden, und du wirst ein Stück weiter sein als zuvor.

Viele von uns werden von einem neuen Leben angezogen, das reizvoll, aber fremd ist. (Manche von uns wurden gewaltsam aus unserem alten Leben geworfen, und wir empfinden weder das, wo wir sind, noch das, worauf wir zusteuern, als reizvoll, wir wissen bloß, daß das Alte vergangen ist und noch nichts seinen Platz eingenommen hat.) Vielleicht möchten wir uns an einem vertrauten Felsvorsprung der Sicherheit festhalten, während wir uns mitten auf einer Reise zu einem unbekannten Ziel befinden. Vielleicht fordern wir Garantien und Bürgschaften, daß wir in dem, was sich wie ein Abgrund anfühlt, beschützt werden. Vielleicht murmeln wir auch: »Ich glaub, wir sind nicht mehr in Deutschland. Punkt.«

Aber so etwas wie ein sicheres Abenteuer gibt es nicht. Abenteuer beinhaltet Risiko, Anspannung und sich einen Weg in einem neuen Territorium bahnen. Niemand auf der Welt kann dir eine Garantie geben. (Es heißt: »Wenn du nach einer Garantie verlangst, kauf dir einen Toaster.«) *Eins* aber kann dir *die* Sicherheit geben, und das ist der göttliche Geist. Gottes Garantie besagt: Wenn du vertraust, deinem Herzen folgst, deine Wahrheit lebst und wenn du liebst, wird für dich gesorgt. Du wirst zur rechten Zeit zu den richtigen Menschen und Umständen geführt. Du wirst nicht ohne Unterstützung gelassen.

Bei bemannten Raumflügen gibt es eine Zeitspanne, bei der die Astronauten den Funkkontakt mit dem Bodenpersonal verlieren. Das geschieht, wenn das Raumschiff durch eine verdichtete Schicht der Atmosphäre fliegt und die atmosphärische Störung die klare Kommunikation verhindert. Während eines solchen Blackouts müssen die Piloten darauf vertrauen, daß die Verbindung wiederkommt. Dieses zeitweilige Abgeschnittensein ist für die Astronauten kein Problem; sie wurden im voraus davon unterrichtet, und sie wissen, sie werden den Kontakt wieder aufnehmen, wenn die Umstände günstiger sind.

Auch du wirst wieder Kontakt bekommen. Nur weil du die Stimme Gottes nicht hören kannst, bedeutet das nicht, daß Er nicht zu dir spricht oder daß die Liebe nicht da ist; es bedeutet nur, daß du momentan nicht in der Lage bist, sie zu hören. Die Stimme spricht, und du wirst sie erkennen. Der nächste Schwung vom Trapez wird deine Hand genau zum rechten Moment erreichen. Sei geduldig. Atme. Dein Vertrauen wird belohnt werden. Der Weg, den du gehst, wurde von vielen vor dir gegangen. Er ist kein Geheimnis. Es gibt Straßenkarten des Bewußtseins. Diejenigen, die vor dir gegangen sind, strecken ihre Hände aus, um dir zu helfen. Mach dir keine Sorgen. Flieg' einfach weiter und vertraue.

In einem Psalm heißt es: »Ja, wenn ich auch wandle im finsteren Tal, so fürcht ich kein Unheil.« Das Schlüsselwort hier ist *finster*. Der Weg durch das Tal macht nur angst, weil das Licht eingeschränkt ist. Das Licht ist da; es ist nur im Moment deinem Blick verborgen. Das Licht wird da sein, wenn du wieder in der Lage bist, es zu sehen. Du wirst sicher und unversehrt auf dem Berggipfel anlangen. Du wirst geliebt. Gott sorgt für die Seinen, und du gehörst zu Ihm.

Wir alle mutmaßen und sitzen im Kreis
Aber das Geheimnis sitzt im Zentrum und weiß.

ROBERT FROST

Tore zum Licht

In jeder Schwierigkeit steckt eine Gelegenheit.
ALBERT EINSTEIN

Den Boden unter den Füßen wegziehen

Ein Problem ist nicht das Schlimmste, was dir passieren kann. Das Schlimmste ist, in der Welt der Angst weiterzuschlafen und nicht die Liebe, die da ist, wahrzunehmen. Probleme sind nur da, um uns aus unserem Schlummer zu holen. Was wir als Probleme wahrnehmen, sind einfach Aufforderungen, umfassender zu denken und uns wieder unserer Ganzheit bewußt zu sein.

Die Ebene, auf der eine Situation ein Problem zu sein scheint, ist nur ein Aspekt innerhalb einer viel größeren Absicht. Wenn junge Adler ein bestimmtes Entwicklungsstadium erreicht haben, verringert ihre Mutter allmählich das Futter, das sie ihnen täglich bringt, und sie beginnt, Stroh aus ihrem Nest zu zupfen. Die Mutter läßt die Jungvögel hungrig werden, damit sie ihr eigenes Futter suchen und macht ihr Nest kaputt. Aus einer begrenzten Perspektive sehen ihre Handlungen sicher grausam aus; wenn man sie aber versteht, so gibt sie ihren Kindern damit das größtmögliche Geschenk: ihre eigene Stärke und Freiheit.

Wenn wir einen bestimmten Abschnitt im Leben gemeistert haben, wird uns das Universum einen Schubs geben, damit wir höher fliegen. Wir haben das Bewußtsein, das uns auf einer bestimmten Ebene zur Verfügung stand, vervollkommnet und haben dort jetzt nichts mehr zu erledigen. Ein höheres Ziel ruft. Um uns den Abflug leichter zu machen, werden uns die Annehmlichkeiten der früheren Ebene genommen, und ihr unterstützender Halt beginnt sich aufzulösen. In dem Moment sieht das unbarmherzig aus, doch das wäre es nur, wenn nichts Besseres nachkäme. Die Adlermutter verhätschelt ihre Jungen nicht: Sie stärkt sie. Sie weiß, daß sie Flügel haben, die sie noch nicht ausprobiert haben.

Wenn du eine schmerzhafte Trennung erlebt hast, eine Krankheit, eine finanzielle Krise oder den Tod eines geliebten Menschen, so hat es sicherlich den Anschein, als hätte es das Universum darauf abgesehen, dir weh zu tun. Doch der Schein trügt. Zeitweilig Unangenehmes verblaßt angesichts des langfristigen Erwachens. In einer derartig schwierigen Zeit scheint es so, als ob deine Welt zerbricht – und so ist es auch. Aber das ist nicht das Ende der Geschichte. Eine neue Welt wartet – doch zuvor muß die alte sich auflösen, um der nächsten Ebene des Geschehens Platz zu machen. Um diesen Prozeß zu beschleunigen, nimmt man dir die alte Nahrungsquelle weg (manchmal abrupt), und du wirst gezwungen, die Flügel, die du noch nicht benutzt hast, zu bewegen. Du siehst vielleicht nicht, wie und wo du dich als nächstes niederlassen kannst, aber sei versichert, es wird ein Ort da sein. Der schnellste Weg zu deinem neuen Zuhause besteht darin, die Vergangenheit so schnell und so elegant wie möglich loszulassen. Fühle deine Gefühle, nimm den Schmerz zur Kenntnis, nimm dir Zeit zu trauern, wenn du sie brauchst, und dann wende dich deinem neuen Leben zu. Nutze deine Erfahrung eher, um zu wachsen, als um dein Gefühl der Machtlosigkeit oder des Opferseins zu bestärken. Indem du die höhere Absicht entdeckst, wirst du eine Stärke finden, die du nie eingesetzt hättest, wenn das Leben dich nicht gezwungen hätte, auf der Suche nach einer höheren Bleibe ein zerfallendes Nest zu verlassen.

Ein besserer Blick auf den Himmel

Was scheinbar das Schlimmste ist, was passieren könnte, mag tatsächlich das Beste sein. Eine Meinungsumfrage ergab, daß 87% der Befragten das Gefühl hatten, die schwierigsten Ereignisse ihres Lebens wären letztlich die hilfreichsten gewesen, und jetzt würden sie zu schätzen wissen, daß die Ereignisse passiert sind. *Ein Kurs in Wundern* sagt auch, daß das, was wir als Triumph wahrnehmen, oft ein Rückschlag ist (1). Scheinbares Unheil kann ein verborgenes Geschenk sein.

Ein Zenmeister bemerkte: »Jetzt, da mein Haus abgebrannt ist, sehe ich den Himmel viel besser.« Wenn wir die gefürchteten Erfahrungen hinter uns gebracht haben, können wir uns an dem erfreuen, was durch Angst unserem Blick verborgen war. Als ich in Bali eine Wasserfahrt mit dem Floß unternahm, hatte ich Angst, ich könnte vom Floß in die Stromschnellen fallen. Während der Lehrer seine vorbereitenden Instruktionen gab, betete ich insgeheim, ich möge sicher auf dem Floß bleiben. Zu meinem Kummer lautete die innere Antwort: »Hab einfach Spaß.«

Wir waren kaum eine Minute unterwegs, als unser Floß sich an einer Felsenfront am Ufer des Flusses verfing und umkippte. So ruhig wie möglich ließ ich mich den Fluß hinuntertreiben, wo ich bald von einem anderen Floß mitgenommen wurde. Als ich wieder zurück auf meinem Floß war, genoß ich die restliche Fahrt wesentlich mehr, als wenn ich die ganze Zeit ans Kentern gedacht hätte. Das »Schlimmste« war bereits vorbei, und es war nicht so schlimm, wie ich befürchtet hatte.

Erneuere!

Konflikt ist nicht unser natürlicher Zustand, unsere wahre Natur ist Friede. Der Sinn eines Konflikts liegt darin, daß du aufmerksam schauen sollst, damit du etwas in deinem Handeln veränderst, das dir schadet. Vielleicht mußt du deine innere Abwehrhaltung aufgeben oder dich mehr für dich selbst einsetzen. In beiden Fällen fordert der Konflikt dich auf, dich mehr nach dem, was du wirklich bist, auszurichten oder das zu fordern, was du wirklich willst.

Wenn du Probleme als Lebensstil akzeptierst oder dich für eine aufopfernde Haltung entscheidest, erweist du dir den schlechtesten Dienst überhaupt, denn du leugnest dein Recht darauf, in Freude zu leben. Interessengruppen, die das »Recht auf Leben« fordern, haben viel Aufsehen erregt; vielleicht könnten wir in uns eine innere »Recht auf Licht«-Lobby mobilisieren. Doch bevor du ein Recht durchsetzen kannst, mußt du dir dessen bewußt sein, daß du es verdienst. Wenn du die Dunkelheit als Lebensbedingung akzeptierst, wirst du nicht nach dem Licht suchen. Nur wenn du krank bist und des Krank- und Erschöpftseins müde bist, sagst du: »Es muß einen besseren Weg geben.« Dann wird das Universum die Frage, die du gestellt hast, beantworten und dir den Weg zeigen, nach dem du gefragt hast.

Konflikt ist ein Ruf nach Erneuerung. Wenn du dich innerlich oder äußerlich in einem Konflikt befindest, gibt es eine Antwort, die du noch nicht wahrgenommen hast. Die Spannung, die du erfährst, ist eine Aufforderung, die Situation aus einem anderen Blickwinkel zu betrachten oder etwas zu verändern. Wir sollten nicht vor Konflikten fliehen, wenn sie aufkommen, denn sie sind Tore zu einer neuen kreativen Dimension. Dein Wunsch nach Frieden ist die Stimme Gottes, die durch dein Herz zu dir spricht. Der Konflikt ist darauf *angelegt*, wieder zu verschwinden. Der entscheidende Punkt ist, wie wir ihn lösen. Wir können den Konflikt leugnen, davor wegrennen oder die Kraft, die wir einsetzen, so lange verstärken, bis unsere Seite »gewinnt«. Aber »Gewinnen« ist nicht dasselbe wie Lösung. Wir können unseren Gegner fertigmachen, aber das heißt nicht, daß wir den Konflikt gelöst haben. Früher oder später wird ein anderer Gegner kommen, und irgendwann wird Gewalt nicht mehr funktionieren.

Wenn Konflikte auftauchen, ist nicht mehr Gewalt, sondern ein erweitertes Bewußtsein gefragt. Wenn das, was du tust, nicht funktioniert, wird es meist auch nicht besser, wenn du es noch intensiver tust. Wirkliche Lösung fordert uns nicht auf, heftiger zu agieren, sondern in einem größeren Rahmen zu denken; nicht härter zu kämpfen, sondern intelligenter damit umzugehen und immer wieder neu anzusetzen, bis wir eine Lösung finden, bei der jeder gewinnt.

❦ SCHLÜSSEL ❦
Die Antwort befindet sich immer
auf einer höheren Ebene als das Problem

Carl Jung erkannte, daß »Konflikt ausschließlich als Gelegenheit dient, unser Bewußtsein zu heben«. Wenn wir durch Schmerz nicht erwachen, werden wir nur das gleiche Schauspiel in intensiverer Form inszenieren. Die meisten pharmazeutischen Mittel lassen das Problem nicht verschwinden; die Symptome werden einfach nur verdeckt. Wenn wir unser Bewußtsein nicht verändern, werden die Symptome wahrscheinlich wiederkommen. Die Symptome sind nicht unser Feind, sondern unser Freund; sie fordern unsere Aufmerksamkeit, indem sie sagen: »Schau tiefer und entdecke, was du ändern mußt, um glücklicher zu leben.«

Wenn die Natur auf Begrenzungen stößt, erneuert sie. Vor Millionen Jahren existierte kein Sauerstoff in der Erdatmosphäre, und die Lebensformen auf dem Planeten gediehen ohne Sauerstoff. Als sich im Laufe der Evolution grüne Vegetation bildete, wurde damit sehr viel Sauerstoff in der Atmosphäre freigesetzt. Obwohl es erstaunlich klingen mag, hatte der Sauerstoff anfangs eine giftige Wirkung – viele Lebensformen konnten ihn nicht verarbeiten und starben dadurch. Andere Lebensformen jedoch waren imstande, sich durch Mutation anzupassen, und so entwickelten sich Kiemen und Lungen, die heute zur Grundausrüstung der atmenden Lebewesen auf diesem Planeten gehören. Während unsere rudimentären biologischen Vorläufer sich keine Welt mit Sauerstoff vorstellen konnten, können wir uns jetzt keine Welt ohne Sauerstoff vorstellen. Wir haben eine neue Form entwickelt, und das ist der entscheidende Unterschied.

Wir alle kennen den Ausdruck »Überleben des Stärksten«. Normalerweise stellen wir uns den Stärksten als den Größten und Tüchtigsten vor. Überdenke das Wort »stark« (amerikanisch: »fit«), und du wirst eine viel lebensnahere Bedeutung erkennen. Die Stärksten (»Fittesten«) sind die, die am besten hineinpassen (»fit in«). Das bedeutet manchmal, groß und stark zu sein, aber häufiger bedeutet es, am anpassungsfähigsten, flexibelsten und beweglichsten zu sein. Im Vergleich zu einem gewaltigen Felsen erscheint Wasser schwach, aber laß es lang genug über einen Felsblock fließen, und es wird den Felsen aushöhlen. Dem flüssigen Element wohnt eine gänzlich andere Kraft als dem Felsen inne, und so existiert es weiter, selbst wenn der Fels schon nicht mehr ist.

Dinosaurier waren einstmals die größten und stärksten Geschöpfe auf dem Planeten, doch sie starben aus, weil sie sich nicht an die rapiden Klima-Veränderungen anpassen konnten. Manchmal frage ich mich, warum Dinosaurier in den letzten zehn Jahren ein Verkaufsschlager geworden sind. (*Jurassic Park* ist der meistbesuchte Film der Geschichte, und Dino-Spielzeuge zählen zu den beliebtesten überhaupt). Ich glaube, wir sind an einem ähnlichen Punkt in der Evolution des Planeten wie im Zeitalter der Dinosaurier. Wir sind konfrontiert mit ungemein schnellen evolutionären Fortschritten, die uns zu beschleunigter Anpassung, wenn nicht gar zur Mutation, auffordern. Diejenigen, die am alten Zustand festhalten, egal wie groß, stark und mächtig sie innerhalb des alten Wertsystems waren, müssen das alte, herrschende System loslassen, um in der neuen Welt, die sich an einer höheren Schwingungsebene orientiert, zu überleben.

Die Kraft der Evolution ist stärker als jedes persönliche oder vertraute Ego. Wenn wir jedoch verstehen, daß die nächste evolutionäre Stufe unendlich erfüllender ist als die vorhergehende, gibt es keinen Grund, am alten Trott festzuhalten. Veränderungen sind keine Mauer, sondern ein Tor. Nur wenn du die Veränderung als Bedrohung wahrnimmst, erscheint sie furchterregend. Veränderung ist ein Segen; denk dran, jede Veränderung ist gut.

Jenseits von Herausforderung

Um unsere Probleme zu meistern, sollten wir sie als Gelegenheiten sehen. Wir sollten ebenfalls unsere Identität neu definieren, um zu erkennen, daß wir das, was vor uns liegt, geschickt bewältigen können. Das Wort »Herausforderung« ist eine falsche Bezeichnung, weil das Wort die Möglichkeit des Versagens einschließt. Als göttliche Wesen, die wir im Ebenbild eines allmächtigen Gottes geschaffen wurden, *können* wir nicht versagen. Wir können den Erfolg verzögern, wir können am Selbstbildnis des Versagers festhalten und Irrtümer wiederholen, doch letztlich werden wir als Sieger hervorgehen. Jedes scheinbare Problem, mit dem wir konfrontiert sind, wird früher oder später gelöst, und uns bleiben nur Geschenke. *Ein Kurs in Wundern* ermutigt uns: »Ein glücklicher Ausgang aller Dinge ist gewiß.« (2)

Es ist sehr nützlich, das Wort »Problem« aus unserem Vokabular zu streichen. Hier sehen wir wieder, daß Neuformulierung ein wichtiges Instrument der Veränderung ist. Wann immer du dazu neigst, eine Situation als ein Problem oder eine Herausforderung zu definieren, halt ein und ersetze es durch das Wort »Projekt« oder »Gelegenheit«. Diese Beschreibungen sind der Wahrheit näher und werden dir eine Perspektive geben, aus der du eher Lösungen findest, als das Problem zu verstärken.

Ein Gott reiner Liebe

Wenn wir Schwierigkeiten als Strafen Gottes ansehen, so lassen wir unsere Probleme groß und uns selbst klein sein. Diese veraltete, abergläubische und selbstverneinende Auffassung muß kompromißlos verworfen werden, wenn wir in der Würde leben wollen, die wir anstreben und verdienen. Gott straft nicht; Gott liebt und vergibt. Das Konzept der Strafe ist eine menschliche Erfindung, hervorgebracht von einem schuldgetrübten Denken. Der französische Philosoph Rousseau bemerkte witzig: »Gott erschuf uns nach Seinem Ebenbild, und wir gaben das Kompliment zurück.« Der Gott der Liebe, der weit jenseits unserer voreingenommenen Projektionen lebt, würde niemals eins Seiner Kinder verletzen. Das Wirkliche könnte niemals verletzt werden, und es kann nicht angehen, daß du eine Strafe für schlechtes Verhalten verdient hast, wenn du gar nicht schlecht sein kannst.

Karma ist das Konzept, das allgemein dafür herhalten muß, Leid zu rationalisieren. Anstatt Gott für unsere gegenwärtige Schwierigkeit verantwortlich zu machen, schreiben wir den Grund unseren vergangenen Missetaten aus einem früheren Leben zu. Aber unsere Vergangenheit, sei es in diesem Leben oder in einem anderen, gehört nur dann zu uns, wenn wir daran festhalten. Sie ist nicht Teil der Gegenwart und hat keine Verbindung zu dem, was wir jetzt sind – sofern wir sie nicht in unseren Gedanken mit uns tragen.

Ich bin nicht dieselbe Person, die ich im letzten Leben, im letzten Jahr oder letzte Woche war. Ich bin nicht einmal dieselbe Person, die ich war, als ich begann, diesen Satz zu schreiben. Man kann nicht zweimal in denselben Fluß steigen. Ich bin nicht durch das begrenzt, was ich getan habe. Ich kann nur durch mein Denken begrenzt werden. Jede Begrenzung *nehmen wir selbst vor*, und das Konzept von Karma bildet keine Ausnahme.

Wenn wir schon von Karma sprechen müssen, so laßt uns erkennen, daß es im Moment geschieht; jede Situation, die wir erfahren, ist die Ausgestaltung des Gedankens, den unser Geist in dem Augenblick hegt. Karma ist nicht horizontal und zeitübergreifend, es erstreckt sich nicht über mehrere Leben; es ist vertikal: Wir denken in einem bestimmten Moment einen Gedanken, und die Welt, die wir sehen, bildet jenen Gedanken ab.

Um unsere Welt zu ändern, brauchen wir nicht zuerst mal unsere Vergangenheit abzuzahlen. *Wir haben keine Vergangenheit.* Gott kennt keine Schuld, und als göttliche Wesen können wir nichts schulden. Um unsere Welt zu verändern, müssen wir sie aus einer neuen Perspektive angehen. Wir können durch die Augen der Angst schauen, die uns eine Welt des Schuldgefühls, des Schuldnerseins und der Strafe zeigen; oder wir können durch die Augen der Liebe schauen, die uns ein Universum der Gnade und Vergebung zeigen. Die Wahl liegt bei uns, und wir können zu jedem gegebenen Zeitpunkt eine neue Entscheidung treffen.

Wenn wir von Gott sprechen müssen, so laßt uns den Gott reiner Liebe erkennen. Vor uns steht der Altar des Zornigen Gottes und der des Gnädigen Gottes. Jeder davon wird uns seine »Geschenke« geben, wenn wir uns vor ihm verneigen. Welchen Altar wählst du für deinen Gottesdienst?

Der unverwüstliche Sommer

Albert Camus erklärte: »Mitten im Winter entdeckte ich in mir einen unverwüstlichen Sommer.« Schwierigkeiten bilden die Erde, in der die Samen der Größe herangezüchtet werden. Jede große Persönlichkeit hat es nicht *trotz* ihrer Herausforderungen zur

Meisterschaft gebracht, sondern *aufgrund* der Herausforderungen. Schwierigkeiten sind keine Felsen, die uns zerschmettern sollen, sondern Steine, mit denen wir eine Treppe zu den Sternen bauen können.

Als ich in Nordkalifornien einmal mit einem Arzt auf seinem Grundstück umherging, pflückte er einige Blätter von einem Busch und bot mir eins an. »Möchten Sie ein giftiges Eichblatt?« fragte er.

»Warum sollte ich ein giftiges Eichblatt wollen?«

»Ich habe früher so allergisch auf die Pflanze reagiert, daß ich immer furchtbare Hautausschläge bekam, wenn ich in ihre Nähe kam«, erklärte er. »Einmal wurde ich deswegen ins Krankenhaus eingeliefert.«

Zu meinem Erstaunen nahm er das Blatt in den Mund und begann, darauf herumzukauen. »Jetzt esse ich jeden Tag ein Blatt, um meine Widerstandskraft zu entwickeln. Es hat mir die ganzen Jahre nichts ausgemacht.«

Die Grundsätze der Homöopathie und Impfung beweisen, daß die Einnahme geringer Giftmengen tatsächlich unsere Widerstandskraft dagegen stärken. Auf diese Weise können harte Erfahrungen unser Freund werden. In dem bekannten Videospiel jagen hungrige Geister Pac Man durch ein Labyrinth, um ihn zu verschlingen, wenn er nicht aufpaßt und geschnappt wird. Wenn Pac Man jedoch auf sie gefaßt ist (indem er auf dem Weg Kraftbrocken zu sich nimmt), dann frißt Pac Man die Geister, erhält Punkte und Lebenskraft. Dann müssen die übrigen Geister vor ihm weglaufen.

Erstaunlicherweise enthält die alte buddhistische Tradition eine Legende, die dem modernen Pac Man-Prinzip erstaunlich ähnelt. Es wird die Geschichte erzählt, daß eine Schar von Dämonen Buddhas Fleisch essen wollte und ihn nicht bezwingen konnte. Statt dessen wurden sie alle erleuchtet, als sie in seine Gegenwart kamen und verwandelten sich so, daß sie seine Schüler wurden. Dieses Gleichnis zeigt, daß das Licht immer mächtiger als die Dunkelheit ist. Licht besitzt Substanz und Sein; Dunkelheit ist nur die Abwesenheit von Licht. Was nicht ist, kann nicht mächtiger als das sein, was ist.

Wir müssen die Geister und Dämonen, die uns gequält haben, verschlingen. Ich beziehe mich nicht auf die Gespenster, die in unseren physischen Häusern umgehen, sondern auf die alten, schwelenden Angstgebilde, die der Schönheit und dem Wunder des gegenwärtigen Augenblicks unsere Lebenskraft aussaugen. Wir müssen die veralteten Selbstbilder vertilgen, die uns als schwache und wertlose Geiseln halten. Die Dachböden und Keller unseres Geistes wimmeln von greulichen Schuldgefühlen und hämisch grinsenden Selbstzweifeln, von falschen Selbstbildern, durch die wir uns als hilflose Abhängige und egoistische Dummköpfe definieren.

Nichts davon stimmt, und wir können es uns nicht leisten, solche Vampire in unserem göttlichen Wohnsitz zu nähren. Wir müssen sie verwandeln, bevor sie unsere Würde schwächen und unsere edle Bestimmung untergraben. Wir müssen in ihr Versteck eindringen und die Fackel der Wahrheit hochhalten. Wenn das Licht der Morgendämmerung auf die Trugbilder fällt, müssen sie sich auflösen.

Mit jeder besiegten Angst wird unsere Welt größer. Winzige Pfade erweitern sich zu rasanten Hauptverkehrsstraßen. Mit jedem Erwachen bahnen wir den Weg für viele andere, die neben uns gehen können. Wir sind viel weiter auf dem Weg zur Erleuchtung, als uns bewußt ist. Die Stimme der Angst sagt uns, daß wir noch klein und begrenzt sind und keinen Fortschritt gemacht haben. Aber nimm dich in acht vor der Stimme des Mangels; den Trugbildern wird so hart zugesetzt, daß sie die Wahrheit nicht leugnen können. Die Samen der Größe, die vor langem in dir gesät wurden, gehen auf. Du wirst nicht wieder klein sein. Das große Bild zeigt, daß Liebe uns bis hierhin geführt hat, und sie wird jetzt nicht aufhören.

Ich bin dein Freund, und meine Liebe zu dir ist tief. Ich kann dir nichts geben, was du nicht bereits hast; und doch gibt es viel, sehr viel, das du – obwohl ich es nicht geben kann – nehmen kannst.

Kein Himmel vermag zu uns zu kommen, solange unsere Herzen nicht im Heute zur Ruhe kommen. Nimm den Him-

mel! In der Zukunft liegt kein Frieden, der nicht auch in diesem gegenwärtigen kleinen Augenblick verborgen ist. Nimm den Frieden!

Das Dunkel der Welt ist nur ein Schatten. Hinter ihm, doch in deiner Reichweite, ist Freude. Glanz und Herrlichkeit sind in der Dunkelheit, wenn wir nur sehen könnten – und um zu sehen, brauchen wir nur hinzuschauen. Ich flehe dich an, schau hin.

Das Leben beschenkt uns so großzügig, doch wir beurteilen seine Geschenke nach dem Äußeren und verwerfen sie als häßlich, schwer oder hart. Entferne die äußere Hülle, und du wirst darunter einen lebendigen Glanz finden, durch Weisheit und kraftvoll aus Liebe gewoben.

Heiße ihn willkommen, ergreife ihn, und du berührst die Hand des Engels, der ihn dir bringt. Alles, was wir Versuchung, Unglück oder Pflicht nennen, glaube mir, darin wirkt des Engels Hand, das Geschenk liegt darin und das Wunder einer Gegenwart, die alles in den Schatten stellt. Ebenso ist es mit unseren Freuden; begnüg dich nicht mit ihnen als Freuden. Auch sie enthalten göttlichere Gaben.

Das Leben ist so voller Sinn und Tragweite, so voller Schönheit – unter seinem äußeren Schein – daß du erkennen wirst, daß die Erde deinen Himmel nur wie mit einem Mantel verhüllt. So hab den Mut und erhebe Anspruch darauf, das ist alles; doch wage es und wisse, daß wir zusammen Pilger sind, die durch unbekanntes Land – nach Hause – ziehen.

Und so grüße ich dich jetzt. Nicht ganz so wie die Welt grüßt, doch mit großer Achtung und der Bitte, daß für dich jetzt und immerdar der Tag anbrechen möge und die Schatten fliehen.

BRUDER GIOVANNI
Im Jahre 1513

187

Kannst du's nicht ändern, mach's zum Thema

Vertrau deinen Hoffnungen, nicht deinen Ängsten.

DAVID MAHONEY

Nachdem der achtjährige Richie seine Eltern lange bedrängt hatte, bekam er schließlich einen Baseball und einen Schläger. Schnell rannte er auf den Hinterhof, um mit seiner neuen Ausrüstung zu spielen.

Aus dem Küchenfenster schauten Richies Eltern ihm zu, wie er den Ball in die Luft warf, zum Schlagen ausholte und ihn verfehlte. Immer wieder versuchte Richie, den Ball zu treffen und verfehlte ihn. Zur Besorgnis seiner Eltern gelang es dem Kind kein einziges Mal, den Ball zu treffen.

Nachdem Richies Vater etwa zehn Minuten bei jedem Danebenschlagen zusammengezuckt war, beschloß er, es sei Zeit, seinen Sohn aufzumuntern. Er ging zu dem Jungen hinaus, legte seine Hand auf Richies Schulter und sagte tröstend: »Ich glaube, du bist einfach nicht zum Schläger geboren.«

»Schläger?« entgegnete Richie. »Es geht doch nicht ums Schlagen! – Ich bin auf dem Weg zu einer tollen Karriere im Hochwurf!«

Zieh einmal die Möglichkeit in Betracht, das, was deiner Ansicht nach bei dir nicht stimmt, könnte eigentlich genau das Richtige an dir sein. Wenn dem so ist, so hast du lediglich einen Fehler gemacht: Du hast gegen dich selbst geurteilt. Du bist aufgrund falscher oder mangelnder Tatsachen zu einer fehlerhaften Schlußfolgerung gelangt Es ist leichter, diesen einen Irrtum – nämlich deine falsche Wahrnehmung – zu berichtigen, als zu versuchen, die tausend Dinge in Ordnung zu bringen, die deiner Ansicht nach, um vollkommen zu werden, veränderungsbedürftig sind.

> ❦ SCHLÜSSEL ❦
> In deiner scheinbaren Schwäche
> könnte genau deine Stärke liegen

Nachdem ich über dieses Thema einen Vortrag gehalten hatte, fragte mich ein junger Mann, wie seine permanente Schüchternheit denn richtig für ihn sein könnte. Ich sagte ihm, daß schüchterne Menschen äußerst empfindsam sind, leicht von den Energien ihrer Umgebung beeinflußt werden und verwundbar für den Schmerz und die Gefühle anderer sind. Das ist kein charakterliches Defizit, sondern ein Merkmal seelischer Einstimmung und tiefen Mitgefühls. Schüchternheit ist ein Mittel der Persönlichkeit, ihr empfindsames Wesen davor zu schützen, von Energien überwältigt zu werden, die ihr Nervensystem überfordern; es ist ein weisheitsvoll eingesetzter Abwehrmechanismus, um den Emotionalkörper davor zu bewahren, sich zu erschöpfen. Ich sagte dem Mann, seine Schüchternheit könne ihm helfen, anderen beizustehen. Wenn schüchterne Menschen gelernt haben, ihre Empfindsamkeit und Grenzen zu achten, werden sie oft sehr erfolgreiche Berater, Lehrer, Eltern und sogar anregende Redner, politische Führer und Menschen, die sich für die Arbeit in Medien eignen. Ihre Empfindsamkeit und ihr Mitgefühl können sich letztendlich als ihre größten Gaben erweisen, um wirkliche Hilfe zu leisten und innere Erfüllung zu finden.

Eine Frau bei einem anderen Seminar stand auf und teilte unter Tränen ihre wundeste Erfahrung mit uns. »Über dreißig Jahre lang war das gefürchtetste Ungeheuer für mich meine Epilepsie«, bekannte Allisa. »Meine Angst vor unberechenbaren Anfällen lähmte mich fast. Ich wußte nie, wann mich wieder ein Anfall überwältigen würde und lebte in ständiger Angst und Beklemmung. Einmal hatte ich einen Anfall, während ich über eine Brücke fuhr, und es kostete mich viel Mut, wieder zu fahren.

Nachdem ich viele Jahre lang in Angst gelebt hatte, schloß ich mich einer Gruppe in einem Zentrum an, das Rat und Unterstützung für Epileptiker anbot. Diese Arbeit war so bereichernd, daß ich unentgeltlich für das Zentrum arbeitete und schließlich als bezahlte Mitarbeiterin eingestellt wurde. Jetzt leite ich Selbsthilfegruppen, und meine Vorträge über die erfolgreiche Eingliederung der Epilepsie in Familie und Beruf sind sehr gefragt. Diese Arbeit hat mir unbeschreibliche Erfüllung geschenkt. Heute bin ich eine äußerst glückliche Person und danke Gott dafür, daß er mich an diesen Platz gestellt hat. Ich sehe jetzt, daß meine Epilepsie kein Fluch war, sie war ein Pfeil, der mich meiner höchsten Berufung entgegensandte.«

Man muß nur wissen, wo's hingehört

Alles in der Schöpfung hat einen Sinn. Es gibt nichts im Universum, das nicht an seinem rechten Platz und zu seiner rechten Zeit nützlich ist. (Sogar eine stehengebliebene Uhr geht zweimal am Tag richtig.) Etwas zu verurteilen heißt, die Göttliche Hand, die es schuf, zu verleugnen.

Jauche ist ein derbes Beispiel für etwas, was aus einer gewissen Sicht unangenehm, doch in einem anderen Zusammenhang absolut angebracht ist. Niemand bleibt gern in der Nähe von Jauche (es sei denn, du bist Landwirt und kennst ihren wahren Wert). Jauche stößt die Sinne ab, und es ist ungesund, sie zu berühren – und das steht durchaus mit ihrer Aufgabe in Einklang. Wenn wir uns zu lange bei ihr aufhalten würden, würden wir krank werden und eine Kettenreaktion von Krankheit auslösen. Deshalb ist das einzig Vernünftige, was wir mit der Jauche tun können, sie rauszuschaffen. Wir spritzen sie auf ein Feld in einiger Entfernung von menschlichen Behausungen.

Sobald die Jauche auf das Feld kommt, fängt sie an, für uns zu arbeiten. Durch natürliche Umwandlungsprozesse zersetzt sie sich und wird zum maßgeblichen Nährstoff für das heranwachsende Getreide. Zur rechten Zeit hat sich die Jauche in herrlichen goldenen Weizen verwandelt, aus dem appetitlich duftendes, warmes frisches Brot gebacken wird. Wenn man das Brot anschaut, daran riecht und sich an seinem köstlichen Geschmack erfreut, würde man nicht daran denken, daß Jauche bei seiner Entstehung eine Hauptrolle gespielt hat.

Ist Jauche also gut oder schlecht? Sie ist schlecht, wenn sie unangemessen eingesetzt wird und gut, wenn man sie am rechten Platz verwendet. Wurde sie von Gott geschaffen? Ebenso sicher wie frisches, köstliches Brot.

Schrott oder Gold

Die meisten berühmten Menschen, die Veränderungen auf der Welt bewirkten, mußten viel Jauche zu guter Erde verwandeln. Hier sind ein paar Beispiele für gute Landwirte der Seele:

• Beethoven ging sehr unbeholfen mit seiner Geige um und spielte lieber seine eigenen Kompositionen als sich in der Technik zu üben. Sein Lehrer nannte ihn einen hoffnungslosen Komponisten.

• Bevor Abraham Lincoln zum Präsidenten gewählt wurde, verlor er bei neun öffentlichen Wahlen, meldete zweimal Bankrott an und überstand einen Nervenzusammenbruch und den Tod seiner Verlobten. Er sagte: »Solange man nicht aufgibt, hat man noch nicht verloren.«

• Alfred Nobel, nach dem der Friedensnobelpreis benannt wurde, erfand das Dynamit. Als er die zerstörerischen Wirkungen seiner Erfindung sah, wurde er inspiriert, seine Kräfte für den Weltfrieden einzusetzen.

• Albert Einstein fing erst mit vier Jahren an zu sprechen und konnte bis zum Alter von sieben nicht lesen. Sein Lehrer beschrieb ihn als »geistig langsam, nicht umgänglich und ständig in dummen Träumereien versunken«. Er wurde nicht zum Zürcher Polytechnikum zugelassen.

• Achtzehn Verleger lehnten »Die Möwe Jonathan« von Richard Bach ab, bevor es 1970 schließlich von MacMillan veröffentlicht wurde. Bereits 1975 waren allein in den USA mehr als sieben Millionen Exemplare davon verkauft.

• Walt Disney wurde vom Herausgeber einer Zeitung mit der Begründung gefeuert, er hätte nicht genug Ideen. Disney ging auch mehrmals bankrott, bevor er Disneyland baute. (1)

❦ SCHLÜSSEL ❦
Jedes Minus ist ein halbes Plus,
das auf den vertikalen Strich
aufwärtsgerichteten Bewußtseins wartet

Hier sind noch einige andere Varianten, die zeigen, wie das, was deiner Ansicht nach falsch an dir ist, das Richtige sein könnte:

SCHEINBAR NEGATIV	POSITIVES POTENTIAL
Ängstlich	Vorsichtig, wachsam, vernünftig
Behindert	Besitzt Überwindungskraft, lenkt die Aufmerksamkeit auf ungewöhnliche Fähigkeiten, inspiriert andere
Bestimmend	Führungsqualitäten, die Sache in die Hand nehmen, »dran«-bleiben
Draufgänger	Geht Risiken ein, überwindet die Angst, sprengt Grenzen
Dunkle Vergangenheit	Vorbereitung für einen höheren Dienst in der Welt, Fürsprecher der Unterdrückten
Eigenbrötler	Unabhängig, zentriert
Einsiedlerisch	Zentriert, kontemplativ, unabhängig
Fordernd	Rechte fordernd, weil sie einem wirklich zustehen
Geizig	Vernunft, Selbstbeherrschung, Weisheit, Einteilung der Energie
Hanswurst	Nimmt die Spannung, Aufheiterer
Naiv	Unschuldig, reines Herz
Rebellisch, streitlustig	Fordert den Status quo heraus
Sexbesessen	Leidenschaftlich, sinnlich, erotisch

Stur	Beharrlich, fordert Rechte, hat die Ausdauer, etwas zu Ende zu bringen
Träumer	Visionär, Dichter, Mystiker
Unverbindlich	Bereit, die Wahrheit im Augenblick zu leben, kann sich Veränderungen anpassen
Urteilend/kritisch	Scharfsichtig, unterscheidungsfähig
Zwanghaft	Gründlich, detailorientiert, gut organisiert

Jedes sogenannte negative Merkmal trägt den Keim des positiven Potentials in sich, das weit über die Urteile hinausgeht, die wir über das Negative haben. »Charakterschwächen« sind einfach Charakterstärken im frühen Entwicklungsstadium. Weise gelenkt kann die hinter den meisten unerwünschten Persönlichkeitsmerkmalen verborgene Energie in die größten Begabungen eines Lebens umgewandelt werden.

Der begrenzte Geist sieht Kleinheit; die göttliche Sicht nimmt die vorhandene oder innewohnende Größe wahr. Wir können in jedem Augenblick wählen, welcher Sichtweise wir uns bedienen wollen, und wir werden die Ergebnisse desjenigen Blickwinkels, den wir einnehmen, erzielen.

AKTIVIERUNG
Vom Minus zum Plus

Denk darüber nach, wie das, was an dir nicht stimmt, möglicherweise das ist, was richtig ist:

Negative(s) Merkmal   Positives Potential
oder Handlung

Licht auf den Schatten lenken

Dr. Abraham Maslow wird liebevoll der Vater der humanistischen Psychologie genannt. Sein klassisches Buch *Psychologie des Seins* veränderte die Weltsicht der modernen Psychologie – der es zuvor darum ging, zerrütteten Patienten zu helfen, mit ihren Krankheiten fertig zu werden – dahingehend, schöpferische menschliche

194

Wesen so aufzurichten, daß sie ihr höchstes Potential zum Ausdruck bringen.

Nach fünfundzwanzig Jahren als praktizierender Psychologe kam Dr. Maslow mit einer revolutionären Idee: Anstatt kranke Menschen zu studieren, um etwas über die Beschaffenheit von Funktionsstörungen zu erfahren, warum sollte man nicht gesunde, produktive und erfolgreiche Menschen studieren, um herauszufinden, was Selbstverwirklichung fördert. Wenn wir lernen wollen, wie unser Leben besser laufen kann, sollten wir unsere Aufmerksamkeit auf das richten, was *klappt* und nicht auf das, was nicht klappt.

Viele von uns wissen durchaus, was an ihnen nicht stimmt. Wenn man sie dazu aufforderte, würden die meisten Menschen eine endlose Liste ihrer Probleme, Behinderungen und Fehler herunterrasseln. Als Gesellschaft sind wir sehr schwächenbewußt. Wir verherrlichen unsere Schwächen und spielen unsere Erfolge runter. Wir sind zu Meistern des Negativen geworden; wir kennen unsere dunkle Seite, als sei sie unser bester Freund und halten an ihr fest, als sei sie unser Selbst. Wenn wir unsere göttliche Natur ebenso kennen und unnachgiebig für sie eintreten würden wie für unsere Schwächen, würden wir unser Leben und den Planeten bald transformieren.

Unsere Grenzen sind nur eine Facette unseres meisterhaft angelegten Wesens. Wenn du dich charakterisierst, paß auf, daß du dich nicht auf deine Grenzen beschränkst. Das wäre genauso, als würdest du von einem tollen Grundstück nur den Zaun oder die Mauer beschreiben und die Villa, die darauf steht, völlig ignorieren. Ja, es gibt Grenzen und Beschränkungen, aber es ist auch etwas anderes da, und das andere macht den entscheidenden Unterschied.

Der Schlüssel zu beschleunigter Transformation liegt darin, *das aufzugreifen, was du verurteilst, es neu zu sehen und für dich arbeiten zu lassen.* Vielleicht bist du schüchtern, streitlustig, sexbesessen oder angespannt: Das wollen wir auch gar nicht wegdiskutieren. Aber räum doch mal die Möglichkeit ein, daß diese Eigenschaft *nicht* die Ganzheit dessen ausmacht, wer oder was du bist; sie ist nur ein Stück eines größeren Puzzles. Für sich gesehen hat es keine Funktion und scheint unangebracht, ja sogar schädlich zu sein. Im Rahmen deines übergeordneten Lebensziels jedoch hat diese Eigenschaft vollkommene Berechtigung und mag sich als entscheidend wichtiges Element deines Schicksals und des Schicksals der Menschen, mit denen du zu tun hast, erweisen.

Teilweise mag der Sinn, eine Schwierigkeit zu überwinden, darin bestehen, anderen zu helfen, die noch immer mit derselben Not kämpfen. Denk z. B. an Bill Wilson, einen der Gründer der Anonymen Alkoholiker oder Dr. Helen Schucman, die *Ein Kurs in Wundern* aufschrieb. Jeder dieser mutigen Menschen hatte lange Zeit mit persönlichen Schwierigkeiten zu kämpfen. Keiner von beiden hatte die geringste Ahnung davon, daß der Erfolg im Zuge ihres individuellen Erwachens einmal vielen Millionen Menschen helfen würde. Wenn du eine scheinbare Grenze überwindest, so tust du es nicht nur für dich, sondern für viele, die du vielleicht nie sehen oder kennen wirst. *Ein Kurs in Wundern* erinnert uns: »Wenn ich geheilt bin, bin ich nicht allein geheilt.« (2)

Wahre Alchemie

So sind wir mit der Aufforderung konfrontiert, das Mangelbewußtsein aufzugeben und dort, wo wir einst Hindernisse sahen, Möglichkeiten zu erblicken. Ein Problem ist nichts als eine Gelegenheit, die nicht in ihrer Ganzheit gesehen wurde. Schau einfach weniger auf den Teil als aufs Ganze, und das Problem wird sich lösen.

Es gibt nichts, was du mit einer liebevollen Einstellung nicht aufgreifen und positiv verwandeln könntest. Das nächste Mal, wenn du einen Menschen oder eine Situation gerade mit »verdammter Mist(-kerl)« oder so beschimpfen willst, halt inne und denk daran, daß im Mist auch Humus und guter Dünger verborgen ist. Ja, natürlich ist es auch Mist, ist sie vielleicht ein Miststück, er möglicherweise ein Mistkerl, aber der darin verborgene Dünger ist fruchtbar. Hierin liegt die Chance, die dir Kraft schenkt, wenn du sie nur erkennst und nutzt.

Wir erlernen spirituelle Alchemie – indem wir unser Leben in die Hand nehmen und es in Gold verwandeln. Das Geheimnis der Alchemie ist die Erkenntnis, daß du Gold *bist*. Es ist nutzlos, aus irgendeiner Substanz der äußeren Welt tatsächliches oder symbolisches Gold zu machen, solange du nicht erkennst, daß der wahre Schatz innen liegt. Wir sind spirituelle Wesen, geschaffen im Ebenbild eines allumfassenden und liebenden Gottes. Erkenne diese grundlegende Wahrheit, und das Leben, das du zum Ausdruck bringst, wird das Wissen um deine wahre Identität spiegeln.

Der Film *Auf der Suche nach dem dunklen Kristall* betont eindringlich die entscheidende Wichtigkeit, *alle* Teile des größeren Bildes zusammenzubringen. Der Film handelt von einer Welt, die dem Untergang geweiht ist und in der es nur noch zwei Faktionen gibt – die starken, aber boshaften *Skekse* und die sanften, jedoch kraftlosen *Mystiker*. Die Skekse sind mächtige Krieger, aber sie sind nicht integer. Die Mystiker hingegen sind ziemlich weise, doch haben sie zu wenig Motivation. Beide Lager verwenden den Großteil ihrer Energie darauf, für sich zu bleiben und ihre privaten Interessen zu schützen.

Als ihre Welt dem Ende zugeht, müssen die Mystiker und Skekse an einem Ort zusammenkommen, wo sich eine wunderbare Wandlung vollzieht. Beide Gruppen verschmelzen auf geheimnisvolle Weise miteinander und gehen ineinander auf; die alten, entarteten Wesen in jeder Faktion verschwinden und werden zu neuen und anderen Wesen des strahlenden Lichts und der Stärke. Getrennt waren sie schwach. Zusammen bilden sie ein Wesen, das alle Vorstellungen, die sie sich in ihrem begrenzten Lager machen konnten, weit übertrifft.

Infolge dieser psychischen Verschmelzung kehrt Leben in ihre vom Untergang bedrohte Welt zurück. Die dürre, unfruchtbare Wüste erblüht wieder, Blumen und Tiere kehren zurück, und ihre zuvor hoffnungslose Existenz wird wieder zu einem Reich majestätischer Schönheit erweckt.

In diesem Wachstumssprung mußte keine Gruppe das aufgeben, was sie war; jede Faktion besaß ein einzigartiges Element, das wichtig für die Erschaffung des ganzen Wesens war. Die Aufspaltung ihrer Welt in Polaritäten war genau das, was sie schwächte und zu ihrem Untergang führte, und das Zusammenführen der

Polaritäten schenkte ihrer Welt neues Leben. Die Schwächen jeder Gruppe vergrößerten sich, je mehr sie auseinandergingen, und in ihrer Einheit vervielfachten sich ihre Stärken.

Auf der Suche nach dem dunklen Kristall ist ein perfektes Symbol für die Art und Weise, wie wir in unserer derzeitigen Misere gelandet sind und wie wir aus ihr herausfinden können und werden. Indem wir uns in Polaritäten aufgespalten haben und uns nur mit dem identifizieren, was uns unterscheidet, entgeht uns der Beitrag, den unsere Individualität für das Ganze leisten könnte. Wir neigen dazu, uns wegen genau der Dinge herabzusetzen, aufgrund derer wir uns höher einschätzen sollten. Wir haben uns aus dem Himmel herauskritisiert und uns dabei selbst in die Hölle geschickt.

Aber das ist nicht das Ende der Geschichte. Selbst während unseres Aufenthalts in der Dunkelheit haben wir Eigenschaften und Wesenszüge entwickelt, die auch wiederum die Tür zu einem himmlischen Dasein öffnen werden. Wir müssen das Gute in uns würdigen, damit wir es nutzen und die alte Welt heilen können, um schließlich eine neue zu finden.

Wir werden keine neuen Gaben empfangen, mit denen wir uns die gewünschte Welt erschaffen können. Alles, was wir brauchen, wurde uns bereits gegeben. Jetzt müssen wir nur noch das, was wir haben, nutzen; wir müssen Kapital aus unserer inneren Kraft schlagen, die ungenutzt geblieben ist, weil wir unsere Stärke verkannt und die uns verliehene Kraft geleugnet haben. Werde zum Alchemisten deiner hervorstechendsten Schwäche, indem du die Maske des Mankos abstreifst und deine größte Stärke würdigst. Sie wartet auf dich, jetzt. Laß dein Leben zu einer herrlichen Widerspiegelung dessen werden, was du bereits bist. Wer das Wunder im Innersten seines Wesens entdeckt hat, kann nicht aufgehalten werden. Lebe jetzt deine Bestimmung, und du wirst alles, wozu dich die *Liebe* erschuf, segnen.

Willkommen sei jedes Organ und jede Eigenschaft von mir…
Kein Zentimeter, kein Millimeter davon ist wertlos…
WALT WHITMAN

Dankbarkeit

Liebe kann nicht weit entfernt sein
von einem dankbaren Herzen und dankerfüllten Geist... (1)
dies sind die wahren Bedingungen für deine Heimkehr. (2)
EIN KURS IN WUNDERN

Samantha ist mein kleiner Guru, die mein Herz wie kaum sonst jemand öffnen kann. Sie lebt im Körper eines Kindes, doch lehrt sie mich wie ein alter Weiser. Samantha inspiriert mich, wenn ich mich für nichts ansprechbar fühle. Sie ist ein Geschenk Gottes.

An einem Samstag nach unserem Ausflug in die Pizzeria, zum Einkaufszentrum und ins Kino fuhr ich Samantha zur neuen Wohnung ihrer Familie. Als wir von der Hauptstraße auf den Feldweg abbogen, der zu ihr nach Hause führte, brach mir das Herz, als ich sah, daß sie und ihre Familie auf dem Feld in einem alten Schulbus lebten.

Während Samantha mir die Unterkunft ihrer Familie zeigte, stieg Traurigkeit in mir hoch, daß dieses kleine Mädchen, das ich so liebte, in einer so heruntergekommenen Umgebung aufwuchs. Mein Blick glitt betroffen über die verrosteten Fugen der Blechwände, die zersprungenen Fenster und ein undichtes Dach, und ich erkannte, daß ihre Familie ums nackte Überleben kämpfen mußte. Ich wollte sie aus dieser Notdürftigkeit befreien.

Samantha schaute mich mit ihren großen, braunen Augen an und fragte mich: »Würdest du gern mein Zimmer sehen?«

»Okay«, antwortete ich zögernd.

Das Kind nahm mich an der Hand und führte mich eine behelfsmäßige Treppe hoch, die zu einem kleinen, hölzernen Anbau führte, der auf dem Dach des Busses errichtet worden war. Ich schauderte, als ich sah, daß ihr Raum im selben Zustand wie alles andere war, kaum bewohnbar. Während ich mich umsah, bemerkte ich ein einziges einigermaßen hübsches Element in ihrer Behausung, einen farbenfrohen Wandteppich, der über einem Raumteiler hing, den man vielleicht als Wand bezeichnen konnte.

»Und wie findest du das Leben hier drin so?« fragte ich Samantha und erwartete eine niedergeschlagene Antwort.

Statt dessen leuchtete ihr Gesicht zu meiner Überraschung auf. »Ich liebe meine Wand!« kicherte sie.

Ich war verblüfft. Samantha machte keinen Witz. Sie mochte diesen Ort wirklich wegen der farbigen Wand. Das Kind fand inmitten der Hölle ein Stückchen Himmel, und darauf richtete sie ihre Aufmerksamkeit. Sie war glücklich.

Ich fuhr in einem Zustand der Ehrfurcht nach Hause. Dieses zehnjährige Mädchen sah ihr Leben mit den Augen der Dankbarkeit, und das machte alles anders. Ich begann, über all die Dinge in meinem Leben nachzudenken, über die ich mich beklagt habe. Ich erkannte, daß ich so sehr auf das geachtet habe, was mir fehlt, daß ich gar nicht wahrgenommen habe, was da *ist*. Ich habe mich nur auf das rostige Blech konzentriert und dabei einige farbenprächtige Wandteppiche übersehen. Ich machte Samanthas Aussage zum Thema meiner Meditation: »Ich liebe meine Wand!«

❦ SCHLÜSSEL ❦
Die Haltung der Dankbarkeit erhebt

Dankbarkeit und Großzügigkeit

Während wir nach Therapeuten, Gurus, Geistführern und gechannelten Wesen suchten, um uns zeigen zu lassen, wie wir leben sollen, stehen zwei höchst mächtige Verbündete bereit, um alle Erfüllung zu gewähren, die wir begehren. Es sind *Dankbarkeit* und *Großzügigkeit* (3).

Dankbarkeit und Großzügigkeit sind untrennbare Seiten derselben göttlichen Medaille. Wenn du dankbar bist für das, was du empfangen hast, wirst du ganz selbstverständlich und freudig wünschen, deine Segnungen zu teilen. Und während du deine Liebe auf andere ausdehnst, öffnest du ein Tor, durch das sogar noch mehr Fülle in dein Leben fließt. Je mehr du gibst, desto mehr wird dir gegeben und um so mehr wirst du zu geben haben. Das Prinzip ist die Himmel-auf-Erden-Umkehrung von dem, was sich das Denken der Angst als Teufelskreis vorstellt. Wir könnten es einen »himmlischen Kreislauf« nennen.

Die großzügigsten Menschen auf der Welt sind auch die dankbarsten. Wer die Dynamik des Lebens aus der Fülle versteht, weiß, daß freudig Gebende auch bereitwillig Empfangende sind. Der göttliche Stromkreis fließt, wenn wir mit der einen Hand Segnungen annehmen und sie mit der anderen weitergeben.

Eine reizende japanische Geschichte faßt die Essenz dieser Kraft der Dankbarkeit zusammen:

Vor hundertundfünfzig Jahren lebte eine Frau namens Sono, die weit und breit für ihre Hingabe und Herzensreinheit geachtet wurde. Eines Tages fragte ein anderer Buddhist, der weit gereist war, um sie zu sehen: »Was kann ich tun, damit mein Herz zur Ruhe kommt?«

Sono sagte: »Sag jeden Morgen und jeden Abend und wann immer dir etwas geschieht ständig: ›Danke für alles. Ich habe nichts zu beklagen.‹«

Der Mann befolgte die Anweisung ein ganzes Jahr lang, aber sein Herz hatte immer noch keinen Frieden. Niedergeschlagen kehrte er zu Sono zurück. »Ich habe dein Gebet immer wieder gesagt, und doch hat sich nichts in meinem Leben verändert; ich bin immer noch dieselbe egoistische Person wie zuvor. Was soll ich jetzt tun?«

Sono sagte sofort: »Danke für alles. Ich habe nichts zu beklagen!«

Als er diese Worte hörte, erlangte der Mann die spirituelle Schau und kehrte mit großer Freude nach Hause zurück. (4)

Saft für's Leben pressen

Dankbarkeit ist, wie der Glaube, ein Muskel. Je mehr du ihn benutzt, desto stärker wird er und desto mehr Kraft hast du, ihn für dich einzusetzen. Wenn du keine Dankbarkeit übst, so wird ihre wohltätige Wirkung unbemerkt an dir vorübergehen, und deine Fähigkeit, Nutzen aus ihren Gaben zu ziehen, wird geschwächt.

Dankbar zu sein bedeutet, in allem Segnungen zu finden. Das ist die wirksamste Einstellung, die man sich zu eigen machen kann, denn alles enthält Segnungen. In der Schöpfungsgeschichte erfahren wir, wie Gott, nachdem Er jedes neue Element in der Natur geschaffen hatte, sah: »Und fürwahr, es war sehr gut.« Wenn wir Gott erkennen möchten, dann müssen wir wie Gott werden; wie Gott werden bedeutet, überall Schönheit zu feiern. Indem wir dankbar sind, kehren wir zu unserer wahren Natur zurück, und das ermöglicht uns, schon auf Erden die Freigebigkeit des Himmels zu erfahren.

Um deine Erfahrung der Fülle zu fördern, beginne, alles »gut« zu nennen. Finde eine Möglichkeit, jede Situation neu zu sehen, bis du den Segen darin sehen kannst. Der höchste Nutzen des Denkens besteht darin, eine »Segens-Presse« zu sein. Wahrscheinlich hast du schon mal Saftpressen gesehen oder benutzt, die so funktionieren: Du steckst eine Möhre in den Trichter oben hinein, der Entsafter zerkleinert das Gemüse, und bald ergießt sich vorn aus der Öffnung kostbarer, goldgelber Saft, während das rohe Fruchtfleisch seitlich aus einem Schacht herauskommt.

Die »Segens-Presse« funktioniert ähnlich: Du steckst deine Erfahrung in den Trichter des höheren Bewußtseins und drückst auf den Schalter, d. h. du bittest darum, die Situation in einem neuen Licht, das dich aufbaut, sehen zu können. Während die Maschine läuft, laß Kummer, Leid und Ärger aus dem Seitenschacht herausfließen. Dann öffne dein Bewußtsein, um den Segen zu sehen, den du vermißt hast, während du im Leid versunken warst. Das Gute ist da, wenn du bereit bist, es wahrzunehmen.

Wenn du einmal das Geschenk, das in einer Erfahrung steckt, erkannt hast, wird sie eine ganz andere Bedeutung für dich annehmen. Du wirst nicht mehr durch Groll an deine Vergangenheit gebunden und frei sein, den nächsten Schritt zu deinem höheren Nutzen zu tun. Werf den Abfall auf den Komposthaufen (um ihn als Dünger für die nächste Möhrenernte zu recyceln) und genieße den Saft. Mit anderen Worten: Nimm das Beste, und laß den Rest zurück.

Ärger dich nicht, sei glücklich

Seit die Menschen nach einer höheren Antwort auf die Geheimnisse des Lebens suchen, erkennen spirituelle Traditionen Verurteilung als den maßgeblichen Totenbeschwörer jeglichen Friedens. Die Geschenke, die dir durch Dankbarkeit zuteil würden, werden dir durch das Be- und Verurteilen entrissen. Du kannst nicht über jemanden zu Gericht sitzen und dabei glücklich sein.

Im Garten Eden erhielten Adam und Eva die Erlaubnis, alle Früchte des Gartens zu essen einschließlich der vom Baum des Lebens. Gott unterwies sie, der einzige Baum, von dem sie sich fernhalten sollten, sei der Baum der Erkenntnis von Gut und Böse.

Natürlich ist die Geschichte sinnbildlich zu verstehen. Adam und Eva sind keine Wesen aus grauer Vorzeit; sie sind *wir*. Der Garten Eden ist das unermeßliche Universum, in dem wir leben. Der Baum des Lebens steht für unser Recht, seelisch, geistig und körperlich ganz lebendig und vital zu sein. Der Baum der Erkenntnis von Gut und Böse symbolisiert die Aufspaltung des Lebens in Konzepte von Gut und Böse, so wie sie der begrenzte, rationale Verstand in seiner Arroganz wahrnimmt, während er gleichzeitig darauf besteht, seine extrem verschleierte Sicht sei der Weisheit letzter Schluß. Sobald wir eine Situation oder Beziehung beurteilen, verliert sie ihre Reinheit. Vielleicht hast du schon einmal die Erfahrung gemacht, daß du eine wunderbare Person getroffen hast, von der du sehr angezogen warst. Du verbrachtest eine herrliche Zeit mit ihr und sahst sie im besten Licht, vielleicht sogar frei von allen Fehlern und göttlich. Dann begannst du, kleine Unvollkommenheiten zu bemerken. Zuerst waren es nur winzige Schwächen, die sich angesichts ihrer unübertroffenen Ausstrahlung vielleicht sogar süß oder liebenswert ausnahmen. Dann wurde die Stimme des Urteilens immer vernehmlicher, bis ihre Fehler überwältigend erschienen, und das Gute, das du anfangs in ihr sahst, nur noch ein kleines Rinnsal oder ganz verschwunden war. Du beklagtest dich, sie hätte dich an der Nase herumgeführt, sie hätte sich verändert oder wäre nicht die Person, für die du sie gehalten hättest. Dann hast du dich ärgerlich oder zumindest enttäuscht getrennt. Danach hast du dich in Einsamkeit verkapselt, um dich selbst zu schützen, und hast dich gefragt, wie du nur so einen Fehler machen konntest.

Das ist der Sündenfall. Die Vertreibung aus dem Paradies war kein historisches Ereignis vor Millionen von Jahren; sie geschah in deinem und meinem Leben und vollzieht sich täglich. Nicht Gott vertrieb uns; *wir* verbannen uns selbst aus dem Paradies, wenn wir mehr mit den Augen der Angst als mit den Augen der Liebe schauen. Der Schöpfer sagte Adam und Eva genau, was sie tun mußten, um in der Seligkeit zu bleiben: Erfreut euch am Leben und meidet das Urteilen (mit anderen Worten »Ärger dich nicht, sei glücklich«). Erst als Eva und Adam ihren Blick von der Einheit zur Trennung herabwandten, konnten sie die gesegnete Welt, in die sie hineingeboren waren, nicht mehr erkennen.

Das Leben ständig in gut und schlecht, richtig und falsch, freundlich und bedrohlich, Leben und Tod aufzuspalten, bedeutet, immer weiter vergiftete Bissen von jenem Apfel zu nehmen, der uns aus dem Paradies vertrieb. Jenseits der Gegensätze ist Leben, doch wir versäumen es, die Vollkommenheit in uns und um uns herum zu erkennen, wenn wir vornehmlich mit Urteilen, Vergleichen und Wetteifern beschäftigt sind. Wir kommen aus einem Ursprung und werden unseren Weg zurück ins Paradies nur finden, wenn wir durch das ein-fältige Auge der Liebe blicken.

Die Heimkehr

Seitdem wir diesen wurmstichigen Apfel gegessen haben, verbrachten wir die meiste Zeit damit, unseren Rückweg zum Paradies zu suchen. Es heißt, wir brauchen neun Monate, um aus dem Schoß herauszukommen, und das übrige Leben versuchen wir, wieder hineinzukommen. Der Schoß, in den wir zurückkehren möchten, ist nicht physisch; er ist unser spirituelles Zuhause. Wir wissen alle, daß es ihn gibt; wir versuchen nur rauszukriegen, wie wir zurückkommen können.

Die frohe Botschaft ist, daß unsere Vertreibung aus dem Paradies nur im Bewußtsein geschah. Selbst während wir uns unter dem Joch des Urteilens mühten, haben wir den Himmel in uns getragen. Wir hatten ihn die ganze Zeit; wir wußten nur nicht, daß er da war. *Das Gegenmittel für die Hölle ist nicht geographisch lokalisiert; es betrifft die Einstellung.* Wir brauchen nicht irgendwohin zu gehen; wir müssen nur aus einem klareren Blickwinkel schauen. Hölle ist keine ewige Fügung des Schicksals, der wir entkommen müssen; sie ist ein schlechter Traum, aus dem wir erwachen müssen. Wie Emerson bemerkte: »Wir mögen in der Welt nach Glück suchen, doch wenn wir es nicht in uns finden, finden wir es nirgends.«

Dein Erwachen vollzieht sich bereits. Du hast deine Rückreise zum Paradies begonnen und bist auf gutem Weg, es zu erreichen. Der letzte Schritt zum Eintritt ins Paradies ist die Erkenntnis, daß du es nie verlassen hast. Alle äußeren Reisen spiegeln nur unsere innere Sehnsucht nach dem Bewußtsein, daß wir ewig frei und unendlich geliebt sind. Sobald du dich als spirituelles Wesen erkannt hast, kann dir nichts in der äußeren Welt mehr geben, als was du bereits hast; nichts dich zu mehr machen, als was du bereits bist. Du lebst bereits im Paradies, und irgendwo anders hinzugehen, wird dich ihm nicht näherbringen.

Aus der Hölle führt ein direkter Weg, wenn du das, was dich aus dem Himmel trieb, bleiben läßt: das Urteilen. Wende deinen Verstand und dein Herz wieder dem Frieden zu, der sich aus der Vision der Einheit ergibt. Laß die Gedanken an eine böse Welt, die dich zu verletzen sucht, los. Die Ebene, auf der das Böse scheinbar existiert, liegt weiter unterhalb der Würde, die auszudrücken du geschaffen wurdest. (Es ist unglaublich, wie sehr sich das Bewußtsein verengen muß, um eine schlechte Welt zu sehen!) Das Universum versucht *tatsächlich*, dich zu erwischen, aber nicht, um dich zu quälen, sondern um dich zu befreien. Geh in Frieden und fürchte dich nicht. Liebe ist die einzige Wirklichkeit.

Schwerter als Pflugschar

Ein Kurs in Wundern gibt ein Rezept zur Heilung des von leidvollen Gedanken gequälten Verstandes. Der Kurs schlägt vor, die Einstellung zu praktizieren: »Heute will ich über nichts urteilen, was geschieht.« (5)

AKTIVIERUNG

Das Kritik-Fasten

Beschließe für einen Tag: »Ich werde nichts, was heute geschieht, kritisieren. Ich werde mir vorstellen, daß alles, was geschieht, zu meinem Besten und zum Besten der anderen geschieht. Ich werde die Urteile loslassen, die ich mir angeeignet habe. Ich werde mich selbst, meine Motivationen und meine Handlungen als rein betrachten. Ich werde den kritischen oder urteilenden Bemerkungen oder Haltungen anderer nicht zustimmen. Ich werde das Gute in mir und meiner Umgebung nicht leugnen. Ich widme diesen ganzen Tag dem Feiern des Guten.«

Wenn du einen Tag, ja selbst eine Stunde oder eine Minute das Urteilen aufgeben kannst, wirst du auf gutem Weg zurück zum Paradies sein. Du wirst erkennen, daß Kritik – vor allem Selbstkritik – die Glieder der Kette geschmiedet hat, die uns an Angst und Schmerz gefesselt hielt. *Den Brennpunkt deiner Aufmerksamkeit von Kritik zu Dankbarkeit zu verlagern, wird dein Leben dauerhaft verändern.* Stell dir z. B. vor, wie dramatisch sich die Welt verändern würde, wenn die Regierungen die Milliarden Dollar, die jetzt in Waffen und Abwehrsysteme investiert werden, für kreative Dienstleistungen wie Gesundheitsfürsorge, Erziehung, Sozialeinrichtungen und für Stiftungen im Bereich der Kunst und Wissenschaften ausgeben würde. In kurzer Zeit würde das Maß menschlichen Glücks und menschlicher Effektivität auf dem Planeten die Welt zu einem völlig anderen Ort machen.

Auf einer persönlichen Ebene wird die Energie, die wir in Kritik investieren, von unseren inneren Abwehrmechanismen aufgebracht. Je mehr Zeit wir damit verbringen, uns selbst und andere (wenn auch nur geistig) zu verurteilen, um so weniger Energie bleibt uns für unsere eigene Heilung, Kreativität und Lebensfreude. Unsere Beschäftigung mit dem, was bei uns nicht stimmt, ist genau das, was uns davon abhält, zu sehen und zu genießen, was in uns und im Leben stimmig ist. Und es gibt vieles, das stimmig ist – wenn wir nur bereit sind, es zu sehen.

Der göttliche Narr

Im Tarotspiel gibt es eine faszinierende Karte, die »Der Narr« heißt und einen jungen Mann darstellt, der unbekümmert über eine Klippe spaziert, während er dabei an einer Blume riecht.

Es gibt zwei klassische Interpretationen dieses Symbols. Der Narr kann die niedrigste oder die höchste Karte vom Spiel sein. Oberflächlich betrachtet sieht der Mann wie ein Schwachsinniger aus, so blind angesichts der Gefahr, daß er fast in den Tod stürzt. Auf der anderen Seite könnte der Narr jemanden repräsentieren, der sich voller Glauben auf den Weg macht. Vielleicht ist er nicht schwachsinnig, sondern weise. Der Abgrund symbolisiert möglicherweise keine materielle Klippe, sondern das Unbekannte. Wenn wir uns auf ein Abenteuer begeben, verlassen wir den vertrauten festen Boden und betreten unerforschtes Territorium. Obwohl ein solcher Schritt Gefahren bergen mag, ermöglicht er uns auch, etwas zu entdecken und zu erreichen. Große Genies und Weltveränderer wurden zu Beginn ihrer Unternehmungen meist für Narren gehalten und im nachhinein als Helden betrachtet. Der göttliche Narr hat ein so tiefes Vertrauen, daß er bereit ist, arglos an einer offensichtlichen Gefahr vorbeizuwandern, während er dabei die Schönheit der Blumen würdigt.

In dem Film *Garp und wie er die Welt sah* stellt Robin Williams einen göttlichen Narren dar. Auf seine eigene ausgefallene Weise findet Garp ständig, wohin er auch geht, Gutes. Manchmal sieht er wie ein Blödmann aus, aber in vielerlei Hinsicht ist er ein verkappter Weiser.

Im Film kommt eine wunderbare Szene vor, in der Garp und seine Frau ein Haus begutachten, das sie vielleicht kaufen wollen. Während der Makler ihnen die Anlagen zeigt, versagt ein Flugzeug, das über sie hinwegfliegt, trudelt ab und stürzt ins zweite Stockwerk ein, wo es steckenbleibt. Der Pilot klettert aus dem

Cockpit, staubt seine Fliegeruniform ab und fragt den Makler unbekümmert: »Könnte ich das Telefon benutzen?«

Aufgrund der Verwüstung des Hauses steigt Garps Frau in ihr Auto, um wegzufahren. Als Garp nicht nachkommt, fragt sie ihn: »Bist du verrückt? Du denkst doch wohl nicht mehr daran, dies Ding zu kaufen, oder?«

»Aber gewiß doch!« antwortet er begeistert. »Die Chance, daß dies noch mal passiert, ist winzig.«

Wir können jede Erfahrung auf zweierlei Weise sehen: mit den Augen der Angst oder mit den Augen der Liebe. Die Angst sieht Grenzen, die Liebe Möglichkeiten. Jede Haltung wird von den Glaubenssätzen, an denen du festhältst, bestätigt. Ergib dich der Liebe anstatt der Angst, und Liebe wird dich tragen, wohin du auch gehen magst.

Urteil und Unterscheidungsvermögen

Viele auf dem spirituellen Pfad haben Schwierigkeiten, Urteil und Unterscheidungsvermögen auseinanderzuhalten. Indem wir versucht haben, das Urteilen zu meiden, sind wir in schmerzhafte Situationen gekommen, da wir keine klare Unterscheidung geübt haben. Gott befahl Adam und Eva, nicht zu verurteilen, aber er sagte ihnen nicht, sie sollten keine Unterschiede wahrnehmen.

Der Unterschied zwischen Unterscheidungsvermögen und Beurteilen ist derselbe wie zwischen Unschuld und Naivität. Erstere wirkt sich als natürliche Eigenschaft segensreich für uns aus; letztere verhindert, daß wir unsere angeborene Weisheit nutzen.

Beurteilung ist der Schleier, der die klare Sicht beeinträchtigt. Auffassungen von Mangel, Ausgeliefertsein und Getrenntheit verschmieren die Linse, durch die wir das Leben sehen. Wir sehen, wie der Apostel Paulus es beschrieb »durch einen dunklen Spiegel«. Wir versäumen die Freude zu leben, weil wir nicht das Gute würdigen, das vor uns liegt.

Unterscheidungsvermögen ist die Fähigkeit, aufgrund von intuitiver Weisheit klar zu wählen. Wenn ich auf jeden Vorschlag einginge, der mir gemacht wird, wäre ich wirklich zu bedauern.

Man hat mich angesprochen, an unethischen Projekten teilzunehmen oder an Aktivitäten, die zwar legitim sind, aber nichts mit meiner Aufgabe zu tun haben. Ich würde mich und andere nur verletzen, wenn ich »Ja« zu etwas sagen würde, das nicht integer ist oder nicht im Einklang mit meiner Absicht steht. Wenn jemand in seinem Auto auf eine Klippe zusteuert, hilfst du ihm nicht noch zusätzlich, indem du mit ihm ins Auto springst. Vielleicht fährt er auch nicht auf eine Klippe zu, sondern einfach nach Norden, während du nach Süden ausgerichtet bist. Dann besteht deine beste Hilfe darin zu erklären: »Dies ist mein richtiger Ort oder meine Richtung, und daran muß ich mich halten.« Wir mißbilligen nicht, daß der andere in seine Richtung geht, aber wir brauchen auch nicht von dem Pfad abweichen, auf den wir geführt werden.

Wenn du herausfinden willst, ob du verurteilst oder klar wahrnimmst, solltest du die Art und Intensität der Emotion, die deine Handlung begleitet, beobachten. Verurteilung ruft eine Störung im Emotionalkörper hervor; Ärger, Streit und Kummer verfärben die gegebene Situation. (Manchmal sind diese Energien nicht offensichtlich; doch selbst wenn nur eine Spur von Verstimmung da ist, kannst du sicher sein, daß Angst hinter den Kulissen das Sagen hat.) Da ist das Gefühl, daß der andere falschliegt und berichtigt oder bestraft werden muß oder daß man ihm ausweichen sollte. Handlungen, die dem Verurteilen entspringen, hinterlassen ein unbehagliches und ungelöstes Gefühl in dir. Zurück bleibt etwas Gequältes, Bitteres, oder Groll. Du fühlst dich nicht als gesunde Ganzheit und siehst auch den anderen nicht als gesundes Ganzes. Ein Gefühl der Unvollkommenheit verfolgt dich. Die Unvollkommenheit ist jedoch in dir. Du hast dir einen anderen Führer als Frieden ausgesucht, und früher oder später mußt du an den Punkt zurückgehen, an dem du dich abgetrennt hast, du mußt deine Entscheidung ändern, bevor du mit Integrität weitergehen kannst.

Klares Unterscheidungsvermögen hingegen entsteht aus Frieden heraus; verankert in der Kraft deiner Herzensentscheidung gehst du klar und ruhig voran im Vertrauen darauf, daß alles gut ist. Der Impuls geht mehr vom Handeln als vom Reagieren aus. Während du dich zum Helfen inspiriert fühlst, ordnet sich das Universum entsprechend, um dich zu unterstützen. Du kannst ohne Wut oder

Rechtfertigung »Nein« sagen, denn du erkennst, wenn du deinem Weg treu bist, bist du und sind alle Beteiligten von Gnade umgeben. Wenn du verurteilst, greifst du eher die Person als die Handlungen an. Wenn du unterscheidest, billigst du die Handlung des anderen möglicherweise nicht, doch du achtest die Person, die hinter der Handlung steht und hast Mitgefühl mit ihr. Dr. Eric Allenbaugh, der Autor von *Wachrufe* (6) empfiehlt das Motto »Hart in Streitfragen, sanft mit Menschen«. Mit klarem Unterscheidungsvermögen zu handeln gibt dir ein Gefühl des Friedens; du bist deiner inneren Stimme gefolgt, und dein Herz ist frei.

Alles Urteilen muß irgendwann dem Unterscheidungsvermögen weichen. Wieviel Distanz oder Streit auch zwischen dir und jemand anderem entstanden ist, er muß letztendlich gelöst und geheilt werden. Weder du noch das Universum wird ruhen, bevor du nicht die Wahrheit hinter den Erscheinungen erkennst und danach handelst. Die Liebe wird sich durchsetzen.

Lebensstile der Reichen im Geiste

John Robbins, der Autor des für den Pulitzer-Preis nominierten Buches *Ernährung für ein neues Jahrtausend* (7) hat einige rigorose Entscheidungen getroffen, um seiner intuitiven Weisheit treu zu sein. John hat viel Aufsehen in der Öffentlichkeit erregt, als er auf das Vermögen verzichtete, das ihm sein Vater, der Gründer des Baskin-Robbins-Eiskrem-Imperiums anbot. Anstatt den Thron der Dynastie zu besteigen, wie sein Vater es für ihn geplant hatte, wurde John Vegetarier, setzte sich dafür ein, daß Tiere würdig behandelt werden und daß die Menschheit ihre Nahrung so auswählt, daß sie die Situation unseres Planeten ganzheitlich berücksichtigt.

Die Fernsehshow *Lifestyles of the Rich and Famous* (Lebensstile von Reichen und Prominenten) lud John zu einem Interview in ihrem Programm ein. »Ich sagte den mitarbeitenden Produzenten, daß ich nicht reich bin (ich lebe in einem gemieteten Haus) und auch nicht so berühmt wie viele andere der Serie«, bekannte John, »aber sie sagten, sie seien trotzdem an mir interessiert.«

Das Team kam, und ich zeigte ihnen meinen bescheidenen Wohnsitz in den Bergen von Nordkalifornien. Danach kamen mehrere Mitarbeiter mit Tränen in den Augen auf mich zu. Sie sagten mir, diese Aufnahme hätte ihnen mehr gegeben als alles, was sie vorher gemacht hätten. Sie hätten sich hier so entspannt und freudig gefühlt, wie es in den Häusern der sagenhaft reichen Leute, die sie sonst interviewten, nie der Fall gewesen sei. Sie umarmten mich und dankten mir zutiefst. Vielleicht gab ich ihnen damit die Anregung für eine neue Sendung: ›Lebensstil der Reichen im Geiste‹.«

Johns Worte waren ein gutes Beispiel dafür, daß wirkliche Fülle nicht von Geld, Dingen oder Produktivität abhängt. Wirkliche Fülle ist *eine Würdigung des Ausreichenden*. Viele extrem Reiche fühlen sich kaputt, und viele ohne Geld fühlen sich reich. Fülle ist keine Vermögenssituation, sondern eine Einstellung.

Als ich die Insel Bali besuchte, traf ich die glücklichsten Menschen, die ich je gesehen habe. Die Balinesen gehören zu den freundlichsten und unbeschwertesten Leuten auf dem Planeten. Als ich meinen balinesischen Kellner im Hotel, der ständig zu lächeln schien, fragte: »Sind Sie heute glücklich?« leuchtete sein Gesicht auf, und er antwortete: »Immer!«

Ich finde es interessant, daß die Balinesen, was materiellen Besitz angeht, sehr wenig haben. Sie leben in landwirtschaftlich geprägten Dörfern ohne Elektrizität; alte Frauen arbeiten noch mit unbedeckten Brüsten auf den Reisfeldern und waschen ihre Wäsche auf Felsen bei den Wasserfällen. Flinke ältere Leute grüßen lächelnd, während sie riesige Wassertöpfe auf ihren Köpfen tragen und rohbehauene Stufen von den Flüssen bergauf steigen. Nur wenige Balinesen haben Autos, und kaum jemand besitzt Vermögen. Doch obwohl sie sehr wenig Eigentum oder materiellen Komfort haben, leben die Balinesen in einem Zustand ständiger Dankbarkeit für die Schönheit der Natur und Gemeinschaft. Sie glauben, es ist das Ergebnis guten Karmas aus früheren Leben, in Bali geboren zu werden. Sie sind stolz auf ihre Insel, ihre Kinder und auf sich selbst. Sie sorgen füreinander und für die Besucher. In einer Haltung ständigen Feierns bewahren diese sanften Menschen das Bewußtsein des Himmels, und folglich leben sie in ihm.

Suchen und Beanspruchen

Harville Hendricks' meisterhaftes Buch *Getting the Love You Want* (8) ist für viele Menschen, die mehr Tiefe und Erfüllung in ihren Beziehungen suchen, ein beliebter Leitfaden geworden. Ich glaube, der erste Schritt, die Liebe zu bekommen, die du dir wünschst, besteht darin, *die Liebe zu würdigen, die du hast. Das Universum gibt dir immer mehr von dem, worauf du dich konzentrierst.* Jesus lehrte: »Wer da hat, dem wird gegeben werden, wer aber nicht hat, dem wird auch, was er hat, genommen werden.« Auf den ersten Blick scheint dieser Grundsatz einen grausamen Gott zu beschreiben, der die Reichen belohnt und die Armen bestraft. Doch im Gegenteil, Jesus erklärte ein höchst wichtiges metaphysisches Prinzip, den eigentlichen Schlüssel zur Manifestierung der Fülle. Jesus lehrte die Wichtigkeit, uns auf das zu konzentrieren, was wir haben oder wünschen, und nicht auf das, was uns fehlt oder was wir nicht wollen.

❦ SCHLÜSSEL ❦
Faszination ist der Dünger.
Alles, dem du Aufmerksamkeit schenkst, wächst.

Das physische Universum ist bei all seiner scheinbaren Komplexität einfach ein Manifestationsapparat. Schalte dein Bild von der Wirklichkeit an, fülle es mit deinen Gedanken und Gefühlen, und schon hast du die psychische (und folglich physische) Umgebung, in der du lebst, geschaffen. Es heißt, »wir leben in der Atmosphäre unserer eigenen Glaubenssätze«. Jesus erklärte: »Wie du glaubst, so soll es geschehen.«

Das Element, das unserem Leben Substanz verleiht, besteht nicht nur aus unseren Gedanken und Gefühlen; es ist *Faszination*. Wenn du von etwas fasziniert bist, wirst du mehr davon bekommen. Das Universum bemerkt das, was deine Aufmerksamkeit fesselt, und sagt dann tatsächlich: »Das fasziniert sie wirklich – schicken wir ihr mehr davon!«

Es ist wichtig zu verstehen, daß *Manifestation ein unpersönliches Prinzip ist.* Selbst wenn du von etwas fasziniert bist, das du nicht magst, wird dir das Universum genauso rasch und bereitwillig mehr davon geben, wie es dir auch etwas geben würde, das du begehrst. Aufmerksamkeit, egal was ihr Ziel oder ihre Motivation ist, ist ein starker Magnet. Er zieht alte, rostige Schrottautos ebenso an wie brandneue Stahlträger. Deine Aufgabe besteht darin achtzugeben, worauf du den Magneten richtest. Das Universelle Studio hat dir die Mittel zur Verfügung gestellt, einen Film zu produzieren, und es steht dir frei, alles zu produzieren, angefangen von *Freitag, der Dreizehnte* (einschließlich einer langen Serie geistloser Fortsetzungen) bis zu *Das Leben ist wunderbar* und was sonst noch zwischen den Polen von Horror und Ekstase liegt. Es gibt keine Kraft außer derjenigen, die in uns ist; unser Schicksal ist das, wozu wir es machen.

Wenn dir das, was du bekommst, nicht gefällt, so kannst du deine Ergebnisse verändern, indem du das Objekt deiner Faszination wechselst. Konzentriere deine Gedanken, Worte und deine Aufmerksamkeit auf das, was du dir mehr wünschst, und nicht auf das, was du nicht magst. Mach dich deutlich und laß dein Handeln von deiner Bejahung und nicht von deiner Verneinung getragen sein. Gegen etwas eingestellt zu sein, erschafft nur mehr davon. Als Mutter Teresa, die Empfängerin des Friedensnobelpreises, die von vielen als lebende Heilige angesehen wird, eingeladen wurde, auf einer Tagung gegen den Krieg zu sprechen, lehnte sie es mit der Begründung ab: »Wenn Sie möchten, daß ich komme, um für den Frieden zu sprechen, so werde ich kommen; aber gegen den Krieg zu sprechen, ist nur eine andere Form von Krieg.«

Ein anderes treffendes Beispiel fehlgeleiteter Faszination: In einem Restaurant bemerkte ich eine Frau, die ein weißes Sweatshirt trug, auf dem vorn in großen, roten Buchstaben des Wort *Pornographie* stand. In winzigen, schwarzen Buchstaben unter den roten standen die Worte »ist nicht Gottes Wille«. Der letzte Satz war so klein gedruckt, daß ich ihn nur erkennen konnte, wenn ich ganz nah bei dem Hemd stand. »Pornographie« jedoch war leicht selbst über die Straße hinweg sichtbar.

Mir wurde bewußt, wie diese Frau, obwohl sie eigentlich gegen Pornographie kämpfen wollte, im Grunde Reklame dafür machte. Als ich das riesige Wort auf ihrem Pullover las, kamen mir sofort pornographische Bilder in den Sinn. Ihre Kampagne wäre wesentlich wirksamer gewesen, wenn sie einen Pulli mit einer Aufschrift getragen hätte, was sie *manifestieren* will und nicht, was sie beseitigen will. Sie hätte vielleicht einen Pulli mit einem Bild tragen können, auf dem sich zwei Menschen liebevoll umarmen, oder mit einem Satz, der den Betrachter an gesunde Sexualität erinnert hätte. Diese Frau verstand die metaphysische Bedeutung hinter Jesu Anweisung, »die andere Wange hinzuhalten« nicht. Um unser Leben zu verbessern, müssen wir mehr in Richtung dessen blicken, was uns fördert, als was uns verletzt.

Wenn du davon eingenommen bist, wie das Universum dich nicht unterstützt, wie Menschen dich im Stich gelassen haben oder daß nicht genug Zeit, Geld, Sex oder Männer verfügbar sind, so gibst du dem Universum eine klare und intensive Botschaft, dir mehr von der gleichen Erfahrung zu schicken. Wenn du gern ein anderes Ergebnis hättest, so solltest du der universalen Manifestationsmaschine zum Start anderes Material eingeben. Vermittle dem *Geist* etwas anderes, was für dich wachsen soll. Apfelsamen werden keine Orangen hervorbringen, und die Beschäftigung mit Bedürftigkeit wird nicht Fülle bewirken. Wenn du größeren Wohlstand haben möchtest, mußt du Wohlstandsgedanken denken, Worte über Wohlstand sprechen und im Sinne von Wohlstand handeln. Wenn du erfüllendere Beziehungen möchtest, mußt du dich mehr damit beschäftigen, was in deinen Beziehungen gut läuft als was nicht funktioniert. Wenn du ein Leben ständigen Feierns leben möchtest, beginne damit, die vorhandenen Geschenke zu würdigen, anstatt dich darüber zu beklagen, daß dir alles Mögliche fehlt.

Bereits zu Hause

Das kraftvollste Gebet beginnt mit »Danke«. Viele von uns bringen Gott lange Listen von Wünschen (und das ist okay, weil es bekräftigt, daß wir das, was wir wollen, haben können, und daß es eine höhere Kraft gibt, die es uns geben kann). Aber es gibt noch eine wirksamere Methode, die zu noch größerer Manifestation führt: *Danke jetzt für das, was du bereits hast.* Um eine ganz spezifische Wirkung herbeizuführen, danke für das, was du bereits in dem Lebensbereich, in dem du dir etwas wünschst, hast. (Wenn du dir z. B. in einer bestimmten Beziehung eine erfüllendere Kommunikation wünschst, so schenke den Bereichen mehr Aufmerksamkeit, in denen du bereits gut kommunizierst, sei es mit jenem Menschen oder mit anderen). Du wirst überrascht sein, wie sehr *Würdigung die Manifestation beschleunigt.* Der Unterschied zwischen dem Gebet »Ich möchte« und »Danke« ist wie der zwischen einem Hubschrauber und einem Jet. Genauer gesagt, es ist der Unterschied dazwischen, irgendwohin zu gelangen und bereits da zu sein. Es gibt keine Brücke zu überqueren; du bist bereits zu Hause.

Ein berühmter Basketballspieler wurde gefragt, wie er seine Position als bester Torschütze der Mannschaft konstant halte. »Es ist einfach«, erklärte er. »Der Ball ist im Netz, noch bevor er aus meiner Hand fliegt.« Dieser Athlet war sich möglicherweise nicht bewußt, daß er ein Prinzip anwandte, das Jesus vorschlug: »Danke für die Antwort auf dein Gebet, noch bevor es erhört ist.« Zweitausend Jahre nach Christus wiederholte der Lehrer der Möwe Jonathan, Chiang, diese Unterweisung: »Um so schnell wie der Gedanke zu fliegen, egal wohin, beginn in dem Wissen, daß du bereits angekommen bist.« (9)

Was der Wunsch sucht, nimmt die Dankbarkeit bereits für sich in Anspruch. Alles, was dein Herz begehrt, gehört dir bereits. Um dein höheres Heil zu beanspruchen, sieh dich als bereits geheilt und gesegnet. Wenn du das segnest, was du hast, so wird dein Gefühl der Segnung sich schnell und ganz natürlich ausdehnen, bis du erkennst, daß du bereits alles hast. Wenn du erkennst, daß du bereits alles hast, wird dein Leben beweisen, daß es so ist.

Dankbarkeit ist wesentlich mehr als eine Form von Höflichkeit oder eine spirituelle Disziplin. Sie ist ein mystischer Schlüssel zur Manifestation von Fülle, das Tor zum Himmel auf Erden. Alles, was du suchst, ist jetzt in dir. Jesus lud uns ins Königreich der Vollkommenheit ein: »Kommt, denn es ist alles bereit.« Er sagte den Jüngern: »Sagt ihr nicht: Vier Monate noch, und die Ernte kommt? Seht, ich sage euch: Erhebt eure Augen und betrachtet die Felder; sie sind weiß zur Ernte.«

❦ SCHLÜSSEL ❦
Würdigung beschleunigt die Manifestation

AKTIVIERUNG
Die Haltung der Dankbarkeit

Führe einen Monat lang ein Tagebuch über alles, wofür du dankbar bist. Schreibe alles auf, was dir einfällt, auch wenn es nur ein zarter Gedanke oder ein feines Gefühl der Wertschätzung ist. Sprech von deiner Dankbarkeit, während du dich ihrer bewußt wirst, vor allem zu den Menschen, denen du dankbar bist. Sag ihnen genau, was sie getan haben, und wie du fühlst.

Am Ende des Monats (wenn du dich noch auf der irdischen Ebene befinden solltest), notiere dir, von welchen Gegenständen der Dankbarkeit du infolge ihrer Würdigung mehr erhalten hast.

Die entscheidende Veränderung

Es finden momentan viele erstaunliche Veränderungen auf dem Planeten statt, doch die entscheidende Veränderung geschieht im *Bewußtsein*. Wichtiger als unsere Fortschritte in sekundenschneller Kommunikationstechnik, als die genetisch manipulierte Erzeugung unserer Kinder und die Lebensverlängerung des menschlichen Körpers ist die Tatsache, daß wir lernen, mit einem höheren Bewußtsein zu denken und mit klareren Augen zu sehen. Raketen bis in die entferntesten Winkel des Universums zu schießen ist nichts im Vergleich dazu, daß unser Bewußtsein sich über alle bisher akzeptierten Begrenzungen hinaus erweitert und wir uns immer größerer Möglichkeiten, die wir als göttliche Wesen haben, gewahr werden. Wie unbedeutend ist es, in den Tiefen der Meere nach versunkenen Schätzen zu suchen verglichen mit dem Schatz, den wir aus den verborgensten Winkeln unserer Seele heben. Heutzutage ist es an der Tagesordnung, wenn erfahrene Ärzte im Fall von Herzversagen Spenderorgane verpflanzen. Doch noch beglückender ist die Heilung von gebrochenen Herzen, wenn sie zu der Liebe erwachen, die in ihnen schlummert.

Hinter all diesen imposanten Fortschritten wartet *ein* Erwachen, das uns letztlich zu allem ersehnten Heil führen wird: Wir lernen, dankbaren Herzens zu leben. Unschuldige Einfachheit wird uns zu dem Himmel zurückführen, den wir infolge der Überkompliziertheit unserer angewandten Sozialwissenschaft verloren haben. Wir werden uns bewußt, daß uns Gutes zusteht, weil unser Wesen gut ist. Das Zentrum allen Erfolgs ist Dankbarkeit, und das Zentrum jeder Dankbarkeit ist gütige Liebe.

Die Augen sehen mit der Entschlossenheit des Herzens…
Besser ist es, die Übersicht beim Aufzählen
deiner Segnungen zu verlieren,
als deine Segnungen zu verlieren beim Aufzählen
deiner Schwierigkeiten.
MALTBIE B. BABCOCK

Das Land der Gnade

Die Köstlichkeit der Gnade kennt kein Muß;
wie sanfte Regenflut fällt sie vom Himmel.

SHAKESPEARE
Der Kaufmann von Venedig

Der Mann, der neben mir im Flugzeug saß, war offensichtlich keine Warterei gewöhnt. Unser Abflug hatte sich um mehrere Stunden verschoben, und schließlich gingen wir an Bord der Maschine – nur um noch eine weitere Stunde auf der Startbahn zu verbringen. Um seine Unruhe auszugleichen, stürzte sich mein zappeliger Nachbar in zwanghafte Überaktivität, indem er mehrere Anrufe vom Bordtelefon aus machte und nervös die Zeitschriften in dem Netz vor ihm umsortierte.

Endlich teilte uns der Pilot mit, wir würden nur noch auf die Starterlaubnis warten, um loszufliegen. »Für die Fluggäste, die unserem Funkverkehr mit der Flugsicherung zuhören möchten«, verkündete die rauhe Stimme am Lautsprecher, »werde ich die Durchgaben auf Kanal Neun Ihres Hörprogramms leiten.«

Mein Nachbar setzte sich schnell seine Kopfhörer auf und lauschte gespannt. Nach einer Minute leuchteten seine Augen auf, und er rief den Flugbegleiter herbei.

Der Angestellte kam und fragte: »Kann ich Ihnen helfen, mein Herr?«

»Sie können dem Piloten mitteilen, daß wir jetzt losfliegen können«, befahl der Mann mit Bestimmtheit. »Wir haben soeben die Starterlaubnis bekommen.«

»Das mach' ich mit Sicherheit sofort«, grinste der Angestellte. Vielleicht war es meinem Nachbarn nicht bewußt, daß der Pilot durchaus wußte, daß wir die Startgenehmigung bekommen hatten. Ein ganzes Cockpit mit Fachmännern war auf den gleichen Kanal eingestellt und spitzte sicherlich genauso aufmerksam die

Ohren, um die Nachricht zu erhalten. Doch dieser Mann ernannte sich selbst verantwortlich für den Abflug.

Während wir von der Startbahn abhoben, dachte ich über die Zeiten in meinem Leben nach, in denen ich versucht hatte, mich an die Stelle des Piloten zu setzen. Wieviel nutzlose Energie habe ich in die Manipulation gesteckt, mich abzusichern und zu versuchen, das Leben anderer und der Welt zu kontrollieren! Statt dessen hätte ich mich Zeitung lesend zurücklehnen können in dem Wissen, daß der Pilot das Flugzeug für mich fliegt.

Vielleicht hast du dich wie mein Nachbar im Flugzeug und wie ich selbst zum *Generaldirektor des Universums* bestimmt, der dafür verantwortlich ist, daß alles immer klappt, daß jeder das tut, was er tun soll und jeder glücklich ist. Und vielleicht hast du mit Enttäuschung, Schmerz, Müdigkeit oder Krankheit gekämpft, wenn deine Bemühungen, das Universum in die von dir erwählte Richtung zu steuern, fehlschlugen.

Die frohe Botschaft ist, daß du das Universum nicht zu lenken brauchst. Ein hervorragend organisiertes System ist in Betrieb, das die Fassungskraft desjenigen Verstands, der sich als der Kontrollierende versteht, weit übersteigt. Glücklicherweise hängt das Leben nicht vom menschlichen Verstehen ab, um sich weisheitsvoll zu entfalten. Der ängstliche Verstand wird von Erscheinungen genarrt, während der *Geist* vertraut. Liebe ist immer gegenwärtig, selbst wenn sie für das kleine Ich nur begrenzt sichtbar ist. Wenn du etwas zu tun hast, um dem Plan des Guten zu dienen, so wird dir (von innen her) gesagt werden, was es ist. Ansonsten entspann dich und genieße die Fahrt. Die Welt wird nicht zusammenbrechen, wenn du deine besorgte Kontrolle aufgibst. Im Gegenteil, du wirst möglicherweise überrascht sein, wie perfekt sich dein Leben arrangiert, sobald du die Vorstellung aufgibst, etwas Furchtbares würde geschehen, wenn du dich nicht ständig absicherst. Vielleicht verlangt die Situation eher nach Liebe als nach Kontrolle. Vielleicht wird etwas Herrliches geschehen. Vielleicht kommt statt des befürchteten Unheils ein Wunder in Sicht. Laß den göttlichen Piloten fliegen.

Eine Geschichte von zwei Städten

Milliarden Menschen auf diesem Planeten leben scheinbar in vielen verschiedenen Städten und Ländern, doch in Wirklichkeit gibt es nur zwei Lebensräume:

Die *Stadt der Angst* ist ein furchterregender, bedrohlicher Ort zum Leben. Sie ist die Heimat derer, die Angst als ihren Führer wählen.

In der *Stadt der Angst* gibt es von nichts genug. Geld ist ständig knapp, Waren und Dienstleistungen zu teuer und den Anbietern kann man nicht vertrauen. Du mußt sehr achtgeben, mit wem du dich in der *Stadt der Angst* zusammentust, denn du bist empfänglich für alle möglichen Erkrankungen und Störungen deines Wohlbefindens. An jeder Ecke mußt du dich vor Bösewichten schützen, die dich ausnutzen und beleidigen werden. Du weißt nie, welche Bedrohung sich hinter den scheinbar guten Absichten eines Menschen verbergen; sie müssen einen versteckten Plan haben, den sie irgendwann gegen dich einsetzen werden.

Die treibende Kraft in der *Stadt der Angst* ist Überleben. »Jeder für sich« heißt der Name des Spiels. Warum solltest du dein Wohlbefinden aufs Spiel setzen, um einem anderen zu helfen? So wie es ist, hast du's schwer genug. Wenn die Welt besser für dich sorgen würde, könntest du vielleicht etwas für sie tun – aber solange das nicht der Fall ist, solltest du besser an dem festhalten, was du hast, denn nette Leute kommen als letzte ans Ziel, und der Stärkere gewinnt immer.

Beziehungen in der *Stadt der Angst* sind immer enttäuschend. Obwohl manche anfänglich deine Verbündeten zu sein scheinen, findest du bei näherem Kennenlernen heraus, daß sie erhebliche Charakterschwächen haben und man sich nicht auf sie verlassen kann. Dann mußt du dich von ihnen trennen oder sie sonst irgendwie loswerden, um dich zu schützen. Wenn jemand daherkommt, den du wirklich magst und mit dem du gern mehr Umgang pflegen möchtest, verläßt er dich. Obgleich viele versprochen haben, dich aus dem Kummer und Leid der *Stadt der Angst* zu befreien, wurde jedes Versprechen gebrochen. Mit jeder Enttäuschung gelobst du, daß du nächstes Mal vorsichtiger abwägen wirst, wem du vertraust.

Stündlich verkünden Nachrichten und Zeitungen den ohnehin schon längst völlig entsetzten Bewohnern der *Stadt der Angst* Schlagzeilen von Unglück und Chaos. Wie sehr auch die Menschen um ihre Sicherheit bemüht sind, es kommen immer wieder neue, schreckliche Berichte über massive Entlassungen, Lebensmittelvergiftungen, geistesgestörte Verbrecher, die frei herumlaufen, und neuentdeckte unheilbare Krankheiten. Das Leben in der *Stadt der Angst* scheint sich ständig zu verschlimmern und düstere Gemüter hinter tiefliegenden Augen fragen sich: »Was ist nur aus den guten alten Zeiten geworden?« Es gibt keine Erleichterung von der täglichen Schinderei. Das Leben ist ein Kampf, und dann stirbt man. So ist es halt in der *Stadt der Angst.*

Klingt das bekannt? Eine Existenz wie die, worüber du soeben gelesen hast, ist jetzt und schon immer für Milliarden Menschen auf dem Planeten das vorherrschende Thema.

Vielleicht wirst du auch folgenden Ort wiedererkennen:

Nur einen Steinwurf (einen Gedanken weit) entfernt von der *Stadt der Angst,* auf der anderen Seite des kleinen Flusses, der die beiden Städte trennt, liegt ein ganz anderer Ort. Diejenigen, die in jener Sphäre leben, erfreuen sich des bleibenden Friedens, der Harmonie und der Dankbarkeit für die Schönheit und das Wertvolle, das sie überall finden, wohin sie auch schauen. Da der Ort jenseits des Flusses liegt, wird er bezeichnenderweise *die Stadt Über(m)fluß* genannt.

Entspannte Menschen wandeln zu jeder Zeit, ob Tag oder Nacht, auf den Wegen der *Stadt Über(m)fluß,* im Vertrauen darauf, daß der göttliche Geist mit ihnen ist. Über(m)fluß-Bewohner leben jenseits des Glaubens an die widerstreitenden Kräfte von Gut und Böse, der das Bewußtsein der Bewohner der *Stadt der Angst* beherrscht. Sie bekennen sich zu Einer Kraft der Liebe, die das ganze Universum in wohlwollender Obhut sanft umfangen hält.

Diejenigen, die in der *Stadt Über(m)fluß* leben, erfreuen sich an liebevollen Beziehungen. Sie schätzen die Geschenke ihrer Lieben, anstatt an ihnen zu kritisieren, was sie nicht sind. Während die Bewohner der *Stadt der Angst* immer suchen, sind die Einwohner der *Stadt Über(m)fluß* ständig dabei zu finden. Sie haben entdeckt, daß die Schätze des Lebens genau da, wo sie sich aufhalten, zu finden sind.

Wenn in der *Stadt Über(m)fluß* ein Stadium einer Beziehung abgeschlossen ist, würdigen und feiern beide Partner die Geschenke, die jeder der Verbindung gebracht hat. Jeder von beiden weiß, daß nur noch Besseres auf ihn wartet und empfindet ein Gefühl noch tieferen Segens, wenn der einzelne Partner den nächsten Schritt seiner Bestimmung entgegengeht. Wenn sich Menschen in der *Stadt Über(m)fluß* zusammentun, hält ihre Liebe und Freundschaft ein Leben lang und darüber hinaus.

Was den Lebensunterhalt in der *Stadt Über(m)fluß* betrifft, so ist das ausschlaggebende Motto Kreativität. Wenn Über(m)flüsser morgens erwachen, sprudeln Herz und Verstand über von schöpferischen Einfällen, durch die sie dem Leben auf neue Weise Ausdruck, künstlerischen Akzent und Farbe verleihen können. Über(m)flüsser wählen ihren Beruf aus Leidenschaft, nicht weil sie unglücklicherweise darin gelandet sind; sie arbeiten und spielen aus Liebe und nicht um des Geldes willen.

In der *Stadt Über(m)fluß* wird Geld nicht mit Mangel assoziiert, sondern mit der Freude, Energie weiterzugeben, um mehr Raum für Freiheit und Dienen zu schaffen. Während die Menschen in der *Stadt der Angst* Geld zu einem emotional belasteten Problem gemacht haben, um das man kämpfen muß, erkennen Über(m)flüsser, daß sie nicht von Menschen, sondern von Gott versorgt werden. Jegliche Manifestation hängt nicht etwa von irdischer Versorgung, sondern vom spirituellen Bewußtsein ab. In der *Stadt Über(m)fluß* ist Geld ein Ausdruck des Guten, und je mehr es weitergegeben wird, desto mehr dehnt sich auch das Gute aus.

Da es in der *Stadt Über(m)fluß* keine Auffassung von Opfersein gibt, gibt es auch keine Bösewichte. Deshalb sind keine öffentlichen Mittel für Verteidigung, Verbrechensschutz, Bestrafung und die Rückzahlung umfangreicher Darlehen nötig, wie es in der *Stadt der Angst* der Fall ist. Statt dessen werden die öffentlichen Gelder in Dienstleistungen, Erziehung, Gesundheitsfürsorge und Stiftungen für kreative Künste und Wissenschaften investiert. Aufgrund dessen nimmt die Lebensqualität in der *Stadt Über(m)fluß* ständig zu.

Die Ausbildung in der *Stadt Über(m)fluß* ist eine Freude für Schüler und Lehrer. Das Schulsystem zielt darauf ab, in jedem Kind das Wunderbare freizulegen, indem seine einzigartigen Gaben gewürdigt werden. Wettbewerb ist in der *Stadt Über(m)fluß* unbekannt; statt dessen werden Zusammenarbeit, gegenseitige Unterstützung und Gewinn-und-Gewinn-Modelle gefördert. Die Kinder lernen nur diejenigen Fertigkeiten und Kenntnisse, für die sie sich wirklich interessieren.

In der *Stadt Über(m)fluß* gibt es keine organisierte Religion. Statt dessen folgt jeder einzelne der Stimme des *Geistes* in seinem Herzen. Irgendwie ist jeder zur rechten Zeit am rechten Platz, und alle arbeiten gut zusammen. Die Vorstellungen von einer Konkurrenz der Religionen, von heiligen Kriegen, Disputen über die Richtigkeit eines Dogmas, Inquisition der kirchlich Untreuen und Verdammung der Sünder sind in der *Stadt Über(m)fluß* völlig unbekannt. Friede kann nicht organisiert werden; er kann nur geteilt werden.

Bei den gesellschaftlichen Ereignissen in der *Stadt Über(m)fluß* teilt man hauptsächlich den Ausdruck kreativer Talente miteinander. Da jeder im Reich in Verbindung mit seinen einzigartigen schöpferischen Gaben lebt, nehmen alle begeistert am Ausdruck von Kunst, Musik, Tanz und außergewöhnlichem handwerklichen Können teil.

Von oben aus gesehen wäre man darüber erstaunt, daß die *Stadt der Angst* und die *Stadt Über(m)fluß* nicht sehr weit voneinander entfernt sind. Beiden stehen die gleichen Mittel zur Verfügung, und doch nutzt jedes Reich sie völlig unterschiedlich. Die Entfernung zwischen Himmel und Hölle wird nicht als geographische Höhen- oder Tiefenlage gemessen, sondern als Einstellung des Bewußtseins.

AKTIVIERUNG

Die Stadt der Angst oder
Die Stadt Über(m)fluss?

1

Wähle eine Situation, die deine Aufmerksamkeit, deine Gedanken und Gefühle sehr beschäftigt hat. Schreibe auf einem separaten Blatt alle Gedanken und Gefühle nieder, die in Verbindung mit dieser Situation bei dir aufgetreten sind. Halte die Einzelheiten aller diesbezüglichen Gedanken, Träume, Urteile, Gefühle, Phantasien, Schlußfolgerungen, Überlegungen und Konsequenzen fest.

Laß bei jeder Reaktion, die du aufgeschrieben hast, Platz, um sie mit der Schere auszuschneiden, und wenn du alle Reaktionen vollständig hast, schneide sie aus.

Leg die Ausschnitte erst mal beiseite und warte für weitere Anweisungen auf die nächste Aktivierung. (Nicht heimlich nachgucken!)

Ich lebe von Gnade

Während die Bewohner der *Stadt der Angst* unter dem Gesetz von Sünde und Strafe arbeiten, erfreuen die Menschen in der *Stadt Über(m)fluß* sich eines begnadeten Zustands. Das Annehmen der Gnade beginnt mit unserer Erkenntnis, daß wir ihrer würdig sind. Aufgrund unseres Geburtsrechts als Kinder Gottes steht uns alles zu, was dem Reich Gottes angemessen ist – *und nicht weniger*. Gott macht sich keine Sorgen darum, wie er Seine Miete zahlen soll. Gott kämpft nicht mit Gesundheitsproblemen. Alle Beziehungen Gottes sind erfüllend. Als Gottes Kinder dürfen auch wir uns mit nichts Geringerem zufriedengeben.

Jesus lehrte: »Es ist des Vaters Wohlgefallen, euch das Königreich zu geben.« Gott erfreut sich nicht an unserem Leid und sieht
keine Notwendigkeit in unserem Schmerz. Gott erfreut sich nur
an unserem Glück. Gott hat keine Probleme, und wenn wir nicht
weiter nach ihnen Ausschau halten, stellen wir vielleicht fest, daß
wir auch keine haben.

Es gibt eine Geschichte von drei Männern, die zum Tod durch
die Guillotine verurteilt waren. Einer war Arzt, der andere Rechtsanwalt und der dritte Ingenieur. Der Tag der Hinrichtung kam,
und die drei Gefangenen standen der Reihe nach an der Hinrich-
tungsstätte.

»Möchtest du das Beil sehen oder ihm den Rücken drehen?«
fragte der Henker den Arzt. »Ich werde das Beil ansehen!« antwortete der Arzt mutig.

Er legte seinen Hals auf die Guillotine, und der Scharfrichter
zog am Seil, um das Beil herabzulassen. Da passierte etwas Erstaunliches – das Beil fiel und stoppte ein paar Zentimeter über der
Kehle des Arztes!

Die versammelte Menschenmenge war erstaunt und begann zu
spekulieren. Nach vielen aufgeregten Erörterungen sagte der Henker zu dem Arzt: »Dies ist offensichtlich ein Zeichen Gottes, daß
du es nicht verdienst zu sterben. Geh – du bist begnadigt.« Freudig erhob sich der Arzt und ging seines Weges.

Der zweite Mann, dem der Tod bevorstand, war der Rechtsanwalt, und auch er entschied, dem Beil entgegenzusehen. Das Seil
wurde gezogen, das Beil senkte sich herab, und wieder blieb es ein
paar Zentimeter über der nackten Kehle des Mannes unbeweglich
hängen. Wieder ging ein Raunen durch die Menge – zwei Wunder
an einem Tag! Wie einige Minuten zuvor teilte der Henker dem
Gefangenen mit, Gott habe anscheinend eingegriffen, und auch er
sei frei. Beglückt ging er von dannen.

Der letzte Gefangene war der Ingenieur, der sich wie seine Vor-
gänger entschied, mit dem Gesicht zum Beil hingerichtet zu werden. Er legte seinen Hals auf die Guillotine und blickte auf die
Vorrichtung über ihm. Der Henker wollte gerade am Seil ziehen,
als der Ingenieur auf den Zugmechanismus zeigte und rief: »Warte
einen Moment – ich glaub, ich hab' das Problem!«

In jedem von uns steckt ein überarbeiteter Ingenieur, der mehr mit der Analyse des Problems beschäftigt ist als damit, die Lösung zu akzeptieren. Viele von uns haben sich so damit abgefunden, den kürzeren zu ziehen, daß wir, würde man uns das Vorteilhaftere anbieten, an seiner Echtheit zweifeln und es ablehnen würden.

Wir müssen bereit sein, die schwere Last der Schuld, der Minderwertigkeit und der Selbstverleugnung fallenzulassen, die wir so lange, vielleicht mehrere Leben hindurch, getragen haben. Wir müssen offen bejahen, daß wir bereit sind, all das Gute, das das Leben uns zu bieten hat, ohne Einwände oder Bedenken zu empfangen. Und dann müssen wir es annehmen – nicht nur mit Worten, sondern im Handeln. Dadurch bringen wir unser Recht zum Ausdruck, in einer neuen Welt zu leben – einer Welt, die bestätigt, daß wir nicht Strafe, sondern Erlösung, Freiheit und Freude verdienen.

AKTIVIERUNG
Die Stadt der Angst oder Die Stadt Über(m)fluss?

2

Schreibe die Überschriften unten jeweils auf ein großes Blatt Papier. Dann nimm das, was du für die letzte Aktivierung ausgeschnitten hast und ordne es einer der Kategorien zu, die darauf hinweist, für welches Glaubenssystem der Gedanke steht.

Stadt der Angst	Stadt Über(m)fluß
Gedanken und Gefühle	Gedanken und Gefühle

Benutze deine Aufstellung, um dir bewußt zu werden, inwiefern du dir durch das gedankliche Verweilen in jedem Bereich hilfst oder schadest. Was für ein Muster erkennst du in der Art und Weise, wie du diese Situation angehst? Was kannst du tun, um deine Aufmerksamkeit und Energie von der *Stadt der Angst* zur *Stadt Über(m)fluß* zu verlagern?

Laß die Liebe herein

Es gibt mehrere Techniken, die du anwenden kannst, um eine tiefere, dauerhaftere Erfahrung der Gnade zu machen:

1. Bereit sein, das Bessere anzunehmen, wenn es dir angeboten wird.

Gestatte dir, von Familie, Freunden und dem Universum als Ganzem geliebt und unterstützt zu werden. Ich begegne vielen Menschen, die sich beklagen, nicht genug Zeit, Geld oder emotionale Unterstützung zu haben, und wenn diese Gaben ihnen dann tatsächlich angeboten werden, lehnen sie sie ab. Meine Tante beklagte sich regelmäßig über den Zustand ihres Wohnzimmerteppichs; als ich ihr anbot, ihr einen neuen zu kaufen, lehnte sie jedoch glatt ab. Es gibt zwei wesentliche Elemente beim Schenken: Das Geschenk muß gegeben werden, aber es muß auch empfangen werden. Zieh einmal die Möglichkeit in Erwägung, daß dir viele Geschenke gegeben worden sind und gegeben werden, die nur darauf warten, daß du sie annimmst.

Werde ein Gewinner deines eigenen Verdienstes und ein Kenner deines Wertes. Du brauchst nicht überall damit anzugeben, wie toll du bist (Angeben ist nur eine Tarnkappe für Unsicherheit) oder von den Menschen zu fordern, daß sie dich besser behandeln (Fordern ist ein Zeichen dafür, daß du dem Universum nicht vertraust, daß es ganz natürlich für dich sorgt). Wisse einfach, daß du es verdienst, bestens unterstützt zu werden (»Güte und Barmherzigkeit werden mir folgen all mein Leben lang«), und zeige, daß es dir zusteht, indem du um das Beste bittest und es annimmst, wenn es kommt.

Ein Kompliment anzunehmen ist z. B. eine sehr einfache Bestätigung deines Selbstwertes – doch ist es für die meisten äußerst schwierig, Lob entsprechend anzunehmen. In manchen meiner Seminare bitte ich einige Teilnehmer, vor der Gruppe zu stehen und Komplimente anzunehmen. Du solltest sehen, wie sie sich winden – man könnte denken, sie sollten sich einem Ehrensalutkommando stellen! Die meisten Menschen denken so geringschätzig von sich, daß sie – sobald sie im Brennpunkt der Aufmerksamkeit stehen – Angst davor haben, schutzlos zu sein und verdammt zu werden. Dabei will das Universum ihnen nur die Liebe und Anerkennung geben, die ihnen gebührt. Ihre Versagensängste verdecken die Geschenke, die ihnen gerade angeboten werden. Die Art und Weise, wie du Komplimente annimmst, signalisiert das Ausmaß deiner Bereitschaft, Liebe in dein Leben eintreten und es von ihr erfüllen zu lassen.

Probier dies Experiment aus: Stell dir eine Woche oder einen Monat lang vor, daß die Liebe, die dir angeboten wird, wirklich ist. Stell die Gaben, die in Wort oder Tat auf deine Schwelle gelegt werden, nicht in Frage und analysiere sie nicht. Geh davon aus, wenn jemand dir etwas Nettes sagt oder tut, tut er es deshalb, weil er es wirklich meint und weil du den Segen, den er anbietet, verdienst. Sieh alle Einladungen und Gelegenheiten als liebevolle

Förderung eines wohlwollenden Universums, das sich ausdehnt, um dich mit ständig wachsender Freude zu umgeben. Während du die Liebe einläßt, wird sich dein Leben auf wunderbare Weise verändern, und du wirst dich fragen, wie du jemals die Absichten einer großzügigen Welt in Frage stellen konntest.

2. Vergib dir jetzt.

Laß dich selbst so frei, wie du es umgekehrt auch von anderen Menschen erhoffst. Warte nicht darauf, daß Gott oder andere dir vergeben. Gott hat dir schon vergeben – du mußt dir selbst vergeben. (*Ein Kurs in Wundern* erinnert daran: »GOTT vergibt nicht, weil ER nie verurteilt hat.« [1]) Hol dir die Kraft zurück, durch welche du anderen Menschen erlaubt hast, dich zu erhöhen oder zu erniedrigen. Die Menschen mögen dir vergeben oder auch nicht – egal. Es geht darum, dich jetzt selbst freizugeben. Wenn du dir selbst vergeben hast, wirst du in einer versöhnten Welt leben.

Ich merke, wie streng ich meine eigenen Fehler bewertet habe. In meiner Jugend war es mir sehr wichtig recht zu haben, gut auszusehen und erfolgreich zu sein. Eine lange Zeit geißelte ich mich mit einer perfektionistischen Einstellung. Wenn ich einen Fehler machte, hatte ich das Gefühl, ein moralisches Schandmal hafte an mir; es bedeutete, daß ich ungeschickt, minderwertig oder dumm war. Selbst wenn ich 99 % einer Aufgabe ausgezeichnet machte, blieb mir das eine Prozent im Sinn, das meines Erachtens unvollkommen war.

Dann kam eines Tages ein Wendepunkt. Als ich die Vögel in meinem Vogelhaus fütterte, trat ich in eine Wasserschüssel und stieß sie um. Beim Aufheben merkte ich, daß ich mir keinen Vorwurf wegen meiner Ungeschicklichkeit machte. Ich sah das Ereignis völlig neutral. Es war einfach eine Mitteilung, eine Begebenheit, ein Tatbestand des Lebens. Da war nichts gut oder schlecht daran. Es war eine Szene in einem Film und hatte nur die Bedeutung, die ich ihr gab, nicht mehr und nicht weniger. Die Handlung war nicht mehr der Rede wert als alles andere. Ich war nicht weniger gut oder liebenswert, weil mir ein Versehen passiert war. Wenn ich wollte, konnte ich die Information nutzen, um sie nicht zu

wiederholen. Bei jedem Ereignis würde die Information in mir gespeichert werden, und ich würde von der Erfahrung lernen, ob ich
sie bewußt beobachten würde oder nicht.

Als ich die Tür des Vogelhauses hinter mir verschloß, fühlte
ich mich so erleichtert, als wären tausend Pfund von meinen Schultern genommen. Durch dieses triviale Ereignis erkannte ich, daß
alle Verurteilungen und Angriffe auf mich selbst ungerechtfertigt
waren. Ich brauche mich nie wieder mit strengen Gedanken zu
verletzen oder mich mit Erwartungen von Strafe einzuschüchtern.
Gott warf mir dieses Versehen nicht vor, und ich brauchte es auch
nicht zu tun. Versehen geschehen nur auf der oberflächlichen
Ebene des Lebens; unter der Oberfläche der Erscheinungen bleibt
die Liebe voll wirksam wie ein großer, tiefer Brunnen, der nie aus-
trocknet.

Ein Kurs in Wundern fordert uns auf zu bekräftigen: »Ich will
mich heute nicht verletzen.« (2) Der *Kurs* unterscheidet zwischen
einer Sünde und einem Irrtum: Eine Sünde verlangt nach Strafe,
während ein Irrtum nur Berichtigung verlangt. Der *Kurs* erklärt,
daß es in den Augen Gottes keine Sünde gibt; es ist nur unser Bild
von der Wirklichkeit, das die Sünde wirklich erscheinen läßt. (3)
Und so endet die Sünde nicht auf Ewigkeit im Schlund der Hölle,
sondern in einem sanften Moment befreienden Gewahrseins.

3. Schenke anderen Unterstützung und Vergebung.

Wenn wir anderen zeigen, daß ihre Fehler keine Sünden sind,
befreien wir uns von der Strafe, die wir für unsere eigenen vermeintlichen Frevel erwarten. Es ist unmöglich, etwas zu geben,
ohne es im selben Moment, in dem du es gibst, zu empfangen;
welche Energie du anderen auch immer übermittelst, sie muß
zunächst durch dich fließen, bevor sie zu anderen gelangt. Ärger,
Verurteilung und Groll fordern ihren Tribut von dem Gebenden, bevor sie den beabsichtigten Empfänger erreichen; und wenn
der andere das vergiftete »Geschenk« ablehnt, ist der einzig Lei-
dende der Absender. Nach demselben Prinzip werden dich Liebe,
Mitgefühl und Vergebung heilen, noch bevor sie ihren Empfänger erreichen. Und selbst wenn ihr Empfänger nicht imstande ist,

diese Geschenke anzunehmen, wirst du dich ihrer Segnungen erfreuen.

Wenn du möchtest, daß dir deine eigenen Sünden vergeben werden, zeige deinen Freunden, daß die Sünden, die sie ihrer Ansicht nach dir (und anderen) gegenüber begangen haben, nicht wirklich sind. Vergebung und Loslassen denen, die sie nicht zu verdienen glauben, zu schenken, bedeutet, unseren höchsten Zweck als göttliche Wesen, die im Ebenbild eines barmherzigen Gottes geschaffen wurden, zu erfüllen.

Vor kurzem bekam ich einen Anruf von einer Frau, die gerade ein Programm für mich organisierte. Melissa teilte mir verlegen mit, sie könne die Veranstaltung nicht organisieren. Aus ihrer Stimme hörte man große Angst heraus, als sie zugab, daß sie sich viel zuviel zugemutet hatte und sich eigentlich um die Bedürfnisse ihrer Familie kümmern mußte. Während ich Melissas zitternder Entschuldigung zuhörte, spürte ich, daß sie nur noch auf das Donnerwetter wartete.

»Es ist okay«, sagte ich zu ihr, »ich verstehe deine Lage.«

Eine lange Weile war es still am anderen Ende der Leitung, dann kam ein tiefer Seufzer. »Das sind die liebevollsten Worte, die ich je gehört habe«, sagte Melissa zu mir. Ihre Angst wich tiefer Erleichterung. »Ich war so furchtbar böse mit mir, daß ich dies Projekt nicht durchführen konnte. Ich glaubte, du würdest echt sauer sein. Du weißt nicht, wie viel es mir bedeutet, daß du mich verstehst und unterstützt. Ich danke dir von ganzem Herzen.«

Als wir den Hörer auflegten, fühlte ich mich zutiefst erfüllt. Ja, ich war schon enttäuscht, daß Melissa die Aufgabe, die sie übernommen hatte, nicht zu Ende führen konnte – aber mir war so viel wohler zumute, ihr Wertschätzung anstatt Ärger entgegenzubringen. Ich würde jemand anderen finden, der das Programm organisiert (was auch geschah); das war nicht das große Problem. Angesichts des Friedens und der Freiheit, die wir beide verspürten, als ich sie losließ, war der organisatorische Teil unbedeutend.

Vielleicht hatte der ganze Sinn bei unserem gemeinsamen Unterfangen darin bestanden, die tiefgehenden Auswirkungen jenes Gesprächs zu erleben. Vielleicht war unsere Interaktion nicht dazu bestimmt, daß sie die Organisatorin war, sondern ich die Gelegenheit bekam, Wohlwollen zu schenken und Melissa es annehmen durfte.

Melissa ist eine gute Freundin geblieben und die Tatsache, daß ich ihr Verständnis entgegengebracht habe, hat unser Leben nur beidseitig bereichert. Wenn ich manchmal eine Arbeit nicht abschließen kann, auf die ich mich eingelassen habe, bin ich mittlerweile wesentlich nachsichtiger mit mir selbst. Ich weiß jetzt, daß Liebe und Mitgefühl viel wichtiger als die jeweilige Aufgabe sind. Liebe und Mitgefühl *sind* die jeweilige Aufgabe.

4. Feiere das Gute, das anderen widerfährt

Wenn wir uns über das Gute, das anderen passiert, freuen, so regt unsere aufmerksame Anteilnahme an der Fülle das Universum an, uns die gleichen Segnungen zuteil werden zu lassen. Das Glück eines anderen zu verwünschen bedeutet, unser eigenes Glück zu sabotieren. (»Das, was du gibst, soll dir vergolten werden.«) Im Zustand der Unwissenheit betrachtet der angsterfüllte Verstand den Gewinn eines anderen als seinen Verlust. Das Ego, das sich voll im Konkurrenzkampf befindet, glaubt an ein Universum mit begrenzten Vorräten, in dem die Erfolgreichen den Erfolglosen das Gute wegnehmen. Eine solche Haltung bestärkt unser Selbstbild als Opfer und gibt dem Ich ein Gefühl der Minderwertigkeit.

Was das Ego nicht erkennt, ist, daß das Universum in seinen Schätzen und Möglichkeiten unendlich ist. Schau in einer sternklaren Nacht den Himmel an und betrachte das unermeßliche Potential des Lebens. Genauso hat jeder von uns die Fähigkeit, Fülle zum Ausdruck zu bringen. Es gibt keine räumliche Decke über dem Leben; alle Grenzen, die wir erfahren, werden von unserem eigenen Geist geschaffen. Wie Ernest Holmes erklärte: »Alle Begrenzungen sind selbstauferlegt.« Jeder hat Platz über sich.

Genauso wie wir unsere eigenen Grenzen geschaffen haben, können wir uns von ihnen freimachen. Eine wirkungsvolle Möglichkeit, Neid und Mißgunst (amerik. »envy«) umzuprogrammieren, besteht darin, das Wort in ein Initialwort zu verwandeln. Die Buchstaben N.V. (en-vy) stehen für *Neue Vision*. Wenn du siehst, daß ein Kollege etwas erhält, das du dir auch wünschst, erinnere dich daran, daß dieser Mensch einen Teil deines Geistes darstellt. Die Tatsache, daß jemand in deiner unmittelbaren Umgebung etwas bekommt, das du wertschätzt, bedeutet, daß der von dir gewünschte Erfolg in greifbarere Nähe gerückt ist. Du nimmst den Beweis dafür wahr, daß so ein Ereignis möglich, realisierbar ist und daß auch du dieselbe Erfahrung für dich manifestieren kannst und wirst. Der Empfänger ist ein Vorbote dafür, daß etwas ähnlich Gutes auf dich zukommt. Bombardiere den Boten nicht, der gute Nachrichten bringt. Neid ist vergeudete Energie; nimm lieber die Energie, die hinter dem Neid steckt, und setze sie für dich ein.

Eine Freundin von mir gewann einmal sechs Millionen Dollar im Lotto. Es gab eine Zeit in meinem Leben, wo ich innerlich gejammert hätte: »Warum kann *ich* nicht sechs Millionen Dollar gewinnen? Ich kaufe ein Los, und sie gewinnt – aber *ich* nicht.« Statt dessen wurde ich richtig aufgeregt vor Freude, als ich die Nachricht hörte. Ich dachte: »Wow! Jemand, den ich kenne, wurde über Nacht sechs Millionen Dollar reicher. Das ist ein klarer Beweis, daß Überfluß sofort und unerwartet eintreten kann. Bonnie steht für den Teil meiner selbst, der sich größerer Fülle nähert.« Das trifft auf alles Gute zu, das wir wahrnehmen.

5. Segne das Leben für seine Geschenke, anstatt es wegen seiner Mängel zu verdammen.

Wenn jemand in dein Leben tritt, entscheide dich dafür, das Gute, das er dir bringt, zu feiern und übersieh seine Unzulänglichkeiten. Jeder, dem wir begegnen, bringt uns Segen – doch wir müssen offen dafür sein, ihn zu empfangen. Manchmal ist der Segen offensichtlich, in einer Form, die du erwartest oder mit der du dich in Verbindung bringen kannst, und manchmal ist das Geschenk in ein Tuch eingepackt, das wie eine Herausforderung anmutet. In welcher Verpackung das Geschenk auch ankommt, am Ende bleibt nur der Segen. Wenn wir diese Welt verlassen und all unsere Erfahrungen, wird es die Liebe sein, an die wir uns vor allem erinnern und die wir mit uns nehmen. Das ganze andere Drama bleibt schließlich wie abgeschnittene Filmstreifen auf dem Boden des Studios liegen. Es hat lediglich den Vorgang der Heilung ermöglicht.

Vielleicht bist du einmal jemandem begegnet, der der langersehnte Freund, Seelengefährte, Guru, die Fahrkarte zum Erfolg oder der Erlöser zu sein schien, um den du gebeten hast. In diesem Menschen verbanden sich deines Erachtens die wichtigsten guten Eigenschaften. Dann hast du zu deiner Enttäuschung entdeckt, daß diese Person ein Mensch ist, und du hast dich ernüchtert, ausgenutzt und voller Groll gefühlt. Vielleicht warst du versucht, die Person dafür zu verdammen, daß sie dich irregeführt hat. Vielleicht warst du sogar zornig auf Gott, daß er so sein Spiel mit dir getrieben oder dich wieder mal im Stich gelassen hat.

Es gibt jedoch auch eine andere Möglichkeit, wie du so eine Erfahrung sehen kannst. Betrachte einen solchen Menschen als Verkörperung des Guten, das du dir wünschst. Er erschien, um zu zeigen, daß die Eigenschaften, die du dir wünschst, kein Hirngespinst sind. Wenn es *einen* Menschen gibt, der die Charakterzüge verkörpert, nach denen du suchst, gibt es auch noch mehr. Solche Eigenschaften sind wirklich und zugänglich. Nur weil dieser eine sich nicht als das herausgestellt hat, was du erwartetest, heißt das nicht, daß dies das Ende der Geschichte ist; vielleicht ist es nur der Anfang. Vielleicht ist dieser Mensch gekommen, um dir zu helfen, dir klarer bewußt zu werden, was du suchst. Durch diese Erfahrung hast du vielleicht gelernt, was du willst und was du nicht willst. Du bist deinem Ziel näher als zu Anfang.

Du brauchst auch nicht sauer auf dich selbst zu sein. Beglückwünsche dich, daß du jemanden angezogen hast, der nahezu mit deiner Vision übereinstimmte. Du mußt kraftvoll im Manifestieren sein, um Besseres anzuziehen. Denk daran: Das, worauf du dich konzentrierst, wächst. Besinne dich auf die Geschenke, und es werden mehr auf dich zukommen.

Erfolg durch Gnade

Wenn wir in einem Universum der Fülle Mangel erfahren, so liegt das nicht daran, daß das Leben uns nicht das geben kann, was wir wünschen, sondern daß wir nicht soweit oder bereit gewesen sind, es anzunehmen. Du kannst sofort etwas unternehmen, um Besseres zu bekommen, nämlich darum bitten. Der Akt, um etwas zu bitten, ist eine Bekräftigung dessen, daß es dir zusteht. Jetzt ist es an der Zeit, dich für deinen Wert einzusetzen. Um das zu bitten, was du haben willst, ist nicht arrogant; es ist eine reine und demütige Erklärung, daß du das Kind eines liebevollen Gottes bist, der sich am Wohlergehen Seiner Kinder erfreut. Demut bedeutet nicht, unterwürfig in der Ecke zu sitzen und darauf zu warten, daß Gott dir einige Krümel zufallen läßt, wenn du Glück hast. Es ist der Zustand, ein offenes und empfängliches Gefäß zu sein. Um das zu bitten, was du brauchst, ist eine souveräne Handlung.

❦ SCHLÜSSEL ❦
Um das zu bitten, was du willst,
vergrößert deine Chancen, es zu bekommen

Du kannst nicht etwas empfangen, um das du nicht bittest. Liebe dich selbst genug, um größeren Segen zu akzeptieren, und das Universum muß ihn gewähren. Das Leben wird für dich arbeiten, aber du mußt dir deines Wertes bewußt sein, damit es alles schenkt, was es zu geben hat.

Klage abgewiesen

Albert Einstein war der Meinung, daß alle philosophischen und wissenschaftlichen Ansätze auf eine einfache Frage reduziert werden könnten: »Ist das Universum ein freundlicher Ort?« Die Art und Weise, wie wir diese Frage beantworten, entscheidet darüber, ob wir in der *Stadt der Angst* oder in der *Stadt Über(m)fluß* leben werden.

Ein Kurs in Wundern beurteilt unsere Kreuzigungsangst auf humorvolle, aber befreiende Weise. Er fragt, ob über jeden am Ende ein Urteil gefällt wird (4). Und er bekräftigt: »Ja, in der Tat! Niemand kann GOTTES LETZTEM URTEIL entrinnen.« (5) Doch dann transzendiert der *Kurs* Bestrafung, um sich der Gnade zu-

235

zuwenden: (Die HÖHERE INSTANZ) »wird einfach die Klage gegen dich abweisen«. (6)

Viele von uns haben sich jahrelang Strafprozessen ausgesetzt, die nicht notwendig waren. Selbst wenn wir nie einen Gerichtssaal betreten haben, bringen wir geistig und emotional einen Beweis nach dem anderen für unsere Schuld vor. Wir befürchten schreckliche Strafen und versuchen dann, Gutes zu tun, um die Schuld auszugleichen, die unserer Ansicht nach zu unserer Verurteilung führen wird. Unbemerkt bezahlen wir den Anklagevertreter und untergraben gleichzeitig den Rat unseres Verteidigers.

Der Richter, die Geschworenen und der Henker leben nur in unserem Kopf. Sally Kempton bemerkte: »Es ist schwierig, einen Feind zu bekämpfen, der Außenposten in unserem Kopf hat.« Unsere Verfolgungsängste sind unbegründet. Niemand kann oder wird dich mehr anklagen als du selbst. Wir können andere nicht für eine Schuldzuweisung verantwortlich machen; wir leben mit dem Maß an Schuld, das wir bejahen. Wir werden nicht frei werden, indem wir mit Messern auf Schatten werfen, die nur dann sichtbar sind, wenn wir mit dem Rücken zum Licht stehen. Ändere deine Blickrichtung, und du wirst deine Welt verändern.

Das Bewußtsein dessen, daß du Liebe verdienst, ist deine Fahrkarte von der *Stadt der Angst* zur *Stadt Über(m)fluß*. Gib dich frei, und du gibst die Welt frei. Du hast lange genug in Grenzen gelebt; ein neues Leben erwartet dich, wenn du dich öffnest, um es aufzunehmen.

Durch Gnade lebe ich. Durch Gnade werde ich befreit.
                    EIN KURS IN WUNDERN (7)

Gut genug, um wahrhaft hilfreich zu sein

Zeige mir einen perfekten Menschen,
und ich werde dir ein perfektes Ärgernis zeigen.

HILDA CHARLTON

Ich bin ein reformierter »Gutes-Tuer«. Ich habe viele Jahre lang Gutes getan, bevor ich den Irrtum in meinem Handeln erkannte. Jetzt versuche ich nicht mehr, Gutes zu tun, und ich tue viel Gutes.

Meine Bekehrung begann, als ich ein paar neue Freunde in Toronto besuchte. Ich bewunderte meine Gastgeber Tom (ein ausgezeichneter Schriftsteller) und Christine (eine begabte Hellseherin).

Nach unserem Essen wurde abgedeckt, und man servierte der versammelten Gesellschaft den Nachtisch. Da ich ein eingeschworener Gutes-Tuer war, zog ich mein Samaritergewand an und steuerte auf die Küche zu, um abzuwaschen. (Um jeden wissen zu lassen, was für ein demütiger Diener ich war, pfiff ich ab und zu vor mich hin, damit sie auch merkten, daß ich meinen Anteil an Geselligkeit opferte, um zu helfen.)

Nach dem Abwaschen bemerkte ich, daß noch eine Sache übrig war – ein Wok. Da das Gerät ziemlich fettig und rostig aussah, beschloß ich, wirklich ein gutes Werk zu tun. Ich fand ein großes Stück Stahlwolle und scheuerte das Ding komplett ab!

Was ich in meiner eifrigen Hilfsbereitschaft nicht wußte, war, daß Woks angelaufen sein *sollen*; das festgesetzte Fett bildet gewissermaßen eine Patina, wodurch ein hervorragendes Kochergebnis erzielt wird.

Gerade als ich mit dem Scheuern des Woks fertig war, kam Christine in die Küche, um zu sehen, was ich machte. Ich hielt den Wok so stolz hoch wie ein Kind, das seiner Mami ein Fingerfarbenbild zeigt, das es im Kindergarten gemacht hat. »Schau,

237

Christine«, verkündete ich fröhlich, »ich hab euren Wok sauber-gemacht!«

Christines Kinnlade fiel fast bis auf ihre Knie. »Ich hab drei Jahre gebraucht, um diesen Wok so hinzukriegen!« rief sie.

Ich freue mich bekanntzugeben: Dies war das letzte Mal, daß ich Gutes getan habe. Wenn auch du an dir Hilfsbereitschaft im Endstadium feststellen kannst, sei willkommen in meiner neuge-gründeten Ortsgruppe der A.G.T. – *Anonyme Gutes-Tuer.*

Wahrhaft hilfreich

Es gibt einen wesentlichen Unterschied zwischen Gutes tun und Dienen. Wenn man darauf konzentriert ist, Gutes zu tun, geht man von einer Vorstellung aus, was gut ist und stülpt der jeweiligen Situation dieses Bild über – für gewöhnlich auf Ko-sten dessen, was für den jeweiligen Anlaß tatsächlich angebracht wäre. Der Gutes-Tuer ist mehr daran interessiert, als hilfsbereite oder wohltätige Person angesehen zu werden, als auf das Be-dürfnis des Empfängers einzugehen. Der klassische Gutes-Tuer ist der berühmte junge Mann, der einer kleinen, alten Frau hilft, die Straße zu überqueren und dann merkt, daß sie gar nicht rüber wollte.

Wahres Dienen hingegen entsteht aus dem aufrichtigen Wunsch des Gebenden, daß der Empfänger wirklich glücklich ist. Der Ge-bende stellt seine Handlungen mehr auf die Bedürfnisse des Emp-fängers ein als auf sein Bedürfnis zu geben. Die Hilfeleistung ist nicht eine Schachtel, in welche die gegebene Situation hinein-gestopft wird; sie ist eine liebevoll unterstützende Hand, die man hinhält, auf daß sie so benützt werde, wie der lebendige Geist es für nötig hält.

Ein Kurs in Wundern empfiehlt eine Affirmation, die wir auf jede Situation anwenden können, bei der wir uns unserer Rolle nicht sicher sind:

> *»Ich bin nur hier, um wahrhaft hilfreich zu sein.«* (1)

Das Schlüsselwort dabei ist *wahrhaft*. Bei wahrhaftiger Hilfe möchten wir das tun, was wirklich hilft und nicht das, was gut aussieht, was gesellschaftliche Regeln diktieren, was uns das Gefühl eines guten Samariters gibt oder was andere früher getan haben und was funktioniert hat.

Im Laufe meiner Reisen bin ich bei vielen Gastgebern gewesen, von denen mir die meisten liebevolle Gastfreundschaft erwiesen haben. Hin und wieder lande ich bei jemandem, der sich in meiner Gegenwart besorgt oder beunruhigt fühlt und sich übertrieben bemüht, behilflich zu sein. Obwohl ich die Bemühungen einer solchen Gastgeberin, mir alles bequem zu machen, immer wertzuschätzen weiß, sind sie manchmal ausgesprochen lästig. Ich hatte schon Gastgeber, die (ohne mich zu fragen) meine Sachen gewaschen und in den Trockner gesteckt haben, so daß sie eingelaufen sind; die mir fürstliche Mahlzeiten vorsetzten, wenn ich keinen Hunger hatte und darauf bestanden, daß ich esse; die über meinen Kopf hinweg für mich Beratungstermine mit ihren Freunden vereinbarten, obwohl ich andere Pläne hatte; die mich um neun Uhr abends (nach einer zehnstündigen Reise) am Flughafen mit der Ankündigung begrüßten: »Jeder wartet darauf, dich beim Begrüßungs-Dinner zu treffen, das wir für dich vorbereitet haben.«

Ich erinnere mich an den Aufenthalt im Haus einer Frau, die einfach nicht genug tun konnte, um mir gefällig zu sein. Ständig fragte sie mich, ob alles okay wäre. Ihre häufigste Frage war: »Hat es Ihnen gefallen [die letzte Aktivität]?« Tatsächlich fand ich viele Dinge nett, aber ich war genervt von ihrem besorgten Bemühen, immer sicherzustellen, daß es mir gutging. Mehr als all die Aktivitäten hätten mir ihre Ruhe und ihr Vertrauen darauf gefallen, daß alles in Ordnung ist.

Die Psychologie des guten Handelns

Der Gutes-Tuer ist sich seines eigenen Wertes nicht bewußt und glaubt, er müsse beweisen, was für ein nützlicher Mensch er ist. Da er sich nicht liebenswert und unzulänglich fühlt, steht und fällt sein Wert mit äußeren Dankesbezeugungen anstatt mit dem inneren

Wissen um seine Ganzheit. Aus dieser Position heraus wird der Gutes-Tuer niemals genug Liebe erhalten, um seine geringe Selbstachtung auszugleichen, weil sich Liebe nicht verdienen läßt. Alle Liebe, die du dir verdienst, ist keine Liebe; sie ist ein fadenscheiniger Ersatz für wirkliche Liebe. Sich Liebe zu verdienen bedeutet, billiges Öl zum Füllen einer Lampe zu kaufen, die bereits voll ist. Liebenswert sein ist nichts, was man sich durch Bemühungen schaffen kann; es ist eine Beschaffenheit, ein Zustand der Gnade, der uns als Kindern eines liebenden Gottes geschenkt wurde.

❦ SCHLÜSSEL ❦
Du bist nicht liebenswert für das, was du tust.
Du bist liebenswert für das, was du bist.

Der Gutes-Tuer muß erkennen, daß er absolut wertvoll ist, selbst wenn er nie wieder eine gute Tat tut. Der Himmel wird nicht durch Taten erlangt, sondern durch das Erwachen zu unserer wahren Identität.

Der Film *Cool Runnings* stellt die erstaunliche, doch wahre Geschichte des Rennschlittenteams aus Jamaika dar, das an der Winterolympiade 1988 teilnahm. Eine ergreifende Szene zeigt das Gespräch des Trainers mit einem Mitglied der Mannschaft, das sich Sorgen über die mögliche Enttäuschung macht, ohne Medaille heimzukehren. »Setzt euren Wert nicht mit einer Medaille gleich«, rät ihm der Trainer. »Wenn ihr nicht wißt, daß ihr auch ohne die Medaille gut genug seid, werdet ihr auch mit ihr nicht gut genug sein.«

Wenn wir das zwanghafte Bemühen, Gutes zu tun, aufgeben, beginnen wir, wirklich Gutes zu tun. Wir werden eher zu einem Ausdruck der Fülle als zu einem Schrei der Bedürftigkeit. Die hilfreichsten Menschen, denen ich jemals begegnet bin, sind diejenigen, die mit sich selbst zufrieden sind. Sie tragen ihre geistige Fülle nach außen. Selbst wenn sie kein Wort sagen, wird jeder Raum, den sie betreten, von einem Gefühl des Friedens erfüllt. Wir lehren nicht durch unsere Worte, sondern durch unser Sein. Emerson erklärte: »Was du bist, spricht so laut zu mir, daß ich kaum hören kann, was du sagst.«

AKTIVIERUNG
Die Gutes-Tuer-Fastenkur

Tue einen Tag oder eine Woche lang nichts, um gut zu sein. Folge statt dessen deinen schöpferischen Impulsen und natürlichen Neigungen. Folge nur den Impulsen, die Freude und Begeisterung in dir auslösen. Was Handlungen angeht, nimm dein Gefühl im Bauch wahr. Wenn etwas in deinem Innern zündet, sag »Ja«. Wenn dein Herz »Nein« sagt, tu's nicht. Laß deine Entscheidungen mehr von Glück als von Schuld oder Angst bestimmt sein. Am Ende deiner Fastenkur wirst du dich wundern, wie glücklich du bist, wieviel Energie du hast und wie sehr du anderen geholfen hast.

Das Ende des Opfers

Es ist nichts Tolles daran, sich selbst zu erniedrigen. *Ein Kurs in Wundern* erinnert uns: »Von mir wird nicht verlangt, daß ich ein Opfer bringe, um GOTTES Frieden und Barmherzigkeit zu finden.« (2) Doch viele von uns, die in der jüdisch-christlichen Tradition aufgewachsen sind, haben den Glauben mitgebracht, wir müßten das, was wir lieben, aufgeben. Es ist jedoch der Mensch, nicht Gott, der glaubt, daß durch Handel, Feilschen oder Verlust Gutes erworben werden kann.

Wenn deine Hilfe auf Kosten deines Wohlergehens geht, ist sie nicht wirkliche Hilfe. Wie kannst du wissen, ob du in deiner Bemühung zu helfen die Grenze überschritten hast? Frage dich: »Habe ich das Gefühl, etwas eingebüßt zu haben?« Wenn deine Antwort »Ja« ist, mußt du innehalten und neu anschauen, was du da tust und warum du es tust. *Mißmutiges Dienen ist kein Dienen.* Wenn du mit Ärger, Bitterkeit oder stummem Widerwillen gibst, ist deine Gabe vergiftet. Irgendwann wird dich dein Gefühl der »Verausgabung« einholen, und du mußt zu dem Punkt zurückkehren, an dem du dich mit der Bitterkeit abgefunden hast und statt dessen den Weg des Herzens wählen. Vielleicht entscheidest du dann, nicht mehr, wie bisher, zu geben oder aber tiefer in dir selbst die Angst oder Verstimmung anzuschauen, die dein Geben begleitet. Vielleicht besteht ein guter Grund für dich, nicht zu geben, oder vielleicht wirst du entdecken, daß dein Gefühl der Angst oder Einbuße ungerechtfertigt ist. Wenn du herausfindest, was dich innerlich zur einen oder anderen Handlung bewegt, wirst du wieder wahrhaftig geben können. Vielleicht gibst du dann am Ende sogar mehr, weil du es möchtest und nicht, weil du dich verpflichtet fühlst.

Da wir spirituelle Wesen sind, ist der wesentliche Faktor jeder Handlung nicht die Handlung selbst, sondern die Einstellung, mit der sie ausgeführt wird. Wenn wir uns nur mit der materiellen Seite unserer Existenz identifizieren, neigen wir dazu, auf die Form unserer Handlung fixiert zu sein, anstatt das Wesentliche im Auge zu behalten. Etwas ohne Liebe zu geben bedeutet, nichts zu geben. Hast du jedoch nichts Materielles zu geben, doch du gibst Liebe, so leistest du Bedeutendes.

Opfern ist keine Handlung, sondern eine Haltung. Äußere Regeln bestimmen nicht, was ein Opfer ist. Manche sind so geschäftig, daß es ein Opfer für sie wäre, einem Freund (oder Ehepartner) fünf Minuten ununterbrochen wirkliche Aufmerksamkeit zu widmen. Und es gibt Eltern, die ihrem Kind bereitwillig eine Niere spenden und überhaupt kein Gefühl der Einbuße haben, sondern sich nur unermeßlich bereichert fühlen.

Das Wort »Opfer« (Sakrifizium) bedeutet »sakral machen«, d. h. heiligen. Dieses Wort enthält keinerlei Beigeschmack von Selbstaufgabe, Zähneknirschen oder einer wie auch immer gearteten Einbuße. Im Gegenteil, es fordert uns dazu auf, unsere Handlungen auf eine Ebene der Freude und des Feierns zu erheben. Das mag bedeuten, Dinge oder Aktivitäten, die dir abträglich sind, loszulassen, doch es bedeutet niemals, etwas aufzugeben, das dich fördert. Wenn dich etwas wirklich glücklich macht, hilft es dir und braucht nicht verworfen zu werden.

Wenn du etwas opfern mußt, so verzichte auf Angst, elende Selbstvorwürfe und emotionales Herumquälen. Verbrenne all die Annahmen über dich selbst, die dich in den Fesseln von Kleinheit und Minderwertigkeit gefangen halten, im Feuer der Freiheit. Hör auf, dich nur als einen Körper zu sehen, und akzeptiere deine Wirklichkeit als lebendiger Geist. Dann wirst du alles, was du nicht bist, geopfert haben, um alles zu werden, was du bist.

AKTIVIERUNG

Vom Sollen Zum Wollen

Mache eine Liste der Dinge, die du deines Erachtens tun solltest, und dann frage dich, wo dein Herz wirklich dabei ist.

Situation	Was ich meines Erachtens tun sollte	Was ich eigentlich wirklich gern tun würde

Gewöhne dir an, dich mehr von der Liebe als vom Sollen motivieren zu lassen, und beobachte die Auswirkungen.

Frei von Missionieren

Einer der verführerischsten und destruktivsten Tricks des Ego im Namen des »Gutes-tun-Wollens« ist die Versuchung, andere dahingehend zu beeinflussen, daß sie so glauben oder handeln wie wir. Solch ein Unterfangen entspringt immer der Unsicherheit und sollte auf jeden Fall vermieden werden. Wenn wir die blutigsten Kriege der Welt nachverfolgen, die Kreuzzüge und Inquisitionen, so offenbaren sie eine lange Reihe missionarischer Versuche, Menschen zu bekehren und in den Schoß der Gemeinde zu holen – und jeden, der das übliche Credo nicht nachplappert, aus dem Weg zu schaffen. Die spanische Inquisition und Hitlers Wüten sind klassische Beispiele für schmerzlich verblendete Blutrache, bei der Millionen von Menschen getötet wurden, um die Welt von Ungläubigen zu läutern.

Wenn wir jemanden dazu bringen möchten, an unserem Programm teilzunehmen, sich zu unserer Religion zu bekehren oder unser Produkt zu kaufen, müssen wir unbedingt darauf achten, wirklich aus dem Gefühl des Dienens heraus zu handeln und nicht, weil wir eben eingeschriebene Mitglieder, routinemäßige Angestellte usw. sind. Eine Aktivität ist nicht etwa deshalb unbedingt besser, weil sich ihr mehr Menschen anschließen; die Mitgliederzahl ist kein Wertmaßstab. Wenn wir eine Aktion starten, um mehr Anhänger zusammenzukriegen, dann haben wir Quantität und Qualität verwechselt. Das Ego ist stolz auf Zahlenansammlungen; das Geistige dagegen freut sich über die gute Energie der Teilnehmer, egal wie viele es sind.

Zum Abschluß meiner Seminare spreche ich zu den Teilnehmern darüber, wie man die Prinzipien des Programms später zu Hause anwenden kann. Ich sage ihnen, daß es wichtiger ist, die Botschaft zu *sein*, als über sie zu sprechen. Ich rate ihnen, so wenig wie möglich über die Ausbildung zu sprechen, aber sich gleichzeitig ständig in ihren Prinzipien zu üben. Ich schlage vor, daß sie nach Hause zurückkehren und so schön strahlen, daß andere sagen: »Mensch, du siehst toll aus! Was hast du bloß gemacht?«

Wenn man dich so anspricht, kannst du die Erfahrung deines Seminars, deiner Religion oder deines Produkts mitteilen. Du

brauchst nicht anzugeben, niemanden beeinflussen oder be-
schwatzen. Du brauchst nur zu *sein*. In der Atmosphäre deines
strahlenden Wesens werden diejenigen, denen es hilft, mehr über
das Programm zu erfahren, von selbst darauf kommen, nachzu-
fragen.

Ich habe festgestellt, daß diese Art organischen Wachstums tie-
fergehend, stärker und länger anhaltend ist als eine angeheizte
Kampagne. Leute anwerben zu wollen ist eine Folge von Unsicherheit. Nur wenn du kein wirkliches Selbstvertrauen hast oder nicht
an das glaubst, was du tust, brauchst du andere Leute, die sich mit
dir zusammentun, um dein Verhalten zu rechtfertigen. Wenn du
aus innerer Überzeugung vorgehst, brauchst du keine äußere Bestätigung; man mag dein Tun billigen oder auch nicht – es spielt
keine Rolle. Die Stärke deiner Überzeugung, die aus deinem
Innern kommt, gibt dir Berechtigung. Nichts in der Welt ist größer als die Freude eines Herzens, das mit sich in Frieden ist. Dein
Erfolg wird unendlich größer sein als aufdringliches Anwerben.
Der göttliche Geist ist der beste Verkäufer.

Es ist nicht meine Aufgabe, die Welt zu retten; meine Rolle besteht darin, in Frieden zu sein. Es ist nicht meine Pflicht, jemanden
vollkommen zu machen; meine Bestimmung ist es, das Höchste
und Beste in jedem, dem ich begegne, zu finden. Es ist nicht meine
Verantwortung, jeden glücklich zu machen; der Versuch, jeden
glücklich zu machen, ist verrückt, unrealistisch und nicht umsetz-
bar. Wenn jemand nicht glücklich sein möchte, wird es dir nichts
bringen, ihm sein Elend zu entreißen. Er wird sich nicht bereitwillig von ihm trennen, und du wirst enttäuscht sein. (Der Volks-
mund sagt: »Kämpfe nie mit einem Schwein; dreckig werdet ihr
beide, aber das Schwein hat seinen Spaß daran.«) Liebe die Menschen, die ihren eigenen Wert nicht erkennen, einfach. Die Tatsache, daß du ihre innere Schönheit siehst, wird sie vielleicht ermutigen, diese selbst zu entdecken.

Bevor du versuchst, jemandem zu helfen, kläre zuerst dein eigenes Bewußtsein. Verändere deine Betrachtungsweise dahingehend,
daß du sie in ihrer Ganzheit und Kraft erblickst – und dich selbst
auch. Unterstütze eher ihre Stärken, als Mitgefühl für ihre Schwächen zu pflegen. Jemanden zu bedauern macht den Stein, der ihn

bedrückt, nur noch schwerer. In dem Wissen, daß sie die Möglichkeit haben, sich für Liebe anstatt für Angst zu entscheiden, nimmst du sie in der Würde wahr, die ihnen als schöpferische Meister gebührt, und nicht als hilflose Opfer. Auf diese Weise schaffst du optimalen Raum für ihre Wandlung. Jeder, der mit dir Kontakt hat, wird dazu befähigt, vollständiger das zu sein, was er ist. Dann wirst du mehr Gutes getan haben, als du jemals für möglich gehalten hättest.

Du mußt nicht unbedingt aktiv sein:
Sei einfach nur präsent

Wenn du nicht klar weißt, was du tun sollst, schlage ich vor, du tust nichts. Wenn du nicht weißt, was dein nächster Schritt ist, gibt es vielleicht etwas, was du sehen oder lernen mußt, bevor du wirkungsvoll handeln kannst. In so einer Situation tritt einen Schritt zurück (und sei es nur für einen Moment) und wende dich nach innen. Bitte das Geistige in dir um Führung. Laß alle vorgefaßten Gedanken darüber, wie die Situation aussieht und was du tun solltest, los und bitte deine höhere Weisheit, sich in der Situation zu manifestieren und die im höheren Sinne besten Wirkungen entstehen zu lassen.

Wenn du aus Panik heraus handelst oder etwas tust, nur weil es dir zu unangenehm ist, Verwirrung oder ungelösten Ärger auszuhalten, wirst du wahrscheinlich noch mal umkehren müssen, um die Klarheit wiederzufinden, der du ausgewichen bist, weil du glaubtest, irgend etwas zu tun sei immer noch besser, als nichts zu tun. Wenn du etwas tun mußt, so schaffe Frieden, und von dieser entscheidenden Grundlage wird rechtes Handeln ausgehen.

Meine Freundin Colleen lebte während der Unruhen, die auf den Rodney King-Prozeß folgten, in Los Angeles. Da ich mir Sorgen um sie machte, rief ich sie an, um ihr meine Liebe und seelischen Beistand zu geben.

»Ich halte nur das Licht hoch«, sagte Colleen zu mir. »Ich tu weiter meine Pflichten und bewahre Frieden im Herzen. Das ist die Aufgabe, die mir meine innere Stimme zugewiesen hat.«

Ich dachte über ihre Antwort nach und erkannte, daß sie einen überragenden Beitrag zur Schlichtung der Unruhen leistete. Wer aus Angst oder Panik handelt, trägt nur zur Dunkelheit bei. Wer jedoch aus innerem Frieden handelt, bringt mit jedem Wort und jeder Tat, die aus der Ruhe des inneren Wissens kommen, nur noch mehr Licht.

Es gibt einen bedeutsamen Unterschied zwischen Handlungen, die aus dem Frieden hervorgehen, und Handlungen, die aus der besserwisserischen Tyrannei unseres eigenen Verstands entstehen. Ich habe im Laufe der Zeit eine spezielle Stimme in mir entdeckt, die nur selten zu Erfolg führt. Die Stimme drängt: »Ein guter Mensch würde in dieser Situation dieses tun.« Ich habe durch Erfahrung festgestellt, jedesmal, wenn ich mich bemühe, so zu handeln, wie »ein guter Mensch« handeln würde, geht etwas schief. Das Universum zeigt mir, daß es wichtiger ist, meiner eigenen Weisheit zu folgen als das Opfer eines intellektuellen Konzeptes von Pflicht zu werden. Wenn ich mich von Freude leiten lasse, diene ich viel wirkungsvoller als ich es mir vorgestellt habe.

Freundlichkeit ohne wirkliche Aufmerksamkeit nützt wenig. Paramahansa Yogananda erklärte: »Etikette ohne Aufrichtigkeit ist wie eine schöne, aber tote Frau.« Es ist unendlich wichtiger, daß dein Dienst von Liebe als von Rechtschaffenheit getragen ist. Jesus erzählte das Gleichnis des Gutsbesitzers, der seine beiden Söhne bat, ihm bei einer Arbeit zu helfen. Der erste Sohn antwortete »Ja« und tat nichts. Der zweite Sohn sagte »Nein«, entschloß sich aber nach einigem Nachdenken, doch zu helfen. »Welcher Sohn«, fragte Jesus, »tat den Willen seines Vaters?« Die Antwort lautet klar, der zweite Sohn. Oft führt ein aufrichtiges »Nein« zu einem aufrichtigen »Ja«. Wenn du von deinem Recht, nein zu sagen, Gebrauch gemacht hast und dann fühlst, du möchtest handeln, so wird deine Hilfe von einer Integrität erfüllt sein, die einer halbherzigen, mechanischen Ausführung weit überlegen ist. Es ist wichtiger, mit Herz und Seele bei einer Handlung zu sein als »das Richtige« zu tun; Aufrichtigkeit *ist* das Richtige. Ein aufrichtiger Irrtum wird zu echter Weisheit führen; geheuchelte Rechtschaffenheit hingegen wird dein Erwachen nur verzögern.

Freundliche Handlungen und selbstloser Dienst sind die Geschenke, die das Leben lebenswert machen; ihren Wert zu leugnen wäre genauso, als nähme man dem Sonnenuntergang die Farben weg. Wofür wir eintreten, ist *bewußte* Freundlichkeit, die aus Überzeugung hervorgeht und nicht, weil wir irgendwelche Formalitäten erfüllen. Wenn du dir unsicher bist, was zu tun ist, warte möglichst so lange, bis dein Herz dir eingibt, etwas zu tun. Dann bringt es wirklich etwas.

Genau da, wo du bist

Du brauchst niemandem deinen Wert zu beweisen – weder anderen, noch dir oder Gott. Deinen Wert kannst du nicht beweisen, du kannst ihn nur erkennen. Dein Wert hängt nicht von äußeren Errungenschaften ab; er beruht auf deiner inneren Wahrnehmung. Vielleicht ist für dich nicht offensichtlich, daß du ein wertvoller Mensch bist, aber für Gott warst du es immer. Den netten Typ zu spielen ist genauso erniedrigend wie die Maske des Bösewichts. Der Versuch, den gesellschaftlichen Ansprüchen Genüge zu tun, ist ein endloses, unmögliches Unterfangen. Selbst wenn wir das Richtige tun und alle begehrten Auszeichnungen erhalten, so bleibt doch ein hungriges Kind in uns, das einsam ist und sich nach wirklicher Erfüllung sehnt. Es dient uns am meisten, wenn wir die Wahrheit unseres Wesens mehr ehren als die Tugendgesetze, die wir der Integrität unserer inneren Stimme übergestülpt haben.

Gib jenes neurotische Bedürfnis, deinen Wert unter Beweis stellen zu müssen, auf und deine Handlungen werden weitaus nützlicher sein als wenn du aus lauter Angst versuchst, dein Leben zu rechtfertigen. Wenn du dich einfach selbst liebst, so wie du bist, genau wo du bist, wirst du zu einer unaufhaltsamen Kraft der Heilung und Transformation werden.

Im Moment passiert eine entscheidende Veränderung vom Vertrauen auf äußere Autorität hin zu innerem Wissen. Da wir spirituelle Wesen sind, hat nichts in der äußeren Welt mehr Einfluß auf uns als die Weisheit unserer Seele. Du magst etwas Wahrheit ins

Leben bringen, indem du gut lebst, aber du wirst mehr Gutes zum Leben beitragen, indem du wahrhaftig bist – wahrhaftig gegenüber dir selbst, deinem Herzen, deiner Vision und deiner Bestimmung.

Heiligkeit kann eine hinterhältige Form der Verleugnung sein; unsere heilig erscheinenden Handlungen stellen wir weniger in Frage als unsere Schandtaten. Aber es kommt ein Punkt auf dem spirituellen Weg, wo selbst Heiligkeit eine Falle darstellt. Das einzige, was wichtiger ist als Gutsein, ist zu *sein*. Wenn wir uns dafür entscheiden, einfach zu sein, was wir sind, geben wir dem Planeten unser kostbarstes Geschenk. Es heißt, einen Heiligen erkennt man an seiner völligen Gewöhnlichkeit. Sehr wenige erleuchtete Meister geben sich als solche aus. Hüte dich vor denen, die ein Schild als selbsternannter Avatar des Neuen Zeitalters aushängen. Ebenso brauchst auch du deinen Wert nicht auszuposaunen; für Gott ist er selbstverständlich, und das kann er auch für dich sein. Weisheit muß nicht um Anerkennung buhlen, und Unschuld beeindruckt nicht durch Zurschaustellung, sondern durch ihre Einfachheit. Liebe ist stark genug, ihre Bestimmung zu erfüllen, indem sie einfach ist.

Sobald du dir selbst vertraust,
wirst du wissen, wie du leben sollst.

GOETHE

Aufrütteln, Wachrütteln

Wir wenden uns hilfesuchend an Gott,
wenn unsere Basis ins Wanken gerät,
und dann erkennen wir,
daß Gott es ist, der sie erschüttert

CHARLES WESTON

Als ich durch eine kleine Stadt in den Bergen von Bali schlenderte, kam ich zu einer Bestattungszeremonie. In dieser unschuldigen Kultur wird der Tod genauso wie das Leben ehrfürchtig gefeiert. Die Balinesen könnten nie etwas mit der düsteren, traurigen und schweren Atmosphäre anfangen, welche den Tod für den Abendländer umgibt. In dieser kindlichen Gesellschaft verweist alles aufs Leben, auch das Verlassen des Körpers.

Ich schloß mich der Prozession an, die vom Haus der Verstorbenen zur Verbrennungsstätte, etwa einhalb Kilometer außerhalb des Dorfes, führte. Der Körper der Großmutter wurde auf ein hohes, thronähnliches Holzgerüst gesetzt, das man ein »Pferd« nannte und das weißlackiert und reich mit Blattgold verziert war. Zu Füßen des Pferdes lagen viele Opfergaben für die Götter: Speisen, Blumen, Räucherstäbchen, Photos und Schriften. Eine »Gamelan«-Gruppe (mit orientalischer Xylophon- und Glockenmusik) marschierte hinter dem Pferd her und erzeugte auf ihren einfachen Blechinstrumenten einen tranceartigen Rhythmus. Eine Gruppe von etwa sechzehn Männern ging unter das Bambusgerüst, hob es auf die Schultern und trug es die Hauptstraße des Dorfs entlang zum Friedhof.

Dann wurde ich Zeuge eines äußerst faszinierenden Brauches: Alle paar Minuten brachen die Leichenträger in ausgelassenes Geschrei und Gelächter aus und wirbelten das »Pferd«, auf dem der Körper der Toten befestigt war, im Kreis herum. Als ich einen Ortsansässigen nach dem Sinn dieses Rituals fragte, erklärte er, die

Leichenträger würden das Gerüst drehen, um den Geist der Verstorbenen zu verwirren, damit er den Weg in den Körper nicht zurückfinde und somit die Reise der Seele zum nächsten Leben beschleunigt würde.

Das scheint mir wie ein perfektes Sinnbild für die Veränderungen, die wir durchmachen. Von Zeit zu Zeit rüttelt und schüttelt uns das Leben und wirbelt das Gerüst, das wir uns aufgebaut haben, herum – oder zerstört es sogar. Eine solche Erfahrung kann ziemlich verwirrend sein – und soll es auch sein. Der Sinn einer Veränderung, derer wir nicht Herr sind, besteht darin, uns aufzurütteln, damit wir in eine neue Richtung eilen.

Wie die Seele, die den Körper der Verstorbenen verlassen hat, können wir vielleicht nicht den Rückweg zu unserem vorherigen Ausgangspunkt finden. Doch die Vergangenheit ist tot, und es hätte keinen Sinn zurückzukehren. Wir müssen weitergehen, um in einer neuen Welt ein neues Leben zu entdecken. Umbruch ist im Grunde ein Geschenk der Liebe, das uns »wachrütteln« will.

Laß die Veränderung zu

Viele Menschen auf dem Planeten machen schneller als je zuvor mehr Veränderungen als je zuvor durch. Wir leben in einer Zeit der beschleunigten Evolution auf Erden. Wenn ich meine Seminarteilnehmer frage: »Wer von euch geht z. Z. durch tiefgreifende Veränderungen in seinem Leben?« heben meistens zumindest fünfzig bis fünfundsiebzig Prozent ihre Hand.

Die Frage ist nicht, wie Veränderung vermieden werden kann, sondern wie man es anstellt, daß sie zu unseren Gunsten ausfällt. Wenn eine Veränderung auf uns zukommt, haben wir zwei Möglichkeiten, damit umzugehen: Widerstand oder Bejahung. Gegen Veränderung anzukämpfen erzeugt sehr viel Leid und Anstrengung. Eine Frau bei einem meiner Programme bekannte: »Auf allem, was ich loslasse, bleiben Abdrücke meines Festkrallens.« Ich habe auch mal die Redewendung gehört: »Wenn es von selbst aus dem Kühlschrank herausläuft, laß es gehen.« Die Botschaft ist klar: *Vertraue dem Leben.*

Um auf der Höhe der Evolution zu bleiben, müssen wir es den Surfern nachmachen. Die Welle bewegt sich, und wir können sie nicht vermeiden. Wenn wir versuchen, gegen sie anzugehen, wird sie uns umwerfen. Die weiseste Art und Weise, damit umzugehen, besteht darin, ihre Kraft zu nutzen und auf ihr zu reiten. Die Welle wird uns viel schneller ans Ufer tragen, als wir selbst es könnten; und wenn wir geschickt sind, können wir dabei sogar Spaß haben.

Kein hoher Preis

Wenn du jemand bist, der immer gern die Kontrolle behält, kann Veränderung bedrohlich erscheinen. Deine Unfähigkeit, die Menschen oder Ereignisse deiner Umgebung zu steuern, frustriert dich vielleicht. Wenn du dir dein Kontrollbedürfnis jedoch ehrlicher anschaust, wirst du feststellen, daß es dir sehr viel Angst und Schmerz gebracht hat. Gottes Aufgabe zu übernehmen ist tatsächlich ein Riesenunterfangen, und das kleine Ich wird es nie zuwege bringen.

Die frohe Botschaft ist, daß es ein größeres Selbst in dir gibt (das *bist* du), das um die rechte Ordnung und die rechte Zeit aller Dinge weiß. Diese unendliche Weisheit ist nur verfügbar, wenn man ihr Wissen wirklich braucht. Auch wenn du begierig wissen möchtest, wie sich alles entwickeln wird, mußt du den Glauben haben, daß die richtigen Spieler und Elemente zur rechten Zeit auf die rechte Art und Weise auftauchen werden.

Eine innere Intelligenz lenkt dein Leben und das Leben aller. Dieses Bewußtsein ist das Tor zum Frieden. Wenn wir die Bürde des Verstehen- und Kontrollierenwollens aufgeben (Werner Erhard bemerkte, daß »Verstehen der Trostpreis ist«), entdecken wir, daß ständig von einer höheren Kraft für unsere Bedürfnisse gesorgt wird. Wende dich dem göttlichen Geist in kindlicher Unschuld zu, denn, wie Jesus sagte, wenn du ins Himmelreich kommen möchtest, wirst du raus aus dem Kopf und hinein ins Herz müssen. Kinder basteln nicht ständig daran herum, wie sie ihre Stellung absichern und ihr übriges Leben schützen können. Sie sind tatendurstig und machen aus allem ein Abenteuer.

Zeitweilige Desorientierung ist ein kleiner Preis angesichts dauerhafter Freude. Wenn du fürchtest, etwas verloren zu haben, geh davon aus, daß es weggenommen wurde, um etwas Besserem Platz zu machen. Atme. Vertraue. Laß los und laß zu. Denk dran, daß ein höherer Plan wirkt, der umfassender ist als das, was du im Augenblick wahrnimmst.

Je mehr du kämpfst und festhältst, um so mehr verzögerst du die Ankunft des nächsten Guten, das auf dich zukommt. Es heißt, es gibt nur zwei Dinge, an die man sich im Leben erinnern soll:

1. Sorge dich nicht um Kleinigkeiten
2. Es gibt nichts als Kleinigkeiten

Schein oder Sein?

Einer der Feinde konstruktiver Veränderung ist der Wunsch, einen guten Eindruck zu machen. Ich sah mal ein Inserat in einer Zeitung über eine Frau, die sich als »Image-Beraterin« anbietet. Sie hilft ihren Kunden, ein bestimmtes Berufsbild aufzubauen und beizubehalten. Auch wenn ein solches Vorgehen in der Geschäftswelt nützlich sein mag, kann es zu einer furchtbar drückenden Last werden, wenn man es ins persönliche Leben überträgt. Wenn wir meinen, in der Öffentlichkeit einen bestimmten Eindruck machen zu müssen, so wird jede Veränderung, die dieses Bild beeinträchtigt, als Bedrohung wahrgenommen. Wir verlieren unseren Frieden, während wir fieberhaft darum kämpfen, an dem festzuhalten, wie alles aussieht, auf Kosten dessen, wie es ganz einfach ist. Die Ironie bei unserem Kampf liegt darin, je mehr wir kämpfen, um ein Image aufrechtzuerhalten, um so schlechter sehen wir aus und um so uneffektiver sind wir. Letztlich sind wir dann die einzig Betrogenen.

Wirkliche Heilung geschieht, wenn es wichtiger wird, die Wahrheit zu erfahren und zu leben, als ein gutes Bild abzugeben. Ich habe dieses Prinzip gelernt, als sich ein befreundetes Ehepaar scheiden ließ. Die Martins hatten viele Jahre lang eine glückliche und kreative Ehe geführt und galten allgemein als Musterpaar. In den letzten Jahren ihrer Beziehung jedoch verlor sich zunehmend die Substanz. Obwohl sich beide sehr bemühten, ihre Ehe zusammenzuhalten, wurde es ihnen klar, daß ihre Arbeit beendet war und sie sich weiterentwickeln mußten.

Eine der größten Herausforderungen für die Martins war der Umgang mit dem Image, das sie in der Gemeinde aufgebaut hatten. Viele Menschen verehrten dieses Paar und schöpften Kraft aus ihrer Beziehung. Lange Zeit versuchten die Martins, ihrem Image entsprechend zu leben, obwohl die Beziehung innen bereits auseinanderging.

Schließlich wurde das Ausmaß ihrer Differenzen zu groß, und sie beschlossen, ihre Trennung bekanntzugeben. Sobald die Neuigkeit herauskam, löste ihr Bruch Unverständnis und Panik in der ganzen Gemeinde aus. Die Scheidung erschreckte viele, die sich ihrer Beziehungen selbst nicht ganz sicher waren. Diejenigen, die Zeugen dieses Prozesses waren, dachten: Wenn die Ehe der Martins kaputtgehen kann, kann uns das auch passieren. Ein Schwall emotionalen Widerstands ging durch die Gesellschaft. Die Schiffe vieler Paare schwankten im Sturm.

Während ich den Prozeß beobachtete, erkannte ich, daß die Martins der Gemeinde einen unschätzbaren Dienst erwiesen. Sie brachten ein realistisches Element in eine Gemeinde hinein, die sich Illusionen hingegeben hatte. Sie erinnerten die Menschen daran, daß es in den Formen des Lebens oder der Beziehungen keine Sicherheit gibt und daß die Wahrheit des Augenblicks immer wichtiger ist als an etwas festzuhalten, aus dem man herausgewachsen ist. Die Scheidung der Martins zwang viele Paare dazu, die Grundlage und die Probleme ihrer Beziehungen ehrlicher zu überprüfen und offener damit umzugehen. Es war eine Prüfung für die ganze Gemeinde und eine Einweihung in Integrität.

Ein unerwarteter Segen trat ein, als die Gemeinde die positiven Veränderungen im Leben der Martins bemerkte, nachdem sie sich getrennt hatten. Frau Martin blühte als Individuum erst mal richtig auf: Sie nahm etliche Pfunde ab und entwickelte ihren eigenen Lebensweg und Interessen, die sie aufgrund ihres Bemühens, ihren Mann bei seiner Arbeit zu unterstützen, zurückgestellt hatte. Herr Martin, der sich zuvor in seine Büroarbeit vergraben hatte, um der Leere zu entfliehen, die er in der Ehe fühlte, wurde rundlicher und widmete sich in zunehmendem Maße auch spielerischen Aktivitäten. Seine Freunde waren erfreut und erstaunt, als sie sahen, daß er öfter verabredet war und tanzen ging. Beide Martins entwickelten Beziehungen zu anderen Menschen, die neue, schillernde Aspekte ihres Wesens zum Vorschein brachten. Die Trennung war kein Tod, sondern eine Wiedergeburt. Gott sei gedankt, daß dieses Paar den Mut fand, die Identifikation mit dem aufgebauten Image zu überwinden.

Der wesentliche Faktor im Neubeginn der Martins lag darin, eine größere Wahrheit mitzuteilen und sie zu leben. Die Wahrheit zu sagen ist immer ein Abenteuer; man weiß nie genau, was dabei herauskommt. Manchmal trennt größere Aufrichtigkeit vielleicht die Körper, doch letztlich führt sie dazu, die Beziehung auf einer spirituellen Ebene zu vertiefen. Wir können es uns nicht leisten, uns darauf festzulegen, wie die Beziehung aussehen wird, wenn wir einmal gewagt haben zu sein, was wir sind. Wir müssen einfach darauf vertrauen, daß ein ehrliches Leben Türen öffnet, die durch unser Verstecken verschlossen waren. Das ist der Glaubenssprung, der nötig ist, um wirklich frei zu sein. Wir müssen die Wirklichkeit mehr ehren als das Image, Verletzlichkeit mehr als Sicherheit, Offenheit gegenüber neuen Möglichkeiten mehr als das Klammern an die Vergangenheit. Wie *Ein Kurs in Wundern* uns erinnert: »In meiner Wehrlosigkeit liegt meine Sicherheit.« (1)

Platz für die Liebe machen

Die kraftvollste Art und Weise, aus den Veränderungen in unserem Leben Nutzen zu ziehen, besteht darin, sie willkommen zu heißen. Denk an das Prinzip, daß »jede Veränderung gut ist«. Wenn sich etwas verändert, worüber du keine Kontrolle hast, bitte darum, das Geschenk darin zu sehen. Wenn du suchst, wirst du eins finden.

Wenn jemand dein Leben verläßt, laß ihn gehen. Niemand hat jemals seine Beziehung dadurch verbessert, daß er seinen Partner eingesperrt hat. (Man sagt: »Wir haben keine Beziehungen; wir haben Geiseln.«) Menschen durch emotionale Manipulation zu beherrschen vertieft nur den Groll und den Selbsthaß, und beides taucht in versteckter Form später wieder auf. Das größte Geschenk, das wir einander in einer Beziehung geben können, besteht darin, unseren Geist frei atmen zu lassen. Der furchtsame Verstand wird versuchen, dich einzuschüchtern, indem er dir sagt, wenn du den anderen er oder sie selbst sein läßt, würde er dich verlassen, und du wärst der Verlierer. Das stimmt nicht; das Geschenk der Freiheit kann nur zu Erfüllung und Erfolg führen. Sehr wahrscheinlich würde dich der andere viel mehr lieben und wertschätzen. Und wenn nicht, willst du ihn oder sie doch sicherlich sowieso nicht. Willst du eine(n) Partner(in) oder eine Geisel?

Früher habe ich's mir persönlich zu Herzen genommen, wenn jemand seine Teilnahme an meinen Programmen absagte. Ich meinte dann, dieser Mensch würde mich nicht mögen oder er kritisiere dadurch den Wert meines Beitrags. Als ich so einen Rücktritt das erste Mal erlebte, versuchte ich die Person zu beeinflussen, trotzdem zu kommen – um meine Unsicherheit zu verdrängen Dieses Festklammern funktionierte natürlich nicht. Durch meine Bemühungen, andere zu manipulieren, bestätigte ich nur meine Minderwertigkeit und die Annahme, daß das Universum einen Fehler machte.

Dann begann ich, die Menschen zu ihrem eigenen Besten freizugeben. Ich erkannte: Das größte Geschenk, das ich geben könnte, besteht darin, die Menschen zu ihrem eigenen Herzensweg zu ermutigen, selbst wenn es nicht so aussehen würde, wie mein kleiner Verstand es sich wünschte oder meinte, es zu brauchen. Sofort begann ich die Auswirkungen zu sehen. Die einzelnen Menschen dankten mir zutiefst für die Ermutigung, ihrem eigenen Weg treu zu bleiben, selbst wenn er nicht meinem entsprach. Manchmal hatten sie mehr von meiner Unterstützung durch diese eine Interaktion als sie durch den Besuch des ganzen Programms bekommen hätten!

Der vielleicht beeindruckendste Beweis der Weisheit, die hinter Veränderungen steckt, trug sich zu, als ich eins meiner kleinen Gruppenseminare vorbereitete, eine intensive Woche der Transformation mit zwölf Teilnehmern. Kurz vor dem Programm sagte einer der Teilnehmer ab. Ich war einen kurzen Moment sauer, doch ich erinnerte mich schnell daran, daß göttliche Führung waltete. Ich vertraute darauf, daß es einen Grund für diese Veränderung gab, und meine Rolle bestand darin, das zu unterstützen, was das Universum zum Besten aller Beteiligten wollte. Ich segnete Theresa und sagte ihr, daß es auch mein Wunsch sei, sie am rechten Ort zu wissen.

Eine Frau auf der Warteliste, Nina, war froh, Theresas Platz zu bekommen. Etwa am dritten Tag des Programms merkte ich, daß Nina viel Zeit mit einem der Männer im Workshop verbrachte. Am Ende der Woche teilte das Paar der Gruppe mit, sie hätten sich sofort als Seelengefährten erkannt. Acht Monate später waren Nina und Ron verheiratet. Sie sind ein wunderbares und engagiertes Paar, und es war eine Freude zu sehen, wie sie sich fanden! Wenn ich auf das Ganze zurückblicke, sehe ich, wie perfekt es war, daß Theresa ausfiel und dann Nina reinkommen konnte! Zu der Zeit hatte ich keinerlei Ahnung, was für ein Sinn hinter dem Wechsel stand, aber es steckte wirklich ein gewaltiger Plan dahinter! Der faszinierende Nachtrag zu der Geschichte ist der, daß Theresa eine spätere Session der Ausbildung besuchte und es total klar wurde, warum sie gerade zu *dem* Treffen kam. Theresas stärkstes Bedürfnis war, einige Vater- und Autoritätsprobleme zu lösen, und in der Gruppe war ein Mann, der wie geschaffen dafür war; auch er hatte einige Kindheitsprobleme zu bewältigen. Beide halfen einander sehr, viele alte, begrenzende Glaubenssätze loszulassen und standen schließlich in Würde und Integrität Seite an Seite. Das Ganze war auf göttliche Weise gefügt.

Ich sehe jetzt, wie dumm es gewesen wäre, wenn ich enttäuscht auf Theresas Absage reagiert oder versucht hätte, sie zu beeinflussen oder auf ihrer Zusage bestanden hätte. Die Vereinbarungen, die wir auf Erden treffen, verblassen im Vergleich zu den Vereinbarungen, die wir miteinander im Himmel treffen. Versuche nicht, dich der Liebe in den Weg zu stellen; könntest du den Zusammenhang erkennen, würde dies dir sowieso niemals in den Sinn kommen.

Was sein soll ans Licht bringen

Ich habe mit einem Gebet experimentiert, das bemerkenswerte Auswirkungen gezeigt hat. Wenn ich eine Entscheidung (meistens in einer sozialen oder geschäftlichen Beziehung) treffen muß und frustriert oder verwirrt bin, sage ich: »Okay, Gott, ich weiß echt nicht, was passieren soll. Ich bin mir nicht sicher, ob oder wie ich die Beziehung mit diesem Menschen eingehen soll. Ich bitte darum, daß für alle Beteiligten das Beste dabei rauskommt. Ich lege nicht fest, wie es aussehen soll; ich bitte nur darum, daß es etwas Segensreiches enthält. Ich bin offen dafür, daß es sich – wie auch immer – so entwickelt, daß es wirklich hilfreich ist. Möge sich die höchste Bestimmung jetzt zeigen.«

Ich habe herausgefunden, daß diese Affirmation eine machtvolle und zeitsparende Hilfe ist. Anstatt Situationen nach dem Schema Versuch-und-Irrtum auszuagieren, bis ich ihren wahren Sinn erkenne, erhalte ich mit Hilfe dieses Gebets gewöhnlich, bald nachdem ich meine Absicht ausgedrückt habe, eine Antwort. Ich nenne es »Was sein soll ans Licht bringen«. Das Gebet (das sich aus meiner Absicht ergibt) führt Beziehungen und Situationen zu einem Punkt der Entscheidung, so daß sich mir die treibende Kraft und der nächste Schritt klar und unmißverständlich zeigen. Manchmal offenbart mir das Ans-Licht-bringen wertvolle Gelegenheiten und öffnet Türen, die zu entdecken ich sonst lange Zeit gebraucht hätte; und manchmal zeigt es mir, daß eine Situation auf eine ungesunde Richtung zusteuert und ich gut beraten wäre, sie zu ändern, bevor sich die Dinge verschlechtern oder jemand verletzt wird. Aber was für eine Gestalt das Ergebnis annimmt, ist egal; wir wollen die Wahrheit, und die Wahrheit schenkt immer Kraft und Segen.

Habe nie Angst vor der Wahrheit. Die Wahrheit wird dich nicht verletzen; sie ist dein bester Freund. Es heißt »Wahrheit tut weh«, aber das Einzige, dem Wahrheit weh tut, sind die Illusionen. In der katholischen Religion wird der Erzengel Michael mit einem Schwert in der Hand dargestellt. Das Schwert symbolisiert Wahrheit, und der Drache steht für Angst und Illusion. Die Wahrheit vertreibt die Täuschung; rücke jede Situation ins Licht, und für jeden Beteiligten muß Gutes dabei herauskommen.

Auf der planetarischen Ebene leben wir in einer Ära, die das Ende der Geheimnisse darstellt. Ein Hauptmerkmal einer gestörten Familie besteht darin, daß sie Geheimnisse hat. Als Zivilisation haben wir lange Zeit viel versteckt, und es ist kein Wunder, daß wir in einer sozial gestörten Welt leben. Jetzt werden diese Geheimnisse ins Licht der Heilung gehoben. Die sechziger Jahre waren eine Zeit ungeheuren gesellschaftlichen Erwachens, und das natürliche Ergebnis höheren Bewußtseins, das sich zu Beginn der siebziger Jahre manifestierte, war ein kultureller Widerwille, Verheimlichung zu akzeptieren. Sei es die Aufdeckung der Watergate-Affäre und Präsident Nixons anschließender Rücktritt, der Sturz vieler TV-Prediger aufgrund von sexuellen und finanziellen Skandalen oder die Enthüllung, daß Millionen Menschen als Kinder sexuell mißbraucht wurden, oder sei es die durch AIDS ausgelöste internationale Beachtung der Homosexualität oder die Beliebtheit enthüllender Fernsehreportagen – wir sehen anhand dessen, daß die letzten Jahrzehnte des 20. Jahrhunderts von *einem* tiefen, gemeinsamen Thema bestimmt sind: *Es ist nicht mehr möglich, das, was wir sind und was wir tun, zu verbergen. Die Zeit der Geheimnisse auf dem Planeten geht zu Ende. Jetzt heißt es, furchtlos im Licht zu leben.*

Auch wenn das getrennte Ich Angst hat, aus dem Versteck zu kommen, so ist es doch unglaublich befreiend. Tief in unserem Herzen möchten wir uns nicht verstecken; wir möchten frei dafür sein, alles zu sein, was wir sind. Aber Saubermachen bringt oft zunächst den größten Schmutz zum Vorschein, bevor man ihn loswird. Das erste Stadium eines Waschgangs wird im Amerikanischen »Agitation«, Bewegung, Rütteln genannt. Die Kleidung muß bewegt werden, damit sich der angesammelte Schmutz löst. Wenn man während dieses Vorgangs in die Waschmaschine schaut, sieht man eine trübe, schmutzige Brühe an der Oberfläche des Wassers. Wenn wir es nicht besser wüßten, könnte man denken, daß die Kleidung nur noch schmutziger wird und man würde vielleicht die Maschine abstellen wollen. Aber das wäre dumm; der Schmutz kommt nicht rein, wie es vielleicht den Anschein hat – er wird entfernt. Im fließenden Wasser (dem metaphysisch der lebendige Geist entspricht) wird der Schmutz herausgewaschen, und frische, saubere Kleider bleiben zurück. Wenn du einfach dranbleibst, wird der Waschgang durchlaufen, und bald werden die Kleider viel sauberer sein als zuvor.

Dieses Stadium der Reinigung ist genau die mißliche Lage, in der wir uns gegenwärtig, als Individuen und als ganze Kultur, befinden. Innerlich und äußerlich wird abgelagerte psychische Verschmutzung an die Oberfläche gebracht. Viele Menschen sind zum Beispiel bestürzt über die explosiv zunehmenden Berichte über den sexuellen Mißbrauch an Kindern. Die meisten erkennen jedoch nicht, daß sexueller Kindesmißbrauch schon seit Tausenden von Jahren verbreitet ist; er stellt überhaupt nichts Neues dar.

Neu ist die Tatsache, daß über Mißbrauch berichtet wird und er ins Licht der Aufmerksamkeit rückt. Wir hören von immer mehr berühmten Menschen wie Roseanne Arnold und einer ehemaligen Miss America, die offen die Geschichte ihres Mißbrauchs erzählen und auch, wie sie sich danach von ihrem seelischen Trauma befreiten. Mißbrauch ist nicht häufiger geworden, sondern das Wissen darum hat enorm zugenommen – was wiederum zu einer Veränderung dieser Thematik führen *muß*.

Etwas geheimzuhalten ist ein Element funktioneller Störung, das dafür sorgt, daß diese Störung sich auf die nächste Generation überträgt. Doch bring ein Geheimnis ins Licht höheren Bewußtseins, und der finstere Kreislauf wird durchbrochen. Verwandelt durch Liebe, Mitgefühl und Weisheit wird die nächste Generation nicht mehr das Leid ihrer Eltern ernten, sondern die Kraft ihres Erwachens. *Das* ist das Geschenk, das wir unseren Kindern und nachfolgenden Generationen machen. Wir sind dabei, den Mut zu finden, die Fesseln der Angst und des Versteckens zu sprengen, die uns als Individuen und als Gesellschaft jahrtausendelang im Kerker gefangenhielten. Unsere Zeit ist in vielerlei Weise schwierig und schmerzhaft, doch wenn gesündere zukünftige Generationen auf diese entscheidende Epoche zurückblicken, werden sie sie als absolut wichtige Periode ansehen. Wir graben uns endlich unter der schweren Decke der Angst hervor, und nie wieder wird eine so furchtbare Unbewußtheit unser Leben beherrschen. Wir sprechen die Wahrheit aus, und damit wird die Stärke des lebendigen Geistes wieder unser eigen.

Aus diesem Grund sollten wir die Veränderung in unserem Leben schätzen und sie nicht als Fluch, sondern als Geschenk betrachten. (Im englischen Wort »curses«/Flüche finden sich dieselben Buchstaben wie im Wort »cures«/Heilungen; wir können das aufgreifen, was uns zu verfluchen scheint, und indem wir es aus einer anderen Perspektive sehen, können wir es in etwas verwandeln, das heilt.) Viele sagen, wir würden im apokalyptischen Zeitalter leben, und das stimmt. Doch kaum jemand kennt die wirkliche Bedeutung des Wortes »Apokalypse«, das wörtlich aus dem Griechischen übersetzt bedeutet »das Lüften des Schleiers«. Das Wort sagt nichts über Leid und Schrecken aus; es ist kein Ausdruck der Bestrafung, sondern der Erlösung. Wir werden nur in dem Maße Härten erfahren, wie wir an der alten Art und Weise festhalten, die nicht mehr funktioniert. Es gibt einen anderen Weg, auf dem es klappen wird, und das ist der Pfad, auf den wir geführt werden. Der Schleier vor den furchtbaren Glaubenssätzen der Abwehrmechanismen, die unser Leben hinter den Kulissen beherrschen, wird gelüftet, und diese verzerrten Bilder der Wirklichkeit werden ins Bewußtsein gerückt, damit wir sie loslassen und eine neue Wahl treffen können. Danke Gott für die Apokalypse. Nur *eines* könnte schlimmer sein als die Veränderungen, die wir durchmachen: Wenn alles so bliebe wie immer. Es ist nicht unsere Bestimmung, unter der Fuchtel der Angst zu leben; unsere Bestimmung ist es, aufrecht und in Würde zu gehen, so wie wir erschaffen wurden.

Der Schritt vom Verlies ins königliche Gemach erfordert einen tiefgreifenden Wandel der Einstellung und des Handelns. Wenn ein Gefangener lange Zeit in einem Verlies gelebt hat, mag er das Sonnenlicht, das er zum ersten Mal sieht, zunächst schmerzhaft finden. Einige werden vielleicht sogar darum bitten, wieder in die Dunkelheit, an die sich ihre Augen gewöhnt hatten, zurückgeschickt zu werden. Es mag leichter erscheinen, nichts zu sehen, als sich daran zu gewöhnen, etwas zu sehen. Aber wir sind schon zu weit, um jetzt umzudrehen. Die balinesische Seele wird wie ein Pferd zu einem höheren Reich vorangetrieben, und so wird auch unser »Pferd« herumgewirbelt, und es gibt kein Zurück. Die alte Welt ist tot; es hat keinen Sinn, in einen Leichnam zurückkriechen zu wollen. Die Fesseln sind gelöst, das Tor steht offen, und wir sind frei. Jetzt liegt es an uns, den nächsten Schritt zu tun und zu vertrauen. Eine neue Welt ruft uns, und wir werden in ihr leben. Wir werden das sein, wozu wir gekommen sind und das tun, wozu wir geboren wurden.

> *Wir dreh'n uns im Kreis*
> *Und halten verzweifelt an ›dein‹ und ›mein‹ fest...*
> *Doch, Hilfe,*
> *Öffne die Tür*
> *Und laß den Wind hineinweh'n*
> *Nimm meine Hand, zusammen steh'n wir*
> *Im Auge des Orkans*

> *Wenn du an mich glaubst,*
> *Werd ich an die Zukunft glauben.*
> *Wir wollen die Welt, von der ihr nur geträumt habt...*

> *Die Kontrolle schwindet,*
> *das Verstehen bleibt zurück,*
> *Wir segeln fort*
> *Hinein in meine Träume*
> KENNY LOGGINS und STEVEN WOOD
> *If you believe*

Das Denken ist's

Alle Begrenzungen sind selbstauferlegt.

ERNEST HOLMES

Als er an die Startlinie kam, lachte die Menge. »Was ist los, Kumpel – hast du dich vielleicht aus dem Busch hierhin verlaufen?« lästerte eine freche Stimme hinten aus der Masse.

Cliff Young warf nur einen flüchtigen Blick in die Richtung, aus der die Stimme kam, und wandte seine Aufmerksamkeit wieder der Straße vor sich zu.

Der einundsechzig Jahre alte Farmer aus dem australischen Busch schien in seinem Arbeitsanzug und seinen Gummischuhen die Ausnahme bei dem wahnsinnigen Wettrennen zu sein. Die meisten anderen Läufer, Athleten von Weltrang in ihren Zwanzigern und Dreißigern, hatten viele Monate rigoros für den jährlichen 400 km-Marathon trainiert. Die jüngeren Männer, gekleidet in die schnittigsten aerodynamischen Trainingsanzüge und vertraut mit den letzten wissenschaftlichen Ausdauertechniken bereiteten sich innerlich darauf vor, achtzehn Stunden täglich zu laufen und sechs Stunden nachts zu schlafen.

Der Startschuß ging über die jubelnde Menge hinweg los, und während der Rauch noch über der Bahn lag, wetteten einige schon miteinander, ob Cliff Young es einen Tag oder zwei durchhalten oder ob er schon vorher zusammenbrechen würde.

Doch dann geschah etwas Erstaunliches: Anderthalb Tage bevor die führenden Läufer erwartet wurden, liefen einundsechzig Jahre alte Füße in Gummischuhen durchs Ziel. Cliff Young beendete den Wettlauf in Rekordzeit, 36 Stunden vor Männern, die vierzig Jahre jünger als er waren.

Weißt du, niemand hatte Cliff gesagt, daß er schlafen müßte. Während die jüngeren Männer ein Nickerchen machten, war Cliff Young unterwegs.

Cliff Youngs erstaunliche Leistung ist ein beeindruckendes Beispiel für die Macht unseres Geistes, unsere Wirklichkeit und folglich unsere physische Erfahrung zu schaffen. Wir leben die Dimension, die unser Denken uns zugesteht.

Im folgenden Jahr geschah bei dem Rennen etwas ebenso Erstaunliches. Mehrere Läufer brachen Cliffs Rekord. Sie benutzten seine Methode, ohne Schlafpause zu laufen, und übertrafen seine Leistung. Sie ließen ihre voreilige gedankliche Fixierung los (der Verstand, der sich darauf einstellt, wie es abzulaufen hat), man müsse eben sechs Stunden pro Nacht schlafen, um das Rennen zu gewinnen.

Das unglaubliche Universum

In einem Museum sah ich eine Ausstellung mehrerer Muscheln, die möglicherweise eine nach der anderen die Behausungen desselben Tieres im Laufe seines Lebens darstellten. Wenn diese Geschöpfe aus einer Schale herauswachsen, kriechen sie heraus und bilden eine neue.

Auch wir bilden Schalen. Unsere Schalen jedoch sind geistiger Art. Sie heißen »Glaubenssysteme«. Anstatt von Körper zu Körper zu wandern, entwickeln wir uns von begrenzten Überzeugungen zu umfassenderen. Als ich zehn Jahre alt war, glaubte ich, der Sinn meines Lebens bestehe darin, eine große Sammlung von Baseballkarten zu besitzen. Mein Schlafzimmerschrank war voller Schuhschachteln, in denen Hunderte von Karten aller großen Ligaspieler waren, einschließlich der Krönung: Mickey Mantle. Einige Jahre später jedoch war Rock 'n' Roll zum Sinn meines Universums geworden. Alle Mickey Mantle-Karten in Amerika schienen trivial verglichen mit zwei Eintrittskarten für ein *Doors*-Konzert zu sein; Gott war aus dem Yankee-Nadelstreifenanzug in Jim Morrisons Lederhose geschlüpft. Jahre später, als der Film über die *Doors* rauskam, wunderte ich mich selbst darüber, daß ich nicht mal hineinging. Ich war in ein größeres Schneckenhaus umgezogen.

Wie weitreichend dein Glaubenssystem auch sein mag, es gibt immer noch ein größeres, das über das, woran du jetzt denken kannst, hinausgeht. Immer wenn du glaubst, du hättest das Leben im Griff oder meinst, du checkst alles, taucht irgendwas auf, das dir zeigt, daß du im Grunde sehr wenig weißt. (Sir James Jeans bemerkte: »Die Wissenschaft sollte damit aufhören, Erklärungen abzugeben; der Strom des Wissens hat sich schon oft wieder zurückbewegt.«) Ich persönlich empfinde das als sehr erleichternd! Es bedeutet, daß ich nicht auf die Wirklichkeit begrenzt bin, die ich akzeptiert habe.

Denk mal über folgende Tatsachen nach:

• Als Johnny Weismüller 1932 die olympische Goldmedaille gewann, stellte er damit einen neuen Weltrekord im Schwimmen auf. Heutzutage müssen Schwimmer jenen Rekord überbieten, *um überhaupt zugelassen zu werden.*

• Ein moderner Boeing 747 Jumbo-Jet ist länger als die Originalflugstrecke, die das erste Flugzeug, das die Gebrüder Wright in Kitty Hawk flogen, zurücklegte.

• Als Magellan im 16. Jahrhundert rund um die Erde segelte, dauerte seine Kreuzfahrt zwei Jahre. Als Dampfer erfunden wurden, brauchten diese Schiffe für dieselbe Fahrt zwei Monate. Im Zeitalter der Düsenflugzeuge verringerte sich die Reise auf zwei Tage. Raumkapseln haben die Erde in zwei Stunden umkreist. Heutzutage können wir durch Satellitenfernsehen überall auf dem Globus innerhalb von zwei Sekunden durch Bild und Funk verbunden werden.

In der Nähe von Portland, Oregon, gibt es ein großes Kaufhaus mit dem Namen *Das Unglaubliche Universum.* Wenn ich dort in der Gegend bin, liebe ich es, dieses Kaufhaus anzurufen, einfach nur, um zu hören, wie sich die Telefonistin meldet: *»Hier ist Das Unglaubliche Universum; womit kann ich Ihnen dienen?«* Ihr Gruß ist ein Symbol dafür, wie das ganze Universum funktioniert. Er erinnert uns daran, daß wir die Dimension leben werden, an die wir glauben. Wir können und werden alles haben, um das wir gedanklich bitten. Ist das nicht tatsächlich ein unglaubliches Universum!

❦ SCHLÜSSEL ❦
Begrenze das Leben nicht auf deine Glaubenssätze.
Erweitere deine Glaubenssätze, sodaß sie
alles einschließen, was das Leben zu bieten hat.

Der Schriftsteller James Baldwin erklärte: »Der Sinn des Lebens liegt für den einzelnen darin, über seine übernommenen Definitionen hinauszuwachsen. Um uns im Leben zu entwickeln, müssen wir unser Selbstbild über die Identitäten, die andere uns zugewiesen haben, hinausgehen lassen. Jede Generation steht auf den Schultern der vorangegangenen Generation. Ich bin erstaunt über die Tiefe, die Weisheit und Präsenz der Kinder, die heute geboren werden. Ich treffe regelmäßig Kinder, die Lichtjahre weiter entwickelt sind als jeder, den ich in der Zeit meines Heranwachsens kannte. Diese Kinder spiegeln das höhere Bewußtsein wider, das sich seit unserer Geburt auf dem Planeten entwickelt hat. Sie bringen die Tatsache zum Ausdruck, daß wir unser Weltbild über dasjenige hinaus erweitert haben, das uns seinerzeit beigebracht wurde. Wir stoßen jenseits der Grenzen der Unwissenheit vor und ebnen dem umfassenderen Bewußtsein neue Wege.

Das größte Geschenk, das wir dem Planeten geben können, liegt darin, die Irrigkeit der Illusionen aufzuzeigen, denen sich die meisten Menschen verschrieben haben. Wir müssen bereit sein, die Angst hinter uns zu lassen, selbst wenn das nur wenige andere tun. Warte nicht auf äußere Bestätigung, um deine Wahrheit zu leben; innere Bestätigung ist alles, was zählt. Vielleicht stößt du auf Widerstand, Unverständnis oder Kritik, aber nichts davon spielt eine Rolle. Worum es geht, ist, daß du deiner inneren Berufung treu bist. Nicht mehr als das fordert der lebendige Geist von dir – und nicht weniger.

Viele sind kalt, einige erfroren

Wir leben in der Welt, die wir für wirklich halten, und die sich ergebenden Erfahrungen bestätigen das Bild der Wirklichkeit, das wir uns angeeignet haben. James Robinson bemerkte: »Das meiste unseres sogenannten Denkens erschöpft sich darin, Argumente dafür zu finden, weiterhin das zu glauben, was wir bereits glauben.« Jeder kann beweisen, was er glaubt, nicht weil es so ist, sondern weil er es glaubt. Es heißt: »Logik ist der Prozeß, durch den wir vertrauensvoll zur falschen Schlußfolgerung gelangen.« Wir entscheiden nicht aufgrund von vorliegenden Tatsachen, was wir glauben; wir finden Belege, die das beweisen, was wir glauben möchten.

Ein Mann vom Wartungspersonal beim Rangierbahnhof ging in einen Kühlwagen, um ihn sauberzumachen. Als er fertig war und rausgehen wollte, stellte er zu seinem Schrecken fest, daß er sich selbst in dem Wagen eingeschlossen hatte. Als seine Mitarbeiter am nächsten Tag den Wagen öffneten, fanden sie den leblosen Körper des Mannes. Auf der Suche nach Anhaltspunkten für die Todesursache sahen sie, was er an die Wand gekritzelt hatte: »Kalt... werde immer kälter... Erfrieren...« Dieser tragische Tod war um so ergreifender angesichts der Tatsache, daß das Kühlaggregat des Wagens gar nicht in Betrieb war. Der Mann erfror nicht durch die Maschine, sondern durch sein eigenes Denken.

Ein Kurs in Wundern sagt uns: »Illusionen sind ebenso stark in ihren Wirkungen, wie es die Wahrheit ist.« (1) Der Mann in dem Kühlwagen war genauso tot, als wäre er physisch erfroren. Diese erstaunliche Begebenheit ist ein sehr beredtes Beispiel für die Art und Weise, wie wir uns schaden, indem wir an falschen Bildern unserer selbst und unserer Umgebung festhalten. In Wirklichkeit hat nichts und niemand in der äußeren Welt die Macht, dir zu schaden oder dich zu erlösen, sofern du ihm nicht durch deinen Glauben Macht dazu verleihst. Gedanken sind Dinge; die Energie geht dahin, wohin sich die Aufmerksamkeit richtet; die Gedanken erzeugen Entsprechendes in der Realität.

❦ SCHLÜSSEL ❦
Du wirst es sehen, wenn du es glaubst. (2)

Als ich mich mit Hypnose beschäftigte, wurde ich Zeuge erstaunlicher Beweise für die Kraft des Denkens, greifbare Resultate zu bewirken. Ich sah, wie hypnotische Versuchspersonen Blasen auf ihren Händen entwickelten, wenn man ihnen einsuggerierte, von einer Flamme berührt zu werden; ich sah, wie ein Yogi seinen Arm mit einer dicken Nadel durchstach, ohne daß er blutete oder Schmerz empfand; ich sah, wie ein zentnerschwerer Hypnotiseur auf dem steifen Körper einer gebrechlichen, alten Frau, die über zwei Stühlen lag, stand; und ich selbst ging barfuß über 500° heiße, glühende Kohlen.

Auch wenn solche Demonstrationen zur Welt des Showgeschäfts gehören, verweisen sie uns auf eine äußerst wichtige Wahrheit: *Die Welt, in der wir leben, wird von den Gedanken, die wir denken, erschaffen.* Wenn das Denken eines Menschen stark genug ist, seinen Körper zu töten, *ist es auch stark genug, ihn zu heilen.* Wenn du mit Krankheit oder körperlichem Schmerz zu kämpfen hattest, *so liegt der Schlüssel zur Freiheit jetzt in dir.* Fang an, neue Gedanken zu denken, und du wirst die Grundlage für ein neues Leben aufbauen.

Ich besiegte das Gesetz, doch es gibt nur Ein Gesetz

Um uns wirklicher Freiheit zu erfreuen, müssen wir die »Gesetze«, denen wir vermeintlich unterliegen, neu überprüfen. Hast du schon einmal die Grenzen in Frage gestellt oder überprüft, von denen behauptet wurde, du könntest sie nicht berwinden? Sie sind nur echt, wenn du es glaubst. *Ein Kurs in Wundern* erinnert uns: »Ich unterstehe keinen Gesetzen außer den Gesetzen GOTTES.« (3) George Burns pflichtete bei: »Mein Arzt gab mir noch sechs Monate zu leben – aber als ich nicht bezahlen konnte, gab er mir noch mal sechs Monate.«

Viele Menschen haben körperliche Heilung erfahren, welche gegen die »Gesetze« der Medizin verstießen, sie verneinten oder auf den Kopf stellten. Ich kenne einen Mann, der sich aus Versehen mit einer Motorsäge einen Teil seines Fingers abschnitt und dem ein neuer Daumen wuchs. Eine italienische Frau, die von dem heiligen Priester Pater Pio ins Gebet eingeschlossen wurde, erhielt ihr Augenlicht zurück, obwohl *sie keine Hornhaut hatte.* Eine Frau aus meinem Kurs berichtete, man habe einen ihrer Lungenflügel entfernt und danach sei ein neuer gewachsen. Wem solche Heilungen unglaubwürdig erscheinen, der denke an den Seestern, der eine neue Zacke wachsen lassen kann, wenn eine abgetrennt wurde oder an den Wurm und die Eidechse, deren Schwänze sich erneuern, wenn sie sie verloren haben. Es dürfte doch wohl einsichtig sein, daß wir, die wir solchen Geschöpfen Millionen Jahre der Evolution voraushaben, uns zumindest ebensogut heilen können wie ein Wurm!

Ist das nicht der Fall, so nicht etwa, weil wir nicht dazu imstande wären, sondern weil wir unser Potential aus Unwissenheit und mangelnder Nutzung brachliegen ließen. Wir glauben, es sei die Welt, die uns zu dem macht, was wir sind und nicht, daß wir es sind, die unsere Welt kreieren. Wir haben innerhalb der Grenzen gelebt, die von der *Stadt der Angst* festgelegt wurden und haben die *Stadt der Über(m)fluß* aus den Augen verloren. Um nach Hause zurückzukehren, müssen wir unser Streben aufgeben, Gutes aus einer fremden Quelle zu importieren, und das nutzen, was wir bereits haben.

Wenn die Mediziner eine Heilung nicht erklären können, sprechen sie von Spontanremission, einem »plötzlichen Rückgang«. Bis vor kurzem war das medizinische Modell nicht umfassend genug, um den spirituellen Einfluß, die Kraft des Gebets, reine Willensstärke und die heilende Energie der Liebe miteinzuschließen. Doch jedes Heilsystem, das nicht die Kraft des lebendigen Geistes würdigt, ist fürwahr begrenzt! Es gibt keine Zufälle im Universum, und als göttliche Wesen sind wir stärker als Viren. *Ein Kurs in Wundern* erinnert uns daran, daß »Zufall keine Rolle in GOTTES Plan spielt« (4). Irgendwann müssen die medizinischen Gesetzmäßigkeiten, auch wenn sie innerhalb des Glaubenssystems, das sie billigt, gültig sind, in eine höhere Sichtweise gehoben werden.

Es gibt jetzt Selbsthilfegruppen für »einst unheilbare Krebspatienten«. Ich liebe den Ausdruck »einst unheilbar«. Darin schwingt der Klang der Gnade. Es bedeutet nämlich, daß nichts notwendigerweise unheilbar ist. Vor vielen Jahren sah ich eine Anzeige in einer Zeitung, in der stand, daß die Zahl der bisher von Krebs geheilten Menschen über der Einwohnerzahl von Los Angeles liegt. Ich bin sicher, daß sich die Anzahl mittlerweile erhöht hat. Nur weil jemand in führender Stellung dir sagt, du würdest aufgrund bestimmter Bedingungen sterben, heißt das nicht, daß es geschehen wird. Dein Leben und dein Tod unterliegen keiner äußeren Kraft; du wählst, wann du kommen willst und wann du gehen willst. Es ist an der Zeit für uns, den äußeren Autoritäten die Macht, über Leben und Sterben zu bestimmen, wieder zu nehmen. *Es gibt keine äußere Autorität.* Es gibt nur innere Autorität – die Autorität Gottes in dir, durch dich, *als du selbst.*

Ich kenne einen tiefgläubigen Mann, der die Heilung von Tausenden von Menschen durch Gebet, Affirmation und Berührung gefördert hat. Er lehrt, daß »wir in der Sphäre unseres eigenen Glaubens leben«. Wir sind nur denjenigen Gesetzen unterworfen, die wir als wirklich akzeptieren. Wo der menschliche Geist tausend und abertausend Gesetze erfand, kennt Gott nur eins: *Liebe ist wirklich.* Benutze dies Gesetz als deinen Wegweiser, und alles andere wird sich ergeben.

Gib den Lappen zurück

In meinen Seminaren habe ich Teilnehmer durch die »Rotzfahnen«-Übung geführt, die ich benutze, wenn jemand mit einer Bürde von Schuld kämpft, die ihm von jemand anderem zugewiesen wird. Ich nehme ein Taschentuch und bitte die Teilnehmerin, sich vorzustellen, daß jemand sich gerade die Nase darein geputzt hat und es ziemlich dreckig ist. Dann werfe ich ihr ohne Vorwarnung das Taschentuch zu. Einige Empfänger heben automatisch die Hand, fangen das Taschentuch und halten es. Andere lassen das Tuch einfach an sich vorbeifliegen oder lassen es an ihrem Körper abprallen und zu Boden fallen.

»Dieser Vorgang veranschaulicht die Art und Weise, wie wir mit Schuld oder Begrenzungen umgehen, wenn sie uns zugewiesen werden«, erkläre ich den Teilnehmern. »Wenn jemand dich angreift, dich schuldig spricht oder versucht, etwas auf dich abzuladen, gibt er dir quasi sein verrotztes Taschentuch. Du kannst entscheiden, ob du sein ›Geschenk‹ annehmen willst oder nicht. Wenn du es annimmst und wie einen Umhang trägst, ist es deines. Wenn du es nicht annimmst, mußt du es an dir vorbeigehen oder auf seinen Absender zurückfallen lassen, der gefälligst damit fertig werden kann.«

Wir stärken uns und andere, wenn wir uns weigern, die Grenzen zu akzeptieren, die sie uns zuweisen. Wir müssen wachsam sein, unserer Ganzheit bewußt zu bleiben angesichts so vieler Beeinflussungen, schwächlich zu leben. Gespräche über »die grassierende Grippe«, »die wirtschaftliche Lage« oder »was passiert, wenn du ein bestimmtes Alter erreichst« sind die Rotzlappen, die *en masse* verteilt werden. Wenn du dich nach allen Nachrichten, allem Tratsch und allen Voraussagen, die du hörst, richten würdest, wärst du echt ein trauriges Häufchen Elend, und viele Menschen leben auf dieser untersten Existenzebene. Gleichzeitig jedoch fühlen sich viele nicht von der Grippe, der Wirtschaft oder dem Alter beeinträchtigt und nehmen sogar an Kraft und Lebendigkeit zu, während andere mit derlei gängigen Befürchtungen ihre Lebenskraft vergeuden. Solche Menschen beweisen, daß diese Zustände nicht universellen Gesetzen unterliegen – es sind Glaubenssysteme, verfestigt durch diejenigen, die sie anerkennen. Bestimmt hast du schon mal einen Vertreter an der Tür gehabt, der wollte, daß du eine bestimmte Zeitschrift abonnierst. Wenn du das Angebot nicht so toll fandest, hast du wahrscheinlich gesagt: »Vielen Dank, aber ich habe kein Interesse.« Genauso ist es, wenn jemand dich auffordert, auf sein Drama oder seine Rache einzusteigen; er will, daß du ihm sein dunkles Werk abnimmst. Du hast die Freiheit, mit ihm in die Hölle zu gehen oder sein Angebot liebevoll abzulehnen. Du wirst ihm mehr dadurch helfen, wenn du deiner Verpflichtung zum Frieden folgst als wenn du mit ihm in den Abgrund springst. Es ist nicht unfreundlich oder hartherzig, die Rotzfahne abzulehnen; im Gegenteil, es ist das größte Geschenk, das du geben kannst. Von einer höheren Ebene aus kannst du deinem Freund behilflich sein, einen Ausweg zu finden.

»Eingehöllt«

Kennst du den Ursprung des Wortes »Hölle«? Es ist nichts Blasphemisches oder gar Religiöses an dem Wort. Es ist ein Begriff, der in Zusammenhang mit Grundeigentum benutzt wurde. (Wenn du schon mal Immobiliengeschäfte gemacht hast, nickst du jetzt vielleicht bestätigend.) »Hölle«, auf Englisch »hell«, hat im Altenglischen die anerkannte Bedeutung »Umzäunung« oder »Pferch«. Wenn man eine Kuh oder ein Schwein festhalten wollte, »höllte« man das Tier ein, indem man einen Lattenzaun errichtete. Dann war das Tier »eingehöllt« oder, in abgeleiteter Form, drinnen »gehalten«.

Hölle ist nichts weiter als ein Gefühl der Begrenzung. Als göttliche Wesen sind wir von Natur aus unbegrenzt. Es gibt nichts, was wir nicht tun oder sein können. »Ich kann dies tun, doch nicht das« zu sagen oder »meine Macht, mein Leben zu gestalten, endet hier« bedeutet eine Grenze gemäß der Hölle zu ziehen. Der chinesische Patriarch Hsin Hsin Ming lehrte: »Der große Weg ist nicht schwierig für diejenigen, die keine Vorlieben haben; weichst du jedoch um Haaresbreite davon ab, sind Himmel und Erde unendlich fern voneinander.«

Ich bitte dich jetzt, aus der Hölle rauszukommen. Verlaß dein selbsterschaffenes Gefängnis und fliege. Nur weil du von deinen Eltern, Lehrern oder der Religion die Vorstellung von Grenzen übernommen hast, bedeutet das nicht, daß du sie behalten mußt. Als Kind warst du zu klein, um anders darüber zu denken. Autoritätsfiguren sagten dir, etwas sei wahr, und deshalb hast du's geglaubt. Aber jetzt bist du darüber hinausgewachsen. Du bist spirituell reif genug, um zu entscheiden, in welcher Welt du leben willst.

Auf wessen Seite stehst du?

Minderwertigkeit ist kein passiver Zustand; wir müssen hart arbeiten, um schwach zu bleiben! Opfersein erfordert wachsame Bemühung. Selbst bei Beton muß man aufpassen, daß kein Gras durch die Risse wächst; die Natur versucht ständig, wieder Leben und Gleichgewicht herzustellen. Niemand bleibt krank oder stagniert, ohne sich (unbewußt) dafür zu entscheiden. Um im Dunkeln zu bleiben, müssen wir unseren Körper gegen die Tür der Heilung stemmen und sie zurammen, was unserer Freude und Lebendigkeit sehr abträglich ist.

Viele von uns haben es gut raus, unsere Begrenzungen zu verteidigen. Ein Freund sagt uns, wir seien wunderbar, und wir sagen ihm, warum wir es nicht sind. Ein Verehrer macht uns das Kompliment, wir seien attraktiv, und wir denken, er muß blind oder verlogen sein oder etwas von uns wollen. Ein Weisheitslehrer sagt uns, wir seien frei, und wir kramen alle möglichen Beweise für unsere Gebundenheit hervor. In dem Buch *Illusionen* bemerkt Richard Bach: »Bestehe auf deinen Begrenzungen, und schon sind sie deine.« Einige von uns sind Anwälte ihrer eigenen Strafverfolgung geworden! Wir halten bis zum äußersten an allem, was wir nicht tun können, fest und wundern uns dann, warum wir uns begrenzt fühlen.

Stell dir vor, wie intensiv unser Leben wäre, wenn wir uns im selben Maße dazu verpflichteten, unsere Herrlichkeit zu leben! In jedem Augenblick – selbst jetzt – können wir zu Anwälten unserer Befreiung werden. Wir können alle Argumente dafür zusammentragen, was bei uns, in unserem Leben, unseren Beziehungen und in unserem Universum gut ist. Wir können unsere Möglichkeiten betonen anstatt unsere Begrenzungen. Wir können uns aus der Hölle befreien.

Stell dir vor...

Wie befreien wir uns dann von unseren nichtfunktionierenden Glaubenssätzen? Indem wir sie durch höhere, fruchtbare Anschauungen ersetzen. Es wird dir nichts nützen, gegen deine Wünsche, dein Denken oder dich selbst anzukämpfen, denn eine derart unangebrachte Rache wird nur das nähren, was du loswerden möchtest. Halte statt dessen die andere Wange hin, und schau in eine neue Richtung. Bring deine Energie in Einklang mit deiner Vision und geh voran, als sei dein Ziel bereits Wirklichkeit.

Albert Einstein verkündete: »Vorstellungskraft ist wichtiger als Wissen.« Vorstellungskraft ist die Kraft der Schöpfung, doch haben wir sie oft gegen uns selbst eingesetzt. Besorgnis ist nur eine Sichtweise, die destruktiv angewandt wurde. Wir fabrizieren das, was wir nicht wollen, anstatt das, was wir wollen. Vorstellungskraft ist eine gottgegebene Fähigkeit, durch die wir unsere Herzenswünsche mit Leben erfüllen können. Die Zeugungskraft unseres Geistes ist so unermeßlich, daß selbst der Niagarafall im Vergleich dazu klein ist. Wir sind alle Genies. Der einzige Unterschied zwischen berühmten schöpferischen Menschen und mit sich kämpfenden Künstlern besteht darin, daß die Schöpfer ihrer Vision glauben und das Vertrauen haben, nach ihren Impulsen zu handeln.

Die Vorstellungskraft ist die Kraft, die uns über die Beschränkungen des Verstands erhebt. Nur an etwas zu denken, reicht nicht aus – du mußt es spüren und sinnlich wahrnehmen, damit es sich manifestiert. Rieche den Duft des nächtlich blühenden Jasmins, der das Heim deiner Träume ziert, höre den Klang des aufgeregten Applauses, mit dem die Besucher deinen Auftritt in der Carnegie Hall würdigen; sieh die Aufmerksamkeit und das Mitgefühl in den Augen deines idealen Partners. Inspiriere dich damit, jede erdenkliche Einzelheit deines Traums als lebendig und wahr vor dir zu haben, und lebe, als hätte sich bereits alles erfüllt. ›Emotion‹ beinhaltet ›Bewegung‹ (lat.: emovere). Mit ganzem Herzen den Phantasien, Vorstellungen und Träumen nachzugeben, von denen du innerlich berührt bist, erzeugt die psychische Elektrizität, die notwendig ist, um die Vision Gestalt annehmen zu lassen. Wir haben uns in unserer Vorstellung klein gemacht, und dieselbe Fähigkeit können wir nutzen, um dem Leben wieder jene Erhabenheit zu verleihen, zu der wir geboren wurden.

Es ist von äußerster Wichtigkeit, *inspiriert zu bleiben*. Inspiration ist unser täglich Brot, und wenn du deine Seele nicht nährst, sind deine Entwicklungschancen dürftig. Tu alles Erdenkliche, was dein Herz lebendig erhält und deine Gedanken auf einer hohen Ebene verweilen läßt. Deine wichtigste Verantwortung besteht darin, das Licht deiner Freude nicht erlöschen zu lassen. Wenn dir das nicht gelingt, wird alles andere dir wenig nützen.

Glück ist der Flur, der zu allen anderen Zimmern des Erfolgs führt. Freude ist die Atmosphäre, in der wir gedeihen. Laß Freude erblühen, und du wirst, oft auf wunderbare Weise, die großartigsten Ereignisse anziehen.

Die Macht, die Welt zu verändern

Der direkteste Weg, deine Welt zu verändern, besteht darin, dein Denken zu verändern. Der vergebliche Versuch, deine Welt zurechtzustutzen und die frustrierenden Bemühungen, Ereignisse und Menschen so zu manipulieren, daß sie deinen Erwartungen entsprechen, werden dir nichts bringen. Statt dessen ist es wesentlich besser, unsere Vorstellung, ein Opfer zu sein, das keine Kraft besitzt und etwas verloren hat, abzulegen. Keiner dieser Gedanken gibt die Wahrheit wieder, und ihnen Energie zu schenken, wird dir nur Nachteile bringen. Wenn du dich als Opfer siehst, dann ist der Grad deiner Effektivität, um konstruktive Veränderung zu bewirken, gleich Null. Menschen, die sich selbst als Opfer bezeichnen, verfestigen Situationen, in denen sie eine Opferrolle ausspielen; selbstverwirklichte Menschen dagegen schaffen ständig Situationen, in denen das, was sie wollen, Gestalt annimmt. Nicht die Ereignisse erzeugen Opfer, sondern das, was wir daraus machen. Viele Menschen nehmen Erfahrungen, in denen sie scheinbar das Opfer sind, zum Ausgangspunkt, um noch mehr Kraft zu entwickeln. Diese Menschen nennt man Meister.

Eine solche Meisterschaft ist dir und mir zugänglich, doch zunächst müssen wir ein neues Bild dessen, wer wir sind und was wir tun können, entwerfen. Auch wenn unser Wesen unverändert göttlich ist, werden unsere Erfahrungen unser eigenes Selbstbild bestätigen. Das Spiel des Lebens besteht darin, unsere Sicht so zu verändern, daß sie mit dem Licht, das wir sind, im Einklang ist.

Wir sind nicht das, was wir zu sein glaubten, Gott sei Dank. Die Welt ist auf Mangel fixiert, und wir müssen achtgeben, die vollgerotzten Taschentücher, die sie uns anbietet, zurückzuschicken. Statt dessen sollten wir aufrecht und selbstbewußt sein. Die Bibel berichtet, daß die Söhne Gottes die Töchter der Menschen heirateten, was symbolisch darauf hinweist, daß unsere göttliche Natur sich mit materieller Identität verwoben hat. Wir haben ganze Leben damit verbracht, unsere Grenzen zu untersuchen, jetzt ist es an der Zeit, unsere Göttlichkeit in Besitz zu nehmen. Es ist Zeit, der goldenen Essenz, die wie ein heilender Strom im Innersten unseres Wesens fließt, wieder habhaft zu werden. Es ist Zeit, die innere Reise zu würdigen, das Abenteuer der Seele.

Unsere Träume zu leben,
kann größeren therapeutischen Wert haben als sie zu analysieren.
WERBUNG EINES HOTELS AUF HAWAII

Nach Nummer eins
Ausschau halten

Wie viele Idole mußt du noch finden,
bis du erkennst, daß du derjenige bist,
nach dem du gesucht hast?

DAN FOGELBERG

Das Captain Cook Syndrom

An einem sonnigen Morgen im Januar 1779 steuerte Captain James Cook seine imposanten Segelschiffe *Discovery* (›Entdeckung‹) und *Resolution* (›Entschlossenheit‹) in die idyllische Kealakekua Bucht an der grünen Westküste der großen Insel Hawaii. Cook und seine Mannschaft wollten der britischen Krone, in deren Namen die Abenteurer aufgebrochen waren, noch mehr Reichtümer und Kenntnisse verschaffen.

Was Captain Cook nicht wußte, war, daß die Eingeborenen die Rückkehr des großen Gottes Lono erwarteten, von dem die Stammväter prophezeit hatten, er würde vom Westen auf eine »treibende, baumbewachsene Insel« herabsteigen. Der hellhäutige Lono, so sagten die Seher voraus, würde im Volk von Hawaii wieder Frieden und Harmonie herstellen.

Die Bewohner Hawaiis, die an jenem Tag am Strand waren, blickten auf, als sie die hohen Masten der Schiffe sahen, die sich am Horizont abzeichneten. Schnell liefen sie, um die anderen Eingeborenen zusammenzurufen. Schon bald paddelten der König, die Königin und die Krieger aufgeregt in ihren Auslegerbooten heran, um den verehrten Lono zu grüßen und seine langersehnte Rückkehr zu feiern.

Die Einwohner von Hawaii erwiesen »Lono« und seinem Gefolge alle Ehre und Höflichkeit, die Göttern zusteht. Festmähler wurden bereitet, es folgten Prozessionen und Zeremonien, und die Frauen Hawaiis stellten sich den »Göttern« zur Verfügung. Die kernige Mannschaft, die monatelang auf See gewesen war, nutzte die Liebenswürdigkeit voll aus.

Zu ausgiebig. Die Seeleute wußten die Ehrerbietungen, die ihnen erwiesen wurden, nicht zu schätzen, sie betranken sich, krakeelten herum, entweihten die heiligen Gaben und mißbrauchten das sexuelle Entgegenkommen, das ihnen angeboten wurde.

Es dauerte nicht lange, bis die Inselbewohner sich zu fragen begannen, ob dies wirklich Götter waren. Die Seeleute benahmen sich wie keine der Götter, von denen die Eingeborenen jemals gehört hatten! Als einige Hawaiianer zufällig zu der Beerdigung eines Seemanns hinzukamen, wußten sie nicht ein noch aus, wie denn ein unsterblicher Gott dem Tod zum Opfer fallen konnte. Die Eingeborenen wurden unruhig, sagt man. Die Hawaiianer wurden aufgebracht gegen die Gottheiten und zornig auf ihre allzumenschliche Natur.

Die Ernüchterung erreichte ihren Höhepunkt, als Captain Cook als Vergeltung für ein entwendetes Ruderboot einen *Kahuna*-Priester als Geisel nahm. Das war der Tropfen, der das Faß für die Hawaiianer zum Überlaufen brachte. In einem plötzlichen Aufruhr steinigte der zornige Pöbel Captain Cook am Strand und ertränkte ihn nur ein paar Schritte von der Stelle entfernt, wo er einst glorreich an Land gegangen war. Aus war's mit dem »Gott«.

Thron und Kreuz
können dir die Knochen brechen

Der Tod von Captain Cook veranschaulicht auf spektakuläre Weise die Problematik, die wir heraufbeschwören, wenn wir aus einem Menschen einen Gott machen oder uns erlauben, selbst auf einem Podest zu sitzen, das ein anderer errichtet hat. Wenn wir unsere eigene Kraft nicht voll erkennen oder annehmen, werden wir aus Wesen außerhalb unserer selbst Götter oder Teufel schaffen. Wir werden einen Thron für diejenigen errichten, die uns unserer Meinung nach überlegen sind, und Kreuze, um die »bösen« Menschen zu kreuzigen, die uns vermeintlich das Gute rauben können. Keine dieser Situationen entspricht der Wahrheit. Du allein bist für die Produktion der Götter und Teufel um dich herum verantwortlich, und nur du hast die Macht, sie – und dich – von deinen Projektionen zu erlösen. Dann – und nur dann – wirst du deine Macht wieder an dich nehmen, wo sie hingehört.

❦ SCHLÜSSEL ❦
Idole stürzen immer auf diejenigen herab, die sie verehren

Wenn du jemanden größer als du selbst siehst, setzt du dich herab. Kein Guru, Lehrer, Therapeut, Elternteil, Partner oder Freund ist der Wahrheit oder Gott näher als du selbst. Wenn du sie jedoch so siehst, verletzt du dich selbst auf die rücksichtsloseste Weise. Wenn du jemand anderen vergöttlichst, geht es auf deine eigenen Kosten.

Genausowenig kannst du dir erlauben, auf einem Podest zu sitzen, das ein anderer errichtet hat. Dadurch schwächst du sowohl dich als auch deinen Fan (Fan ist eine Abkürzung für Fanatiker). Die Beziehung zwischen einem Verehrenden und einem Gott ist keine wirkliche Beziehung. Plato bemerkte: »Freundschaft kann nur unter Gleichen entstehen.«

Zorn kommt nach dem Fall

Anbeter falscher Götter werden immer wütend auf die Gottheiten, die sie unweigerlich enttäuschen. Eine solche Wut ist eine Projektion des Selbsthasses, der sich einstellt, wenn wir unsere Kraft abgeben. Vergötterung ist ein Verlustgeschäft. Bereitwillig auf dem Thron eines anderen zu sitzen bedeutet, eine suchterzeugende Illusion zu verfestigen, die in Leid enden wird. Ich habe selbst erfahren, daß »ein Heiligenschein nur ein paar Zentimeter zu fallen braucht, um zum Galgenstrick zu werden« (1). Als meine Bücher populär wurden, kamen anhimmelnde Briefe von Lesern, die mich auf ein Podest stellten, bei mir an. Inspiriert von meinen Texten oder Seminaren machten mich einige Teilnehmer zum Gott und meinten, ich könne nichts falsch machen. Manchmal dachten sie sogar, ich sei ihr Seelengefährte.

Obwohl all dies sehr schmeichelhaft war, lernte ich rasch, daß es ein Fehler war, mich darin auf irgendeine Weise zu sonnen. Zuerst genoß ich die Verehrung und machte sie mir auf subtile Weise zunutze. Doch dann erkannte ich allmählich ein Muster: Nach mehreren Briefen mit überschwenglichen Komplimenten, kam ein ärgerlicher Brief, der mir vorwarf, daß ich doch nicht die Person bin, die mein Verehrer in mir gesehen hatte. Man warf mir vor, nicht meiner Lehre entsprechend zu leben und andere in die Irre geführt zu haben. Doch meine Bewunderer waren es, die sich selbst irregeführt hatten, indem sie einen Gott auf Kosten meiner menschlichen Eigenschaften aus mir gemacht hatten. Einige von ihnen lebten in einer richtigen Phantasiebeziehung zu mir, ohne mich jemals getroffen zu haben!

Später entdeckte ich ein letztes Element des Syndroms. Mit verblüffender Voraussagbarkeit pflegte ich einen Monat oder ein Jahr danach einen weiteren Brief zu erhalten, in dem sich die Person für ihre Aufgebrachtheit entschuldigte. Die Schreiberin gestand, daß sie ihre Kraft an mich vergeben hatte und nun entdecken würde, daß der Sinn dieser Erfahrung für sie darin bestand, die Größe wieder einzufordern, die sie auf etwas außerhalb ihrer selbst projiziert hatte.

Nachdem ich diesen Prozeß mehrmals erlebt hatte, begann ich mehr Gefühl für das Muster in seinen frühen Stadien zu entwickeln. Ich lernte, Phantasiebeziehungen keinen Vorschub zu leisten. Ich prüfte mich innerlich tief, um alle Spuren in meinem Unterbewußtsein aufzudecken, die Verehrung hinsichtlich meiner Person zu erzeugen suchten. Ich wurde auch gesteinigt und ertränkt, aber ich sah meinen Anteil daran. Und jetzt verkünde ich, sobald ich das Schiff verlasse, daß ich ein Seefahrer und kein Retter bin. Dieses Vorgehen schafft eine viel stabilere Basis für eine wirklich, dauerhafte Freundschaft.

Die innere Unabhängigkeitserklärung

Mit verblüffender Regelmäßigkeit beobachten wir den Sturz der von uns fabrizierten Götter. Die letzten drei Jahrzehnte waren eine Ära beispielloser Desillusionierung. TV-Prediger, Gurus, politische Ikonen, Wirtschaftsbonzen, Sporthelden, Medienstars und historische Größen entpuppten sich als menschliche Wesen, genauso wie die Massen, über die sie scheinbar erhaben waren. Obwohl es zunächst enttäuschend ist, wenn unsere Idole vor unseren Augen zusammenstürzen, wirkt eine so radikale Erziehung letztlich stärkend. Das Wort »desillusionierend« ist positiv – es bedeutet, eine Illusion wurde aufgedeckt, eine Täuschung ent-tarnt, und die dahinterliegende Wahrheit ist hervorgetreten. Das veranlaßt uns, die Ehrfurcht, die wir falschen Göttern entgegenbrachten, zurückzunehmen und sie wieder dem Selbst zu geben, das wir zugunsten von Götzenbildern aufgaben. Wenn wir die Lebensqualität auf dem Planeten erneuern wollen, müssen wir lernen, nach innen zu schauen, um Weisheit, Stärke und Liebe zu finden.

In meinen Workshops höre ich immer mehr Menschen sagen, sie würden sich wieder ihre Kraft aneignen. Wir lösen uns von suchterzeugenden, schwächenden Verhaltensmustern, was Eltern, Partner, Kinder, Arbeitgeber, Religionen, Arbeit, Geld, Drogen und Sex betrifft. Wir sind nicht mehr bereit, Wesen oder Dingen außerhalb unserer selbst die Kontrolle über unser Glück in die Hand zu geben. Wir wachsen über unsere selbstgeschaffenen Idole hinaus und finden Gott im Innern.

Während wir uns bewußt werden, welche Macht wir jenen Autoritätspersonen eingeräumt haben, erweitern wir unsere Vorstellung von einem Geistlichen, einem Priester oder Propheten auf jede lebende Seele. Jesus war nicht der einzige Sohn Gottes, Buddha war nicht der einzige Erleuchtete, und Mohammed war nicht der einzige Heilige, der Berge versetzen konnte. Diese leuchtenden Persönlichkeiten fanden einfach heraus, daß ihr Wesen göttlicher Natur war, und jetzt fordern sie uns alle auf, es ihnen gleichzutun.

Nach unseren gestürzten Helden taucht jetzt ein neuer Typus von Lehrer auf – einer, der die Schüler eher bestärkt, als sie herabzusetzen. Die Führer der neuen Ära versuchen nicht, die Abhängigkeit ihrer Schüler zu begünstigen, sondern fördern ihre *Abhängigkeit von ihrer eigenen inneren Instanz.* Wahre Führer lehnen Verehrung ab und sehen sich nicht als Erlöser, sondern als Spiegel. Wenn ein Lehrer integer ist, lenkt er seinen Schüler ständig darauf zurück, die Göttlichkeit in seinem Innern zu finden. Ein Meister sagte mal zu seinen Zuhörern: »Es wird ein bißchen heikel für Sie werden, sich in sich selbst zu verlieben, wenn Sie von mir fasziniert sind.« Ein solcher Lehrer legt keinen Wert auf Heiligenverehrung, aber allen Wert auf Selbstkenntnis. Das Wort »Guru« wird »G...U...R...U« buchstabiert – auf Englisch: »*Gee, you are you« (Mensch, du bist du.)* Die besten Gurus bestätigen ihren Schülern: »Ich bin ein Aspekt deines eigenen wahren Selbst.«

Der größte Dienst, den ein Guru erweisen kann, besteht darin, seine Schüler loszuwerden. Darin liegt das Paradox wahrer Unterweisung; die Aufgabe eines Lehrers liegt darin, sich überflüssig zu machen. Wenn Teilnehmer zu meinen Workshops kommen, sagen ich ihnen: »Dies ist ein Un-Training, eine Ausbildung, um alles zu verlernen. Wenn du die Botschaft von diesem Kurs verstehst, wirst du erkennen, daß du gar nicht zu kommen brauchtest.« Ich mache mir keine Sorgen darum, Schüler zu verlieren; ich kümmere mich darum, Meister auszubilden. Meinen wirklichen Lohn bekomme ich, wenn ich sehe, daß Seminarteilnehmer zu ihrer eigenen Herrlichkeit erwachen. Wie Benjamin Disraeli erklärte: »Das Beste, was du für einen anderen tun kannst, besteht nicht nur darin, deine Schätze mit ihm zu teilen, sondern ihm seine eigenen zu enthüllen.«

AKTIVIERUNG

Nimm deine Kraft wieder an dich

Welche der folgenden Autoritätspersonen besitzt deiner Ansicht nach mehr Kraft als du oder hat Macht über dich?

☐ Gott   ☐ Männer

☐ Jesus   ☐ Frauen

☐ die Bibel   ☐ attraktive(r) Mann/Frau

☐ Engel   ☐ Psychologe

☐ Vater   ☐ Medium

☐ Mutter   ☐ Astrologe

☐ Partner   ☐ Guru

☐ Geschwister   ☐ Geistlicher

☐ Kind   ☐ Nachbar

☐ Bundespräsident ☐ Genie

☐ Richter   ☐ Reicher

☐ Rechtsanwalt   ☐ Wirtschaftsbonze

☐ Polizist   ☐ Steuerberater

☐ Arzt   ☐ Sportheld

☐ Krankenschwester ☐ Medienstar

☐ Vermieter   ☐ andere:

☐ Arbeitgeber

☐ _____   ☐ _____

☐ _____   ☐ _____

☐ _____   ☐ _____

☐ _____   ☐ _____

☐ _____   ☐ _____

☐ _____   ☐ _____

Nummer eins ist zu Hause

Ein Bereich, in dem wir viel von unserer Kraft abgegeben haben, sind Beziehungen. Viele von uns haben unheimlich viel Energie, Zeit und Aufwand investiert, um »den Einen/die Eine« zu finden – jenen einmaligen, besonderen Menschen, der alle erwünschten Eigenschaften verkörpert und uns glücklich macht. Wir träumen von dem Tag, an dem mitten in einem überfüllten Raum unsere Augen sich plötzlich finden; augenblicklich werden wir erkennen, daß dies der-/diejenige ist, auf den/die wir gewartet haben; wir werden wortlos in seine/ihre Arme fallen und von nun an bis zu unserem Tode glücklich miteinander sein.

Nun, ich habe eine gute und eine schlechte Nachricht. (Eigentlich sind beide gute Nachrichten.) Da draußen gibt's niemanden, der deine Einsamkeit nehmen kann, der dir alles Ersehnte schenken kann, der das Leid und den Verlust ausgleichen kann, die du durch eine oder mehrere vergangene Beziehungen erfahren hast und in deinem Leben das in Ordnung bringen kann, was nicht klappt. Sofern es das ist, was du suchst. Ich schlage vor, du gibst deine Suche jetzt schon auf. Der Wunsch, jemanden zu haben, der dir das gibt, was du dir selbst nicht gegeben hast, ist vermutlich das, was dich daran gehindert hat, die Beziehung, die du suchst, in dein Leben zu rufen.

Es gibt jedoch jemanden, der die Fähigkeit hat, die Visionen, die dir am Herzen liegen, umzusetzen. Derjenige, nach dem du gesucht hast, ist nicht dort draußen, sondern hier drinnen. Anstatt nach der Nummer eins Aus-Schau zu halten (und wiederholt in Nr. 2 einzusteigen), ist der nächste Schritt, innen nach Nummer eins zu schauen.

Unsere Suche nach dem idealen Partner ist deshalb verwirrend und irreführend gewesen, weil wir das Richtige am falschen Platz gesucht haben. Der Traum von Freude, Glück und Erfüllung in Beziehungen ist edel, wertvoll und richtig. Er ist der Brennstoff, der uns dazu anfeuert, ganz im Leben zu stehen, Gedichte zu schreiben, Verrücktes zu tun, Konventionen außer acht zu lassen, das Risiko einzugehen, mehr über die Wahrheit zu sprechen, wer wir sind, unseren Körper und unseren Geist zu heilen und die

Kreativität zu erschließen, die das Größte in uns widerspiegelt. Viele von uns haben lange und mühsam gesucht, und doch drängt etwas in uns, noch immer weiterzusuchen. Dieses Etwas müssen wir anerkennen. Wir müssen uns ungemein dafür lieben, daß wir immer noch darauf ausgerichtet bleiben, eine liebevolle Beziehung zu verwirklichen.

Gib deine Suche nach dem idealen Partner niemals auf, denn dadurch wirst du dich finden. Durch den Prozeß der Suche nach jemandem, der dich glücklich macht, wirst du lernen, wie du dich selbst glücklich machst. Du wirst deine eigene Herrlichkeit ans Licht bringen und deine Fähigkeit wecken, Liebe weiterzugeben, indem du damit beginnst, dich selbst zu lieben. Du wirst lernen, wie man aus jeder Beziehung etwas Segensreiches macht. Menschen, die erfüllende Beziehungen haben, bezeugen, daß ihr Partner nicht wie durch einen Zauber vollkommen ist; sie entscheiden sich einfach dazu, ihn als kostbar zu sehen. Das Gute und Göttliche in deinem Partner, in dir und in deiner Beziehung zu sehen, ist kein Segen, der dir auf mystische Weise vom Himmel in den Schoß fällt – es ist eine Entscheidung, die du triffst. Von allem, worauf du dich konzentrierst, wirst du mehr bekommen; du kannst deine Aufmerksamkeit auf die Fehler oder auf die Göttlichkeit deines Partners richten, und er oder sie wird zunehmend zu dem, was du mit deinen Gedanken belebst. Indem du lernst, das Gute zu sehen, wirst du ein Prinzip verinnerlichen, das universell angewandt werden kann und das unendlich wertvoll ist.

Bevor du die Person findest, nach der du suchst, mußt du dich selbst finden; bevor du deinen Seelengefährten kennenlernen kannst, mußt du deine Seele erkennen. Wenn wir uns aufmachen, unsere Ergänzung zu finden, leugnen wir, bereits *ganz* zu sein. Wenn wir vergessen, wer wir sind, werden wir von Menschen angezogen, die Charakterzüge verkörpern, die uns unserer Meinung nach fehlen. Wir haben das Gefühl, wir sind eine Hälfte und der andere ist eine Hälfte, und nur zusammen werden wir ein Ganzes sein.

Beziehungen jedoch sind multiplizierbar, nicht addierbar. Wenn du ein Halb mal ein Halb nimmst, bekommst du ein Viertel – noch weniger als am Anfang! Zwei Menschen, die versuchen, sich gegenseitig zu ergänzen, fühlen sich am Ende unvollkommener als zuvor, weil sie ihr Zusammensein mit einem Gefühl von Minderwertigkeit angegangen sind. Die Stimme, die dir sagt, du bist minderwertig, wird nie zufrieden sein und kann nicht dadurch abgestellt werden, indem du die Stärken eines anderen borgst. Wenn du *ganz* sein willst – was du bist – mußt du der Stimme der Selbstwürdigung und nicht der Selbstauslöschung lauschen und mehr aus Stärke als aus Schwäche handeln.

Wenn du eins einmal multiplizierst, hast du immer noch eins. Wenn zwei Menschen, die sich ihrer Ganzheit bewußt sind, eine Beziehung eingehen, ist das Ergebnis größere Ganzheit. Wenn du eine bereichernde Beziehung anstrebst, solltest du von deiner eigenen Ganzheit und der des anderen *ausgehen*, anstatt sie im anderen zu *suchen*.

Die Komikerin Elaine Bousler warnt: »Hüte dich vor jemandem, der dir sagt ›Ich habe soviel Liebe und niemanden, dem ich sie geben kann!‹ Übersetze diese Aussage sofort in: ›Ich bin das emotionale schwarze Loch des Universums und werde dir jedes bißchen Lebenskraft aussaugen, wenn du mich läßt.‹«

Keine Beziehung kann mehr aus dir machen, als du bist, weil du bereits alles bist. Jede Stärke und Schönheit, die du außerhalb deiner selbst wahrnimmst, existiert bereits in dir. Wenn du sie nicht bereits hättest, wärst du ihrer nicht gewahr. Eine gute Beziehung kann deine göttlichen Eigenschaften ans Licht bringen und dir dabei helfen, deine eigene Herrlichkeit zu erkennen. Doch sie kann dich nicht ausfüllen, weil du nicht leer bist.

Geburtswehen unserer inneren Kraft

Unsere Kraft wieder an uns zu nehmen, mag zuerst schwierig sein, weil eine innere Stimme in uns darauf besteht, daß wir nichts sind und alles, was wir brauchen, dort draußen ist. Doch in Wahrheit ist es andersherum: Wir sind alles, und da draußen ist nichts.

Die Welt, in der wir leben, ist darauf angelegt, daß wir außerhalb unserer selbst nach Kraft suchen. Darin liegt die Ursache des Elends. Die ganze Geschichte hindurch haben Menschen gekämpft, getötet und starben, weil sie versuchten, sich die Kraft anzueignen, die sie ohne es zu wissen bereits besaßen.

Um wirklich die Kraft zurückzufordern, die du abgegeben hast, mußt du die Lebensgesetze, die du einmal gelernt hast, umkehren. Beobachte diejenigen, die nach mehr Macht streben, und sieh dir an, ob sie glücklich sind. Sie können es nicht sein, und auch du wirst es nicht sein können, wenn du ihrem Weg folgst. Es gibt einen Weg, dem du folgen sollst, und der führt nicht nach außen, sondern nach innen.

Du und ich sind Teil eines unglaublichen Umbruchs der Werte, der zur Zeit auf unserem Planeten stattfindet. Wir lösen uns von der Auffassung, daß etwas oder jemand unsere leere Tasse füllen kann. Das Konzept funktioniert nicht, weil wir von Natur aus keine Tasse sind; der Versuch, etwas hineinzufüllen, wird nur eine Mancherei ergeben. Diese planetarische Wandlung wird von vielen Individuen (so wie von dir) ausgelöst, die ihr Leben wieder selbst bestimmen wollen. Die gesellschaftlichen Umstürze, die wir erleben, gleichen der zornigen Auflehnung der alten Hawaiianer, als sie erkannten, daß sie Captain Cook und seine Mannschaft fälschlich für Götter gehalten hatten. Das wirkliche Problem aber war, daß die Hawaiianer sich selbst nicht als Götter sahen. Wenn sie erkannt hätten, wer sie sind, hätten sie die Seefahrer nicht auf ein Podest gehoben, das früher oder später einstürzen mußte.

Der Weg, den wir jetzt einschlagen

Ich saß am Strand der Kealakekua Bucht am Fuße des Denkmals, das an die Landung von Captain Cook erinnerte, ironischerweise an derselben Stelle, wo er starb. Ich sah den azurblauen Wellen zu, die sanft in stetigem, fast hypnotischem Rhythmus an den Strand plätscherten. Es war kaum zu glauben, daß auf genau diesem Sandstreifen vor zweihundert Jahren ein Mann, der Gott spielte, von einer zornigen Menge gesteinigt und ertränkt wurde. Ich betrachtete die Erhabenheit der bernsteinfarbenen Sonne, die am westlichen Horizont unterging und irgendwo anders einen neuen Tag brachte, während der alte sich dem Ende zuneigte. War das ein

Symbol dafür, so fragte ich mich, daß nun Friede einkehren würde, nachdem wir uns selbst verletzt haben, indem wir unsere wahre Größe anderen wie ein Netz überwarfen? Ein Friede, der den Strand sauberwischen würde, den wir durch unsere Selbsterniedrigung mit Blut befleckt hatten? Könnten wir tatsächlich zu der Erkenntnis erwachen, daß das einzig verehrenswerte Wesen der lebendige Geist ist, der in uns lebt? Unmittelbar wich meine Frage der sanften Gewißheit, daß wir momentan in einer äußerst verheißungsvollen Zeit auf diesem Planeten leben – in genau der Epoche, in der Götzendienst der Göttlichkeit weichen muß. Oh, Entdeckung. Oh, Entschlossenheit.

Menschen sind die Ägypter, nicht Gott;
und ihre Rosse sind Fleisch, nicht Geist.

ISAIAS 31,3

Sei schöpferisch oder stirb

Du mußt so singen, als bräuchtest du das Geld nicht,
so lieben, als würdest du nie verletzt,
so tanzen, als schaue niemand zu
Es muß aus dem Herzen kommen, wenn es wirken soll
SUSANNA CLARK und RICHARD LEIGH

An einem Nachmittag saß ich auf einer Parkbank in Tiburon, Kalifornien, und sah zu, wie Pendler von der Fähre von San Francisco kamen. Fast all diese Menschen sahen müde, abgespannt und frustriert aus. Ihre Haut war blaß, und keiner lächelte. Ohne Worte drückten sie klar und nachdrücklich aus, wie wenig Freude und Befriedigung ihre Arbeit ihnen schenkte.

Wenn ich meine Seminarteilnehmer frage: »Wie viele von Ihnen leben in Ihrer Arbeit eine Lüge?« heben meistens 60–75 % ihre Hand. Was für ein trauriges Fazit hinsichtlich der Art und Weise, wie wir die Hälfte oder mehr unseres Wachzustands verbringen! Kein Wunder, daß so viele Menschen an Herzkrankheit, Atemproblemen und seelischer Bedrängnis leiden. Es ist schwer, glücklich zu sein, wenn man soviel Zeit damit verbringt, etwas zu tun, was man nicht mag.

Rate mal, wann und an welchem Wochentag die meisten Menschen sterben? Montag morgens um neun sterben mehr Menschen als zu irgendeiner anderen Zeit. Was das aussagt, ist verrückt: Die meisten Menschen sterben lieber, als zur Arbeit zu gehen.

Etwas an der Art und Weise, wie wir mit dem Verdienen unseres Lebensunterhalts umgehen, stimmt einfach nicht. Zu viele von uns sind zu lange faule Kompromisse eingegangen. Wir sind krank und müde von Arbeiten, die uns krank und müde machen. Es muß einen besseren Weg geben.

Rechtschaffener Lebensunterhalt

Du brauchst nicht für deinen Lebensunterhalt zu arbeiten. Du kannst schöpferisch für das Leben wirken. Unsere Auffassung vom Verdienen des Lebensunterhalts ist furchtbar verdreht. Viele von uns glauben, ein rechtschaffenes Verdienen des Lebensunterhalts bestehe darin, mit etwas Verhaßtem zu kämpfen und sich abzuplacken, und der Lohn für unsere Mühe sei Geld. *Das stimmt nicht.* Es ist nur ein krankes Glaubenssystem, das wir durch Übereinkunft untermauert haben. Es gibt einen anderen Weg.

Buckminster Fuller bemerkte, daß »Menschen die einzigen Geschöpfe auf dem Planeten sind, die die Zeit messen und meinen, sie müßten ihren Lebensunterhalt verdienen.« Jesus lehrte sinnbildlich dieselbe Wahrheit: »Betrachtet die Lilien, wie sie wachsen; sie arbeiten nicht und spinnen nicht, und doch sage ich euch: Selbst Salomon in all seiner Herrlichkeit war nicht gekleidet wie eine von ihnen.« Und der Meister fuhr fort: »Wird euer Vater im Himmel nicht besser für euch sorgen, wenn ihr Seine Kinder seid?«

> ❦ SCHLÜSSEL ❦
> Arbeite nicht für deinen Lebensunterhalt
> Wirke schöpferisch für dein Leben

Was ist dein geheimer Traum? Was würdest du in deinem Leben wirklich gern tun? Wenn du deine Augen schließt und dir vorstellst, wie toll dein Leben sein könnte, wenn du unbegrenzte Liebe, Wohlstand und Unterstützung hättest, was fällt dir ein?

Ich stelle diese Frage oft Kellnerinnen, Taxifahrern und Passagieren, neben denen ich im Flugzeug sitze. Meistens sind diese Menschen erst mal überrascht von der Intimität der Frage; dann lächeln sie. Egal wie fix und fertig, müde oder ungeduldig sie vor meiner Frage zu sein schienen, ihr Gesicht hellt sich auf, und sie werden ganz präsent. Die Linien im Gesicht des Hotelportiers werden weich, und er hält seinen Stift nicht mehr so fest umklammert. Die Schultern der Zahnarzthelferin lockern sich, als sie ihren Kopf in einem Augenblick willkommenen Gelächters zurückwirft. Der Pizzalieferant atmet tief durch und erholt sich einen Augenblick von der Hetze seiner Fahrerei. Wenn du mal willst, daß jemand sich vor deinen Augen verwandelt, frag ihn, was sein Herzenswunsch ist.

Wie kommt es, daß ein Nachdenken über eine solche Frage etwas am Tag eines Menschen verändert? Die meisten Menschen sterben eher vor Streß oder Langeweile in ihrer Arbeit, als daß sie leben. Sie erkennen nicht, daß *Lebensunterhalt* mit *Leben* beginnt. Sie wachen morgens auf, stöhnen in Anbetracht eines erneut anstrengenden Tages, zwingen sich dazu aufzustehen und schleppen ihre widerspenstigen Glieder und Köpfe zu Arbeiten, die bestenfalls langweilig und schlimmstenfalls verhaßt sind. Sie erkennen nicht, wie sehr sie sich selbst und ihre Talente entwürdigen, indem sie sich mit Berufen abfinden, in denen ihre Lebenskraft auf ein winziges Rinnsal von Kreativität und Selbstausdruck reduziert wird.

Mach doch, wozu du Lust hast!

Wie würdest du es anstellen, deinen Lebensunterhalt zu verdienen, wenn du wüßtest, daß es möglich ist, das zu tun, was du am meisten liebst, reichlich materielle Unterstützung dafür zu bekommen und gleichzeitig das Leben vieler Menschen zu bereichern?

Das ist kein Hirngespinst. Im Gegenteil, das Universum ist darauf angelegt, so zu funktionieren. Du kamst mit einem Talent auf die Erde, und wenn du es für andere einsetzt, wird es dir große Freude bereiten, dir reichlich Geld oder Gut einbringen und diejenigen segnen, denen du hilfst. Der Grund, warum die meisten Menschen sich durch ihren Verdienst nicht an Überfluß erfreuen, ist nicht etwa, daß sie keine Gaben haben, die sie füreinander einsetzen können, sondern weil sie nicht genug an sich glauben, um diese Gaben zuversichtlich zum Ausdruck zu bringen. Eine große Lehrerin sagte mal zu mir: »Niemand kommt ohne Ausrüstung

auf die Erde.« Sie meinte damit, daß jede Seele mit einer bestimmten Gabe ausgestattet ist, die ihr – wenn sie sie mit anderen teilt –
alles Notwendige verschaffen wird, um ein schöpferisches, gesundes und wohlhabendes Leben zu führen. Experimentiere auch nur
ein wenig damit, deine wahren Talente anzubieten, und das Leben
wird beweisen, daß die Welt das braucht, was du anzubieten hast,
und daß sie bereit und imstande ist, dich dafür zu belohnen.

AKTIVIERUNG

Bestandsaufnahme, ob du deinen Lebensunterhalt auf die richtige Weise verdienst

Kreuze an, was deiner Erfahrung bei der Arbeit entspricht:

☐ Die Arbeit, mit der ich meinen Lebensunterhalt verdiene, macht mir mehr Freude als die meisten anderen Tätigkeiten.

☐ Ich fühle mich kreativ und lebendig während meiner Arbeit.

☐ Wenn ich fertig bin, fühle ich mehr Energie als zu Beginn.

☐ Ich vergesse oft die Zeit, wenn ich arbeite.

☐ Ich freue mich über die Ergebnisse meiner Arbeit.

☐ Ich leiste einen wirklichen Dienst, den die Empfänger dankbar würdigen.

☐ Ich würde dies sogar tun, wenn ich nicht dafür bezahlt würde.

☐ Manchmal habe ich das Gefühl, ich sollte die Leute dafür bezahlen, daß ich meinen Dienst erweisen kann.

☐ Das Universum belohnt mich mit Geld oder anderen Formen materieller Unterstützung.

☐ Ich schlafe nachts gut.

☐ Ich habe eine robuste Gesundheit.

☐ Ich werde kreativer.

☐ Ich habe so viele inspirierende Einfälle, daß ich kaum nach-
kommen kann.

☐ Ich ziehe solche Menschen an und tue mich mit ihnen zusammen, die erfüllt, kreativ und wohlhabend durch ihre
Arbeit sind.

☐ Ich fühle, daß eine höhere Kraft die Arbeit durch mich aus-
führt.

☐ Ich bin auf liebevolle Weise losgelöst; ich freue mich an den
Ergebnissen, als betrachtete ich eine gute Arbeit anderer
Menschen.

☐ Ich handle nach meiner Intuition, was zu erfolgreichen Ergebnissen führt.

☐ Ich genieße die Leichtigkeit und den Fluß bei diesem Prozeß.

☐ Es passieren wunderbare Ereignisse, wie aufeinander ab-
gestimmt, die zeigen, daß ich Teil eines größeren Plans bin.

☐ Ich wünschte, mein Kind könnte seine Arbeit mit derselben Haltung angehen wie ich.

☐ Wenn jeder seine Arbeit so genießen würde wie ich, wäre
die Welt ein glücklicher Ort.

Auswertung:

15–21 Ja: Du hast deine richtige Arbeit, du freust dich daran, deiner inneren Stimme zu folgen und anderen dadurch zu dienen.

8–14 Ja: Du würdigst einige Wünsche deines Herzens, doch du gehst noch Kompromisse ein. Du kannst noch mehr tun, um deine momentane Arbeit zu genießen, oder du hast einen anderen Traum, den du nicht zur Kenntnis nimmst. Geh die Rubriken durch, die du nicht angekreuzt hast und überleg, was du tun kannst, um sie positiv zu verändern.

1–7 Ja: Du setzt Arbeit immer noch mit Leid und Opfer gleich und hast nicht genug Selbstvertrauen, als daß du mit deiner Kreativität deinen Lebensunterhalt bestreiten könntest. Hör mit dem auf, was du tust, sei ehrlich und unternimm etwas, um deine Wahrheit zu leben. Verschwende nicht noch mehr Zeit mit Unzufriedenheit.

Der Schlüssel liegt direkt vor dir

Dr. Bruce Logan, ein namhafter Psychotherapeut mit einem riesigen Einkommen, war in vielerlei Hinsicht ein Bilderbuchbeispiel für beruflichen Erfolg: Er hatte ein komfortables Haus auf dem Land, eine liebevolle Frau und machte schöne Urlaubsreisen. All das war wundervoll bis auf eins – er langweilte sich. Eines Tages, als Dr. Logan gerade einer Patientin zuhörte, die über ihr Leben erzählte, bemerkte er, daß er gedankenlos nebenbei gemalt hatte. Als er seinen Notizblock anguckte, fand er an seinem Rand flüchtige Entwürfe von Skulpturen, die er innerlich vor Augen hatte. Dr. Logan mußte zugeben, daß ihn Bildhauerei weitaus mehr interessierte als Psychotherapie. Deshalb gab er seine Praxis auf und widmete seine schöpferischen Kräfte der Bildhauerei. Jetzt ist Bruce ein sehr angesehener Bildhauer, der mit seinem künstlerischen Talent enorm viel Geld verdient. Und er hat keine Langeweile mehr.

Dr. Logan achtete auf die Signale seines Innern und hatte den Mut, ihnen zu folgen. Eine ähnliche Stimme innerer Weisheit spricht zu uns allen und stubst uns auf unserem persönlichen Pfad zur Erfüllung voran. Wenn wir ihrer Führung folgen, werden wir beschwingt zur nächsthöheren Stufe schreiten. Wenn wir die inneren Signale nicht beachten, wird das Leben uns zu unserem nächsten Abenteuer führen – ob wir es in dem Moment merken (oder wollen) oder nicht.

Ich traf einen Anwalt, dessen Praxis in Konkurs geraten war. Andrew hatte keinen Spaß an seiner Praxis, und es war nicht weiter verwunderlich, daß er aus der Branche ausstieg. Sein wirkliches Interesse galt Computern.

Bei seiner Konkurserklärung nahm Andrew die Gesetzgebungen zum Thema Konkurs unter die Lupe und speicherte seine Informationen auf seinem Computer. Nach mehreren Monaten erkannte er, daß er auf diese Weise eine Fülle von Informationen zusammengestellt hatte wie niemand zuvor. Er zeigte sein Material und sein Programm einigen Topleuten bei Macintosh, die von seiner Arbeit beeindruckt waren, und ihm eine ansehnliche Geldsumme dafür boten, das Programm auszuarbeiten. Jetzt arbeitet er begeistert als Berater für Juristenprogramme bei Macintosh.

Wir können bewußt auf unseren Traum zusteuern oder die *Firma ›Direkt-Konfrontation‹* wird uns vorwärtsstubsen. Der Strom der Evolution trägt uns ständig weiter. Unsere Aufgabe ist es, so aufmerksam wie möglich zuzuhören, nach unserem inneren Gefühl zu handeln und darauf zu vertrauen, daß das Universum uns unterstützt.

Der Weg des Herzens

Viele kennen die Maxime: »Tu das, was du liebst, und das Geld wird folgen.« Und doch wissen viele Menschen nicht, was sie gern tun würden. Es ist schwierig, wenn du gar nicht weißt, was es ist. Die folgende Übung wird dir den Weg weisen:

AKTIVIERUNG
Wegweiser zur Freude

1. Was machst du am liebsten?

2. Was machst du am besten?

3. Welche deiner Handlungen werden vom Universum unterstützt? Wofür bekommst du am leichtesten Dank und materielle Unterstützung?

4. Wenn du Geld, Zeit und Unterstützung hättest, um deine Bedürfnisse zu bestreiten, welchen schöpferischen Tätigkeiten würdest du nachgehen?

5. Welche Handlungsschritte könntest du jetzt unternehmen, um mehr von dem auszudrücken, was dich glücklich macht?

Das Leben entwickelt sich so, daß es dich unterstützt, das zu tun, was dich glücklich macht. Deine Aufgabe besteht darin, mit der Energie, die du spürst, zu fließen. Das ist der Punkt, an dem ein Glaubenssprung notwendig wird. Noch bevor das Universum beweisen kann, daß dein Glaube berechtigt ist, mußt du so handeln, als ob Belohnung dir zustünde.

In meiner Arbeit habe ich die Aussagen von Tausenden von Menschen gehört, die den Mut gefunden haben, den nächsten Schritt zur Umsetzung ihrer Träume zu tun. Das Gefühl der Freude und Begeisterung bei diesen Menschen ist ausnahmslos total ansteckend. Ich zweifle überhaupt nicht daran, daß das Geheimnis glücklichen Lebens darin besteht, der inneren Stimme ohne Zögern zu folgen.

Ein schöner Schlamassel

Wenn du dich auf das Abenteuer einläßt, dich selbst kreativ auszudrücken, wird deine Welt vielleicht durcheinandergebracht oder auf den Kopf gestellt. Das ist das beste, was passieren kann, denn ein Leben, das nicht in Harmonie mit deiner Bestimmung ist, wird dir nur schaden, wenn du es so weiterlebst.

Ich würde jeden kreativen Prozeß in Frage stellen, der kein Durcheinander erzeugt. Ein Bildhaueratelier, eine Baustelle oder eine gute psychotherapeutische Sitzung sind gewöhnlich mit einem gewissen Chaos verbunden.

Du kannst nicht einerseits die Welt verändern und sie andererseits genauso lassen. Du kannst nicht am Alten festhalten und das Neue einleiten. Du kannst nicht gleichzeitig schöpferisch sein und kontrollieren. Du mußt ein Wagnis eingehen, um das Unbekannte zu erforschen, egal wie erschreckend es am Rande des Abgrunds ist. Es muß eine Auflösung geschehen – manchmal eine drastische – bevor sich die Dinge neu und besser zusammenfügen können.

Ein Durcheinander ist nicht schlecht; es bringt neues Leben, wenn wir schöpferisch damit umgehen. Bei einem Seminar in Hawaii ging eine Teilnehmerin durch enorme emotionale Höhen und Tiefen, als sie sich mit ihren Lebensproblemen auseinandersetzte und allmählich erkannte, wie sehr sie sich in ihrer Ehe und in ihrem Beruf auf Kompromisse eingelassen hatte. Als Lonnie aus den Tiefen ihres Inneren heraus sprach, hatte ich das Gefühl, Zeuge der Wiedergeburt einer Seele zu sein. Nachdem diese mutige Frau eine Zeitlang die intensivsten Emotionen durchgemacht hatte, fragte sie unter Tränen: »Aber warum muß dieser Prozeß so chaotisch sein?«

Ich fragte Lonnie: »Findest du, daß dies eine schöne Insel ist?«

»Natürlich«, antwortete sie. »Dies ist einer der wunderbarsten Orte, die ich je gesehen habe.«

»Weißt du, wie es dazu kam?«

»Wie meinst du das?«

»Vor langer Zeit gab es hier nur Wasser«, erklärte ich. »Genau wie es in der Bibel steht, es war ›wüst und leer‹.

Dann schleuderte eines Tages eine unwahrscheinliche Explosion Millionen Tonnen geschmolzener Lava aus den Tiefen des Meeres. Riesige Felsen und Feuerströme kamen hervor und brachten das Wasser in einem Umkreis von Hunderten von Meilen in Aufruhr. Scheußlich riechende, schwefelhaltige Gase strömten in die Atmosphäre und erfüllten sie dichter mit Vulkanasche, als der schlimmste Smog in unseren modernen Städten es vermag.

Jahrhundertelang verströmte sich die flüssige Masse chaotisch, während die felsenzerklüftete, unbewohnbare Insel Gestalt annahm. Ihre Entwicklung war unberechenbar und nicht gerade ansprechend für die menschlichen Sinne.

Nach einigen weiteren tausend Jahren ließen der Wind oder Vögel, die von den Tropenstürmen von ihrer Fluglinie abgebracht worden waren, einige Samen auf die schroffe Insel fallen. Die winzigen Körner schlugen Wurzeln, und rudimentäre Moose färbten eine ansonsten trostlose Landschaft zartgrün. Später wuchsen einfache Farne zur Sonne empor, und Bäume zogen wiederum Wolken an, um lebensspendenden Regen auf die ausgetrocknete, erstarrte Lava herabströmen zu lassen. Im Laufe einer langen, mühseligen Evolution bildete sich dieses üppige Inselparadies. Heute erfreuen wir uns an den kristallklaren Strömen, die sich von den hohen Gipfeln streifenförmig als Wasserfälle in den aufnahmefreudigen Ozean stürzen. Millionen von Menschen sonnen sich in der Pracht dieses Ortes, aber nur wenige denken daran, wie er aus dem Chaos entstanden ist.

Das Durcheinander, das du durchmachst, ist die Geburt von etwas so Großem, daß du nicht mal annähernd seine Kraft erfassen kannst, noch, was für Möglichkeiten darin liegen. Die Form deines Lebens wird sich so radikal verändern, daß es wenig Ähnlichkeit mit der einsamen, psychischen Insel mehr haben wird, auf der du gelebt hast. Die momentane Desorientierung und Verwirrung, die du erfährst, ist nur ein Übergang innerhalb einer größeren Symphonie, die dich von der Hölle zum Himmel führen wird.«

Tränen stiegen wieder in Lonnies Augen und liefen ihr übers Gesicht, genau wie die sanften Wasserfälle, von denen ich ihr eben erzählt hatte. Diesmal waren es Freudentränen, und sie lächelte.

Ich nahm den *Kurs in Wundern* in die Hand und las einen Abschnitt:

Jedem Blatt, das zu Boden fällt, wird in dir Leben gegeben. Jeder Vogel, der je gesungen hat, wird wieder in dir singen. Und jede Blume, die jemals blühte, hat ihren Duft und ihre Lieblichkeit für dich bewahrt ... (1) Wie ließen deine eigenen Fehler sich der Wahrheit besser überbringen als durch deine Bereitwilligkeit, das Licht des HIMMELS mitzubringen, während du über die Welt der Dunkelheit hinaus ins Licht gehst? (2)

Wer nicht wagt,
der nicht gewinnt

Um zu sehen, was nur wenige gesehen haben,
mußt du gehen, wohin nur wenige gegangen sind.

BUDDHA

»Ich ging in die Wälder, weil ich bewußt leben wollte. Ich wollte tief lieben und das Wesen des Lebens erfassen«, beteuerte Thoreau. Sehr wenige Menschen auf diesem Planeten leben bewußt. Anstatt das Wesentliche des Lebens zu erfassen, saugt ihnen das Leben, das sie führen, das Innerste aus ihren Seelen. Viele Kellnerinnen, Taxifahrer und Bankbeamte sehen müde, ärgerlich und von Frustration verwirrt aus. Diese Angst dominiert so, nicht weil keine Freude möglich wäre, sondern weil sie nicht wissen, daß ihre Herzenswünsche nur darauf warten, ausgedrückt zu werden.

Lebst du *bewußt*? Wählst du frei deine Beziehungen und Aktivitäten, oder gehst du auf Nummer Sicher und vergewisserst dich erst der Billigung von Freunden und Autoritätspersonen, bevor du handelst? Bist du vom Diktat gesellschaftlicher Erwartungen abhängig oder weißt du, daß du frei bist, du selbst zu sein? Du kannst auf Nummer Sicher gehen oder echt sein. Die einzig wahre Sicherheit liegt darin, aus deinem Herzen zu lieben. Wenn du dich an deine Wahrheit hältst, wird auf wunderbare Weise für dich gesorgt, was fieberhafte Manipulation niemals bewerkstelligen könnte. Kein Mensch, keine Sache und keine Institution dieser Welt kann dir mehr als das geben, was du bekommen wirst, wenn du deiner inneren Führung vertraust und entsprechend handelst. Eine Gruppe von fünf Millionären wurde gefragt, welchen Rat sie einem jungen Menschen geben würden, der eine erfolgreiche Karriere aufbauen will. All diese Industriellen sagten einstimmig: »Sei *deinem* Talent, *deinen* Gefühlen und *deinen* Träumen treu.«

Das Geheimnis, etwas aufs Spiel zu setzen und damit Erfolg zu haben, liegt darin, nach vorne zu schauen anstatt nach hinten.

Wenn du versuchst, einen Fuß in der alten Welt zu lassen, während du den anderen in dein neues Leben setzen willst, wirst du total auseinandergerissen. Anstatt den sich ständig vergrößernden Abgrund zwischen den Welten überbrücken zu wollen, solltest du lieber entweder ganz da bleiben, wo du bist, oder aber mit Mut ins Neue springen. Viele Gerippe liegen in der Schlucht zwischen Vergangenem und Möglichem. Sie versuchten, zwei Welten zu vereinen, die nicht vereint werden können und erlangten keine von beiden.

Wenn dein Herz dahintersteht

Ich amüsierte mich über eine Kleinanzeige in der Zeitung, in der stand: »*Auto zu verkaufen... 500 $ Festpreis oder bestes Angebot*«. Offenbar stand der Verkäufer gefühlsmäßig nicht so fest hinter dem »Festpreis«. Er konnte sich nicht entschließen, ob er seinen Standpunkt behaupten oder feilschen sollte.

Diese Annonce symbolisiert die Einstellung, mit der manch einer lebt. Wir sagen, wir wollen das eine und handeln doch so, als wären wir genausogut bereit, etwas anderes zu akzeptieren. Dann beschert das Universum uns zwiespältige Ergebnisse, und wir fragen uns, warum unsere Verhältnisse verworren sind. Unsere Verhältnisse sind verworren, weil unser Verstand und unsere Absichten verworren waren. Hier können wir die unsterbliche Weisheit von Yogi Berra anwenden, der dazu riet: »Wenn du auf der Straße zu einer Abbiegung kommst, bieg ab.«

Manchmal mußt du dich für deine Vision einsetzen und darauf vertrauen, daß schon irgendwie für dich gesorgt wird. Erwarte nicht, daß das Universum dir einen Wunsch erfüllt, wenn du ihn noch gar nicht vorgebracht hast; deine Handlungen sind die Magnete, die das Gute zu dir ziehen werden. Wenn du voller Glauben losgehst und das Leben, das du dir vorstellst, lebst, so legst du damit deine Absicht mutig dar. Handle, als sei deine Vision wirklich und bedeutsam. Mach der Angst eine lange Nase und folg deinem Gefühl. Helen Keller erklärte: »Das Leben ist ein gewagtes Abenteuer – oder nichts.«

Kurz bevor Natalie Cole ihr erfolgreiches Album *Unforgettable* aufnahm, kämpfte sie innerlich mit sich. Die Idee, Teile eines berühmten Liedes ihres Vaters aus den fünfziger Jahren elektronisch mit ihrer Stimme als Erwiderung zu verbinden, war ein kühnes und noch nie dagewesenes Experiment in der Musikbranche. Doch trotz eventueller Kritik war etwas in Natalie, das sie drängte, das Lied herauszubringen. Anschließend wurde die Aufnahme ein Topseller-Album, und Natalie gewann zahlreiche Schallplattenpreise dafür. Rückblickend war ihr Resümee: »Wenn dein Herz wirklich hinter etwas steht, kommt ein Punkt, an dem du einfach die Augen zumachst und springst.«

❦ SCHLÜSSEL ❦
Willst du was Neues, tu was Neues.
Ohne Mut kein Ruhm.

Nacktbaden

Zu meinem liebsten Zeitvertreib gehört das Schwimmen »wie die Natur uns geschaffen hat«. Die Berge bei mir zu Hause sind voll von zahllosen, zauberhaften, verborgenen Wasserfällen, und ich liebe es, dort zu wandern und unbekleidet in den kühlen Seen zu schwimmen.

Eines Morgens brachen ein Freund und ich zu einem vergnüglichen Tag im Wasser auf. Kurz nachdem wir angekommen waren, tauchten noch ein paar Leute auf. »Ich sollte wahrscheinlich meine Badehose anziehen«, dachte ich. »Diese Leute könnten meine Nacktheit anstößig finden.«

Diesem Gedanken folgte jedoch ein energisches: »Aber ich war zuerst hier. Außerdem sind hier die meisten Leute ans Nacktbaden gewöhnt. Ich mache einfach weiter so und vertraue darauf, daß es keinen stört.«

Etwas später kam eine Familie an. »Jetzt sollte ich wirklich meine Badehose anziehen«, dachte ich. »Der Familie könnte es unangenehm sein, daß mein Freund und ich nackt sind.«

»Aber wir waren zuerst hier«, dachte ich. »Und Kinder laufen normalerweise sowieso nackt herum. Ich mach einfach weiter, als wäre alles in Ordnung.«

Dann kam eine Reisegruppe an. Japaner stiegen aus dem Kleinbus, und die Camcorder begannen zu summen. »Jetzt sollte ich mich wirklich besser anziehen«, sagte ich mir.

Mittlerweile jedoch machte mir die Sache regelrecht Spaß. »Wenn sie's nicht abkönnen, ist das ihr Problem«, argumentierte ich. »Außerdem war ich zuerst da.«

Und so verstrich der Tag. Niemand anders zog seine Badehose aus, aber keiner schien sich an unserer Nacktheit zu stören, und wir alle hatten Spaß. Die Besucher kamen und gingen, und die Sonne ging allmählich hinter den Bergen unter. Mein Freund und ich zogen uns in Ruhe an und machten uns auf den Rückweg.

Als ich wegging, war ich von einem tiefen Frieden erfüllt, mit dem sich eine großartige Erkenntnis verband. Die Schlüsselfrage des Lebens war, so wurde mir klar: Hast du den Mut, nackt zu schwimmen, selbst wenn andere ihre Badehosen tragen?

Dieser Gedanke ist natürlich sinnbildlich zu verstehen. Ich beziehe mich nicht nur auf körperliche Nacktheit. Es ist unendlich viel wichtiger, spirituell nackt zu sein; zu sein, wer du bist, was du bist, wo du bist und aus einem Gefühl innerer Ehrlichkeit statt aus gesellschaftlicher Anpassung heraus zu handeln.

Auf der Kippe leben

Gegenüber der Bucht, an der die malerische alaskische Fischerstadt Homer angesiedelt ist, liegt eine idyllische Insel, die mein Herz erfrischt, wenn ich nur an sie denke. Die Insel Halibut kann nur mit einer Fähre erreicht werden, und auf dem Weg grüßen Papageientaucher mit orangenen Schnäbeln, die sie auf ihrer stürmischen Route begleiten. Die Insel ist stolz auf ein berühmtes Seafood-Restaurant, das durch einen gewundenen, holzvertäfelten Gang mit einer bunten Vielfalt ausgefallener Kunstgalerien verbunden ist.

Der alteingesessene Weise der Insel Halibut ist ein Veteran namens Will Tillion. Diesen liebenswürdigen Patriarchen sieht man oft angelehnt an seinen rohbehauenen Zaun sitzen, dort wo sich seine Wiese vom Haus über einen Hügel erstreckt, von dem man Aussicht über die windgepeitschte Bucht hat. An dem Tag, an dem mich das Schicksal nach der Insel Halibut verschlug, war Will gerade mal wieder auf seinem bekannten Vorposten. Ich wollte mir diese köstliche Gelegenheit, seinen Wissensschatz anzuzapfen, nicht entgehen lassen und beschloß, mich dem philosophischen Gespräch zu stellen.

Ich näherte mich Will so unbekümmert ich konnte (und fühlte mich dabei als offensichtlicher Großstadttyp furchtbar unbeholfen), plauderte ein bißchen und fragte ihn dann, ob er mir in einem Satz das Wichtigste sagen könnte, was er in all seinen erlebnisreichen Jahren gelernt hat.

»Ich würd' sagen, geh einfach los und tu, was du willst, und wenn du nicht umgebracht wirst, dann hast du'n guten Spaß.«

Es gab eine Zeit in meinem Leben, in der ich mein Handeln nicht nach etwas ausrichten konnte, das ich nicht zu verstehen oder zu kontrollieren vermochte. Jetzt wird mir das Leben ohne Gewißheit zunehmend angenehmer. Indem ich mich in unerforschtes Gebiet hineinwagte, erfuhr ich ein ungeheures Erwachen und erkenne jetzt, daß die aufregendsten Entdeckungen gerade am Horizont unbekannter Meere auf uns warten.

Wir können nicht wissen, was wir finden werden, solange wir nicht unsere Segel hissen und den Hafen verlassen. Mein Freund Salvator ist einer der dynamischsten und klarsten Vortragsredner, die ich je gehört habe. Wenn er spricht, kommen edle und inspirierende Worte dichterischer Weisheit von seinen Lippen, als würden die Götter sprechen. Er ist ein lebendiger Kanal erleuchteter Wahrheit. Während einem seiner Vorträge sagte Salvator dazu: »Wenn ich einen Satz beginne, weiß ich oft nicht, wie er enden wird.«

Auch wir sind aufgefordert, auf der Kippe zu leben. Oft müssen wir es darauf ankommen lassen und die Zuversicht aufbringen, wenn wir einen Satz (oder irgendeinen Weg) voller Vertrauen beginnen, daß uns der lebendige Geist dabei helfen wird, ihn zu Ende zu bringen. Möglicherweise lassen wir uns auf Beziehungen, Berufe und spirituelle Wege ein in dem Gefühl, daß sie für uns richtig sind, ohne zu verstehen warum. Manchmal bleibt uns keine andere Möglichkeit, als nur den unmittelbar nächsten Schritt zu tun. Wir müssen einfach dem jeweiligen Augenblick entsprechend leben. Wenn wir ihn aufmerksam leben, so wird er uns zum nächsten und übernächsten führen, während wir den Teppich unseres Lebens Faden für Faden weben – immer unter der Regie des Großen Künstlers, der den Meisterplan in Händen hält. Vom Standpunkt des kleinen Ego aus ist das Geschehen ein Geheimnis. Mit dem Überblick des Großen Geistes, der die große Symphonie zusammenstellt, ist es ein Meisterwerk.

AKTIVIERUNG
Eine Sicht ohne Angst

Ergänze die folgenden Sätze mit so vielen Antworten, wie dir einfallen.

Wenn ich keine Angst hätte, würde ich _____

_____

Wenn ich keine Angst hätte, würde ich _____

_____

Wenn ich keine Angst hätte, würde ich _____

_____

Wenn ich keine Angst hätte, würde ich _____

_____

Wenn ich keine Angst hätte, würde ich _____

_____

Wenn ich keine Angst hätte, würde ich _____

_____

Wenn ich keine Angst hätte, würde ich _____

_____

Wenn ich keine Angst hätte, würde ich _____

_____

Wenn ich keine Angst hätte, würde ich _____

_____

Wenn ich keine Angst hätte, würde ich _____

_____

Wenn ich keine Angst hätte, würde ich _____

_____

Wenn ich keine Angst hätte, würde ich _____

_____

Wenn ich keine Angst hätte, würde ich _____

_____

Wenn ich keine Angst hätte, würde ich _____

_____

Fortsetzung auf einem separaten Bogen, wenn erforderlich.

Alles bekommen

Jede Heilung geschieht außerhalb der Sicherheitszone. Es ist okay, Angst zu haben, aber erlaube der Angst nicht, dich daran zu hindern, weiterzugehen. Der Psychologe Alfred Adler sagte einmal: »Die Hauptgefahr im Leben liegt darin, zu viele Vorsichtsmaßnahmen zu treffen.« Die von Angst getriebene Welt, die wir sehen, ist das Ergebnis einer Massenhypnose, daß es außerhalb von uns eine größere Macht gibt als in unserem Innern. Wenn jeder morgen in dem Bewußtsein erwachen würde, daß das, was im Innern ist, unendlich ist, und was im Äußern ist, keine Macht hat, würde die Welt schon bald den Himmel auf Erden widerspiegeln, und sie könnte es auch wirklich sein.

Wenn der morgige Tag anbricht, wird vielleicht nicht jeder auf dieser Welt mit der Erkenntnis der Kraft in sich selbst erwachen – doch du und ich können es tun. Und wir brauchen nicht mal auf Morgen zu warten; wir können unsere Größe bereits heute leben. Wir können unsere Welt verändern, indem wir unser Denken darüber verändern, was die Welt ist und wofür wir hier sind. Wir sind spirituelle Wesen, die Welt ist eine Projektion unserer Gedanken und Glaubenssätze, und wir sind hier, um uns bewußt zu werden, daß wir Licht sind, und um es zu leben. Nur das brauchst du zu wissen, um einer Welt die Liebe zurückzugeben, die sie verloren hat. Nur das brauchst du zu wissen, um die Herrlichkeit wiederauferstehen zu lassen, die auszudrücken du geboren wurdest. Nur das brauchst du zu wissen, um glücklich zu sein.

Jede Gefahr ist Täuschung. Als spirituelles Wesen kannst du nicht verlieren. Gefahr erscheint nur in Träumen wirklich. Wach auf und erkenne, daß du selbst die Rollenverteilung, Regie und Bezahlung derer, vor denen du in deinem Alptraum geflüchtet bist, vorgenommen hast. Du brauchst deine Feinde nicht zu besiegen; du mußt zu der Erkenntnis erwachen, daß du keine Feinde hast.

Um alles zu bekommen, mußt du alles aufs Spiel setzen. Ob du alles gewinnst oder verlierst, du wirst letztendlich erkennen, daß du alles hast, wie du's bereits die ganze Zeit hattest.

»Kommt an den Rand«, sagte er.
»Wir fürchten uns«, antworteten sie.
»Kommt an den Rand«, sagte er.
Sie kamen.
Er gab ihnen einen Stoß, und sie flogen. (1)

Flugtickets für die erste Klasse

Mir träumte, ich hätte ein Kind, und sogar im Traum erkannte ich, es war mein Leben, und es war eine Mißgeburt, und ich rannte davon. Doch es kroch immer wieder auf meinen Schoß und hielt sich an meinen Kleidern fest. Bis ich dachte, wenn ich das küssen könnte, was auch immer in ihm von mir stammt, könnte ich vielleicht einschlafen. Und ich neigte mich über das deformierte Gesicht, und es war furchtbar... doch ich küßte es. Ich glaube, irgendwann muß man sein Leben umarmen.

ARTHUR MILLER
Nach dem Sündenfall

Rendezvous im Jenseits ist ein Film, der unbefangen als die »erste wahre Geschichte über das, was nach dem Tod passiert« angekündigt wurde – und er ist der Wahrheit näher als die Horrorgeschichten, die man uns als Kindern erzählte. Albert Brooks zeigt einen Mann, der plötzlich diese Welt verlassen hat und sich im Himmelreich vor einem richterlichen Gremium befindet. Daniel wird mitgeteilt, Zweck der Vernehmung sei es, daß er entscheidende Szenen seines Lebens, in denen er zwischen Mut und Feigheit zu wählen hatte, noch einmal anschauen und neu entscheiden müsse. Daniel erkennt, daß der Sinn seines Lebens darin bestand, sich selbst zu lieben und anzuerkennen.

Er begegnet einem Führer namens Bob, der den Auftrag hat, Daniels Fall vor einem Gericht zu vertreten. »Du warst ein ziemlich großzügiger Mensch, nicht wahr?« fragt Bob.

»Ich glaub schon.«

»Aber es gab einen Menschen, mit dem du ständig knauserig umgegangen bist.«

Daniels Gedanken laufen auf Hochtouren. Er denkt an Gefälligkeiten zurück, die er anderen erwiesen hatte, an seine Versöhnlichkeit und an die Geschenke, die er seinen Freunden gab. Er war ein freundlicher und zuvorkommender Mann gewesen. »Von wem sprichst du?« fragt Daniel verwirrt

»Von *dir*. Du mußtest immer dafür sorgen, daß jeder in deiner Umgebung glücklich ist – aber wenn es darauf ankam, dir selbst etwas zu geben, hast du es nur selten getan.«

Daniel ist vor den Kopf geschlagen. Er hatte gedacht, sich um sich selbst zu kümmern, sei egoistisch. Nun erfährt er, daß der Glaube an sich selbst zu den wichtigsten Dingen im Leben gehört.

Als Daniels Fall verhandelt wird, spricht nicht viel für ihn. Die meisten seiner Entscheidungen traf er aus der geschwächten Position geringer Selbstschätzung. Immer wieder wich er davor zurück, das zu fordern, was er wirklich wollte. Es sieht nicht gerade danach aus, als könnte Daniel das Tribunal davon überzeugen, er hätte gelernt, sich um sich selbst zu kümmern.

Eine Szene gibt es jedoch, welche die Geschworenen zu Daniels Gunsten stimmt. Nach einer verheerenden Scheidung bleibt Daniel mit neuntausend Dollar (ein kleiner Teil seines Vermögens vor der Trennung) sowie einem Flugticket für einen Urlaub im Fernen Osten zurück. Während der Film des Lebensrückblicks abläuft, sehen wir, wie Daniel am Schalter der japanischen Fluglinie steht, um zu seiner ersten Vergnügungsreise seit seiner Scheidung aufzubrechen. Die Angestellte sagt Daniel: »Sie haben Sitz 38 B.«

Daniels Gesicht wird blaß vor Enttäuschung. »Heißt das, ich sitze zehn Stunden lang im Flugzeug zwischen zwei anderen Passagieren?«

»Es tut mir leid, mein Herr«, antwortet die Angestellte. »Es gibt keine anderen Sitze.«

»Wie steht's mit der ersten Klasse?«

Die Finger der Angestellten tanzen über die Tastatur des Computers, ihre Augen sind auf den Monitor fixiert. »Es gibt noch einen Sitz in der ersten Klasse, der 3000 $ mehr kosten würde.«

Daniel überlegt einen Moment lang; dann erhellt ein Lächeln sein Gesicht. »Ich nehm' ihn!«

❦ SCHLÜSSEL ❦
Sorge für dich – das ist der größte Dienst, den du anderen erweisen kannst

Es ist nicht egoistisch, glücklich zu sein. Es ist deine höchste Bestimmung. Deine Freude ist der größte Beitrag, den du zum Leben auf dem Planeten leisten kannst. Ein Herz, das mit sich selbst im Frieden ist, segnet jeden, dem es begegnet.

Die Energie, die du ausstrahlst, ist wichtiger als dein Handeln. Erinnere dich: *Die geistige Einstellung, mit der wir handeln*, ist es, die uns Erfüllung oder Mangel beschert. Vielleicht vollbringst du viele heilige Werke, aber wenn dein Herz durch Groll, Selbstkritik oder Müdigkeit getrübt ist, dann hilfst du nicht wirklich. Umgekehrt könntest du in einer Höhle sitzen und meditieren, und wenn deine Seele Frieden ausstrahlt, würdest du dem Leben auf dem Planeten durchaus wirksam dienen. Deine Gedanken, deine Einstellung und deine Energien verbreiten sich wie kleine Wellen auf einem See und haben eine tiefe Wirkung auf das psychische Umfeld, das wir alle miteinander teilen. Uns selbst glücklich zu machen wird die Lebensqualität auf Erden nur erhöhen.

Laß es raus und laß es rein

Viele Menschen sind überaus gebefreudig, aber empfangen nur widerstrebend. Oft können jene Menschen, die anderen ständig etwas geben, selbst nur zögernd Liebe annehmen. Es ist ebenso wichtig, Komplimente, Geschenke, Dienste und Vergebung aus ganzem Herzen annehmen zu können, wie es wichtig ist, anderen freundlich behilflich zu sein. Merkwürdigerweise tun sich gerade Menschen aus Pflege- oder Dienstleistungsberufen am schwersten damit, sich etwas Aufbauendes zu gönnen. Mütter, Krankenschwestern, Ärzte, Psychologen und Geistliche brauchen oft die größte seelische Unterstützung – und haben es am besten raus, sie im entscheidenden Moment auszuschlagen. Unter dem Vorwand der

Fürsorge oder einwandfreier Dienstleistung arbeiten sie für andere auf Kosten ihrer eigenen Gesundheit, ihres Glücks und ihrer Beziehungen. Sie erkennen nicht, daß das beste Geschenk, das sie ihren Familien und Patienten geben können, darin bestände, sich aufmerksam um sich selbst zu kümmern.

Du kannst einen Schwamm ausdrücken, bis er trocken ist, und dann mußt du ihn wieder naß machen. Du kannst ihn zwar ständig weiter ausdrücken, aber es wird nichts mehr rauskommen. In Pflegeberufen nennt man das »Burnout«. Wenn ein See einen Abfluß, aber keinen Zufluß hat, vertrocknet er bald, und das Leben weicht aus ihm. Ein Herz muß immer wieder mit lebenserhaltendem Blut aufgepumpt werden, sonst hat es keine Kraft, den übrigen Körper zu versorgen.

In der Ersten Liga spielen

Du nützt niemandem, wenn du ausgebrannt bist. In dem Moment, wo du dich kaputt fühlst, hör auf mit dem, was du tust oder nimm dir vor, bei der nächsten Gelegenheit einzuhalten und innerlich aufzutanken. Um dich seelisch aufzurichten, könnte es möglicherweise schon genügen, mal nach draußen an die Sonne zu gehen und tief Luft zu holen, vielleicht bedarf es aber auch einer radikalen Veränderung deiner Lebensweise. Was immer du tust, um dich innerlich zu stärken, wird gut sein. Es ist schließlich dein Leben, in das du investierst – und das du möglicherweise rettest.

Ich erinnere mich an intensive Vortragsreisen, bei denen ich so erschöpft war, daß ich wie ein wandelnder Roboter funktionierte. Ich sprach zwar die Worte, lächelte liebevoll, beriet und umarmte Menschen – doch ich war nicht da. Es kam nichts Neues oder Kreatives aus meinem Herzen oder meinem Bewußtsein. Mein Körper war zwar da, aber mein Inneres war erschöpft und schmerzte.

Die treue alte Firma ›Direktkonfrontation‹ half mir zu erkennen, daß ich nicht wirklich etwas geben konnte, wenn ich so erschöpft war. Infolgedessen begann ich, Ruhephasen bei meinen Reisen einzuplanen. Statt an vier oder fünf Abenden wöchentlich Vorträge zu halten, legte ich nicht mehr als drei Veranstaltungen

fest und ließ zwischendurch Tage frei, um mich innerlich zu er-
holen. Wenn ein Veranstalter ein Programm an einem meiner
freien Tage wollte, sagte ich zu ihm: »An dem Tag erhole ich mich;
lassen Sie uns einen anderen Termin finden, an dem ich ein viel
besseres Programm mache, weil ich ausgeruht bin.«

Als eine Veranstalterin darauf bestand, daß ich direkt nach einem
anderen Vortrag zu ihrer Gruppe sprechen sollte, sagte ich zu ihr:
»Beim Erstliga-Baseballspiel gibt es eine Regel, daß ein Werfer
sich mindestens drei Tage zwischen den Spielen ausruhen muß, und
zwar weil die Manager ihre guten Werfer übermäßig beanspruchen
würden, wenn sie sie zu oft einsetzten. Dann würden die Spieler
nicht effektiv spielen und sich selbst schaden, indem sie ihre sport-
liche Karriere damit letztlich beeinträchtigen.« Ich erklärte ihr: »Ich
würde mich freuen, ein andermal zu Ihrer Gruppe zu sprechen,
aber zuerst muß ich wieder auftanken – ich bin auch ein Erstliga-
spieler.«

Es heißt, das sicherste Anzeichen dafür, daß du auf dem Weg
zum Nervenzusammenbruch bist, ist der Glaube, daß deine Arbeit
extrem wichtig ist. Müdigkeit, Reizbarkeit, Uneffektivität, man-
gelnde Gesundheit, zwischenmenschliche Konflikte und das Gefühl, deine Arbeit nie ganz erledigt zu haben, sind Anzeichen
dafür, daß du versuchst, die Welt zu retten, bevor du dich um dich
selbst kümmerst. Wenn du irgendeins dieser Symptome aufweist,
HÖR AUF mit dem, was du tust, und integriere regelmäßig Aktivitäten in deine Lebensweise, die dich innerlich aufbauen.

*Die erste Verantwortung eines jeden Gebenden besteht darin,
einen ausreichenden Vorrat zu haben, aus dem er gibt.* Das Geschenk, das wir eigentlich teilen wollten, ist der lebendige Geist.
Wenn wir ihn nicht mehr spüren, haben wir alles verloren. Wenn
unser Geist im Innern lebendig ist, haben wir für uns selbst genug
und genug, um zu geben. Bevor du deinen Tag, deine Arbeit oder
deine Beziehungen beginnst, lade dich an deiner inneren Quelle.
Wenn du dich mit deiner höheren Kraft verbindest, bekommst du
die optimale Kraft und Perspektive, um mit jeder Situation umzugehen. Komm in deine Mitte, indem du betest, meditierst, dich
künstlerisch betätigst, musizierst, tanzt, Körperübungen machst
oder Zeit in der Natur verbringst, und dann handle aus der Kraft,

die du dadurch erhältst. Dann wirst du aus dem Gefühl des Überflusses heraus geben, und du wirst dich ebenso am Geben erfreuen, wie die Empfänger deine Gaben zu würdigen wissen.

AKTIVIERUNG
Flugtickets für die erste Klasse

1. Mach weniger Termine.
2. Lerne, nein zu sagen.
3. Bitte um das, was du wirklich willst.
4. Gönn' dir kleine Erholungszeiten und Ferien.
5. Hör auf, wenn du müde bist.
6. Würdige dein Zuhause als deinen persönlichen Erholungsraum.
7. Laß dir Massagen geben.
8. Nimm ein heißes Bad in der Wanne.
9. Laß den Menschen los, dessen Leben du managen oder retten willst.
10. Spiel mehr mit deiner Familie und mit Freunden.
11. Bring in deinen wesentlichen Beziehungen eine tiefere Wahrheit zum Ausdruck.
12. Verbringe mehr Zeit in der Natur.
13. Höre deine Lieblingsmusik.
14. Mach Liebe am hellichten Tag.
15. Nimm dir Zeit für deine Kinder, und ändere deinen Vorsatz nicht.
16. Tanze, bis dir schwindlig wird.
17. Lad einen Freund in dein Lieblingsrestaurant zum Essen ein.
18. Ruf einen alten Freund an, und unterhaltet euch ausführlich über euer Leben.
19. Nimm Unterricht in einem Gebiet, mit dem du dich noch nie zuvor beschäftigt hast.
20. Schreib einen Liebesbrief an deine(n) liebste(n) Verwandte(n).

21. Schreibe einen Liebesbrief an deine(n) unsympathisch-
    ste(n) Verwandte(n).
22. Meditiere.
23. Erwäge, dein Hobby zu deinem Beruf zu machen.
24. Schreibe jemandem, der dich inspiriert, einen
    anerkennenden Brief.
25. Verbringe Zeit in deinem Garten.
26. Kauf deinem Schatz ihr/sein Lieblingsgeschenk.
27. Kauf dir selbst dein Lieblingsgeschenk.
28. Stell dein Telefon und deinen Anrufbeantworter einen
    Tag lang ab.
29. Geh ins Kino.
30. Leih dir ein Video, mach Popcorn und lad Freunde ein.

Vervollständige deine Liste ggf. auf einem separaten Bogen.

Das sind nur einige von den vielen Möglichkeiten, wie du dein
Freudenbarometer steigen lassen kannst. Beginne, darauf zu achten,
was dich inspiriert, und du wirst selbst noch vieles mehr hinzufügen. Tu ALL DAS, WAS DU BRAUCHST, um frischen Wind
in deinen Körper und deine Aktivitäten zu bringen. Es gibt nichts
Größeres, was du für dein eigenes Leben und für das Leben derer,
denen du begegnest und hilfst, tun könntest. Du wirst erstaunt sein,
um wieviel effektiver du bist, wenn du dich innerlich gestärkt hast.

Ganz menschlich, ganz göttlich

Demut kann ein Narrenkostüm für Selbstmord sein. Du vernich-
test dich zwar nicht körperlich, aber du kannst deine Lebenskraft
bis zu einem Punkt erschöpfen, an dem du nicht mehr da bist.
Selbstverleugnung ist nicht spirituell, toll oder nützlich. Dich zu
erniedrigen, wird dich dem Himmel nicht näher bringen. Wenn
wir den lebendigen Geist in uns verleugnen, dämpfen wir das
Licht, das uns Gott gegeben hat, damit wir in der Welt leuchten.

Bestimmte Sekten fordern von ihren Mitgliedern regelrecht masochistische Verhaltensweisen – und bezeichnen das auch noch als Hingabe. Aber Leid hat nichts mit Liebe zu tun, und Quälerei nichts mit Heilung. Du hättest keine Freude am Schmerz deines Kindes, und deinem Schöpfer geht es nicht anders.

Als junger Mann lebte mein Freund Larry sehr asketisch in einem Kloster. »Ich hatte durchaus viele inspirierende Augenblicke als Mönch«, sagte Larry zu mir, »aber im Kloster gab es Praktiken, die einfach total abartig waren. Manche Mönche geißelten ihren Körper regelmäßig mit Hakenriemen, bis sie zu bluten anfingen. Einmal die Woche bekamen wir Brüder 25 Cents und erhielten die Erlaubnis, in die Stadt zu gehen, um eine Kugel Eis zu kaufen. Wir erhielten die Anweisung, in unserer Unterwäsche zu duschen, um nicht unsere triebhaften Leidenschaften zu stimulieren. Obwohl wir das Keuschheitsgelübde abgelegt hatten, pflegten indes viele Mönche homosexuelle Beziehungen. In der Praxis funktionierte Selbstverleugnung nicht.« Irgendwann wurde Larry klar, daß es Heuchelei wäre, wenn er weiter in jenem Kloster bleiben würde, und er verließ es, um ein kreativeres und erfüllenderes Leben zu führen. Er zog drei wunderbare Kinder auf und wurde ein toller Lehrer am Gymnasium (ganz ähnlich wie Herr Keating im *Club der toten Dichter*). Larry führte revolutionäre Seminare über Selbstachtung ein und wurde von der Schülerschaft wiederholt zum »Besten Lehrer des Jahres« gewählt. Durch seine eigene leidvolle Odyssee entdeckte Larry, daß Sanftheit auf unserer Reise ein viel stärkerer Verbündeter ist als Selbstquälerei.

Religiöse Fanatiker haben lange Zeit die Freuden des Fleisches schlechtgemacht. Aber das Böse ist nicht in den Handlungen; es ist nur im Denken. Wie Shakespeare erklärte: »Nichts ist gut oder schlecht, es sei denn, wir machen es durch unsere Gedanken dazu.« Alles im Leben hat das Potential, uns zum Göttlichen zu erheben, auch Essen und Sex. *Babettes Fest* ist ein toller Film, in dem eine junge Französin im Lotto gewinnt und ein ganzes Dorf von mürrischen, alten Zynikern umkrempelt, indem sie ihnen ein Festmahl bereitet, das sowohl ihre Herzen als auch ihre Sinne beglückt. Welch wunderbares Beispiel dafür, wie die Natur dem Geist dienen kann! J. D. Salingers schöne Kurzgeschichte *Teddy* zeigt uns das heutige Leben durch die Augen einer weisen Seele, die in eine gutbürgerliche amerikanische Familie hineingeboren wird. Als Kind beschreibt Teddy seine Mutter, die seine kleine Schwester stillt, als »Gott, der Gott in Gott hineingießt«.

Bewußte Sexualität ist auch Gott, der Gott in Gott hineingießt. Wenn sich zwei Menschen in liebevoller Intimität vereinen, so wird Sexualität zu einem wirksamen Instrument, unsere höchste spirituelle Natur zum Ausdruck zu bringen. Der Ausdruck »Liebe machen« bezeichnet das höchste Potential unseres sexuellen Seins. In Wirklichkeit können wir »Liebe« nicht »machen«, weil Liebe bereits in jedem Atom des Universums voll gegenwärtig ist. Wir können aber die Liebe zelebrieren und ihre Gegenwart als das göttliche Geschenk, welches sie darstellt, verherrlichen. Das Heilige kann vollkommen durch die Formen und Erfahrungen dieser Welt berührt werden. Der hl. Ignatius erklärte: »Um wirklich göttlich zu werden, müssen wir zuerst wirklich menschlich werden.«

Bist du es wert?

Als meine Freunde Marc und Anastasia ihre Hochzeit planten, lernten sie eine wichtige Lektion im Erste-Klasse-Fliegen. »Als wir die Kosten für die Blumen durchgingen, war unsere Reaktion zuerst, ›Das übersteigt unser Budget‹«, sagten sie mir. »Dann blickten wir uns an und sagten: ›Wir und unsere Hochzeit sind die Blumen wert!‹ Das Aufgebot an Blumen stellte sich als einer der bedeutungsvollsten Aspekte unserer Feier heraus.«

❦ SCHLÜSSEL ❦
Dein Leben ist ein Spiegel deines eigenen Wertgefühls

Ein *Kurs in Wundern* sagt uns:

> *»Jede Entscheidung, die du triffst, entstammt dem,*
> *wovon du denkst, du seist es, und stellt den Wert dar,*
> *den du dir selbst beimißt.«* (1)

Wenn wir enttäuscht sind, neigen wir dazu, anderen vorzuwerfen, daß sie uns nicht schätzen; dabei sind wir diejenigen, die sich selbst nicht gewürdigt haben. Dann ist es kein Zufall, wenn andere uns weniger geben, als wir verdienen; hinter dem sichtbaren Faden der Geschichte sind wir diejenigen, die ihren eigenen Wert unterschätzt haben.

Das Geheimnis des Erste-Klasse-Flugs besteht nicht darin, herumzulaufen und mit anderen zu kämpfen, damit sie dir geben, was dir zusteht; diejenigen, die dir weniger geben, sind lediglich Schauspieler in einem Spiel, das du selbst inszeniert hast. Der Schlüssel liegt darin, *dein Denken darüber, wer du bist und was du wert bist, zu ändern.* Wenn du deine Selbsteinschätzung so grundlegend veränderst, wird das Universum, repräsentiert von all seinen Darstellern, nicht anders können, als dein erweitertes Selbstbild zu spiegeln.

James Allen postulierte:

> *Wir denken insgeheim und schon passiert's;*
> *Die Umgebung ist unser Spiegel.*

❦ SCHLÜSSEL ❦
Um mehr zu bekommen,
setze deinen Eigenwert höher an

Ganz am Anfang meiner Vortragstätigkeit verlangte ich relativ wenig Geld für meine Programme. Mein Geschäftspartner sagte mir ständig, mein Honorar sei gering, gemessen an der Qualität meines Beitrags und an den Wirkungen, die meine Arbeit auslöst. Meine Freunde drängten mich, ein höheres Honorar zu fordern.

Als ich das tat, weigerten sich meine Veranstalter und Seminarteilnehmer, und ich bekam schließlich nicht mehr Geld als vorher. Dann ging ich eine Beziehung ein, die Wunder an meiner Selbstachtung bewirkte. Ich verbrachte mehrere Jahre mit einer liebevollen, kommunikativen Frau, die mein wirkliches Potential erkannte und Öl auf die Flamme meiner eigenen Wertschätzung goß. Sie wußte, daß ich und meine Arbeit großen Wert haben, und ihre Vision regte mich dazu an, mir dessen auch bewußt zu werden.

Im Laufe der Zeit, während sich unsere Beziehung weiterentwickelte und mein Selbstwertgefühl stieg, forderte ich allmählich ein höheres Honorar und bekam es ohne weiteres. Innerhalb von zwei Jahren stieg mein Honorar auf das Achtfache des ursprünglichen Betrags, den ich vereinbart hatte! Im letzten Jahr bot man mir sogar das Fünfundzwanzigfache meines ursprünglichen Honorars an – für einen einstündigen Vortrag.

Ich betrachte diese Zunahme meiner Honorare nicht als Folge der wirtschaftlichen Lage (über die viele Menschen klagen) oder als Folge ausgefeilter Vortragskunst (die im Wesentlichen, auch wenn sie etwas verbessert wurde, gleich bleibt). Ich sehe den Zuwachs vielmehr als direkte Auswirkung meines größeren Selbstwertgefühls. Indem ich meinen Wert selbst mehr fühle, muß das Universum es widerspiegeln.

Wenn du weißt, daß du einen Erste-Klasse-Flug wert bist, wird dich das Leben automatisch zum nächsthöheren Abteil befördern. Die erste Klasse hat Platz für jeden, aber die dort sitzende Passagiere sind diejenigen, die aufgrund ihres Selbstwertgefühls darauf bestehen. Jeder Erfolg basiert darauf, seinen eigenen Wert anzuerkennen.

Der Schluckfaktor

Einmal habe ich einen erfolgreichen Geschäftsmann gefragt, wieviel Honorar ich für eine bestimmte Arbeit fordern sollte, die mir angeboten worden war. »Ich schlage vor, du benutzt den *Schluckfaktor* als Richtschnur«, meinte er zu mir.

»Was ist der ›Schluckfaktor‹?«

»Du forderst soviel wie du – ohne hörbar dabei schlucken zu müssen – kannst.«

Dieser Veranstalter ermutigte mich, die äußerste Grenze meines eigenen Selbstwertgefühls auszutesten. Was wir fordern, weist darauf hin, was wir unserer Ansicht nach verdienen. Wenn wir wenig fordern, beweisen wir, daß wir gering von uns denken. Wenn wir viel fordern, bringen wir klar zum Ausdruck, daß wir sehr viel wert sind. Wenn du deinen Wert hoch einschätzt – und es durch deine Forderung zum Ausdruck bringst – bist du möglicherweise angenehm überrascht, daß andere bereit sind, dir zuzustimmen.

Es sind nicht nur deine Worte, die den Erfolg magnetisch anziehen, sondern deine Glaubenssätze. Alle Worte der Selbstbestätigung aus den Wörterbüchern werden dir nichts nützen, wenn du nicht davon überzeugt bist, daß sie auf dich zutreffen. Du kannst 50 000 Dollar fordern, aber wenn du glaubst, du oder dein Produkt sind nur 30 000 wert, wird das Geschäft wahrscheinlich nicht mehr einbringen, als du erwartest. Du kannst immer raffinierter in deinem Verhandlungsgeschick werden, aber wenn du deine Einstellung dazu, wieviel dir zusteht, nicht veränderst, solltest du erst gar keine Zeit darauf verschwenden zu verhandeln. Letztendlich ist die Person, mit der du verhandeln mußt, du selbst. Dein Gegner ist nicht dein Kunde, sondern der Teil deines Denkens, der deinen Wert in Frage stellt. Dein Arbeitgeber oder Teilnehmer wird folglich nur deine Glaubenshaltung ausagieren.

Bevor du über etwas verhandelst, mach dir deine Talente bewußt. Erinnere dich an deine wertvollen Eigenschaften und finde Gründe dafür, warum du das bekommen solltest, was du verlangst. Denk an andere, die das verdienen, was du forderst, und sei dir klar darüber, daß du genausoviel wie sie wert bist, wenn nicht mehr. Tank dich auf mit *Glauben*, und du wirst erstaunt sein, wie bereitwillig andere reagieren. Wohlhabende Menschen wissen, daß sie es verdienen. Du kannst nicht deinen Wert kennen und wollen, daß das Universum dir weniger gibt; und ebenso unrealistisch ist es, deinen Wert zu leugnen und darauf zu bestehen, daß das Universum dir mehr gibt. Ich kenne Menschen, die äußerst begabt sind, aber sie erkennen ihre Talente nicht, und so kämpfen sie, um über die Runden zu kommen. Ironischerweise sieht jeder in ihrer Umgebung ihre Schönheit und ihre Talente, doch sie selbst haben, was ihre eigene Kostbarkeit angeht, einen blinden Fleck. Alles in ihnen liegt bereit, was sich als Erfolg und Einsatz ausdrücken könnte; sie brauchen nur noch zu ihrem eigenen Potential zu erwachen.

Geld ist nur *ein* Sinnbild. Vielleicht wünschst du dir, daß dein Partner dich mehr achtet und freundlicher mit dir umgeht. Das Problem ist dasselbe. Er oder sie reflektiert den Grad deiner eigenen Selbsteinschätzung. Anstatt zu streiten, unterhalte dich lieber mal mit dir selbst. *Du* bist derjenige, der davon überzeugt sein muß, daß du etwas Besseres verdienst. Wenn du dir deines Wertes bewußt bist, wird sich dein Partner ändern müssen, weil du dich auf nichts Geringeres als Liebe einlassen wirst. Hör' so lange nicht auf, bis du weißt, dir steht alles zu, und dann bring es zum Ausdruck.

Keine Büroklammer-Telefonate mehr

Das Leben ist zu wertvoll, um Zeit zu vergeuden. Jules Renard bemerkte: »Ich bin nie irgendwo gelangweilt; gelangweilt zu sein ist eine Beleidigung deiner selbst.« Wir entehren uns und andere, wenn wir uns auf freudlose Aktivitäten einlassen.

Ich hatte die Gewohnheit, mich auf etwas einzulassen, was ich »Büroklammer-Anrufe« nenne. Ein paar Leute riefen mich regelmäßig in meinem Büro an und begannen, über Dinge drauflos zu reden, die mich wenig interessierten. Ich hätte ein schlechtes Gewissen gehabt, sie abzublocken, also staubte ich, während sie erzählten, meinen Schreibtisch ab, machte Notizen für meine Sekretärin und sortierte Büroklammern. Ab und zu sagte ich »hm«, aber ich hörte nicht wirklich zu.

Später erkannte ich, daß ich weder dem Anrufer noch mir gerecht wurde, wenn ich vorgab zuzuhören, während ich es in Wirklichkeit nützlicher fand, Büroklammern zu sortieren. Deshalb entschloß ich mich innerlich dazu, bei allem, was ich tat, wirklich ganz dabei zu sein. Entweder war ich mit meiner Aufmerksamkeit ganz bei ihnen oder ich widmete mich ganz dem Aufräumen. Halb bei ihnen und halb woanders verschwendete ich nur ihre und meine Zeit. Beide Seiten hatten Besseres zu tun.

Jetzt mache ich es (je nachdem was angebracht ist) so, daß ich solche Anrufer auf eine Gesprächsebene lenke, die ich sinnvoll finde, oder wenn das nicht klappt, ihnen zu verstehen gebe, daß ich aufhören muß. Vielleicht gibt es jemand anderen, zu dem sie sprechen können, der mehr Interesse an dem Thema hat, über das sie sich unterhalten möchten. Ich fände es nicht gut, wenn jemand sich mir anpaßt und vorgibt, aufmerksam zu sein, obwohl er's nicht ist, und deshalb wär's nicht nett, dasselbe zu tun. Wenn ich mich jetzt verabschiede, gebe ich ihnen lieber einen Segenswunsch mit auf den Weg, als genervt aufzulegen.

Triff' deine Wahl – und laß dich auf nichts Geringeres ein

Ich sprach mit einer Frau, die sich ganz enthusiastisch für eins meiner Seminare angemeldet hatte und jetzt überlegte, ob sie wieder absagen sollte. »Ich bin mir nicht sicher, ob meine Chefin mir freigeben wird«, sagte Lisa zu mir.

Ich fragte sie: »Was möchtest *du* denn?«

»Ich würde gern kommen; ich habe mich lange darauf gefreut und wäre enttäuscht, wenn es nicht klappen würde.«

»Warum entscheidest du dann nicht über dein Leben?«

»Was meinst du damit?«

»Anstatt dein Leben nach den Entscheidungen anderer auszurichten, entscheide du, was du tun willst und fordere dann das Universum auf, sich nach deiner Vision zu richten.«

»Das hört sich wirklich toller an!« rief Lisa.

»Es *ist* toll, und so sollten wir leben«, sagte ich zu ihr. »Die meisten Menschen erkennen nicht, daß sie die Wahlmöglichkeit haben und die Fähigkeit, sich für das zu entscheiden, was das Beste für sie ist. Wenn dieser Workshop deine innerste Entscheidung ist, gib klar zum Ausdruck, daß es so ist und bitte das Universum, dich dabei zu unterstützen.«

»Danke«, seufzte Lisa. »Das war genau das, was ich hören mußte.«

Am nächsten Tag bekam ich einen Anruf von Lisa. »Ich habe

gerade mit meiner Chefin gesprochen«, berichtete sie aufgeregt. »Als ich ihr erzählte, wie wichtig es für mich sei, diesen Workshop zu besuchen, sagte sie zu mir, sie wolle mich unterstützen. Wir einigten uns darüber, wie ich es arrangieren kann, ohne einen Urlaubstag zu verlieren. Das Universum hat sich *tatsächlich* danach gerichtet, meine innnerste Entscheidung zu unterstützen!«

AKTIVIERUNG
Meine innerste Entscheidung

Zähle sieben wichtige Entscheidungen auf, mit denen du lebst oder die du treffen mußt. Schreibe auf, was du wirklich in jeder Situation tun würdest, egal was du bisher gemacht hast, was andere von dir verlangen oder was du versprochen hast. Was sagt dein Herz?

Meine Entscheidung   Meine wirkliche Wahl

1.

2.

3.

4.

5.

6.

7.

Als Jugendlicher hörte ich regelmäßig den Werbeslogan im Radio: »Triff deine Wahl bei Barney's (einem Herrenausstatter), und laß dich auf nichts Geringeres ein.« Auch wir können und sollten dasselbe Motto auf unser Leben anwenden: *Triff deine Wahl und laß dich auf nichts Geringeres ein.* Wie W. Somerset Maugham scharfsinnig erklärte: »Es ist lustig mit dem Leben: Wenn du nur das Beste akzeptierst, bekommst du das Beste.«

Wenn du deine Entscheidung nicht triffst, wer tut's dann für dich? Die ganze Welt wetteifert um deine Entscheidung. Die Werbung will sie, damit du ihr Produkt kaufst. Die Politiker wollen sie, um deine Stimme zu kriegen. Deine Kinder wollen sie, um zum Nachtisch eine Extraportion Eis zu bekommen. Du könntest tatsächlich zulassen, daß du in jedem Lebensmoment von irgendeinem äußeren Einfluß benutzt wirst – und manche Menschen lassen es zu! Viele sind wandelnde Automaten. die von den Medien, der Religion, der Arbeit, von ihrer Familie und ihren Freunden programmiert sind. Derjenige, der aus der inneren Führung heraus und nicht aus dem äußeren Einfluß seine eigenen Entscheidungen trifft, ist eine Ausnahme. »Nur wenige denken mit ihrem eigenen Kopf und fühlen mit ihrem eigenen Herzen.«

Du und ich sollten einer dieser wenigen sein. Wenn wir mehr aus Stärke als aus Angst handeln, inspirieren wir andere dazu, dasselbe zu tun. *Du erweist dem Leben einen unermeßlichen Dienst, wenn du selbst entscheidest und es nicht anderen überläßt.* Computerprogramme wenden dieses Prinzip so an: Wenn du an einen entscheidenden Punkt kommst und dem Computer nicht sagst, daß du etwas anderes tun willst, trifft er für dich automatisch die Entscheidung, die die meisten Menschen treffen würden. Diese Programmierung mag für die Arbeit mit dem Computer angebracht sein, aber im Leben haut sie nicht hin. So zu leben bedeutet, dein Geburtsrecht des freien Willens zu veräußern. Es gibt Möglichkeiten der Wahl, derer du dir nicht bewußt bist. Wenn du irgendwie das Gefühl hast, in einer Falle zu stecken oder festzuhängen, schau noch mal hin – *du hast eine andere Wahl.* Ergreife jede Wahlmöglichkeit, die dir zur Verfügung steht und probiere sie aus. Wenn sie im Einklang mit deiner inneren Führung schwingt, geh drauf zu und mach's. Wenn du den betreffenden Weg nicht von

Herzen einschlagen kannst, solltest du ihn nicht gehen. Beschließe, nur aus deinem Herzen zu handeln und lehne alle Aufforderungen ab, irgendeiner anderen Stimme zu folgen.

Du kannst das Leben, das du dir im Innersten deines Herzens wünschst, leben. Vielleicht hast du diese große Vision schon lange aufgegeben, doch solange diese Worte nur einen schwachen Widerhall in einem entlegenen und seit langem unberührten Winkel deines Herzens auslösen, ist das Tor noch offen. Gib nicht auf. Du bist schon zu weit gegangen, um jetzt umzukehren. Alle Sitze im Abteil mögen besetzt sein, doch vielleicht ist das ein Segen. Vielleicht steht schon dein Name auf dem Sessel in der ersten Klasse.

Ich habe eine tägliche Religion, die für mich stimmig ist. Liebe dich selbst zuerst, und alles andere findet sich. Du mußt dich wirklich zuerst lieben, um irgend etwas in dieser Welt zu bewirken.

LUCILLE BALL

Die Zukunft ist nicht das, was sie mal war

Mach keine Voraussagen, vor allem nicht über die Zukunft.
SAMUEL GOLDWYN

Es war ein später Nachmittag in San Francisco, und ich setzte mich ins Restaurant eines Hotels, um einen Imbiß zu nehmen. Ich sah, wie ein Pärchen am Nachbartisch einen scheinbar sehr schmackhaften Knoblauchtoast genoß. Als ich die Kellnerin darum bat, mir dasselbe als Beilage zu servieren, runzelte sie die Stirn und antwortete: »Tut mir leid, mein Herr; den Knoblauchtoast gibt es nur zum Hauptgericht.«

»Könnte ich ihn als Beilage bestellen?« fragte ich unbeirrt, »ich bezahle gern dafür.«

Sie guckte noch verdutzter. »Ich weiß nicht, ob wir das schon mal gemacht haben, Sir.«

Ich spitzte meine Ohren; jetzt kamen wir uns schon näher. Ich schlug ihr vor: »Vielleicht ist das die Chance, die bisherige Sitte zu ändern und eine neue Regel einzuführen.«

Sie lächelte, ging in die Küche und kam bald darauf mit einem Teller heißdampfenden Knoblauchtoasts zurück – ein historischer Tag für das Restaurant des Grosvenor Hotels!

So einfach diese Begebenheit aussehen mag, sie ist ein eindringliches Beispiel dafür, wie wir unser Leben verwandeln können, indem wir einfach andere Möglichkeiten in Betracht ziehen. Wir neigen dazu, uns unsere Zukunft als Ausdehnung unserer Vergangenheit vorzustellen. Aber wir haben überhaupt keine Garantie, daß unsere Zukunft in irgendeiner Weise unserer Vergangenheit gleichen wird. Wenn ich auf die wichtigen Umbrüche in meinem Leben zurückblicke, wird mir bewußt, daß das Wesen einer Bewußtseinsveränderung im Loslassen eines alten Glaubenssystems liegt, das durch ein neues, größeres ersetzt wird. Genau dann, wenn du denkst, du weißt alles, kommt das Leben und sagt:

»Komm, ich zeig dir eine größere Welt!« Gott sei Dank wissen wir nicht alles; sonst wären wir schlecht dran, denn das meiste, was wir wissen, prägte uns ein Gefühl von Begrenzung ein. Sei dankbar, daß das Universum bereit ist, dein Unvermögen aufzuheben und es durch Größe zu ersetzen.

Es gibt eine wunderbare Szene im Film *Die Braut des Prinzen*, in welcher der Held Wesley die Hand seiner Geliebten Buttercup nimmt und sie ermutigt, ihm durch das gefährliche Schwefelmoor zu folgen. »Aber Wesley«, protestiert die schöne Dame, »wir werden es nie schaffen, durch das Schwefelmoor zu kommen!«

»Unsinn!« erwidert unser Held. »Das sagst du nur, weil es noch nie jemand gewagt hat!«

Jemand, der alles für möglich hält, geht gern Wege, die noch niemand zu gehen gewagt hat. Wer jedoch nach Konzepten der *Stadt der Angst* denkt, bleibt in den vorgeschriebenen Grenzen dessen, was schon vorher getan wurde. Seine Welt ist auf das Bekannte begrenzt. Hypnotisiert von der Vergangenheit setzt er Vertrautes mit Sicherheit gleich, und so bleibt es ihm versagt, über die nur in seiner Vorstellung existierenden Grenzen hinaus in die unbegrenzte Freiheit zu wachsen.

❦ SCHLÜSSEL ❦
Deine Vergangenheit ist nicht
deine Bestimmung

Ein bißchen Sorgen über die Zukunft

Der liebenswerte Film *Die Reifeprüfung* machte mit der Szene, in der der junge Dustin Hoffman mit offenem Mund vor der erotischen Anne Bancroft steht, die sich mit gespreizten Beinen in einer unheimlich verführerischen Haltung vor ihm positioniert, erstklassige Werbung. Mrs. Robinson, die Mutter von Bens Freundin, forderte Ben dazu auf, auf eine Ebene einzugehen, die er nie erwartet hätte. Der Untertitel lautet: »Benjamin macht sich ein bißchen Sorgen über seine Zukunft.«

Auch du machst dir vielleicht ein bißchen Sorgen über deine Zukunft. Wie bei vielen Menschen mag deine Zukunft schneller auf dich zukommen, als du deinem Gefühl nach mithalten kannst. Das Leben auf diesem Planeten entwickelt sich so rapide, daß es zunehmend schwieriger ist, sich an unseren alten Modellen zu orientieren. Die Welt, wie unsere Eltern sie uns zeigten, ist nicht die, in der wir jetzt leben, und wir wiederum werden sie unseren Kindern nicht so übergeben. Wir werden das Vermächtnis unserer Vorfahren nehmen und ein höheres Schicksal schmieden. Die Zukunft wird nicht von einem geheimnisvollen, launenhaften Gott in Bronze gegossen, der hochmütig auf einer fernen Wolke sitzt, den glücklichen Auserwählten Karamellbonbons zuwirft und auf die anderen Blitz und Donner schleudert. Die Zukunft ist Ton in unseren Händen; wir haben die Freiheit, sie nach unserer Absicht zu formen. Die Zukunft *ist* ungewiß, und das ist ein außerordentliches Geschenk. Wir können wählen, was die Zukunft sein wird.

Und doch, auch wenn wir mit den Gedanken von heute die Ereignisse von morgen schaffen, hätten wir gerne, daß jemand anders uns unsere Zukunft deutet. So schnell wenden wir uns an Medien und Channels, schlagen die Horoskopseite in *Elle* auf, holen das Ouija-Brett hervor, ziehen Glückskarten, zahlen hohe Geldsummen für regelmäßige Wirtschaftsprognosen und befragen unsere Freunde nach ihrer Meinung über unsere Heiratschancen bei unserer Freundin oder unserem Freund. Überall suchen wir nach Antworten außer in uns selbst – wo sie doch zu finden sind.

An der Hochschule belegte ich ein Seminar über psychologische Beratung. Am ersten Vorlesungstag kam der Professor in den Seminarraum und schrieb seine Definition an die Tafel: *Ein Berater ist jemand, der sich deine Uhr ausleiht, um dir zu sagen, wie spät es ist.* Lustig, aber wahr! Wenn du keine Uhr hast oder nicht weißt, wie du die Zeit messen kannst, dann ist ein psychologischer Berater eine lohnenswerte Investition. Wenn du weißt, daß du bereits das hast, was du brauchst, und du hast einige Werkzeuge, um deine Quellen zu kontaktieren, wirst du den besten Berater im inneren Büro finden.

Die Reise zur Ganzheit wird durch die Fabel des Moschustiers symbolisiert. Dieses flinke Tier streift durch die höchsten Berge und tiefsten Täler, um die Quelle eines betörenden Duftes zu finden, der immer hinter der nächsten Ecke zu sein scheint. Irgendwann entdeckt das Tier, daß dieser hinreißende Geruch seinem eigenen Körper entströmt. Das Wohlgefühl, nach dem es suchte, war die ganze Zeit in ihm selbst.

Die Zukunft, über die wir uns Gedanken machen, ist bereits jetzt im Keim vorhanden. Sieh dir dieses großartige Prinzip an! Der Wissenschaftler, der die Heilung für AIDS finden wird, steht jetzt in seinem Labor. Der nächste große Führer der Gesellschaft in der Nachfolge von Christus, Lincoln, Gandhi und King sitzt in genau diesem Augenblick an seinem Schreibtisch im Schulzimmer einer Grundschule mitten in der Stadt, erfüllt von Visionen, die das Leben auf dem Planeten nachhaltig verändern werden. Die Lösung unserer Umweltprobleme wartet an den Türen wißbegieriger Heranwachsender, die in den Garagen mit ihren ersten Chemieexperimentierkästen spielen. Und es gibt noch viel mehr phantastische Entdeckungen, von denen wir noch nicht mal geträumt haben. Die Welt, die kommen soll, ist unterwegs, und sie kommt durch uns.

Free Will-y

In einem Zeitungsartikel las ich, ein parapsychologischer Kongreß in Kansas sei – aufgrund unvorhergesehener Umstände – abgesagt worden! Obgleich es entmutigend wirken mag, daß Menschen, die angeblich die Zukunft kennen, ihr eigenes Geschick nicht voraussagen können, finde ich es befreiend zu sehen, daß die Zukunft kein festumrissener Tatbestand ist; sie ist ein Abenteuer. Nichts geschieht mit Bestimmtheit, solange wir uns nicht dafür entscheiden.

Ein chinesischer Weiser gab den Rat: »Gehst du immer weiter in die eingeschlagene Richtung, wirst du da ankommen, wo du hinsteuerst.« Die Genauigkeit einer Vorhersage hängt hauptsächlich vom Gewahrsein der Entwicklungstrends ab – von Anzeichen, die in der Wirtschaft zu beobachten sind, psychologischen Konzepten, astrologischen Zyklen, medizinischen Modellen, gesellschaftlichen Tendenzen, ökologischen Wahrscheinlichkeiten.

Das Zutreffendste, was ein Wahrsager äußern kann, ist: »So wie die Ereignisse im Moment ablaufen, wird das und das dabei herauskommen.«

Als Bill Clinton seine Präsidentschaftskampagne auf dem Thema positiver Veränderung aufbaute, definierte er Torheit als »dasselbe auf dieselbe Art und Weise tun und dabei ein anderes Ergebnis erwarten«. Wenn du immer tust, was du schon immer getan hast, wirst du immer das bekommen, was du immer schon bekommen hast. Da die meisten Menschen immer weiter dieselben Dinge in derselben Art und Weise tun, ist es ziemlich vorhersagbar, daß sie auch weiterhin dasselbe Ergebnis erhalten werden.

Und jetzt kommt *Free Will, der freie Wille.*

Unsere Welt entwickelt sich blitzschnell, weshalb es zusehends schwieriger wird, Voraussagen anhand von alten Modellen zu treffen. (Denk an die Umwälzung in der Physik, die das Newtonsche Modell ausrangierte und es durch die Quantenphysik ersetzte: Ganz plötzlich änderten sich die »Gesetze« des Universums.) Damit kommen wir an einen Punkt, wo *nichts mehr sicher ist.* Unsere Zukunft ergibt sich nicht aufgrund eines anhand der Geschichte vorhersagbaren linearen Fortschritts; sie wird die Entscheidungen widerspiegeln, die wir aufgrund unserer jeweiligen Bewußtseinsebene treffen. Die neue Welt wird anders als alles sein, was wir erwartet haben. Klingt ungewiß? Genau! Furchterregend? Vielleicht. Unbegrenzte Möglichkeiten? Ganz bestimmt.

Vor ein paar Jahren lernte ich meine eigene Lektion über freien Willen im täglichen Leben. Ich plante gerade eine Vortragsreise, als sich ein anerkannter Astrologe mein Horoskop ansah, seine Stirn runzelte und zu mir sagte: »Es wird nicht so gut für dich sein, zu dieser Jahreszeit zu reisen; die Aspekte der Planeten weisen darauf hin, daß unterwegs einige Probleme auftauchen können. Ich würde dir raten, die Tour, wenn möglich, zu einer anderen Zeit zu machen.«

Sofort tauchten alle möglichen katastrophalen Vorstellungen in meinem Geist auf. Ich unternahm einen Abstecher in die *Stadt der Angst* und begann, an all das zu denken, das schiefgehen könnte. Ängstlich überlegte ich, wie ich meinen Reiseplan ändern könnte, um die Kollision mit ungünstigen Planeten zu umgehen. Je mehr ich darüber nachdachte, desto verwirrter und beunruhigter wurde ich.

Eine Weile später sprach ich mit meiner spirituellen Mentorin, die weiß, wie sie meine Stärke aktivieren kann. Sie sieht mich als unbegrenzt und hilft mir dabei, mir meiner Kraft bewußt zu sein und sie zu leben. Als ich ihr meine Angst vor möglichem Unglück eingestand, wenn ich einer nachteiligen Planetenkonstellation entgegenhandeln würde, lachte sie und meinte: »Über diese Bedingtheit bist du doch schon lange hinausgewachsen!« Sie erinnerte mich daran, daß ich lange Zeit darauf verwandt habe, meine Identität als ein spirituelles Wesen, jenseits von begrenzenden äußeren Faktoren, zu entwickeln. Tief in meinem Herzen weiß ich, daß mein Schicksal das ist, was ich daraus mache. Ich kann nicht von Planeten, Bakterien oder finanziellen Faktoren bestimmt werden. Und niemand von uns kann von irgend etwas außerhalb unserer selbst verletzt werden – solange wir nicht zustimmen.

Meine Mentorin sagte noch zu mir: »Wenn du ängstlich, zitternd oder besorgt losfährst, ist es sehr wahrscheinlich, daß du negative Ereignisse anziehst, nicht weil sie vorherbestimmt sind, sondern weil du sie durch dein Bewußtsein anziehst.« Sie fuhr fort: »Wenn du voller Freude und Vertrauen, in festlicher Stimmung, reisen kannst, wirst du nur auf Erfolg stoßen.«

Nachdem ich über ihre Einsichten meditiert hatte, beschloß ich, im Namen der Liebe aufzubrechen. Ich würde meine Kraft nicht an Planeten vergeben oder an irgendwelche anderen Instanzen außerhalb von mir und meiner eigenen Entscheidung. Ich wollte mit anderen die Geschenke teilen, die mir zu diesem Zweck gegeben wurden und wollte jetzt nicht aufhören. Ich unternahm die Reise, die sich als großer Erfolg ohne jeden Zwischenfall erwies. Einen Monat lang hielt ich eine Reihe von dynamischen Seminaren ab, die das Leben vieler Menschen veränderten – und mein Leben ebenso. Ich war sehr froh, daß ich nicht auf die Vorhersagen des Astrologen gehört hatte.

Ein andermal bekam ich einen Anruf von meiner Freundin Sharon, die mir traurig mitteilte, ihr Mann Gary liege im Krankenhaus im Sterben. »Seine Leber und seine Nieren haben versagt, und eine Menge anderer Schwierigkeiten sind noch hinzugekommen«, erklärte Sharon unter Tränen. »Die Ärzte haben mir gesagt, es könne sich für ihn nur noch um Stunden handeln. Kannst du kommen und den Gedenkgottesdienst abhalten?«

Obgleich ich Sharon gern helfen wollte, mußte ich ihr erklären, daß ich mich auf einer Vortragsreise befand und nicht kommen konnte. »Ich werde auf jeden Fall im Gebet bei euch sein«, sagte ich zu Sharon. »Bitte ruf mich an, wenn ihr mehr wißt.«

Ich sandte Gary meine Liebe, um seinen Tod zu segnen. Nach Beendigung meiner Tour rief ich Sharon an, um zu hören, wie es ihr ging. Du kannst dir meine Überraschung vorstellen, als Gary das Telefon abnahm.

»Gary!« rief ich aus. »Ich bin so froh, deine Stimme zu hören!«

»Ich auch«, antwortete er. »Ich hab beschlossen, noch eine Weile zu bleiben.«

Gary hatte sich auf wunderbare Weise vor der Pforte des Todes umgedreht. Zur Bestürzung seiner Ärzte hatte er sich wieder erholt und verließ das Krankenhaus innerhalb der kurzen Zeit, in der man eigentlich mit seinem Tod gerechnet hatte. Jeder konnte sich seine Genesung nur als ein Wunder erklären. Gary lebte noch eine ganze Weile, in der er allen Lebewohl sagte, Sharons Zukunft absicherte und dann würdevoll verschied.

Gary zeigte, daß der freie Wille stärker als die Prognosen der Ärzte ist. Die Gesetze der Medizin, ebenso wie die der Astrologie, anderer Naturwissenschaften und des Okkultismus gelten jeweils auf ihrer eigenen Ebene. Aber das ist nicht die einzige Ebene, die existiert, und an dem Punkt kommen Spiritualität und Metaphysik ins Spiel: Die Gesetze des Geistes sind grenzenlos und basieren nicht auf Ursache und Wirkung, sondern auf Gnade. Gnade bedeutet, daß jede Situation durch Liebe verwandelt werden kann. Egal wie lange ein Zimmer dunkel gewesen ist, der Lichtschalter braucht nur einmal angeknipst zu werden, damit es hell wird. Wie schnell kann ein Leben von Grund auf erneuert werden! Als der hl. Paulus in einem spannungsvollen Augenblick von seinem Pferd geworfen wurde, erklärte er: »Die Wandlung kann im Handumdrehen über uns kommen.«

Es gibt einen Faktor, den kein Wahrsager vorhersagen oder bestimmen kann: *den Wandel im Bewußtsein.* Wenn du dein Denken änderst, wirst du deine Zukunft verändern. Ich fragte ein international anerkanntes Medium, wie es möglich sei, daß sie sich in bezug auf eine Beziehung, die ich hatte, geirrt hatte. »Weissagungen sind unsere Schwäche«, sagte sie zu mir. »Alles, was wir dir sagen können, ist, was aufgrund der momentanen Anordnung der Ereignisse geschehen wird. Wenn wir sehen, jemand geht auf eine Tür zu, die Tür ist offen, und er beabsichtigt hindurchzugehen, dann sagen wir, er wird durch die Tür gehen. Doch wenn er abgelenkt wird, Angst bekommt oder aus irgendeinem Grund eine andere Wahl trifft, können wir das nicht vorher wissen.« Sei froh, daß die Zukunft nicht in Stein gemeißelt ist; wir formen sie im Herzen, *jetzt.*

Der Anfang ist nahe

Es wird so viel von Weltuntergang geredet. Unsere Zeit hat so viele Probleme, daß es tatsächlich so aussieht, als könnte dies wirklich das Ende sein. Die Schlagzeilen in der Presse überzeugen uns davon, daß wir schon die Grenze überschritten haben und es nur noch eine Frage der Zeit bis zum letzten Pieps oder Wimmern ist. Überlebenskünstler haben sich in versteckte Bunker in abgeschiedenen Bergen verkrochen und haben Lebensmittelvorräte und Waffenlager angelegt, um streunende Horden abzuwehren. Diese angsterfüllten Menschen stehen für all diejenigen von uns, die glauben, das Ende sei nah und wir müßten uns rüsten, um es zu überleben.

Es gibt jedoch noch eine andere Art und Weise, die mißliche Lage unserer Welt zu sehen, eine Weise, die eher Hoffnung als Schrecken verheißt und eher Mitgefühl als Zersplitterung. Mit den Augen der Liebe gesehen sind wir nicht an der Schwelle des Untergangs, sondern an der Schwelle zur Transformation.

Ich erinnere mich an meine Kindheit während des kalten Krieges, in dem alle Welt ständig in nervöser Spannung angesichts der drohenden Auseinandersetzung war. Beim schrillen Ton der Luftangriffssirenen wurden meine Klassenkameraden und ich regelmäßig in dunkle Korridore dirigiert, wo man uns anwies, uns mit dem Kopf zwischen unseren Knien an die Wände zu kauern. (Wie diese Haltung uns vor der Atomkatastrophe bewahren sollte, ist mir immer noch ein Rätsel.) Ich sah, wie Präsident Kennedy den Russen drohte, wir würden den Krieg gegen sie aufnehmen, wenn sie weitere Raketen an Kuba lieferten. Bald danach marschierten Beamte in meine Junior High School und stellten gelbe und schwarze Schutzschilder für den Fall radioaktiver Verseuchung auf. Als ich am nächsten Tag in die Stadt ging, waren die Schilder überall. Im zarten Alter von zehn Jahren inspizierte ich meinen winzigen Hinterhof, um zu sehen, ob er groß genug sei, für mich und meine Familie einen Bunker abzugeben, der uns vor den Bomben schützen würde. Ich erinnere mich daran, wie ich ruckartig vom erschütternden Echo einer dröhnenden Explosion aufwachte und dachte, die gefürchtete Bombe sei gefallen, dabei war es ein Donnerschlag. Unter dem unheilvollen Schatten eines Atompilzes aufzuwachsen, war ein furchtbarer Start ins Leben.

Und doch ging irgendwie die Welle der Hysterie vorbei, und wir sind immer noch hier. (Wenn du eine beeindruckende Dokumentation über die Verrücktheit sehen möchtest, die durch Angst erzeugt werden kann, schau dir das Video *Atomic Cafe* an.) Rückblickend gesehen hat die Paranoia letztlich zu einer Heilung beigetragen. Die nukleare Aufrüstung jagte mir solche Angst ein, daß ich später als Erwachsener nach Rußland reiste, um persönlich Frieden zwischen unseren Nationen zu stiften. Ich organisierte drei diplomatische Programme, in denen eine große Anzahl amerikanischer Bürger ins Herz »des Reichs der Finsternis« reiste, um zwischen Amerikanern und Russen eine Brücke von Vertrauen und Liebe aufzubauen. Als wir in die Straßen und U-Bahnen Moskaus und Leningrads einfielen, stellten wir äußerst erstaunt fest, daß das Reich keineswegs gottlos war. Im Gegenteil, die Russen waren vom Wesen her sehr spirituell, sehr empfindsam und überaus großzügig. Wir genossen Festessen in russischen Familien (die normalerweise nur über begrenzte Mittel verfügen), tauschten Geschenke mit Arbeitern aus, denen wir im Zug begegneten, beteten in Kirchen, trafen begnadete Heiler, sonnten uns an überfüllten Stränden, tanzten in Nachtclubs, studierten Unterwassergeburten, bei denen freilebende Delphine mithalfen, und tauschten Photos unserer Kinder und Haustiere aus. Wir hatten das Gefühl, als seien die Menschen, die wir trafen, unsere Verwandten und wahrlich keine Feinde; das Zusammenkommen hatte uns verwandelt. Wir kehrten mit einer phänomenalen Entdeckung nach Hause: *Der kalte Krieg war eine Lüge.* Die Menschen auf der anderen Seite des eisernen Vorhangs waren genau wie wir. Sie liebten ihr Leben und ihre Kinder und sehnten sich danach, in einer Welt ohne Krieg zu leben. Der russischen Propaganda, vor der wir so lange gewarnt worden waren, stand unsere eigene Propaganda nicht nach. Pogos Aphorismus erwies sich auf eindringliche und doch schmerzhafte Weise einleuchtend: »Ich bin dem Feind begegnet, und er ist wir.«

Ein paar Jahre später, nachdem viele ähnliche Gruppen wie wir herzliche Verbindungen mit Russen aufgenommen hatten, fiel die Berliner Mauer, der Kommunismus löste sich vor unseren Augen auf, und die Sowjetunion, jener behäbige, böse Bär, der uns einst zu verschlingen drohte, zerfiel in eine Menge kleiner Nationen, von denen jede die demokratische Selbstbestimmung anstrebte.

Die Welt, wie wir sie gekannt hatten, ging tatsächlich unter – Gott sei Dank. Die Angst, das Verstecken, die Lüge, die Bedrohungen, die Billionen Dollar, die in wahnisnnige Verteidigungsmaßnahmen gesteckt worden waren – all das löste sich auf wie ein schlechter Traum. Sogar in dem Moment, in dem ich dies schreibe, bin ich verblüfft, daß der Terror, unter dem ich als Kind lebte, nicht mehr existiert – und ich habe an seiner Auflösung mitgewirkt. Tränen kommen mir, wenn ich das Wunder betrachte, das zu unseren Lebzeiten vollbracht wurde. Wenn vor 25 Jahren jemand diese Ereignisse vorhergesagt hätte, wäre er als Träumer, Narr und naiver Idealist verspottet worden. Die »Realisten« hätten so einen Visionär mit Fäusten geschlagen. Aber die Geschichte beweist nur, daß Realität nichts Festgelegtes ist. Sie ist geschmeidig. Sie ist das, was wir aus ihr machen. Die Ereignisse werden nicht von äußeren Kräften bestimmt, sondern von unserem Glauben an das, was möglich ist. Heilung beginnt mit der Vision. Wenn es etwas gibt, das es wert ist, unseren Kindern vermacht zu werden, so ist es das Wissen, daß sie in einer Welt leben werden, deren

Größe von ihrer Vision bestimmt wird. Wir wollen ihnen großartige Visionen schenken, die sie verwirklichen können.

Bevor wir diesen Planeten verlassen, werden wir Zeugen solch radikaler Veränderungen werden, gegen die alles bisher erlebte unbedeutend ist. Ich glaube, daß wir in den nächsten fünfzig bis hundert Jahren die Auffassung revidieren werden, daß Krieg und Hunger unausweichlich zum Leben gehören, und ich glaube, daß wir diesen Geißeln auf dem Planeten ein Ende bereiten. Der Schlüssel zu ihrer Beseitigung liegt darin, unseren Glauben daran aufzugeben, daß diese Bedingungen notwendig sind oder weiterbestehen müssen. Unser Planet wird unserem Denken entsprechend Wohlstand hervorbringen; jetzt sollten wir in größeren Dimensionen denken, Höheres anstreben und umfassenderes Verständnis erlangen. Wenn wir uns weigern, durch Menschen verursachtes Leid als gegebene Realität zu akzeptieren, wird es aufhören.

Vor kaum mehr als hundert Jahren war Sklaverei auf dem Planeten noch allgemein üblich und anerkannt. Millionen von Menschen wurden in die völlige Abhängigkeit gezwungen, an den Meistbietenden verkauft und grausamer als Tiere behandelt. Nur wenige stellten dies in Frage: Sklaverei gehörte einfach zu den Tatsachen des Lebens. Doch dann fand ein großer Bewußtseinswandel statt. Einige mitfühlende Führer begannen, die Legitimität der Leibeigenschaft anzuzweifeln. Als die Streitfrage zur Entscheidung kam und unser Land einen großen Krieg deshalb führte, mußten alle, die die Sklaverei untätig geduldet hatten, sich mit ihrem Gewissen auseinandersetzen. Wenn die Unwissenheit einmal aufgedeckt worden ist, muß die Wahrheit erkannt und umgesetzt werden. Heutzutage ist Sklaverei undenkbar; sie ist praktisch von der Erde verschwunden. Hätte man vor hundertfünfzig Jahren einem afrikanischen Sklaven, der an einem feuchten Sommertag in einer drückend heißen karibischen Zuckerrohrfabrik schwitzte, gesagt, bald würde die Sklaverei auf Erden abgeschafft, wäre er vielleicht wütend geworden und hätte einen solchen Propheten grausam oder verrückt genannt. Doch das unmittelbar Sichtbare ist nur ein unzulänglicher Hinweis auf das, was die Zukunft bringt. Deshalb müßt ihr aufrichtig darum bitten, daß das

Ende nahe *ist*, denn je näher das Ende, um so näher ist auch der Anfang.

Ein Kurs in Wundern erinnert uns daran, daß es keine Rangordnung der Schwierigkeit bei Wundern gibt (1). Der begrenzte Geist sieht nur Sackgassen und glaubt an Unheilsprophezeiungen. Dem vom Göttlichen erfüllten Geist ist bewußt, daß *alles möglich ist*, daß keine Prognose unwiderruflich ist und daß die Macht, unser Leben zu gestalten, nicht in den Händen von Ärzten, Politikern, Theologen, Eltern oder Proheten liegt, sondern uns selbst vorbehalten ist. Wenn Rußland innerhalb weniger Jahren demokratisch werden kann, wenn Nelson Mandela zum Präsidenten von Südafrika ernannt werden kann und die Führer der P. L. O. und Israel gemeinsam den Friedensnobelpreis bekommen können, *dann kann alles geschehen*, und manchmal *schnell*.

Du und ich sind auf diesen Planeten gekommen, weil wir das Bewußtsein, die Bereitschaft und die Mittel haben, die Erde und ihre Menschen von dem Leid zu befreien, unter dem wir so lange gelitten haben. Die Probleme, die uns herausfordern und beunruhigen, sind in unserem Bewußtsein, weil wir imstande sind, eine Veränderung herbeizuführen. So wie einem einzelnen Menschen keine größeren Herausforderungen gestellt werden als er bewältigen kann, so ist auch unsere Zivilisation imstande, die Krise in eine neue Schöpfung zu verwandeln. Wir sind mit Kindesmißbrauch, AIDS und Bandenkriminalität konfrontiert, nicht um davon überwältigt, sondern um aufgerüttelt zu werden. Sie sind nicht das Ende einer traurigen Geschichte, sondern der Beginn einer besseren. Sie signalisieren das Bedürfnis nach Wahrheit, Mitgefühl und Rückbesinnung auf die Heiligkeit des Lebens. Sie werden nicht durch medizinische Behandlung oder Gesetze schwinden; sie werden nur durch *Erwachen* verwandelt.

Jede Generation hat – stets mit gutem Grund – geglaubt, sie würde die letzte sein. Entsetzliche Seuchen, massive Hungersnot und abscheuliche Kriege haben die Menschheit mit beklagenswerter Regelmäßigkeit heimgesucht. Vom Standpunkt des geängstigten Verstands gab es immer mehr Hinweise auf Vernichtung als auf Erlösung. Doch wir sind immer noch hier. Die Sonne geht weiterhin jeden Morgen auf, und mit jedem unserer Herzschläge bekräftigt der göttliche Geist, daß das Leben gut ist und wir seiner würdig sind. Wir verdienen eine bessere Welt als diejenige, die wir vorgefunden haben, und wir sind hier, um die Vision in dieser Welt zum sichtbaren Ausdruck zu bringen.

Die Welt geht immer auf ein Ende zu. In jedem menschlichen Leben haben sich Welten, die uns einst vertraut waren, überlebt und ein Ende gefunden. Blicke zurück auf die Welt, in der du aufgewachsen bist; sie existiert nicht mehr. Denk an deine alten Freunde, Beziehungen, Aktivitäten und Glaubenssysteme; auch sie haben sich aufgelöst. Beobachte deinen Körper: Ist dir bewußt, daß keine Körperzelle älter als sieben Jahre ist? Auch wenn sich unsere Zellen zu Mustern geformt haben, die seit langer Zeit bestehen, ist dein physischer Körper doch nicht älter als sieben Jahre. Während du diese Worte liest, sterben Zellen in deinem Körper ab, und an ihrer Stelle entstehen neue Zellen. Tod ist nichts Schlechtes; er existiert nur auf der oberflächlichen Ebene. Hinter der äußeren Erscheinungsweise des Todes steht Transformation. Tod ist das Gegenstück zu Geburt, aber nicht zum Leben. Was geboren wird, stirbt, doch was im Geist lebt, ist ewig. Identifiziere dich mit dem Unwandelbaren, richte dich danach aus, und du wirst vom Vergänglichen nicht zerstört werden.

Anstatt dir über den Jüngsten Tag Sorgen zu machen, konzentriere dich auf den heutigen. Wenn du jetzt nicht mit ganzem Herzen da bist, dann ist der Weltuntergang ohnehin keine Bedrohung, weil dein Leben schon passé ist. Das Leben ist nur insoweit wertvoll, als wir auch *da* sind, um uns an ihm zu erfreuen. Dir die Schönheit des Augenblicks entgehen zu lassen, weil du ganz damit beschäftigt bist, dich vor dem nächsten Augenblick zu schützen, ist so, als würdest du einen kostbaren Edelstein gegen wertlosen Plunder eintauschen. Ein *Kurs in Wundern* erinnert uns daran, daß es nicht wichtig ist, *wovor* wir gerettet werden; es geht darum, *wofür* (2).

Weltuntergangsprophezeiungen machen sich Angst und Unwissenheit zunutze. Trag nicht zu dem ganzen Aufgebot an Terror bei, der von der Hysterie der Masse erzeugt wird. Befaß dich nicht mit Medienberichten, die Chaos und Zerstörung breitwalzen. Wir entscheiden uns für ein bestimmtes Schicksal durch die Gedanken, die wir darauf richten. Wenn du dich Unglückspropheten anschließt, trägst du zur Manifestation des Unglücks bei. Konzentriere dich gedanklich ganz bewußt auf deine höchsten Visionen, und sie werden sich erfüllen. Wenn die Menschen erkennen würden, daß wir unser Schicksal durch unsere Gedanken erschaffen, könnten wir diesen Planeten binnen kürzester Zeit verändern. Beginne jetzt, mit deinem eigenen Leben. Laß die alte Welt zu Ende gehen, damit wir mit der neuen weitermachen können.

Die inneren Veränderungen unseres Planeten

Veränderungen auf der Erde sind schon immer ein beliebtes Thema für New Age-Gruppen und metaphysische Zirkel gewesen. Mit ängstlicher Spannung las man die bedrückenden Prophezeiungen der Johannesoffenbarung, von Nostradamus, den Hopi-Ältesten, Edgar Cayce und anderen Visionären. Es wurden Fristen gesetzt, bis wann Südkalifornier Los Angeles verlassen sollten, um »dem Großen Beben« zu entgehen, Karten der dadurch neu entstehenden westlichen Küstenlinie von Arizona sind im Umlauf mit Immobilienangeboten für den Strand in Phoenix, und wenn die Zeitungen mit sensationellen Schlagzeilen von Naturkatastrophen Furore machen, jammern morbide Wahrsager: »Ich hab's doch gesagt.« Übermäßig viele Gedanken und Energie wurden darauf gelenkt, daß die Erde sich für die Frevel, die wir an ihr begangen haben, rächt.

Wäre genauso viel Energie darauf verwandt worden, unsere Welt durch Liebe zu heilen, würden wir jetzt im Paradies leben. Wenn sich die Angst einer Idee bemächtigt, wie edel diese in ihrer ursprünglichen Absicht auch einmal war, so werden ihre Anhänger in Illusion verstrickt. Hüte dich vor jedem Lehrer und jeder Philosophie, die Rache oder karmische Vergeltung verlangen. Gott ist kein rachsüchtiger Gott, und das Leben straft nicht. Wir strafen uns selbst mit Gedanken an Sünde und Minderwertigkeit. Es gibt nur ein Gegenmittel gegen Sünde, und das ist Liebe. Vorstellungen von Züchtigung und der Geißelung der Abtrünnigen führen nicht zu Läuterung, sondern zu Wahnsinn. Kind Gottes, sei dir bewußt, daß du nur Liebe verdienst, und die Welt, in der du lebst, wird deinen Wert bestätigen.

Um mit den Veränderungen der Erde umzugehen, sollten wir sie eher metaphysisch als emotional sehen. Die Grundlage der Metaphysik lautet: »Wie oben, so auch unten.« Je nachdem welche Bilder der Wirklichkeit wir in uns tragen, wird unser innerer Glaube wie magnetisch die entsprechenden Ereignisse anziehen. Man könnte sagen, das Leben ist eine große, sich selbst erfüllende Prophezeiung. Es gab eine *Star Trek* Episode, bei der die Mannschaft der *Enterprise* auf einem Planeten landete, auf dem sich ihre Gedanken unverzüglich umsetzten. Captain Kirk dachte beiläufig an einen seiner Klassenkameraden an der Akademie, und Minuten später saß der Typ auf einem Felsen neben ihm. Ein weiblicher Leutnant hatte sich lange ausgemalt, von einem Ritter in glänzender Rüstung auf einem weißen Pferd davongetragen zu werden; voilà, schon erschien er. Das Haar in der Suppe erschien jedoch, als die Mannschaft erkannte, daß sich nicht nur ihre Träume erfüllten, sondern genauso ihre Alpträume. Sie wurden ihnen auch nicht von außen aufgedrängt; sie wurden durch ihre unterbewußten Glaubenssätze hervorgebracht. Am Ende erkannte die Mannschaft, daß der Planet eine Art von galaktischem Vergnügungspark war, wo die Menschen erfahren konnten, wie sich ihre verborgenen Gedanken augenblicklich erfüllten. Diese Episode war mehr Science (Wissenschaft) als Fiction (Erfindung); unsere Welt unterscheidet sich gar nicht so sehr davon. Es gibt kein »so ist es und nicht anders«; wir geben dem Leben seine Bedeutung. Die Ereignisse, die wir anziehen, spiegeln die Bilder, die wir in uns tragen. Die Zukunft, in der wir uns morgen befinden, wird aus den Gedanken gebildet, mit denen wir uns heute beschäftigen.

Die äußeren Veränderungen, die wir erfahren, sind ein Spiegel der Neustrukturierung unseres inneren Lebens. Erdbeben repräsentieren die Erschütterung unserer Grundlage und machen uns die Vergänglichkeit der Welt bewußt, die wir der uns gegebenen Natur übergestülpt haben. Heftige Stürme sind stellvertretend für den inneren Aufruhr, den wir überstehen müssen, wenn uns die Winde der Veränderung von einem alten Lebensabschnitt zu einem neuen treiben. Dürre und Hungersnot sind Symbole dafür, daß wir keine innere Nahrung zu uns nehmen oder einander nicht lieben; wir werden mit dem spirituellen Durst konfrontiert, den wir löschen möchten. AIDS ist keine kosmische Anklage oder eine Züchtigung der Menschen durch einen zornigen Gott; es ist der Appell, uns selbst zu lieben, ein Ruf nach Mitgefühl und nach der Erkenntnis, daß wir alle miteinander verbunden sind. Keiner von uns kann es sich erlauben, selbstgerecht auf einem richterlichen Podest zu sitzen; wir müssen unsere Herzen öffnen und Wege zur Beseitigung der Angst suchen, denn sie ist die Seuche, die allen anderen zugrunde liegt. Umweltverschmutzung ist nicht nur das Ergebnis von Überbevölkerung und Mangel an technologischer Voraussicht; der Smog, der unsere Städte einhüllt, macht nur die erdrückenden Gedanken deutlich, die wir durch belastende Glaubenssätze hervorbringen. Eine verschmutzte äußere Atmosphäre spiegelt unverarbeiteten psychischen Schmutz wider. Wenn wir uns selbst genug lieben, um in-spiriert zu werden (Einatmung) und unsere Kreativität auszudrücken (Ausatmung), werden wir Wege finden, unsere äußere Umwelt zu säubern. »Wir denken insgeheim, und schon passiert's; die Umgebung ist unser Spiegel.«

So sind unsere äußeren Probleme, was die Veränderungen der Erde betrifft, nicht das, wofür wir sie gehalten haben. Sie sind keine Tracht Prügel, die das Leben uns verabreicht, sondern Aufforderungen, genauer hinzuschauen und eine höhere Ebene zu leben. Wenn wir die Botschaft auf einer feinen Ebene registrieren, brauchen wir kein großes Drama auszuleben. Nur wenn wir das Flüstern der Wahrheit nicht vernehmen, kommt die Krise. Während ich auf Hawaii lebte, war ich Zeuge der ungeheuren Zerstörung, die der Wirbelsturm Iniki auf der Insel Kauai anrichtete. Freunde auf der Insel erzählten mir, daß mit der Verwüstung eine große Reinigung einherging. »Nachdem alles dem Erdboden gleichgemacht worden war, war es, als würde das Leben überall auf der Insel neu beginnen«, berichteten viele. Gemeinden mußten zusammenarbeiten, um einander zu helfen. Diejenigen, die gar nicht mehr die Schönheit ihres Lebens gespürt hatten, begannen ihre Familien und beruflichen Tätigkeiten auf einmal neu wertzuschätzen. Der Wirbelsturm brachte die Menschen in vielerlei Hinsicht ihrer wirklichen Bestimmung wieder näher. Er brachte große Verwüstung, aber er brachte auch Segen.

Um leidvolle Veränderungen auf Erden zu vermeiden, sei es auf persönlicher oder kollektiver Ebene, mußt du dein Bewußtsein verändern. Anstatt Fluchtwege aus dem Los Angeles-Gebiet zu planen, rette dich vor der Angst. Du kannst alle möglichen alternativen Routen auf der Karte festhalten, um die Schnellstraße zu vermeiden, aber wenn du dich nicht von der Tyrannei deines begrenzten Denkens befreit hast, kannst du genauso gut zu Hause bleiben. Unser Bewußtsein begleitet uns, wohin wir auch gehen. Wenn der Sinn der Veränderungen auf Erden im Erwachen liegt, bist du derjenige, der den Durchbruch schaffen kann, indem du jetzt erwachst. Dann kannst du dich einer Zukunft erfreuen, deren Grundlage das Geistige ist und nicht der Terror.

Wie das Ende der Welt aussieht

Während Gedankenleser, Medien und Verrückte alle möglichen Prophezeiungen über den Weltuntergang verlauten lassen, bietet *Ein Kurs in Wundern* eine ebenso erfrischende wie erleuchtende Sichtweise:

> *Die Welt wird in Freude enden,*
> *weil sie ein Ort des Kummers ist…*
> *Die Welt wird in Frieden enden,*
> *weil sie ein Ort des Krieges ist…*
> *Die Welt wird in Lachen enden,*
> *weil sie ein Ort der Tränen ist…* (3)

Die Welt wird enden, wenn wir erkennen, daß die erschreckende Welt, die uns angst machte, nichts als ein schlechter Traum war. *Nur Liebe ist wirklich.* Wenn etwas aus der Liebe kommt, vertrau darauf und handle entsprechend; du legst Kapital bei einer Bank an, die nie bankrott gehen wird. Wenn du von Angst bestimmt bist, wirst du nichts von dem erreichen, was du wirklich willst. Der Boden des Bewußtseins wird jetzt umgegraben, um neu bepflanzt zu werden; die Welt der Dunkelheit geht zu Ende, damit mehr Licht einströmen kann.

Wir werden in einer besseren Welt leben, weil wir uns selbst als ihrer würdig erkennen werden. Es gibt kein Zurück mehr. Während der vielen Jahre, die Nelson Mandela im Gefängnis verbrachte, verkündete er: »Der Gang in die Freiheit ist unwiderruflich.« Jetzt ist er der Präsident des Landes, das ihn einsperrte. Auch wir wurden eingesperrt, wenn auch nicht von einem Land. Wir haben uns selbst mit unserem herabsetzenden Denken und unserer Unterwürfigkeit gegenüber der Angst schikaniert. Diese Tyrannei endet nun. Du und ich sind gekommen, um den Lauf des Schicksals zu verändern. Weder die Geschichte noch die Erscheinungen sollten dein Wegweiser sein. Die Geschichte ist nur für den Dummen schicksalsweisend; sie wiederholt sich nur, wenn wir zu ängstlich oder unbewußt sind, um etwas anderes auszuprobieren. Alle Ereignisse auf dem Planeten überstürzen sich, um die alte Tafel sauberzuwischen.

Wirst du beim großen Finale dabei sein? Du wirst das große Finale *inszenieren*. Der Schlußakt ist bedeutungslos, wenn du nicht dabei bist, um ihn zu genießen. Das große Finale besteht aus der Erkenntnis, daß du den ganzen Film produziert hast. Wenn dein persönlicher Film vorbei ist, beginnt die universelle Show, und sie ist viel gewaltiger, als wir sie uns vorgestellt haben. Sie offenbart, daß das Licht, das wir suchten, das ist, was wir sind.

Die Zukunft gehört denen,
die an die Schönheit ihrer Träume glauben.

ELEANOR ROOSEVELT

Verbrenne dieses Buch

Verwechsle nicht den Finger, der auf den Mond zeigt,
mit dem Mond.

ZEN-SPRICHWORT

In dem Film *The Razor's Edge* zeichnet Bill Murray das Porträt eines spirituellen Suchenden auf dem Weg zur Erleuchtung. Larry ist ein unersättlicher Leser, der sein Studium abbrechen und die Schrecken des Ersten Weltkriegs durchstehen muß. Im Anschluß an seine leidvollen Erfahrungen unternimmt er eine Pilgerreise nach Indien, um Antwort auf seine drängenden Fragen zu finden.

Larry gelangt zu einem Tempel hoch in den Himalayas, wo er einem weisen Guru begegnet. »Ich möchte das Geheimnis des Lebens ergründen«, sagt er zu seinem Meister.

»Siehst du jene Hütte an der Spitze des Berges?« fragt der Weise. Larrys Blick schweift über den schneebedeckten Gipfel, wo er eine winzige Behausung nah bei der Bergkuppe entdeckt.

»Nimm deine Bücher mit hinauf und bleibe dort, bis du die Antwort gefunden hast.«

Aufgeregt packt Larry seine Bücher zusammen und wandert zu der dürftigen Hütte, wo er ein Lagerfeuer macht. Gespannt öffnet er seine Bücher, um die Antwort, nach der er so leidenschaftlich sucht, zu finden. Dies ist der Augenblick, auf den er gewartet hat!

Larry liest tagelang, und aus Tagen werden Wochen. In jeder folgenden Szene sieht er älter und enttäuschter aus; die Stoppeln auf seinem Gesicht wachsen zu einem Bart. Trotz seiner konzentrierten Bemühungen ist Larry der Erleuchtung nicht nähergekommen; im Gegenteil, er sieht niedergeschlagener aus als je zuvor.

Larry friert. Es schneit, ein eiskalter Wind heult und geht ihm durch Mark und Bein, und winzige Eiszapfen hängen an seinem

Bart. Wenn er nicht bald etwas unternimmt, wird sich seine Suche nach Erleuchtung in einem anderen Leben fortsetzen.

Das Feuer will ausgehen, und es ist kein Holz mehr da. Da wandert Larrys Blick vom Buch in seinen Händen zum Feuer und wieder zurück. Plötzlich erhellt sich sein Gesicht in einem blitzartigen Augenblick des Verstehens. Während die Flammen emporschießen, genießt er die Wärme, und ein schelmisches Lächeln geht über sein Gesicht. Mutig erhebt er sich, reißt noch mehr Blätter aus und schleudert sie ins Feuer. Sein Lächeln wird zum Kichern und dann zum brüllenden Gelächter. Triumphierend nimmt er das ganze Buch und wirft es ins Feuer. Er trägt alle übrigen Bücher zusammen und nutzt sie als Brennmaterial, damit es warm wird. Von ferne sehen wir Larrys Silhouette, wie sie auf dem Gipfel des dunkelgewordenen Berges steht, umgeben von einem strahlenden, feuerfarbenen Schein.

Am nächsten Morgen marschiert Larry triumphierend den Berg hinunter zum Basislager. Er ist glücklich. Larry hat seine Antwort gefunden, und sie stand nicht in einem Buch. Seine Antwort lautete: Zu leben! All das zu tun, was dazu gehörte, um das Leben im jeweiligen Augenblick erfüllend und freudig zu machen. Erleuchtung fand er nicht dadurch, daß er sich in Worte flüchtete oder in der Kälte litt. Die Antwort lag nicht irgendwo dort draußen. Sie war genau dort, wo er war. Er hatte sie ganz einfach nur in sich wiedergefunden!

Die Reise ohne Entfernung

Das größte Geschenk, das du von diesem Buch bekommen kannst, ist die Einsicht, daß du es nicht zu lesen brauchtest. Ein wahrer Lehrer erinnert den Schüler, daß das Juwel, das er sucht, bereits in seinem Herzen ist. Es gibt nichts zu lernen, doch viel zu erinnern. Der Pfad zur Erleuchtung ist ein Auffrischungskurs.

Hüte dich vor Lehrern, Methoden, Ausbildungen oder spirituellen Wegen, die dir sagen, du bräuchtest immer mehr von dem, was sie zu vermitteln haben. Ein guter Lehrer erinnert die Schüler, daß sie immer weniger brauchen, und die besten Lehrer sagen den

Schülern, daß sie nichts brauchen. Jedes Bedürfnis ist eine Illusion. Als spirituelle Wesen brauchen wir nichts, weil wir alles sind. Unser einziges Bedürfnis (wenn wir eins hätten), bestände darin, das zu teilen und auszudrücken, was wir sind. Das geschieht nicht, indem wir immer abhängiger von einem äußeren Vermittler werden, sondern indem wir selbständig sind.

Wer nicht bereit ist, seine eigenen Schätze für sich in Anspruch zu nehmen, neigt dazu, Bestätigung außerhalb seiner selbst zu suchen. Dabei erkennt er nicht, daß er seine eigene Größe verleugnet, wenn er nach Kraft aus fremder Quelle sucht. Finde deine innere Quelle, und nichts außerhalb von dir wird sich jemals deiner Kraft bemächtigen können.

Auf dem spirituellen Pfad kommen wir an einen Punkt, an dem wir aufhören, mehr und mehr anzusammeln und mit immer weniger Gepäck zufrieden sind. Einfachheit wird anziehender als Komplexität. Einige wenige einfache Ziele treten an die Stelle dessen, was alles zu tun ist, um Erleuchtung zu erlangen: *Erinnere dich daran, wer du bist, erfreue dich an der Schönheit des Augenblicks und liebe.* Alle anderen Übungen verblassen im Glanz der Wertschätzung unserer selbst. Die letzten Schritte auf dem Weg sind die leichtesten.

Es ist allmählich an der Zeit, daß wir jeden Ersatz für unsere eigene Kraft, zu dem wir äußere Objekte und Personen gemacht haben, loslassen. Während wir wie verrückt nach Menschen und Methoden gesucht haben, die uns erretten, sitzt der innere Gott auf dem Altar unseres Herzens und wartet geduldig auf unsere Erkenntnis, daß wir bereits zu Hause sind. *Ein Kurs in Wundern* beschreibt unsere Suche als »eine Reise ohne Entfernung zu einem Ziel, das sich niemals verändert hat« (1).

Töte den Buddha

Der große Zenmeister Kuei-shan fragte seinen Schüler Yang-shan (der ein ebenso großer Lehrer werden sollte): »Wie viele Worte in den vierzig Bänden des Nirvana Sutra stammen von Buddha und wie viele von Dämonen?«

Yang-shan sagte: »*Alles* sind Worte der Dämonen.«

Kuei-shan sagte: »Von nun an wird niemand dich mehr hinters Licht führen können!« (2)

Die Buddhisten sagen: »Wenn du Buddha auf dem Weg triffst, so töte ihn.« In diesem merkwürdigen Rat steckt tiefe Weisheit. Wenn du einen Gott findest, der außerhalb deiner selbst zu sein scheint, mußt du ihn zerstören. Erlaube dir nicht, deine eigene Göttlichkeit auf eine andere Form zu projizieren und sie zu verehren. Der wahre Buddha lebt in dir, als du selbst. Alles andere ist Illusion und Betrug.

In Hermann Hesses ausgezeichnetem Roman *Steppenwolf* trifft Harry Steppenwolf eine hinreißende, erleuchtete Frau, die ihm anbietet, ihn Freiheit zu lehren. Die Voraussetzung für ihre Anleitung besteht darin, so teilt sie Harry mit, »alles zu tun, was ich dir sage«. Harry geht eine erfüllende Beziehung zu dieser meisterhaften Mentorin ein.

Später gibt ihm die Lehrerin ein Messer und unterweist ihn: »Töte mich.« Harry ergreift eine angstvolle Vorahnung. »Du hast mir versprochen, alles zu tun, was ich dir sage«, erinnert sie ihn. Harry tötet sie, doch dann wird er von Gram und Gewissensbissen überwältigt.

Später, als Steppenwolf diese Welt verläßt, kommt er vor ein himmlisches Gericht. Ihr Urteil: Harry hat einen Großteil seines Lebens an das Schuldgefühl in Form »der Illusion, eine gespiegelte Frau mit einem gespiegelten Messer getötet zu haben« verschwendet. Ihm fehlt ein Sinn für Humor, stellt man fest, und er wird zum Leben auf Erden verurteilt – um lachen zu lernen.

Das heißt nicht, du sollst losgehen und jemanden töten – die Geschichte ist sinnbildlich zu verstehen. Wir müssen jede Anhaftung, die uns bindet, zunichte machen. Ein wahrer Lehrer läßt keine Abhängigkeit entstehen, sondern führt dich zu größerer Freiheit im Licht deiner eigenen Göttlichkeit. Warum solltest du dich in das Spiegelbild verlieben, wenn du die Quelle bist?

Die besten Lehrmethoden sind diejenigen, die den Schüler darin ausbilden, sie hinter sich zu lassen. *Ein Kurs in Wundern* offeriert eine meisterhafte Lektion:

Tu einfach dies: Sei still, und lege alle Gedanken darüber, was du bist und was GOTT ist, weg, alle Konzepte über die Welt, die du gelernt hast, alle Bilder, die du von dir selber hast ... Halte an nichts fest. Bringe nicht einen Gedanken mit, den die Vergangenheit gelehrt hat, noch eine Überzeugung, die du jemals gelernt hast von irgend etwas. Vergiß diese Welt, vergiß diesen Kurs, und komm mit völlig leeren Händen zu deinem GOTT. (3)

Ein guter Tag, um die Welt zu retten

In seinem hervorragenden Buch *EinsSein* unternehmen Richard Bach und seine Frau Leslie eine sinnbildliche Reise durch verschiedene mögliche Realitäten. Das Paar trifft einen Mönch in Frankreich, der soeben ein außergewöhnliches Manuskript verfaßt hat, welches »den Schlüssel zur Wahrheit für jeden, der es liest, das Leben für jene, die es hören, enthält ... eine Schrift, geschrieben für das liebende innere Wesen ...«

Erstaunt über die Weisheit, die er liest, drängt Richard den Mönch Le Clerc, das Manuskript zu veröffentlichen. Der Weise antwortet: »Nur Herzen verwahren das Licht, nicht Buchseiten.« Als Richard ihn weiter bedrängt, führt Le Clerc Richard und Leslie durch eine erschreckende Vision dessen, was geschehen wird, wenn dieses Werk verbreitet wird. Das Buch wird einen Namen brauchen (»*Die Seiten*«), jemanden, der darauf achtet, daß *Die Seiten* nicht mißbraucht werden (»*Der Wächter der Seiten*«), und es wird sich eine Religion entwickeln (»*Die Seiteniten*«), um *Die Seiten* zu verteidigen, da diese »die Gesetze jeder Nation, die ihre Kraft aus Angst und Dunkelheit bezieht, in Frage stellen werden«.

Schließlich, sagt Le Clerc voraus, wird das Zeichen der Flamme (das Symbol für *Die Seiten*) dem Zeichen des Kreuzes auf dem Schlachtfeld gegenübertreten, Städte werden im Namen Gottes dem Erdboden gleichgemacht, und viele werden um der Wahrheit willen in Kriegen getötet. Danach wird der *Seitenismus* die Welt regieren und »diejenigen, die nach Entwicklung und Verstehen streben, werden mit neuem Aberglauben, Einschränkungen, Re-

347

geln, Gesängen, Zeremonien und Gewändern belastet... Das Herz des *Seitenismus* wird sich von der Liebe zum Gold wenden... Gold, um größere Tempel zu bauen und Schwerter zu kaufen, um die Ungläubigen zu bekehren und ihre Seelen zu retten.« (4)

Le Clerc nimmt einen brennenden Holzscheit und zündet die Seiten an.

»Die Wahrheit verbrennen?« ruft Richard.

»Die Wahrheit verbrennt nicht. Die Wahrheit wartet auf jeden, der sie finden möchte.«

Richard und Leslie schrecken schaudernd zurück, als das Manuskript zu Asche zerfällt.

»Welch ein gesegneter Abend!« bemerkt Le Clerc. »Wie selten haben wir die Gelegenheit, die Welt vor einer neuen Religion zu retten!« (3)

Eisrevue

Um die Jahrhundertwende herum reiste ein Mann aus einer kleinen Stadt in den Bergen von Tennessee in die große Stadt Nashville, wo er zum ersten Mal eine elektrische Eismaschine sah – zu jener Zeit eine revolutionäre Erfindung.

Nach seiner Heimkehr berichtete der Mann seinen Glaubensbrüdern begeistert von seiner Entdeckung. Einige Zuhörer jedoch glaubten seiner Geschichte nicht. Eine Kontroverse entstand darüber, ob es den Eishersteller überhaupt gäbe, und es kam zu einer richtigen Fehde. Eine Gruppe von Leuten, die dem Mann glaubten, verließ die Kirche und bildete ihre eigene Kirche, die allgemein die »Eisbaptistenkirche« genannt wurde. Bis heute finden sich jeden Sonntagmorgen irgendwo in den Bergen von Tennessee ehrfürchtige Anhänger zum Gottesdienst in der Eisbaptistenkirche zusammen.

Gott ist Liebe, und Zersplitterung kann nicht Gottes Wille sein. Religionen haben dem Namen Gottes gedient und ihn verherrlicht, doch irregeführte Anhänger haben ihn oft mißbraucht. Gott ist nicht die Ursache für Feindseligkeit. Gott ist der Friede, der bleibt, wenn Trennung und Leid enden.

Ein Farbiger versuchte erfolglos, in eine Kirche von Weißen zugelassen zu werden. Jedes Jahr bat er erneut um Erlaubnis, und jedes Jahr lehnte man ihn aus anderen Gründen ab. Schließlich fiel der Mann auf die Knie und betete: »Lieber Jesus, ich habe mich so lange bemüht, in diese Kirche hineinzukommen, doch sie akzeptieren mich nicht. Kannst du mir helfen?«

»Sei nicht traurig, George«, erwiderte die Stimme Jesu. »Ich versuche schon viel länger als du, in diese Kirche zu kommen, und mich lassen sie auch nicht rein!«

Jede große Religion wurde in Reinheit begründet. Jeder heilige Prophet hatte eine visionäre Gipfelerfahrung und kehrte in die Welt zurück, um seine Erleuchtung mitzuteilen. Sobald der Meister jedoch starb, begannen die Schüler, die Einsichten, die der Meister offenbarte, zu institutionalisieren, zu organisieren, zu ritualisieren und zu bürokratisieren. Aber Wahrheit kann nicht photokopiert werden. Je öfter du sie kopierst, desto dunkler und verschmierter wird die Seite, bis du gar nicht mehr lesen kannst, was einmal draufstand. Alles, was du siehst, ist ein fleckiges, schwarzgefärbtes Papier. Du kannst »Stille Post« nur ein paar Generationen lang spielen, bis die Botschaft zutiefst entstellt ist.

Wir sind nicht mehr Anhänger der Wahrheit, wir sind Anhänger von Menschen geworden – ein Fehler, den wir berichtigen müssen, wenn wir unser eigenes Licht wiederfinden wollen. Der Monty Python Film *Das Leben des Brian* zeigt eine heitere Parodie der Geschichte Jesu (und der meisten anderen Erleuchteten). Brian ist ein junger Mann, der buchstäblich in die öffentliche Gunst fällt, als er vor römischen Bahnwärtern (wegen einer Graffiti-Aktion) flieht. Brian läßt sich ein Dach hinuntergleiten und landet auf einem öffentlichen Platz, auf dem eine Schar von Experten auf Seifenkisten steht und ihre Philosophie feilhält. Um der Aufmerksamkeit der Wachposten zu entgehen, improvisiert er aus dem Stegreif eine Rede. Bald bildet sich eine Gruppe von Schülern, um Brian als dem neuen Messias zu folgen.

Als Brian den Platz verläßt, wollen ihn seine Anhänger zu seiner Besorgnis nicht allein lassen. Er sagt ihnen, er sei kein Prophet und geht in die Wüste, um ihren gierig neurotischen Forderungen zu entfliehen. Aber die Masse, heißhungrig nach einem Erlöser, folgt ihm durch jedes Dickicht. Schließlich reicht es Brian, und er schimpft: »So *geht* doch endlich!« Unverblümt teilt er der Gemeinde mit: »Ich bin *nicht* euer Meister!«

»Aber Meister«, bittet die bedürftige Menge einstimmig, »sag uns, *wie* wir weggehen sollen!«

Hier sehen wir ein herrlich beeindruckendes Beispiel, wie Meister zu Idolen erhoben werden und Anhänger in selbstabwertende Abhängigkeit verfallen. Die Massen brauchen einen Meister, und manchmal ist jeder recht!

Dies ist genau die Art von Groupie-Religion, die wir aufgeben müssen, wenn wir unsere Würde und Kraft als gleichwertig meisterhafte spirituelle Wesen wieder geltend machen wollen. Ich glaube, in fünfzig oder hundert Jahren werden wir entweder schaudernd oder lachend darauf zurückblicken, wie wir im Namen der Verehrung unsere Ganzheit regelrecht verraten haben. In dem Augenblick, in dem wir uns an andere wenden, damit sie uns die Wahrheit sagen, leugnen wir die Tatsache, daß wir sie bereits wissen. Anstatt *zu* Gott zu beten, sollten wir eher von Gott *ausgehend* beten.

Schreibe deine eigene Bibel

In seiner herrlichen Sammlung mystischer Erzählungen *Tales of a Magic Monastery* beschreibt Bruder Theophanus folgendes Erlebnis:

> *Das erste Mal, als ich [zum Magischen Kloster] ging, hatte ich meine Bibel vergessen. Als ich den Herbergsvater fragte, ob ich eine Bibel ausleihen könne, sagte er: »Möchtest du nicht deine eigene schreiben?« »Was meinst du damit?« »Nun, schreib deine eigene Bibel... das sollte doch viel interessanter sein als nur die Bibel von jemand anderem zu lesen. Und du könntest mehr dabei lernen.«*
>
> *Nun, ich begab mich ans Werk. Es dauerte einen Monat. Ich habe nie soviel über die offizielle Bibel gelernt. Als ich fertig war, empfahl er, ich solle sie mit nach Hause nehmen und ein Jahr lang versuchen, danach zu leben...*

Das war ein Jahr! Eine Entdeckung! Mit Sicherheit habe ich dem Umsetzen meiner offiziellen Bibel nie soviel Energie und Aufmerksamkeit gewidmet, wie ich sie dieser lebendigen Version schenkte. Und meine täglichen Meditationen waren noch nie so konzentriert gewesen.

Als ich zu meinem nächsten Retreat zurückkam, begrüßte er mich sehr herzlich, nahm meine Bibel und mein Tagebuch in die Hände, küßte sie mit größter Ehrfurcht und sagte mir, ich könne ein paar Tage und Nächte in der Halle des Großen Feuers verbringen. In der letzten Nacht des Jahres solle ich meine beiden Bücher den Flammen übergeben. Und das tat ich. Die Weisheit und Mühsal eines ganzen Jahres – hinein ins Große Feuer. Danach wies er mich an, eine weitere Bibel zu schreiben.

Und so ging's immer weiter, jedes Jahr der letzten vierzig Jahre eine neue Bibel, ein neues Tagebuch und dann am Ende des Jahres – hinein in die Flammen. (5)

AKTIVIERUNG

Schreibe deine eigene Bibel

Gott hat dich aufgefordert, ein Buch zu schreiben, das spirituellen Suchern bis in die zukünftigen Generationen Inspiration und Erleuchtung schenken wird.

Schreibe einen Wegweiser für die Seele. Vermittle die wichtigsten Wahrheiten, die du gelernt hast. Schließe auch dein tiefstes intuitives Verständnis mit ein. Das einzige Kriterium für den Stoff ist: »Was erkenne ich aus dem Herzen heraus als wahr?«

Deine Bibel kann beliebig lang sein, von einem Wort bis zu tausend Seiten. Sie kann die Form eines Essays, einer Geschichte, eines Gedichts, eines Bildes oder eines Gleichnisses haben. Achte darauf, daß sie etwas ist, womit du leben und was du vertreten kannst.

Eine größere Welt

Für jeden von uns ist die Zeit eigener Meisterschaft gekommen. Deshalb mußt du dieses Buch (und jedes Buch) verbrennen und dein eigenes Buch leben. Deshalb mußt du den Guru vom Thron absetzen und Christus vom Kreuz nehmen. Deshalb mußt du den Buddha töten, wenn du ihn auf der Straße triffst. Laß dich nicht von den Glaubenssätzen und Meinungen anderer abhalten, wenn sie dir nicht eine größere Welt zeigen als diejenige, in der du jetzt lebst. Dann schreite durchs Tor zum hellsten Licht, das du sehen kannst, und nehme ein größeres Universum für dich in Anspruch. Halt nicht an, bevor du nicht ganz zu Hause angekommen bist.

Alle Lehrer, bei denen du gelernt hast, sind dem Lehrplan gefolgt, den du aufgestellt hast. Du selbst warst der Ghostwriter, der die Bücher schrieb, die du gelesen hast. Die Beziehungen, die du eingegangen bist, folgten dem Script deiner eigenen Glaubenssätze. Selbst da, wo es dir nicht bewußt war, hat jede Erfahrung eine andere Facette des Juwels poliert, das du bist. Die ganze Zeit über wußtest du, was du brauchst und bist deiner eigenen Bestimmung entgegengegangen. Selbst dein Schlaf gehört zu dem Lehrplan, mit Hilfe dessen deine eingeborene Weisheit wieder erwachen soll. Die Meisterschaft liegt vor dir. Das Buch der Wahrheit lebt in dir, als du selbst. Öffne deine Seiten und lebe.

> *Vom Berg aus konnte er sehen,*
> *wie alles verbrannte*
> *Willkommen Freund, am Punkt,*
> *an dem es kein Zurück mehr gibt*
> *Und dann verschwand der Berg spurlos*
> *Und es bedurfte nur eines plötzlichen Sprungs,*
> *voller Vertrauen*
> KENNY LOGGINS und GUY THOMAS
> *Leap of Faith*

Jetzt bin ich der Zauberer

Wenn du es nicht aus dir selbst bekommst,
woher willst du es bekommen?

BUDDHA

Der Film *The Holy Mountain* schildert den Weg eines Mannes, der davon besessen ist, die erleuchteten Meister zu finden. Sein ganzes Leben erfüllt ihn die Sehnsucht, die erleuchteten Weisen zu sehen, die auf dem Gipfel des fernen Heiligen Berges zu Rate sitzen und nur für diejenigen erreichbar sind, die ein reines Herz und eine ernsthafte Absicht haben.

Viele Jahre hindurch erduldet dieser leidenschaftlich Suchende alle möglichen Schwierigkeiten bei seinem gewagten Unternehmen, in die Gegenwart der Meister zu kommen. Er wird durch eine qualvolle Reihe von Ablenkungen und Täuschungen irregeführt und aufgehalten und muß auf Schritt und Tritt der Angst ins Gesicht sehen. Eine Szene zeigt ihn sogar, wie er in seinen eigenen Exkrementen herumrührt (ein wörtlich zu nehmendes metaphorisches Bild für eine uns wohlvertraute Erfahrung!) Doch wie oft dieser Suchende auch fällt, er rafft sich immer wieder auf und geht weiter. Jedes Hindernis, das er überwindet, gibt ihm mehr Kraft und Entschlossenheit.

Nach einer langen, mühsamen Reise gelangt unser Kandidat zusammen mit einer Gruppe ähnlich Suchender auf den Gipfel des Heiligen Berges. Als die Gruppe sich dem höchsten Punkt nähert, erblicken ihre müden Augen die legendäre Tafelrunde der Meister. Zwölf Gestalten in weißen Kapuzengewändern sitzen meditativ vor dem mystischen bernsteinfarbenen Schein der untergehenden Sonne.

Neue Kraft durchströmt die Pilger, als sie sich der heiligen Versammlung nähern. Wie sie jedoch ankommen, wartet eine überwältigende Überraschung auf sie. *Die Roben und Kapuzen sind leer.* Es gab keine Meister, die auf sie warteten. Plötzlich erkennen sie, weswegen sie kamen – sie selbst ziehen die Kapuzengewänder an und setzen sich an den Tisch der Ratsrunde. *Sie sind die Meister, die sie finden wollten.*

Die beeindruckende Szene auf dem Heiligen Berg veranschaulicht absolut treffend unsere eigene spirituelle Reise. Wir verbringen Jahre, vielleicht ganze Leben, mit der mühseligen Suche, jemanden zu finden, der uns führt und erleuchtet, nur um schließlich herauszufinden, daß die gesuchte Weisheit und Erhabenheit bereits die ganze Zeit in uns war.

Die Suche nach Meisterschaft beginnt innen und endet innen. Kein äußerer Meister wird dich retten, wird dir irgend etwas geben, das du nicht bereits hast oder dich zu etwas machen, das du nicht schon bist. Der wahre Meister erweckt das Bewußtsein deiner eigenen Göttlichkeit in dir. Dieses Erwachen markiert das Ende des Suchspiels und den Beginn geheiligter Offenbarung in deinem Leben und auf dem Planeten. Seit Tausenden von Jahren ist die Suche das vorherrschende Thema menschlichen Lebens auf dem Planeten – ständig suchen wir außerhalb unserer selbst nach Erfüllung. Jetzt kommen wir in das Zeitalter des Findens. Kannst du dir vorstellen, wie kraftvoll und wunderbar das Leben wäre – und sein wird – wenn jeder von uns wieder aus seiner eigenen Kraft lebt? Das Leben auf dem Planeten wird völlig anders sein, als wir es gekannt haben. Wir werden nicht in Fragen verstrickt sein, sondern die Antworten feiern. Wir werden nicht auserwählte Individuen auf Kosten derer, die sie verehren und anbeten, auf ein Podest stellen. Wir werden keine Energie mit Wettbewerb vergeuden, weil wir erkennen, daß oben Platz für jeden ist

Du und ich sind schon länger dabei, den heiligen Berg zu erklimmen, als es uns bewußt ist. Jetzt ist es Zeit, zum Gipfel zu kommen und unsere eigenen Gewänder anzuziehen. Es ist keine Zeit oder Notwendigkeit da, das Spiel der Minderwertigkeit zu spielen. Das neue Spiel ist ein Spiel der Größe und Weitherzigkeit. Die Regeln, nach denen wir spielen, sind nicht menschliche Regeln, es sind Gottes Regeln. Wir sind so weit, an der Tafelrunde der Meister zu sitzen und die Aufgabe zu erfüllen, derentwegen wir gekommen sind.

Hier endet die Suche

Die Suche nach Erleuchtung lenkt von der Wahrheit, daß wir bereits erleuchtet sind, ab. Was immer du tust, um erleuchtet zu werden, es leugnet die Tatsache, daß du bereits hast und bist, was du suchst. Ganzheitliche Wesen suchen nicht außerhalb ihrer selbst nach Vervollkommnung. Die Auffassung, daß wir vollkommen *werden* müssen, ist eine Illusion. Das Einzige, was geheilt werden muß, ist der Glaube, daß wir nicht ganz sind. Vollkommenheit wird nicht erlangt, sie wird erkannt.

Deine Ganzheit kann niemals unvollständig sein, und der Teil von dir, der unvollständig ist, kann niemals vollständig werden. Die Welt der Illusion hat wenig gemeinsam mit der Welt der Wahrheit bis auf die letzte Illusion, daß wir vollkommen werden. In Wirklichkeit werden wir nicht vollkommen, wir erkennen nur, daß wir immer schon vollkommen waren.

Wir sind bereits Meister. Die Kraft, nach der wir streben, wurde uns als Kindern eines allmächtigen Gottes bereits mitgegeben. Wir waren uns unserer Meisterschaft nicht bewußt und haben unsere geistige Kraft auf alle möglichen Gedanken und Auffassungen gerichtet, die uns ständig klein machen. Viele von uns sind Meister in Drama, Bedürftigkeit, Sucht und Manipulation. (Wenn du jemals gesehen hast, wie ein Süchtiger lügt und manipuliert, um sich seinen Stoff zu beschaffen, hast du eine zur perfekten Technik ausgefeilte Meisterschaft erlebt.) Trotz der Tatsache, daß wir in einem Universum des Überflusses leben, ist es uns meisterhaft gelungen, wo immer wir hingehen, Mangel zu finden. Wir haben es meisterhaft geschafft, negative Beziehungsmuster zu wiederholen; wir können jede Beziehung nehmen und nach unseren Erwartungen gestalten – immer auf Kosten dessen, was sie eigentlich ist. Ist das nicht meisterhaft?

Jetzt müssen wir unsere Fähigkeiten als Meister auf das richten, was uns Freude bereitet, anstatt uns mit dem zu beschäftigen, was uns von ihr abhält. Wir entwickeln uns von der Meisterschaft begrenzten Lebens zu der Meisterschaft, das Göttliche auszudrücken. Unser Ziel besteht nicht darin, das Irdische auf der Suche nach einem himmlischen Zufluchtsort zurückzulassen, sondern darin, den Himmel näher zur Erde zu bringen. Nichts weniger als vollkommene Freude wird uns zufriedenstellen. Wir wissen zu viel, um jetzt umzukehren. Die Vergangenheit liegt hinter uns; die Zukunft wartet!

Der Weg, den Himmel auf die Erde zu holen, besteht darin, ihn ständig in unserem Herzen und in unserem Geist zu tragen. Kennst du jemanden, der Liebe und Schönheit verbreitet, wo immer er hingeht? Meine Haushälterin Lea bringt alles, was sie berührt, zum Strahlen. Wenn ich heimkomme, nachdem sie mein Haus saubergemacht hat, ist alles glänzend und ordentlich, und ein Gefühl des Friedens ist da, das vorher fehlte. Lea kümmert sich auch um den Garten, und mein Garten sieht aus wie ein Paradies. Zu Hause näht Lea als Hobby, und alle ihre Stücke sind wunderbar. Sie trägt die Schönheit des Himmels in ihrem Herzen und in ihrem Geist, und so spiegelt alles, was sie berührt, diese Tatsache: Leas Leben ist ein lebender Beweis dafür, daß die Welt, in der wir leben, nicht eine Welt ist, die über uns verhängt wurde, sondern die wir selbst schaffen. Widme dich in Liebe dem, was du tust, und alles, womit du Kontakt hast, bekommt einen Schimmer von Göttlichkeit.

Wen die Hand des Meisters berührt

Im Gymnasium spielte ich Saxophon in einer Rockband. Ich wollte es mir nicht eingestehen, doch waren meine Fähigkeiten etwas dürftig. Es gelang mir einfach nicht, einen richtigen Klang auf dem Instrument zu erzeugen. Zu jener Zeit glaubte ich, das Problem läge an meinem Saxophon. Ich war überzeugt, wenn ich nur ein besseres Instrument bekommen könnte, würde ich den gewünschten Klang schon rausbringen.

Eines Abends, als unsere Gruppe zum Tanzen spielte, kam ein Mann zum Podium und fragte, ob er mal mitmachen und bei dem nächsten Lied Saxophon spielen könnte. Der Bursche nahm mein Instrument und blies zu meinem Erstaunen klar und durchdringend! Ich konnte kaum glauben, welche Vitalität er aus dem Instrument lockte, das in meinen Augen fehlerhaft gewesen war. Als er fertig war, gab er mir das Saxophon, und ich hielt es nur in der Hand und schaute es an. War es wirklich dasselbe Instrument?

Ja, es war dasselbe Instrument – aber ein anderer Spieler hatte darauf gespielt. Es heißt, »der unfähige Handwerker gibt seinen Werkzeugen die Schuld«, und man könnte auch sagen, nur der unbewußte Meister gibt seiner jeweiligen Lage die Schuld. Diese Erfahrung machte einen unauslöschlichen Eindruck auf mich. Ich erkannte, daß es nicht das Leben ist, das uns Aufstieg oder Fall beschert. Was wir aus dem Leben machen, bestimmt unser Schicksal. Das Leben ist wie ein Musikinstrument oder eine leere Künstlerleinwand. Wir haben alles Rohmaterial, das wir brauchen. Unsere Aufgabe ist es, zu nehmen, was wir haben und zu gestalten, was wir möchten.

Wen des Meisters Hand berührt

Abgenutzt und mitgenommen war sie,
und der Versteigerer fand es kaum die Mühe wert,
seine Zeit mit der alten Geige zu verschwenden,
doch er hält sie lächelnd hoch.

Wieviel bietet man für mich, ihr guten Leute,
ruft er. Wer fängt an zu bieten?
Ein Dollar, ein Dollar – hör ich zwei?
Zwei Dollar, wer bietet drei?
Drei Dollar zum ersten, drei Dollar zum zweiten,
und drei zum dritten... doch nein!

Ganz hinten aus dem Raum kommt ein
Mann mit grauem Bart nach vorn
und nimmt den Bogen. Er wischt den Staub
von der alten Geige, spannt die Saiten,
und dann spielt er eine Melodie,
so rein und so süß, wie nur Engel singen.

Die Musik hört auf, der Versteigerer
sagte mit ruhiger, tiefer Stimme:

Was wird jetzt für diese alte Geige geboten?
Und er hält sie mitsamt ihrem Bogen hoch.
Eintausend? Eintausend – höre ich zwei?
Zweitausend, wer bietet drei?
Dreitausend zum ersten, dreitausend zum zweiten,
zum dritten, verkauft, sagt er.

Die Leute klatschen Beifall, doch einige rufen:
Wir verstehen nicht ganz.
Weshalb ist sie jetzt so viel wert?
Und rasch kommt die Antwort:
Die Hand des Meisters war's, die hat sie berührt.

Und mancher Mensch, dessen Leben ein Mißklang ist,
übel zugerichtet von Whisky und von Schnaps,
wird gedankenlos ebenso billig versteigert
wie jene alte Geige.
Ein Linsengericht, ein Glas Wein, ein Spiel,
und weiter geht's.
Zum ersten, zum zweiten,
noch mehr und fast vergeben.

Doch der Meister kommt, und die unwissende Masse
kann niemals wirklich die Würde einer Seele versteh'n
und den Wandel,
den des Meisters Hand bewirkt, wenn sie dich berührt.

Wenn Meister sich treffen

Wir kommen in ein Zeitalter, wo wir uns alle als ebenbürtige und verehrungswürdige Meister begegnen werden. Meisterschaft bedeutet nicht Herrschaft über jemanden. Sie ist eine Bestätigung unserer Identität als Ausdruck eines meisterhaften Gottes. Jeder von uns ist verschieden, und doch ist jeder eine Ganzheit. Meisterschaft kennt nicht Vergleich, Wettbewerb oder Verurteilung, nur die Freude, die unendlich wunderbare Vielfalt zu feiern, in welcher der Geist Gestalt angenommen hat, um ein großes Abenteuer zu spielen.

Vor kurzem verbrachte ich eine Zeitlang mit Swami Satchidananda, einem verehrten Weisen, der der westlichen Kultur viele tiefgehende Yogalehren vermittelt hat. Gurudev, wie er liebevoll genannt wird, ist der spirituelle Führer von vielen tausend Suchenden in der ganzen Welt. Als ich ihn vor Jahren das erste Mal traf, hatte ich gewaltigen Respekt vor seiner Weisheit und seinem Frieden. Ich betrachtete ihn als einen hochstehenden und erhabenen Meister, der mir in vielerlei Hinsicht überlegen war.

Im Laufe der Zeit, nachdem ich meinen eigenenen Weg eingeschlagen habe, erkannte ich allmählich den Meister in mir. Ich nehme den gleichen Gott, der sich durch Gurudevs Augen ausdrückt, in meinem eigenen Herzen wahr. Ich erinnerte mich an den Spruch »Wer es gefunden hat, kriegt es« und erkannte, daß die Heiligkeit, die ich in diesem gütigen Lehrer wahrnehme, eine Spiegelung meiner eigenen Heiligkeit ist. Seitdem sehe ich ihn eher als ebenbürtigen Freund. Er ist kein Meister über mir, sondern ein Bruder mit mir.

Als ich Gurudev zuletzt sah, hatte ich eine Privataudienz mit ihm in seinem Zentrum in Virginia. Hätte dieses Treffen in der Zeit stattgefunden, als ich mich als Schüler betrachtete, so hätte ich die Gelegenheit ergriffen und dem Guru Fragen über die Bedeutung des Lebens gestellt und seinen Rat zu meinen persönlichen Problemen gesucht. Ich hätte die Situation genannt: »Schüler trifft Meister, um Segnung und Erkenntnis zu erlangen.«

Diesmal jedoch konnte ich nur Liebe für diesen wunderbaren Mann fühlen, Achtung vor seiner Arbeit und große Freude, mit ihm zusammenzusein. Ich begehrte nicht nach Wissen, Heilung oder magischer Erlösung. Wir lachten, erzählten Geschichten, teilten Einsichten miteinander und hatten uns einfach aus zutiefst unschuldigem Herzen gern. Gurudev war kein Gott mehr über mir, sondern ein Kind Gottes mit mir.

Ich sah diese sehr erfüllende Begegnung als Beispiel für die Art und Weise, wie Meister einander begegnen. Bei solchen gesegneten Begegnungen herrscht kein Gefühl von »ich muß von diesem Menschen etwas bekommen« oder »ich muß etwas geben«. Da ist vielmehr ein Gefühl der Heimkehr und des Feierns. O ja, es kommt Erleuchtung. Ja, es geschieht Segnung. Ja, Heilung findet statt. Doch all diese Geschenke fallen uns als natürliche Nebenprodukte unseres gemeinsamen Bewußtseins innerer Göttlichkeit zu.

Was tun wir Meister, wenn wir uns treffen? Was immer unser Herz uns sagt. Vielleicht sprechen wir von Gott, beten oder meditieren. Vielleicht essen wir zusammen, gehen im Park spazieren oder ins Kino. Vielleicht erzählen wir Witze, zeigen einander unsere Kunstwerke oder purzeln wie Kinder im Spiel den Berg runter. Vielleicht weinen wir oder trösten einander in einem schmerzlichen Augenblick. Vielleicht gehen wir tanzen, zeigen uns Bilder von unseren Kindern oder machen Liebe. Wir mögen alles tun, wozu uns das Leben einlädt. Nichts ist vom Reich der Liebe ausgeschlossen.

Anstatt uns vor Menschen zu verneigen, sollten wir uns vor dem Göttlichen in ihnen verneigen. Gleichzeitig sollten wir das Göttliche in uns anerkennen; es ist alles eins. Wenn du dich vor der Heiligkeit in einem anderen verneigst, doch sie in dir selbst leugnest, hast du den wesentlichen Punkt nicht begriffen – und der Punkt ist überall.

Heute morgen hatte ich eine Vision, wie eine Welt von Meistern aussehen könnte. Als ich zu meinem Büro fuhr, hielt ich an einer Kreuzung gegenüber von einem anderen Auto, das ein persönliches Nummernschild hatte. Auf meinem Nummernschild steht »1 ICH BIN«, und auf dem anderen Nummernschild stand »NAMASTE« (ein Sanskritwort, das bedeutet: »Ich ehre das Licht in dir.«) Wie treffend, dachte ich, daß sich unsere Autos begegnen und grüßen, indem sie an das Licht erinnern. Ich begann, mir eine Welt auszumalen, in der jeder ein Nummernschild am Auto haben würde, das eine Affirmation der Wahrheit ausdrückt. Wär es nicht irre, herumzufahren und mit einer Segnung nach der anderen in Form von Autoschildern gegrüßt zu werden?

Diese Vision steht für eine Möglichkeit, die wir leben können. Wir brauchen uns nicht alle persönliche Nummernschilder zuzulegen, aber wir sollten mit unserem Wesen eine Botschaft vermitteln. Wenn wir einander z. B. an der Kasse im Supermarkt treffen, könnten sich unsere Augen für einen Moment begegnen und wortlos sagen: »Hallo, ich bin hier drin, und ich seh dich da drin.« Wir könnten uns ein Lächeln schenken und weitergehen. Und jene Begegnung wäre auf vollkommene Weise segnend, ein vollkommener Augenblick mit dem vollkommenen Menschen. Es gibt keine Zufälle, nur Gelegenheiten, um Liebe zu teilen. Versäume eine solche Gelegenheit nicht – *alles* im Leben dreht sich darum.

All unsere Aktivitäten sind Tore zur Erleuchtung, Stufen, auf denen wir die Gegenwart Gottes üben können. Wir brauchen nicht zu fernen Ashrams in den Himalaya zu reisen oder uns zu Füßen eines bärtigen Gurus im Lendenschurz niederzuwerfen. Wir brauchen vielleicht nur ein bißchen freundlich bei einer geschäftlichen Verhandlung zu bleiben, der Angst nicht nachgeben, wenn wir uns versucht fühlen oder einfach nur ein bißchen tiefer zu atmen, wenn unser Sohn oder unsere Tochter Autofahren lernt. *Das* ist Erleuchtung: spielerisch damit umzugehen, wenn dein Kind mit neuerworbenem Führerschein die Kupplung sausen läßt und mitten auf der Kreuzung den Motor abwürgt.

Eines Tages – vielleicht heute – werden wir am Gipfel des Heiligen Berges stehen und erkennen, daß der Pfad der Meisterschaft zur Entdeckung unserer eigenen Göttlichkeit führt. Wenn du dir bewußt bist, daß du ein Ausdruck eines vollkommenen Gottes bist, und jeder andere auch, wird sich alles andere ergeben. So endet der spirituelle Weg in der Erkenntnis, daß wir bereits zu Hause sind.

❦ SCHLÜSSEL ❦
Du hast's eigentlich immer schon gewußt

Eine Begebenheit im Leben Jesu hat eine ungeheuer sinnbildliche Bedeutung. Einer der Jünger fragte Jesus, ob sie fasten sollten. Jesus erwiderte: »Wenn ich nicht bei euch bin, dann werdet ihr fasten. Jetzt bin ich bei euch, und so braucht ihr es nicht zu tun.«

Wenn wir vergessen, daß Gott mit uns ist, wenden wir uns Methoden und Übungen zu, um unser Bewußtsein der göttlichen

Gegenwart wiederzuerlangen. Wenn wir die Gegenwart des göttliches Geistes erkennen, brauchen wir nichts zu tun, um uns daran zu erinnern. Wenn das Licht bereits an ist, wirst du es höchstens ausschalten, wenn du am Schalter herumfummelst. Das Licht ist an; laß es leuchten.

Jesus lehrte, daß Gnade eine immerwährende Wirklichkeit ist. Irgendeinen Pfad zu betreten bedeutet, unseren Ursprung zu verlassen. Damit löst sich die Welt der Zauberformeln, Amulette, Übungen und Beratungen im Licht höheren Wissens auf. Wir können das Floß auf dem Fluß lassen, wenn wir unser Lager weiter oben am Berg aufschlagen.

Irgendwann kommen alle, die den Weg höheren Wissens gehen, zu einer Erkenntnis: *Alles war immer schon da, ich hab's eigentlich nur wiedergefunden.* Einige kommen früher an und einige später; die einen nehmen den Weg des Leids und die anderen den Weg der Freude; manche kommen allein und manche gemeinsam. Letztendlich ist die Methode nicht so wichtig wie das Ziel.

Ein Kurs in Wundern gibt uns die treffende Lektion:

> *Du **bist** vorbereitet. Jetzt brauchst du dich nur daran zu erinnern, daß du nichts zu tun brauchst. Es wäre jetzt bei weitem nützlicher, dich nur darauf zu konzentrieren, als darüber nachzudenken, was du tun solltest. Wenn der Frieden endlich zu denen kommt, die mit der Versuchung ringen und dagegen kämpfen, der Sünde nachzugeben; wenn das Licht schließlich in den Geist kommt, der sich der Kontemplation hingibt; oder wenn das Ziel schließlich von irgend jemandem erreicht wird – dann geht es stets mit nur der einen glücklichen Einsicht einher: »Ich brauche nichts zu tun.« (1)*

Gesegnet sei, geliebter Bruder oder geliebte Schwester, die Vollendung deiner Reise. Du bist nicht allein gegangen und wirst es auch nicht tun. Deine alte Welt ist zu Ende gegangen, doch eine neue und unendlich strahlendere Welt ist an ihrer Stelle. Dein Platz an der Tafelrunde der Meister wurde für dich freigehalten. Der Eine, der dich erschuf, war sich deiner Bestimmung bewußt, selbst als du sie vergessen hattest. Nun, wo du sie kennst, wirst du nicht als Gefangener in dieser Welt leben, sondern als Künstler. Die Leinwand steht vor dir, und durch Gnade wurde sie neu und rein. Male die wahren Farben deines Herzens darauf.

*Dies sollst du tun: Liebe die Erde und die Sonne und die Tiere...
tritt ein für die Einfältigen und Verrückten... diskutiere nicht
über Gott... nimm deinen Hut weder vor Bekanntem noch
vor Unbekanntem ab, weder vor einem Menschen noch vor vielen; geselle dich frei zu kraftvollen, unverbildeten Menschen,
zur Jugend und zu den Müttern der Familien; lese diese Blätter im Freien in jeder Jahreszeit deines Lebens; prüfe alles, was
dir in der Schule oder Kirche oder irgendwelchen Büchern
gesagt wurde, und weise alles zurück, das deine eigene Seele beleidigt.*

WALT WHITMAN

Literaturhinweise

EINLEITUNG

1. Bill Watterson, *Calvin & Hobbes*, Frankfurt 1989

SO IST ES IMMER SCHON GEWESEN, UND NICHTS WIRD SICH DRAN ÄNDERN

1. *Ein Kurs in Wundern*, Greuthof Verlag, Gutach 1994, Übungsbuch Teil I, Lektion 79
2. White Eagle, *In der Stille liegt die Kraft*, Grafing 1987
3. *Ein Kurs in Wundern*, Übungsbuch Teil I, Lektion 94 Titel

ERB-UNSCHULD

1. Johannes Calvin, *Institutio Christianae Religioni*, Neukirchen-
   Vluyn 1988
2. *Ein Kurs in Wundern*, Textbuch Kapitel 24, V. 3:2, Übungsbuch
   Teil I, Lektion 198
3. *Ein Kurs in Wundern*, Übungsbuch Teil II, Lektion 281 Titel
4. Alan Watts, *The Book on the Taboo Against Knowing Who You
   Really Are*, Vintage 1989
5. *Ein Kurs in Wundern*, Textbuch Kapitel 27, VIII. 12:4
6. *Ein Kurs in Wundern*, Textbuch Kapitel 23, Einleitung. 6:4

DU KANNST NICHT ÜBEN, DU SELBST ZU SEIN

1. Thadeus Golas, *Der Erleuchtung ist es egal, wie du sie erlangst*,
   Basel 1995
2. *Ein Kurs in Wundern*, Übungsbuch Teil I, Lektion 135. 11:1
3. *Inc. Magazine*, September 1993
4. Peter Bowler, *The Superior Person's Book of Words*, David Go-
   dine 1985

NIMM ES LEICHT

1. Arnold Patent, *You Can Have It All*, Celebration 1991
2. Jerry Gillies, *Money Love*, Warner Communications, 1978
3. Kenneth Blanchard & Spencer Johnson, *Der Minuten-Manager*, Reinbek 1983
4. Ashley Brilliant, Woodbridge Press, P. O. Box 6189, Santa Barbara, California 93160
5. Gary Larson, *Far Side Collection*, München 1993
6. *Ein Kurs in Wundern*, Übungsbuch Teil I, Lektion 95 Titel
7. Rev. Anne Gillis, The Connection Church, 1500 Cherry Road, Memphis, Tennessee 38117

FOLGE DEINER INNEREN STIMME

1. East Maui Animal Refuge, 25 Maluaina Road, Haiku, Hawaii, 96708
2. *Ein Kurs in Wundern*, Textbuch Kapitel 5, VI. 1:3
3. SCOTTSONGS, 243 Whitman Drive, Brooklyn, N. Y. 11234
4. Jack Canfield und Marc Victor Hansen, *Hühnersuppe für die Seele*, München 1996

CARPE DIEM!

1. Kontaktadresse für die Lehren von Hilda Charlton: Golden Quest, P. O. Box 190, Lakehill, New York 12448

IN DER VERGANGENHEIT LIEGT KEINE ZUKUNFT

1. *Ein Kurs in Wundern*, Übungsbuch Teil I, Lektion 8. 2:1
2. *Ein Kurs in Wundern*, Textbuch Kapitel 5, IV. 8:2
3. *Ein Kurs in Wundern*, Übungsbuch Teil II, 289. Titel

DEM HERZEN FOLGEN

1. *Ein Kurs in Wundern*, Textbuch Kapitel 1, I. 45:1–2

DER GRÖSSERE ZUSAMMENHANG

1. *Ein Kurs in Wundern*, Übungsbuch Teil I, Lektion 24. 2:1
2. *Ein Kurs in Wundern*, Textbuch Kapitel 14, XI. 7:1
3. *Ein Kurs in Wundern*, Übungsbuch Teil I, Lektion 25
4. *Ein Kurs in Wundern*, Textbuch Kapitel 23, IV. 5
5. *Ein Kurs in Wundern*, Textbuch Kapitel 13, VIII. 9:7

TORE ZUM LICHT

1. *Ein Kurs in Wundern*, Textbuch Kapitel 18, V. 1:5–6
2. *Ein Kurs in Wundern*, Übungsbuch Teil II, Lektion 292. Titel

WENN DU'S NICHT ÄNDERN KANNST, SO MACH'S ZUM THEMA

1. *Hühnersuppe für die Seele*
2. *Ein Kurs in Wundern*, Übungsbuch Teil I, Lektion 137. Titel

DIE HALTUNG DER DANKBARKEIT

1. *Ein Kurs in Wundern*, Handbuch für Lehrer 23. 4:6
2. *Ein Kurs in Wundern*, Handbuch für Lehrer 23. 4:7
3. *Lightspeed Newsletter*, Earth Mission, P. O. Box 959, Ste. 432, Kihei, Hawaii. 96753, 1993
4. Stephen Mitchell, *The Gospel According to Jesus*, Harper Collins 1991. Adapted from Zenkei Shibayama, *A Flower Does Not Talk*, Charles E. Tuttle Co. 1979
5. *Ein Kurs in Wundern*, Übungsbuch Teil II, Lektion 243. Titel
6. Eric Allenbaugh, *Wake-Up Calls*, Discovery, 1992
7. John Robbins, *Ernährung für ein neues Jahrtausend*, Waldfeucht 1995
8. Harville Hendricks, *Getting the Love You Want*, New York 1990
9. Richard Bach, *Die Möwe Jonathan*, Berlin 1987

DAS LAND DER GNADE

1. *Ein Kurs in Wundern*, Übungsbuch Teil I, Lektion 46. 1:1
2. *Ein Kurs in Wundern*, Übungsbuch Teil II, Lektion 281. 2:1

3. *Ein Kurs in Wundern*, Textbuch Kapitel 19, II
4. *Ein Kurs in Wundern*, Handbuch für Lehrer 15. Titel
5. *Ein Kurs in Wundern*, Handbuch für Lehrer 15. 1:1–2
6. *Ein Kurs in Wundern*, Textbuch Kapitel 5, Vii. 10:2
7. *Ein Kurs in Wundern*, Übungsbuch Teil I, Lektion 169. Titel

GUT GENUG, UM WAHRHAFT HILFREICH ZU SEIN

1. *Ein Kurs in Wundern*, Textbuch Kapitel 2, V-A. 18:2
2. *Ein Kurs in Wundern*, Übungsbuch Teil II, Lektion 343. Titel

AUFRÜTTELN, WACHRÜTTELN

1. *Ein Kurs in Wundern*, Übungsbuch Teil I, Lektion 153. Titel

DAS DENKEN IST'S

1. *Ein Kurs in Wundern*, Übungsbuch Teil I, Lektion 132. 1:4
2. Dr. Wayne Dyer hat dieses Prinzip meisterhaft in seinem Buch *Die Kunst Berge zu versetzen*, Landsberg 1993, entwickelt
3. *Ein Kurs in Wundern*, Übungsbuch Teil I, Lektion 76. Titel
4. *Ein Kurs in Wundern*, Handbuch für Lehrer 9. 1:3

NACH NUMMER EINS AUSSCHAU HALTEN

1. Zitat zugeschrieben Dan McKinnon

SEI SCHÖPFERISCH ODER STIRB

1. *Ein Kurs in Wundern*, Textbuch Kapitel 25, IV. 5:2–4
2. *Ein Kurs in Wundern*, Textbuch Kapitel 25, IV. 5:12

DU KOMMST NICHT ANS ZIEL, WENN DU NICHT NEUE SCHRITTE WAGST

1. Stuart Wilde, *Konzentration der Kraft. Die Weisheit des Kriegers*, Basel 1994

FLUGTICKETS FÜR DIE ERSTE KLASSE

1. *Ein Kurs in Wundern*, Textbuch Kapitel 15, III. 3:3

DIE ZUKUNFT IST NICHT DAS, WAS SIE MAL WAR

1. *Ein Kurs in Wundern*, Textbuch Kapitel 1, I. 1:1
2. *Ein Kurs in Wundern*, Textbuch Kapitel 11, IV. 1:4
3. *Ein Kurs in Wundern*, Handbuch für Lehrer 14. 5:1,3,5

VERBRENNE DIESES BUCH

1. *Ein Kurs in Wundern*, Textbuch Kapitel 8, VI. 9:7
2. Stephen Mitchell, *The Gospel According to Jesus*, New York 1991
2. *Ein Kurs in Wundern*, Übungsbuch Teil I, Lektion 189. 7:1,3–5
4. Richard Bach, *EinsSein*, München 1995
5. Theophane the Monk, *Tales of a Magic Monastery*, Crossroad 1992

JETZT BIN ICH DER ZAUBERER

1. *Ein Kurs in Wundern*, Textbuch Kapitel 18, VII. 5:4–7